図解

早わかり日本史

楠木誠一郎

二見レインボー文庫

はじめに

本書を手に取られたあなた、日本史はむずかしい、と思っていませんか。

高校の日本史の授業では黒板に歴史用語を列挙され、日本史といえば年号を丸暗記するものというイメージを植えつけられてはいませんか。

では、どうすれば日本史がわかるのか？

答えは簡単です。

大きな流れをつかめればいいのです。

日本史の教科書を思い出してください。「原始・古代」「中世」「近世」「近代・現代」の4章に分かれています。それぞれの章でいわなければならないことを政治・経済・社会・文化というふうに、杓子定規にくり返し書かれているから流れが止まってしまうのです。

本書では、そんなことはありません。「誰が日本の政治を動かしていたのか」――これを主眼にしました。誰がどのように政治を行ない、いかに政権が移っていったのか、という大きな流れがわかるように書かれています。この流れがわかれば、日本史はわかります。

いっぺんに読み通すにこしたことはありませんが、疲れてしまって日本史が嫌いになっては元も子もありません。少しずつ読んでください。通勤通学の行き帰りでもかまいません。トイレのなかでもかまいません。お風呂のなかでは本が濡れてしまいますけどね。

そのために、ちょっとした合間にも読めるように見開き1テーマ。Q&A形式にしてあります。文章を読むのに疲れたと思ったら、左ページの図解を見てください。本文の要約がまとめられています。

さあ、本書を持って、お出かけください。

* * *

執筆にあたっては、『国史大辞典』（吉川弘文館）、『世界大百科事典』（平凡社）などの事典類、『詳説日本史』『詳説日本史研究』（山川出版社）などの教科書・参考書類、『歴史読本』などの歴史雑誌、そのほか多くの参考資料に助けられました。それぞれの著書・編者の方々に厚くお礼申しあげます。

ひとりでも多くの方が、歴史を楽しんでくださいますように。

二〇一六年初春

楠木誠一郎

【目次】

はじめに 2

1章 王朝国家への歩み〈原始～平安前期〉

001 Q 日本人の祖先はいつごろどこからやってきた？ 22
A アジア大陸から新旧のモンゴロイドが来て合体！ 23

002 Q 土器新発見で縄文時代はどこまでさかのぼる？ 24
A 定説の1万2000年前より4500年も古かった！ 25

003 Q 三内丸山遺跡の縄文人はどんな生活をしていた？ 26
A 1500年間も定住し、豊かな都市生活をつづけた！ 27

004
Q 日本で初めて稲が栽培されたのはいつのことか？ 28
A 弥生時代の前の縄文時代晩期には始まっていた！ 29

005
Q 女王・卑弥呼の邪馬台国はどこにあったのか？ 30
A 大和か九州かで、日本の歴史が大きく変わる！ 31

006
Q 古墳時代の巨大古墳には誰が眠っているか？ 32
A 天皇陵に天皇が眠っているとは限らない！ 33

007
Q イザナギとイザナミで始まる「神話」の秘密とは？ 34
A 日本神話はギリシア神話の影響を受けていた！ 35

008
Q 大和政権（大和朝廷）が氏姓制度を設けた理由は？ 36
A タテ割り社会にして支配しやすくするため！ 37

009
Q 万世一系の天皇家にかかわる大問題とは何か？ 38
A 王朝交替説が主張する古代天皇家の政権争い！ 39

010
Q 蘇我氏と物部氏の凄絶な仏教対立の原因とは？ 40
A 一族生き残りをかけた政争が皇位争いへ発展！ 41

011
Q 有能な厩戸王（聖徳太子）はなぜ天皇になれなかったのか？ 42
A 病没！　蘇我氏の操り人形でいたくなくて自殺!? 43

012
Q 大化改新を急がせた一触即発の国際情勢とは？ 44
A 朝鮮半島有事に備え中央集権国家への道を急ぐ！ 45

013 Q 叔父と甥で皇位を争う「壬申の乱」はなぜ起きた？ 46
A 兄（天智）の弟（大海人皇子）への約束破りが遠因！ 47

014 Q 律令法典の完成版「大宝律令」で何が変わった？ 48
A 「大宝律令」で、ようやく国家の仕組みが整った！ 49

015 Q 税徴収のため考案された土地私有の制度とは？ 50
A 三世一身法と墾田永年私財法で土地私有を促進！ 51

016 Q 古代の税金は現在とくらべてどうだった？ 52
A 「租」は高くないが、それ以外の税が重かった！ 53

017 Q 新たに発見された日本最古の貨幣とは？ 54
A 和同開珎より古い富本銭、無文銀銭も発見されている！ 55

018 Q 大和政権の地方支配はどのように進んだのか？ 56
A 東北地方の蝦夷と南九州の隼人にはてこずった！ 57

019 Q 計20数回にわたる遣隋使と遣唐使の成果とは？ 58
A 中国文化を摂取して独自の文化を生む原動力に！ 59

020 Q 蘇我氏にかわり奈良時代の政界を牛耳ったのは？ 60
A 奈良時代は藤原不比等と子孫の手で動かされた！ 61

021 Q 日本の歴史書「国史」はいつ誰がつくらせたのか？ 62
A 厩戸王（聖徳太子）の事業を天武天皇が引き継いだ！ 63

022 Q 桓武天皇が長岡京から平安京に遷都した理由は？ 64
A 遷都は早良親王の怨霊から逃れるためだった！ 65
023 Q 平安時代の天皇家は藤原氏に乗っ取られた？ 66
A 藤原氏は摂政・関白を独占して全盛期を迎えた！ 67
024 Q 全国の約60の国に派遣された国司の実態とは？ 68
A 徴税請負人として私腹を肥やす利権の対象に！ 69
コラム――★天智天皇と天武天皇は兄弟か★ 70

2章 武家政権の誕生〈平安後期～鎌倉・南北朝〉

025 Q 律令体制崩壊の序曲となった2大反乱事件とは？ 72
A 東では平将門の乱、西では藤原純友の乱！ 73
026 Q 前九年・後三年の役で歴史はどう変わったのか？ 74
A 平安時代後期に武士が台頭する萌芽となった！ 75
027 Q 白河上皇に始まる院政は何を生み出したか？ 76
A 不倫スキャンダルがらみの皇位継承争いに発展！ 77
028 Q 保元・平治の乱はなぜ起き、何を招いたのか？ 78
A 皇位継承争いから源平合戦の引き金になった！ 79

029 Q 平清盛スピード出世の背後に隠された秘密とは？ 80
A 清盛は忠盛の子ではなく白河法皇の御落胤！ 81
030 Q 政権を独占した平家がなぜ源氏に敗れたのか？ 82
A 源氏を皆殺しにしなかったことが敗因に直結！ 83
031 Q 源義経は生きのびてチンギス・ハンになった？ 84
A 日本人の好きな英雄不死伝説が生んだ壮大な夢！ 85
032 Q 鎌倉幕府はいつから始まったのだろうか？ 86
A 実は1192年以前から着々と準備を進めていた！ 87
033 Q 源頼朝の封建制度で日本はどう変わったのか？ 88
A 「御恩と奉公」のシステムでタテ割り社会が確立！ 89
034 Q 2代将軍頼家と3代将軍実朝はなぜ殺された？ 90
A 黒幕の北条氏には邪魔な存在でしかなかった！ 91
035 Q 天皇政治の復活を狙った「承久の乱」の結末は？ 92
A 敗れた朝廷側は六波羅探題の厳しい監視下に！ 93
036 Q 鎌倉時代に花開いた6つの新興宗教の特徴とは？ 94
A 貴族のためではなく庶民のための仏教が浸透！ 95
037 Q 蒙古襲来が日本にもたらした意外な事実とは？ 96
A 御家人の窮乏に幕府は借金踏み倒しを奨励！ 97

038 Q 北条氏独裁の鎌倉幕府を滅亡に追いこんだのは？ 98
A 得宗専制政治への反発と源氏一門の逆襲で討幕！ 99
039 Q 後醍醐天皇の建武の新政はなぜ2年で終わった？ 100
A 武士の不満が足利尊氏の武家政権再興を支援！ 101
040 Q 半世紀もつづいた南北朝がなぜ合一できたのか？ 102
A 幕府の内紛も終息、三代将軍義満の政略が奏功！ 103
コラム――★源頼朝落馬死説の真相★ 104

3章 天下統一への道〈室町・戦国〉

041 Q 室町幕府第3代将軍義満は天皇になろうとした？ 106
A 天皇にはなれなかったが「日本国王」と称した！ 107
042 Q 武士の国人一揆、民衆の土一揆はなぜ起きた？ 108
A 領国に基盤のない守護大名の力不足と重税から！ 109
043 Q 室町幕府が莫大な利益を得た外交政策とは？ 110
A 朝貢形式の明国との勘合貿易の経費は明の負担！ 111
044 Q 応仁の乱の発端となった有名なわがまま女とは？ 112
A 大乱は将軍の妻・日野富子の偏愛から始まった！ 113

045 Q 金閣寺は「金」だが銀閣寺はなぜ「銀」でないのか？ 114
A 幽玄・侘の美意識に「銀」は必要とされない！ 115

046 Q 琉球王国はどう建国され、どう征服されたのか？ 116
A 1429年に統一されたが、1609年に薩摩軍が征服！ 117

047 Q 戦国時代はいったいいつから始まったのか？ 118
A 三好長慶の家臣・松永久秀の下剋上で始まった！ 119

048 Q 信玄と謙信の川中島の戦いは1回だけではない？ 120
A 北信濃の領有をめぐって5回も出陣している！ 121

049 Q 戦国時代の都市はどのように発展したのか？ 122
A 寺内町や港町では自治都市、自由都市も出現！ 123

050 Q 鉄砲伝来後に続々と入国した宣教師の目的は？ 124
A キリスト教布教の裏に植民地拡大の狙い！ 125

051 Q 天下統一をめざした織田信長が強かった理由は？ 126
A 天下布武の思想を抱いた兵農分離プロ軍団の力！ 127

052 Q 本能寺で信長を暗殺したのは本当に明智光秀か？ 128
A 光秀の背後には黒幕がいたという説も浮上！ 129

053 Q 豊臣秀吉が天下統一に成功した秘訣とは？ 130
A 朝廷の権威「関白」になることで全国支配権獲得！ 131

054 Q 秀吉の太閤検地と刀狩に隠された意味は？ 132
A 正しい納税と一揆防止で一気に中央集権化！ 133

055 Q 2度にわたる朝鮮出兵が失敗に終わった理由は？ 134
A 秀吉の誇大妄想に戦国大名たちは戦意喪失！ 135

056 Q 戦国武将たちに流行った茶湯政道とは？ 136
A 茶室がサロンになって、密室政治が行なわれた！ 137

057 Q 関ヶ原の戦いで東軍が勝利した原因は？ 138
A 合戦が始まる前の家康の動きに勝因があった！ 139

058 Q 大坂の陣で徳川方が豊臣方に勝った要因は？ 140
A 豊臣氏滅亡に執念を燃やした家康の作戦勝ち！ 141

コラム――★豊臣方武将　連続死の怪★ 142

4章 徳川三百年の繁栄〈江戸〉

059 Q 家康が実行した、全国大名への徹底支配策とは？ 144
A 各種の法で縛り、危険な大名ほど遠くに配置！ 145

060 Q 家光の大名支配策「参勤交代」の狙いとは？ 146
A 諸大名に経済力をつけさせず、人質をとるため！ 147

061
Q 徳川幕府の組織はどのように機能していたのか？ 148
A 老中を中心に複数監視システムが完備された！ 149

062
Q 厳しい掟で朝廷が力を抑えられたのは、なぜ？ 150
A 学問の世界に閉じこめ、政治から遠ざけた！ 151

063
Q 農村の百姓を支配するシステムとは？ 152
A 村方三役のもと、五人組で相互監視を徹底！ 153

064
Q 江戸時代の町人の暮らしはどうなっていたのか？ 154
A 町人たちは狭い地域に詰めこまれて生活！ 155

065
Q 街道には「関所」が設けられていたが、なぜ？ 156
A 鉄砲流入と大名妻子の国元への脱出監視のため！ 157

066
Q 鎖国中でも海外との貿易があったのはなぜ？ 158
A 幕府の貿易利益独占と、海外情報収集のため！ 159

067
Q 鎖国と海上交通の発達で商業はどう変わったか？ 160
A 初期豪商の時代から薄利多売の新興商人時代へ！ 161

068
Q 東の金取引、西の銀取引が生み出したものは？ 162
A 両替商がひとり儲かり、やがて銀行へ発展！ 163

069
Q 由井正雪の乱のあと、世の中はどう変わった？ 164
A 浪人減少政策、殉死の禁止で戦国時代が終了！ 165

070
Q 綱吉の生類憐みの令と服忌令の真の狙いは？ 166
A 殺生容認の戦国時代の終了を徹底させるため！ 167

071
Q 幕府が武断政治から文治政治へ移れた理由は？ 168
A 「戦争を知らない世代」が政治を動かしはじめた！ 169

072
Q 尾張・紀伊・水戸の御三家が置かれたのはなぜ？ 170
A 徳川家直系から将軍を出せないときの「保険」！ 171

073
Q 御三家2位の紀伊家4男がなぜ将軍になれた？ 172
A 天性の運の強さと藩政改革の実績が評価された！ 173

074
Q 8代将軍吉宗はなぜ名君と呼ばれたのか？ 174
A 財政再建と都市政策が江戸庶民に歓迎された！ 175

075
Q 江戸時代の4大飢饉は何を誘発したか？ 176
A 食料を求めて、一揆、打ちこわし、人食いまで！ 177

076
Q 田沼意次は評判どおりの悪徳政治家だったのか？ 178
A 重商主義政策を理解されずに支持率を落とした！ 179

077
Q 松平定信の「寛政の改革」に庶民はどう反応した？ 180
A 飢饉で荒廃した農村を救済するツケに庶民は不満！ 181

078
Q 米沢藩、秋田藩、松江藩、熊本藩の藩政改革とは？ 182
A 倹約令、綱紀粛正、人材登用で財政再建に成功！ 183

079 Q ロシアの脅威に幕府はどのように対処したのか？ 184
A 蝦夷地の調査を進めつつ沿岸警備を強化！ 185

080 Q 11代家斉の「大御所政治」が生み出したものは？ 186
A 幕政は大混乱したが文化文政の町人文化が開花！ 187

081 Q 水野忠邦の「天保の改革」はなぜ失敗したのか？ 188
A 庶民と大名・旗本を敵にまわした強硬策のせい！ 189

082 Q 幕藩体制を揺がす「雄藩」はどうやって誕生した？ 190
A 藩政改革で藩財政再建と洋式軍事力強化に成功！ 191

083 Q 蘭学はどのように始まり発展していったのか？ 192
A 徳川吉宗の漢訳洋書の輸入制限緩和に始まる！ 193

コラム――★写楽とは何者だったのか★ 194

5章 近代日本のあけぼの〈幕末～文明開化〉

084 Q 幕末のキーワード「尊王攘夷」とは何か？ 196
A ある事件を契機に尊王思想と攘夷思想が合体！ 197

085 Q 西洋列強が日本に開国と通商を求めた理由は？ 198
A 太平洋を渡る船舶の寄港地にしようとした！ 199

086
Q 不平等な日米修好通商条約がなぜ結ばれたのか？ 200
A 幕府の外交知識のなさが生んだ悲劇！ 201

087
Q 桜田門外の変で井伊直弼が暗殺された原因とは？ 202
A 日米修好通商条約調印後の安政の大獄が引き鉄！ 203

088
Q 薩摩藩や長州藩はなぜ外国艦隊と交戦したのか？ 204
A 尊王攘夷派は西洋列強の強さを知らなかった！ 205

089
Q 徳川慶喜が「最後の将軍」になったいきさつとは？ 206
A 激動の時代が慶喜を水戸家→一橋家→将軍家へ！ 207

090
Q なぜ尊王攘夷運動が討幕運動に変わったのか？ 208
A 「8月18日の政変」で流れが大きく変わった！ 209

091
Q 徳川幕府滅亡の最終的な決断を下したのは？ 210
A 慶喜は新政府参加の餌につられて大政奉還を承諾！ 211

092
Q 戊辰戦争の旧幕府軍敗北は何を意味しているのか？ 212
A 鎌倉幕府以来つづいてきた武家政権の終焉！ 213

093
Q 封建制打破を狙う明治新政府の2大改革とは？ 214
A 版籍奉還と廃藩置県で旧藩主の存在基盤を奪う！ 215

094
Q 「四民平等」で特権を奪われた「士族」のその後は？ 216
A 藩消滅、秩禄奉還、廃刀令で旧武士階級は没落！ 217

095 Q 「地租改正」で農民の納める年貢はどう変わった？ 218
A 収穫高ではなく地価の3％を地主が貨幣で納税！ 219
096 Q 明治新政府の金融政策が生み出したものとは？ 220
A 不換紙幣乱発の後始末のため日本銀行を設立！ 221
097 Q 明治の日本が力を注いだ「文明開化」とは？ 222
A 欧米列強と肩を並べるための必死の国際化！ 223
098 Q 太陽暦の採用で日本人の生活はどう変わった？ 224
A 1週間が単位となって日曜日が休日となった！ 225
コラム――★坂本龍馬を殺したのは誰か★ 226

6章 西洋列強との抗争〈明治〉

099 Q 「征韓論」はなぜ起こり、何を生み出したか？ 228
A 日本人居留民保護のはずが政府内の政争に発展！ 229
100 Q 西南戦争など不平士族の反乱はなぜ起きたのか？ 230
A 特権を失った士族の藩閥政府非難の内乱だった！ 231
101 Q 征韓論下野組による日本初の政党とは？ 232
A 愛国公党を結成し民撰議院設立の建白書を提出！ 233

102
Q 国会開設に備え自由民権運動はどう展開された？ 234
A 内紛・分裂のあと大同団結をめざすが弾圧の嵐！ 235

103
Q 内閣制度の創設、華族令公布の真の狙いは何か？ 236
A 開設予定の国会で藩閥が勢力を確保するため！ 237

104
Q 大日本帝国憲法の発布で日本はどう変わった？ 238
A 天皇の権限も憲法が定める立憲政治が確立！ 239

105
Q 日本初の国会はどのような勢力分布で発足した？ 240
A 第1回衆議院総選挙で民権派の野党が勝利！ 241

106
Q 不平等条約改正に向けた明治政府の苦心とは？ 242
A 井上馨は鹿鳴館を建てて欧米のご機嫌取りまで！ 243

107
Q 日清戦争はなぜ起き、どう決着したのか？ 244
A 朝鮮半島の奪い合いから始まり、日本が勝利！ 245

108
Q 日露戦争はどのような事情で始まったのか？ 246
A 大韓帝国と清国における日露の権益争奪戦から！ 247

109
Q 日露戦争に勝利したあと日本はどうした？ 248
A 大韓帝国を植民地化し、南満洲に進出！ 249

110
Q 日本最初の政党内閣はどのような形で発足？ 250
A 憲政党の「隈板内閣」が日本の政治の流れを変革！ 251

111 Q 猛スピードの日本の産業革命が生み出したものは？ 252
A 財閥が産業界を支配！　各種の社会問題も浮上！ 253

112 Q 日本初の労働組合はいつごろできたのか？ 254
A 日清戦争後、米国帰りの高野房太郎らが結成！ 255

113 Q 日本初の社会主義政党はなぜ弾圧されたのか？ 256
A 土地と資本の公有化綱領などが危険視された！ 257

114 Q 明治の学校教育はどのように変わっていったか？ 258
A 教育勅語の導入で天皇中心の「国体」教育へ！ 259

コラム――★大学の始まり★ 260

7章 戦争と平和の世紀〈大正～平成〉

115 Q 大正時代の政党政治の大きな特徴とは？ 262
A 軍部の圧力で政治が一貫せず第1次世界大戦に突入 263

116 Q 第1次世界大戦の最中、日本は何をしていた？ 264
A ドイツ勢力を東アジアから一掃し、権益を拡大！ 265

117 Q 第1次大戦後、国際政治はどう変化したのか？ 266
A 国際連盟が設立されて国際協調の時代へ！ 267

118 Q 初の衆院出身「平民宰相」原敬はなぜ暗殺された？ 268
A 戦後恐慌・大不況のなか政界汚濁の目の敵に！ 269
119 Q 大正の社会運動で特筆すべき「婦人運動」とは？ 270
A 女性の自由と参政権を求めて平塚らいてうらが活躍！ 271
120 Q 普通選挙法の成立で選挙はどのように変わった？ 272
A 有権者が一挙に4倍の1240万人に増えた！ 273
121 Q 大正～昭和の大不況は、いつから日本を襲った？ 274
A 第1次世界大戦後から不況はつづいていた！ 275
122 Q 満洲駐在の日本陸軍・関東軍は中国で何をした？ 276
A 蔣介石の北伐軍への切り札「張作霖」を爆殺！ 277
123 Q なぜ関東軍は内閣に従わず満洲国を建国した？ 278
A 満洲は日本にとって重要な経済基盤だったから！ 279
124 Q 五・一五事件、二・二六事件はなぜ起こったのか？ 280
A 政党政治を打破し、軍部主導の政治体制をめざす！ 281
125 Q 日本はなぜ日中戦争に突入していったのか？ 282
A 「東亜新秩序」は名ばかり、実際は武力による侵略！ 283
126 Q 大戦不介入の日本がなぜ太平洋戦争に突入？ 284
A 近衛内閣の日米交渉が軍部の圧力で挫折！ 285

127 Q なぜ広島と長崎に原爆が落とされたのか？ 286
A ソ連との和平工作を読み違え無条件降伏を黙殺！ 287
128 Q GHQの7年にわたる日本統治のポイントは？ 288
A 民主主義に基づく象徴天皇制と戦争放棄を重視！ 289
129 Q 独立後の日本政界に生まれた「55年体制」とは？ 290
A 憲法改正をめぐる保守・革新のバランス政治！ 291
130 Q 60年安保闘争後、日本の政治はどう展開したか？ 292
A 38年にわたる自民党政権、55年体制がついに崩壊！ 293

本文図版・イラスト――末永士朗

1章

王朝国家への歩み

〈原始～平安前期〉

日本人の祖先はいつごろどこからやってきた？

Q

日本は誕生以来ずっと、いまのような島国だったわけではありません。

本州、北海道、四国、九州、周辺の小さな島からなる日本列島ですが、いちばん古いところで約20億年前という歴史があります。

およそ日本列島の基礎ができたのは3000万年前から1500万年前で、もともとはアジア大陸の一部でしたが、200万年前ぐらいに、大陸と北海道、朝鮮半島と九州、この2つの陸橋を残して大陸から離れたのです。

1500万年前、アジア大陸から象が日本に渡ってきました。アネクテンスゾウと呼ばれるもので、岐阜県の可児《かに》・土岐《とき》地方から化石が見つかっています。ちなみに、なじみ深いナウマンゾウは30万年前から1万年前、マンモスは2～3万年前です。

このうちナウマンゾウを追いかけてアジア大陸からやってきたのが、愛知県牛川《うしかわ》人などの旧人です。猿人・原人・旧人・新人と発展する人類で3番めに古い人々です。静岡県三《みっ》ケ日《かび》人・浜北《はまきた》人、沖縄県湊川《みなとがわ》人などは新人と呼ばれています。これら日本に渡ってきた旧人や新人は、その後も日本で生活をつづけ、縄文人になっていきます。

彼らは、古くからアジア大陸にいた古《こ》モンゴロイドです。ところが、アジア大陸でも北方にいた新モンゴロイドが、弥生時代以降に朝鮮半島から渡来してきました。古モンゴロイドたちの楽園だった縄文時代の日本に、新モンゴロイドが入りこんできたのです。

こうして、「皮膚は黄色、髪の毛は黒く直毛、体毛は薄く、ひげは少ない、身長は中ぐらい、手も足も短くて胴長、頭のかたちは丸く、顔は扁平《へんぺい》」な日本人ができあがりました。

赤ちゃんの背中からお尻にできる蒙古斑《もうこはん》はモンゴロイドの特徴といえなくもありません。

A アジア大陸から新旧のモンゴロイドが来て合体！

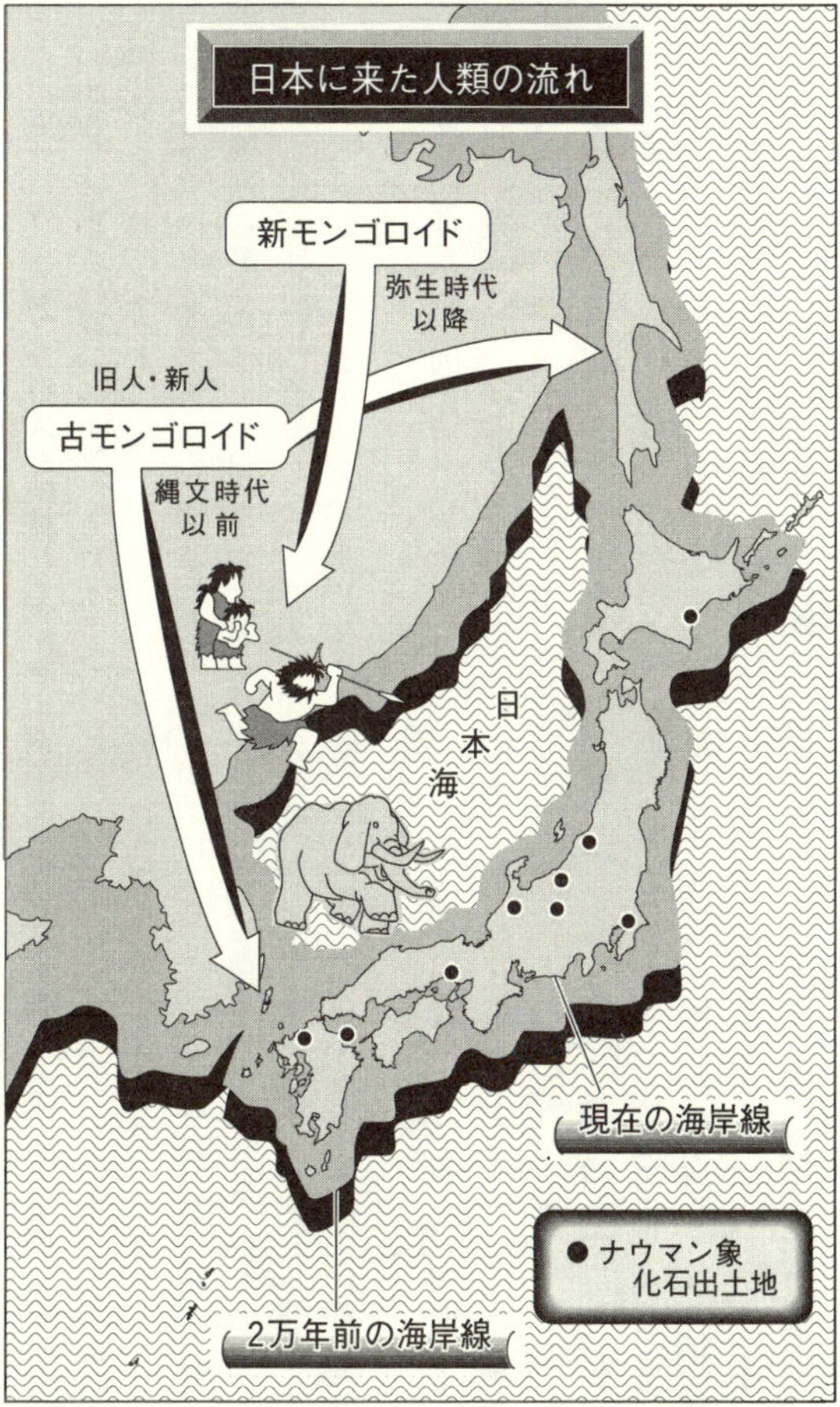

土器新発見で縄文時代はどこまでさかのぼる？　Q

日本が大陸から離れて島国になったころには、ナウマンゾウもマンモスも絶滅してしまい、かわりに動きの速いニホンシカやイノシシが狩猟の対象になりました。

これらの動物を捕獲するために、それまでの打製石器から磨製石器に変わります。旧石器時代から新石器時代へ移行したわけです。また、弓矢が使われるようになりました。

必要は発明の母、というわけです。捕らえた動物の皮を剥《は》いだり、肉を切ったりするために磨製石器が役立ったのはもちろんですが、生で食べられない肉に火を通すため、木の実のアクを抜くために煮炊きをすることを思いつきました。こうして土器が作られはじめたのです。

粘土で輪を作るように積み上げ、撚《よ》った紐で文様をつけたことから縄文土器と呼ばれました。形態によって草創期、早期、前期、中期、後期、晩期の6期に時代区分されます。草創期は丸底の土器でしたが、早期になると地面に突き刺すため尖底《せんてい》に、前期には地面に置くようになって平底になっていきます。

中期になると火焔《かえん》式と呼ばれる奇抜なデザインのものが登場すると同時に、盛りつけ用の浅鉢、急須のように水や酒を入れる注口土器、水や食糧を保存する壺まで作られるようになりました。

これまで縄文時代は1万２０００年前から始まり、弥生時代に移る２３００年前までの約1万年間というのが定説でした。ですが、平成11年（１９９９）4月、津軽半島の青森県外ヶ浜町にある縄文草創期の大平山元《おおだいやまもと》Ⅰ遺跡で見つかった土器片が、1万６５００年前に作られたものであることが判明したのです。世界最古の土器文化である縄文文化の起源が、またさかのぼることになりました。

A 定説の1万2000年前より4500年も古かった！

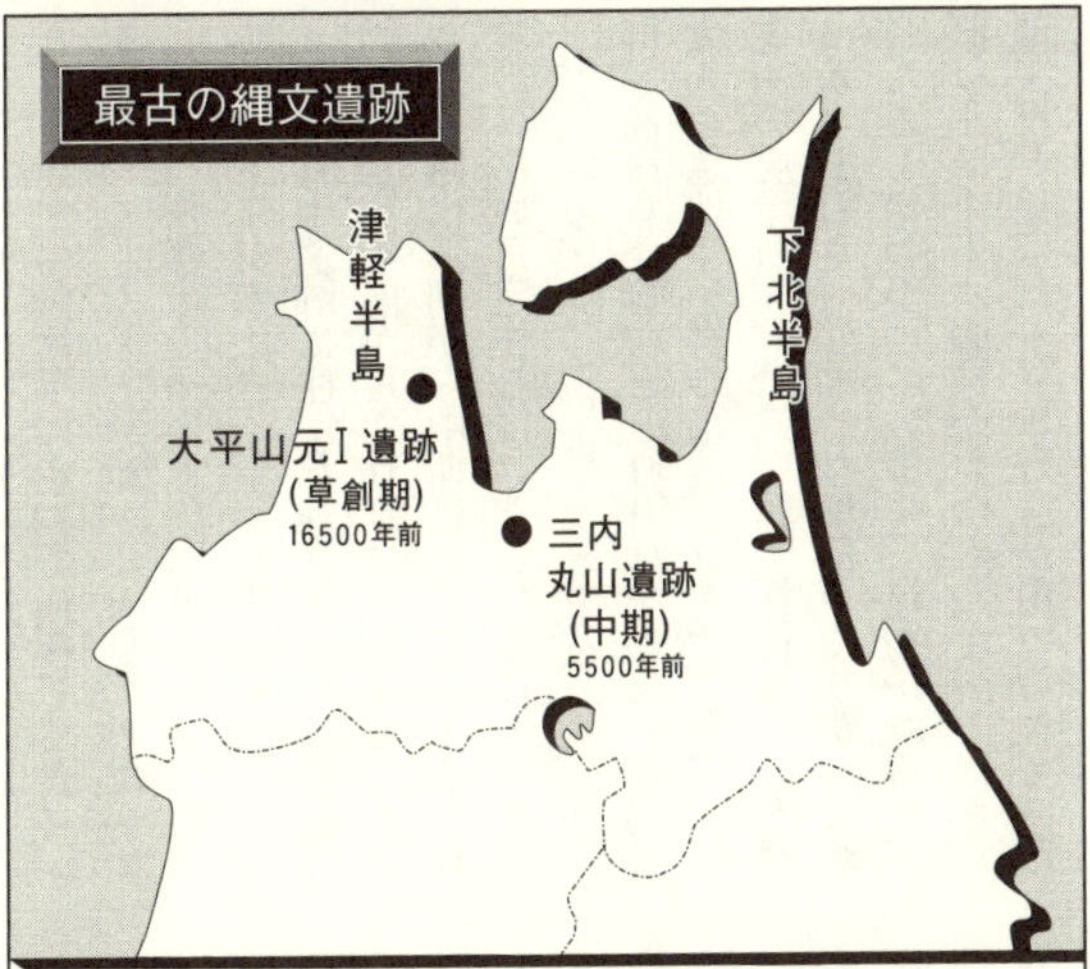
最古の縄文遺跡
津軽半島
下北半島
大平山元Ⅰ遺跡
(草創期)
16500年前
三内丸山遺跡
(中期)
5500年前

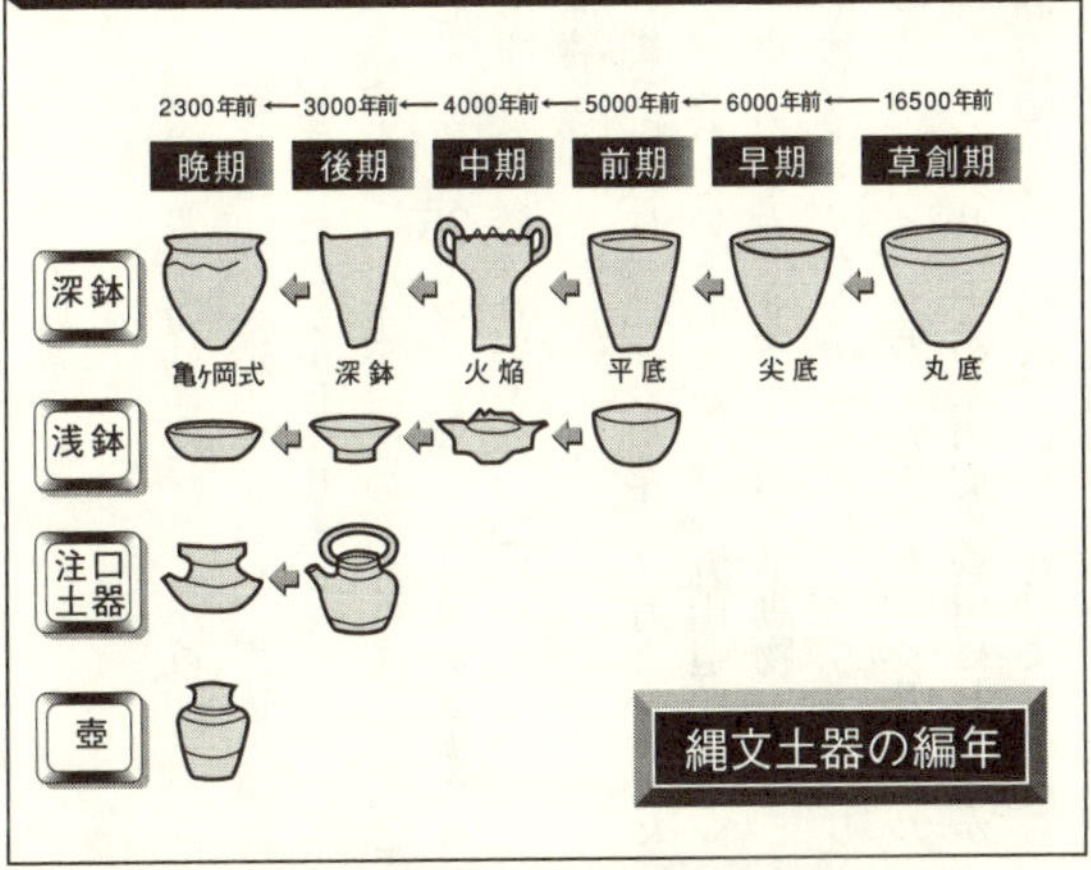
2300年前 ← 3000年前 ← 4000年前 ← 5000年前 ← 6000年前 ← 16500年前
晩期
後期
中期
前期
早期
草創期
深鉢
亀ヶ岡式
深鉢
火焔
平底
尖底
丸底
浅鉢
注口土器
壺
縄文土器の編年

三内丸山遺跡の縄文人はどんな生活をしていた？ Q

縄文人というと、動物の毛皮をまとった男たちが鎗《やり》や弓矢片手に走って捕獲して食べ、動物がいなくなると移動すると思われていましたが、青森市の三内丸山《さんないまるやま》遺跡の発掘によって、イメージが大きく変わりました。

三内丸山遺跡に住んだ縄文人たちの特徴は、約5500年前から4000年前まで、つまり縄文時代前期から中期にかけて、1500年ものあいだ定住していたということです。

35ヘクタールにのぼる遺跡からは、住居群、高床倉庫群など500棟を超える建物跡、大人の墓地、子供の墓地、ゴミ捨て場、土器専用の廃棄所、貯蔵穴、粘土採掘跡などが見つかっており、計画的な集落づくりが行なわれたことがわかっています。建物跡からは、直径1メートルの柱が見つかっているほか、縄文尺と呼ばれる計算方法が用いられていたこともわかりました。

どのような生活ぶりだったのか、発掘されたものから見ていきましょう。

＊食器

大量の土器が発見されたことから、三内丸山遺跡には土器製造工場があり、周辺の集落に分配されたことがわかりました。

赤漆を塗った木製漆器の断片を復元したところ、直径25センチ、厚さ5ミリのお椀になりました。漆の食器を作っていたのです。

＊食生活

縄文時代にはイノシシやシカなどがおもに食べられていましたが、三内丸山遺跡では、ノウサギやムササビなどの小型動物、クジラやオットセイなどの哺乳動物、イワシ、ブリ、マグロ、タイ、ヒラメなどの魚、クリ、クルミ、ドングリなどの木の実を食用にしたほか、酒の醸造も行なわれていました。また、何らかの方法でイネも食用にしていたようです。

A　1500年間も定住し、豊かな都市生活をつづけた！

三内丸山遺跡の食生活
クジラ
オットセイ
イワシ
ブリ
マグロ
タイ
ヒラメ
イノシシ
ムササビ
シカ
ノウサギ
クルミ
クリ
ドングリ

＊ファッション

イグサ科の植物繊維で編まれた高さ13センチの袋は、二本越し二本もぐりという方法で編まれており、「縄文ポシェット」と呼ばれています。このなかには、割れたクルミの実が1個入っていました。またヒスイや琥珀《こはく》を使ったネックレスやブレスレットなども作って、おしゃれを楽しんでいたようです。

＊道具類

骨を使った縫い針、舟のオールが見つかっていることから、外洋まで漕ぎ出して、クジラ、オットセイ、ブリ、マグロなどを捕獲していたこともわかりました。

また新潟県糸魚川《いといがわ》産のヒスイ、北海道産の黒曜石、秋田産のアスファルト、岩手産の琥珀が出土していることから、広い範囲にわたって交易が行なわれていたことを物語っています。

日本で初めて稲が栽培されたのはいつのことか？

Q

明治17年（１８８４）に東京本郷の弥生町の向ケ岡《むこうがおか》貝塚から出土した土器が、縄文土器と違う特徴をもっていたことから弥生土器と呼ばれるようになったように、かつては土器の違いで時代区分を行なっていました。

動物を狩猟したり木の実を採って食べていた縄文社会を採集経済といい、稲作をした弥生社会を農耕経済というわけです。

ですが、福岡県板付《いたづけ》遺跡や佐賀県菜畑《なばたけ》遺跡など縄文時代晩期の遺跡から水田が発見されたことで、弥生時代以前から稲作が行なわれていたことがわかり、さらに三内丸山遺跡の発掘によって、もっと古くから農耕社会が出現していたことが明らかになりました。

農耕といっても、いろいろあります。

採集生活に限界を感じた縄文人が最初に行なったのは、木の実の栽培でした。三内丸山遺跡では、縄文時代前期にはクリ林を計画的に栽培、管理していたのです。また、イネ科植物であるイヌビエのプラントオパール（イネ科植物などに含まれる多量のケイ酸が細胞に集積したもの）が大量に見つかり、食料にしていた可能性が高くなりました。

縄文人が栽培の次に行なったのは焼畑農耕、その次に水田農耕が起こり、稲作農耕に進みます。それが縄文時代晩期なのか、後期までさかのぼるのかは、まだ研究段階にあります。

稲作農耕は、中国長江《ちょうこう》下流域の浙江《せっこう》省河《か》姆渡《もと》遺跡など紀元前５０００年にさかのぼります。日本では縄文時代早期です。稲作農耕は山東半島・朝鮮半島経由で、５０００年もかかって、紀元前3〜4世紀に日本に伝わりました。だから九州北部の遺跡から最古の水田遺跡が見つかっているのです。ほかにも山東半島・遼東半島経由、長江下流域・東シナ海経由、南西諸島経由などの説があります。

A　弥生時代の前の縄文時代晩期には始まっていた！

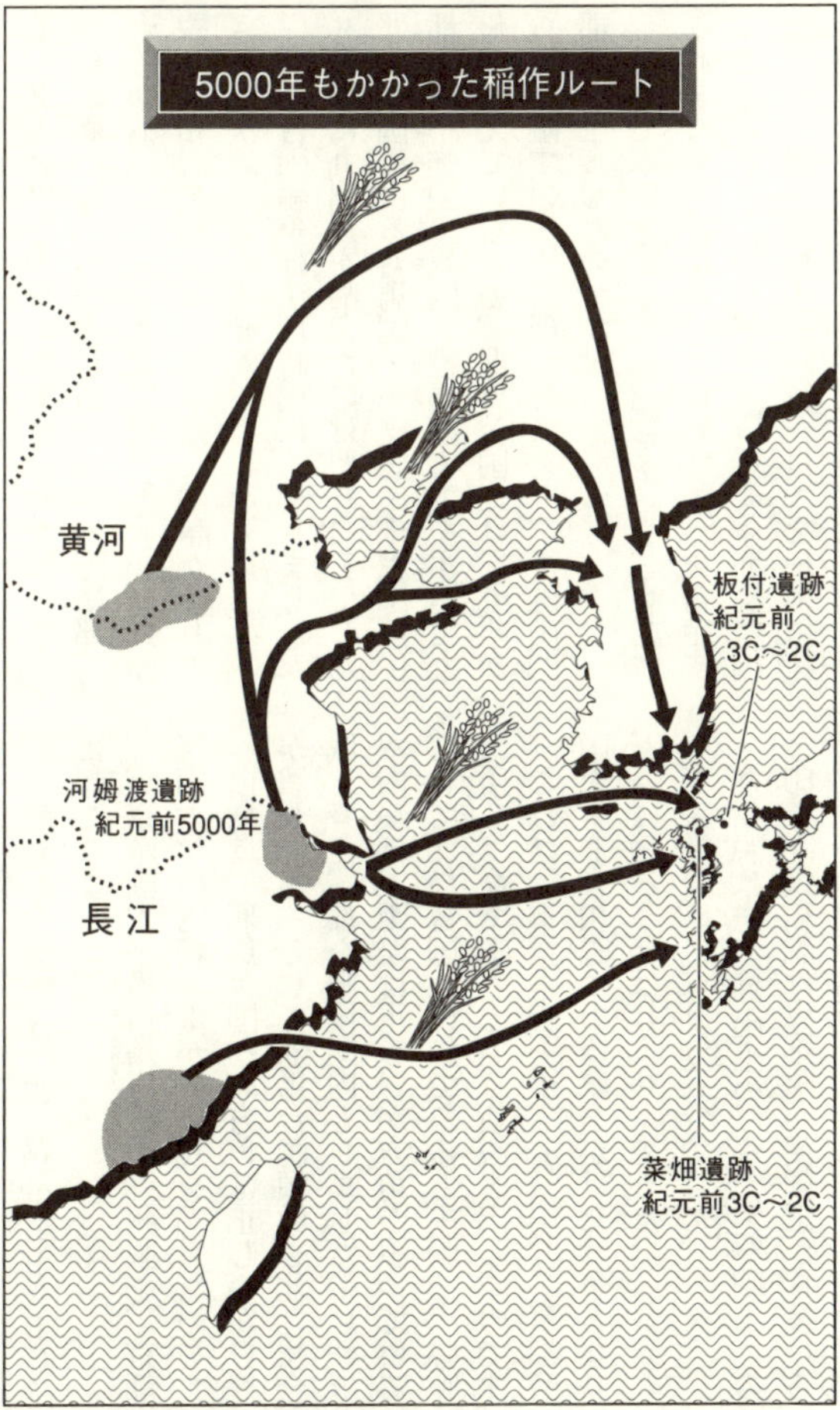

5000年もかかった稲作ルート
黄河
板付遺跡
紀元前
3C～2C
河姆渡遺跡
紀元前5000年
長江
菜畑遺跡
紀元前3C～2C

女王・卑弥呼の邪馬台国はどこにあったのか？

Q

邪馬台国《やまたいこく》は中国の『魏志倭人伝《ぎしわじんでん》』に登場する、2~3世紀の日本列島にあった国です。

わが郷土に邪馬台国があった、外国に邪馬台国があった、などは興冷めですが、九州説・大和説の両説は、いまだに論争がくり返され、決着していません。

邪馬台国論争は江戸時代に始まりました。最初に九州説を唱えたのは新井白石《あらいはくせき》でした。邪馬台国に至る対馬国・一支《いき》国・末盧《まつら》国・伊《い》都《と》国・不弥《ふみ》国・奴《な》国・投馬《とま》国までをすべて九州と考えていたので、邪馬台国だけを九州から切り離すのが不合理だと考え、筑後国山門《やまと》郡説を主張したのです。

ついで本居宣長《もとおりのりなが》も九州説を主張しました。これまでの「神功皇后《じんぐうこうごう》=卑弥呼《ひみこ》説」を否定するとともに、『魏志倭人伝』にある邪馬台国までの日程「水行十日陸行一月」を根拠に持ち出したのです。ただ伴信友《ばんのぶとも》だけは大和説を主張して譲りませんでした。

2度めの大論争は、明治43年（1910）に起こりました。

東京帝国大学の白鳥庫吉《しらとりくらきち》が九州説を、京都帝国大学の内藤湖南《ないとうこなん》が大和説を唱えたのです。

白鳥は、邪馬台国への方角は正しいが日程が誤りであるとして邪馬台国領域を北九州全域と考え、都を肥後国内としました。いっぽう内藤は、距離は正しいが方角が誤っているとして邪馬台国が大和であると主張。卑弥呼は倭姫命《やまとひめのみこと》であるという新説を出したのです。

これは「東京帝国大学=九州説」「京都帝国大学=大和説」の権威をかけた論争となり、互いに譲ろうとはしませんでした。

考古学の成果も五分五分でした。

九州説は志賀島《しかのしま》出土の「漢委奴国王《かんのわのなのこくおう》」の金印を、大和説は卑弥呼が漢国王から授けられた銅鏡の出土場所を論拠にしています。

A 大和か九州かで、日本の歴史が大きく変わる！

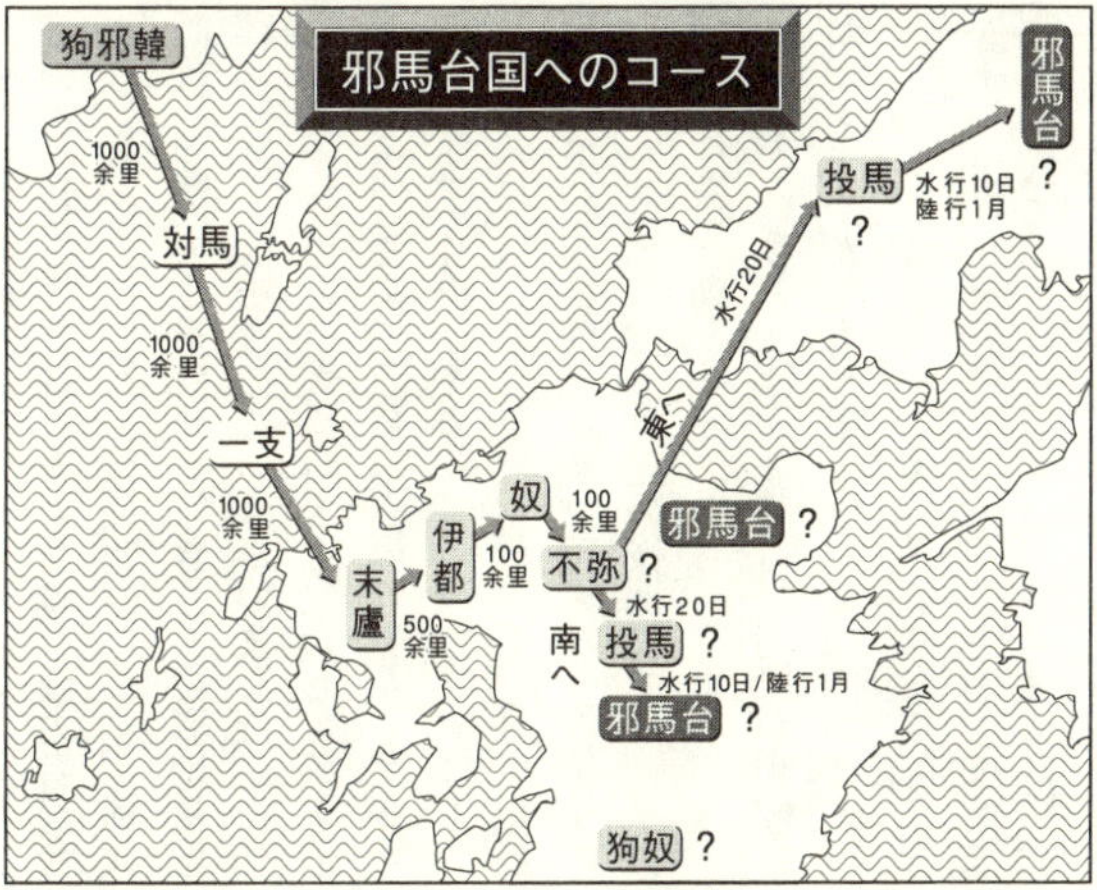

その後も、佐賀県で吉野ケ里《よしのがり》遺跡が発見されれば九州説が、奈良県で纏向《まきむく》遺跡などが発見されれば大和説が元気を出す始末。

なぜ学者が論争に熱中するのでしょうか。それは、日本の大和政権（大和朝廷）の成り立ちに大きく影響するからなのです。

もし大和であれば、2～3世紀には大和政権の前身ともいうべき中央政権があったことになりますし、もし九州であれば、大和とは別の政権が存在した、または九州にあった政権が大和に遷《うつ》ったことになるからです。

はたして邪馬台国はどこにあったのでしょうか。現在のところ、対馬国は対馬、一支国は壱岐、末盧国は松浦、伊都国は糸島郡、奴国は博多、までは意見が一致していますが、不弥国、投馬国、そして邪馬台国の場所が不明です。やはり考古学の成果を、首を長くして待っているしかなさそうです。

古墳時代の巨大古墳には誰が眠っているか？

Q

弥生時代も終わりのころになると、邪馬台国の卑弥呼に代表されるように、権力者が台頭してきます。これを首長といいます。縄文時代の三内丸山遺跡にも、きちんと墓地に埋葬される人とそうでない人がいました。

首長が死ぬと、大量の人を動員して墓を造りました。このころには鉄器が普及していたため、土木作業がやりやすくなっていました。

古墳時代は3期に分けられます。3世紀後半~4世紀末の前期、4世紀末~5世紀末の中期、5世紀末~7世紀の後期ですが、7世紀だけは終末期と呼ぶこともあります。

古墳というと、巨大な前方後円墳が想像されがちですが、もっとも多いのは円墳です。次に多いのが方墳。ほかにも前方後方墳、帆《ほ》立貝《たてがい》式古墳。上円下方墳など形状はさまざま。弥生時代に作られた方形《ほうけい》周溝《しゅうこう》墓《ぼ》はその原形というべきでしょう。

被葬者の墓石の内外には鏡や刀、沓《くつ》などの副葬品が納められるほか、濠《ごう》などには埴輪《はにわ》が埋められます。これは殉死者のかわりという説、土留め説、玉垣説などがあります。

古墳で有名なのは、仁徳《にんとく》天皇陵、応神《おうじん》天皇陵など天皇名が冠された巨大古墳です。ですがこれは、『延喜式《えんぎしき》』諸陵寮式《しょりょうりょうしき》に記された記録に基づいて、明治時代初期に宮内省諸陵寮（いまの宮内庁書陵部）が定めたもので、それぞれの陵墓に、その名前のとおり天皇や皇后などが納められているわけではありません。世界でいちばん面積の大きな仁徳天皇陵は5世紀中ごろの古墳ですが、仁徳天皇は5世紀前半と考えられているので時代が合いません。こんな陵墓がたくさんあるのです。学者の多くは古墳の被葬者を特定するために、内部の発掘とまではいわなくても、周囲の発掘や、墳丘の立ち入り調査を主張しています。

A 天皇陵に天皇が眠っているとは限らない！

巨大古墳ベスト30

	天皇名など	古墳名	場所	全長(m)
1	仁徳天皇	大山古墳	大阪府堺市	486
2	応神天皇	誉田御廟山古墳	大阪府羽曳野市	425
3	履中天皇	石津ヶ丘古墳	大阪府堺市	365
4		造山古墳	岡山県岡山市	350
5		河内大塚山古墳	大阪府羽曳野市・松原市	335
6		見瀬丸山古墳	奈良県橿原市	310
7		ニサンザイ古墳	大阪府堺市	300以上
8	景行天皇	渋谷向山古墳	奈良県天理市	300
9	仲 姫 命	仲津山古墳	大阪府藤井寺市	290
10		作山古墳	岡山県総社市	286
11	倭迹迹日百襲姫命	箸墓古墳	奈良県桜井市	280
12	神功皇后	五社神古墳	奈良県奈良市	275
13		ウワナベ古墳	奈良県奈良市	255
14	平城天皇	市庭古墳	奈良県奈良市	250
14		メスリ山古墳	奈良県桜井市	250
16	仲哀天皇	岡ミサンザイ古墳	大阪府藤井寺市	242
16	崇神天皇	行燈山古墳	奈良県天理市	242
18		室大墓古墳	奈良県御所市	238
19	允恭天皇	市野山古墳	大阪府藤井寺市	230
20	垂仁天皇	宝来山古墳	奈良県奈良市	227
21	継体天皇	太田茶臼山古墳	大阪市茨木市	226
22		墓山古墳	大阪府羽曳野市	225
23	磐之媛命	ヒシアゲ古墳	奈良県奈良市	219
23	手白香皇女	西殿塚古墳	奈良県天理市	219
25	成務天皇	佐紀石塚山古墳	奈良県奈良市	218
26		川合大塚山古墳	奈良県北葛城郡河合町	215
27		築山古墳	奈良県大和高田市	210
27		西陵古墳	大阪府泉南郡岬町	210
27		太田天神山古墳	群馬県太田市	210
30		津堂城山古墳	大阪府藤井寺市	208

資料：堺市作成「古墳大きさランキング」

イザナギとイザナミで始まる「神話」の秘密とは？　Q

日本の神話というと、かつては国定教科書や日本むかし話で親しんだものですが、最近はなじみが薄くなってしまっています。ここでは見開き最速でお伝えしましょう。

イザナギ・イザナミの兄妹神が結婚して日本列島を造るまでが「国生み神話」です。

神々を生んだところで陰部を焼かれて死んだイザナミを追って黄泉国《よみのくに》に行き、腐乱して蛆《うじ》がわいた妻の姿を見たイザナギは地上に逃げ帰り、日向で身を清めました。このときアマテラス、ツクヨミ、スサノオが生まれます。

イザナギは、アマテラスに高天原《たかまがはら》を、ツクヨミに夜の食国《おすくに》を、スサノオには海原を治めさせようとしますが、スサノオは亡き母に会いたがります。怒ったイザナギがスサノオを追放すると、スサノオは姉のアマテラスに会いに行くといって天に昇って行きました。

スサノオが高天原で荒れすさぶため、恐れ怒ったアマテラスは天《あま》の岩屋戸《いわやと》に籠もってしまい、高天原は闇夜となってしまいました。そこで八百万《やおよろず》の神々は岩屋戸の前で祭りを行ない、アメノウズメが陰部もあらわに踊り、このようすを怪しんだアマテラスが岩屋戸を細目に開けたところを引き出すのです。

スサノオは高天原を追われて出雲に降り、この地で八岐大蛇《やまたのおろち》を退治してクシナダヒメを救い、オロチの尾から得た草薙剣《くさなぎのつるぎ》をアマテラスに献上。そしてクシナダヒメと結婚しますが、その6世孫がオオナムチです。

美男子オオナムチはヤカミヒメをめぐって兄弟神と争って勝ちますが、かえって兄弟神の恨みを買い、難をのがれて紀伊国からスサノオの棲む根《ね》の国に逃げのびました。そこでスサノオの娘スセリヒメらに助けられ、スサノオから呪器を奪って地上に生還します。

オオナムチはオオクニヌシとして生まれ変

A 日本神話はギリシア神話の影響を受けていた！

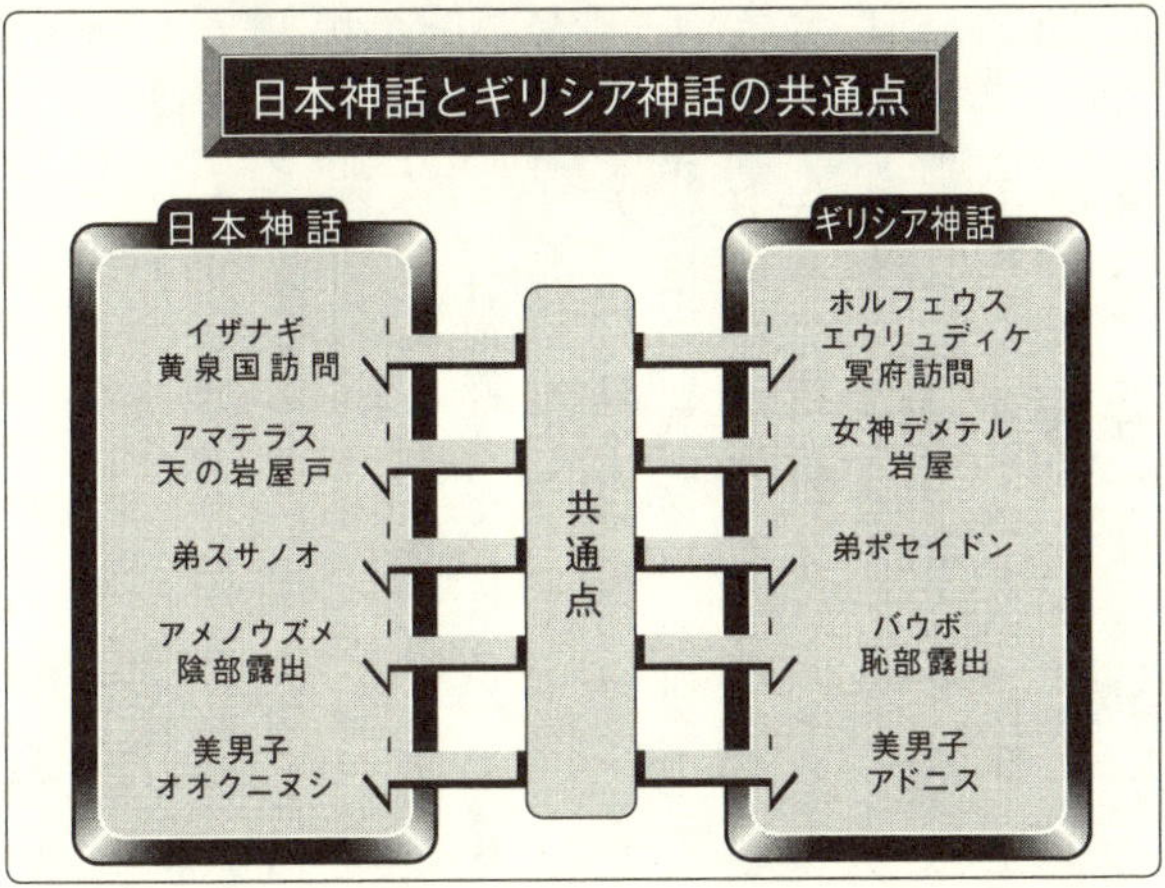

わり、スクナビコナやオオモノヌシとともに国作りを始めました。ここまでを「出雲神話」といいます。

オオクニヌシが高天原と黄泉国の中間にある葦原中国《あしはらのなかつくに》を支配しはじめたところ、アマテラスが子供たちを派遣して、オオクニヌシに豊原中国を献上させます。これが「国譲り神話」です。

アマテラスは、「八咫鏡《やたのかがみ》」「草薙剣」「八坂《やさか》瓊曲玉《にのまがたま》」の三種の神器をそえて、ニニギノミコトを高千穂に天降らせ、こうして「天孫降臨神話」が生まれました。このニニギノミコトの曾孫が神武《じんむ》天皇というわけです。

以上が日本神話のダイジェストですが、じつはギリシア神話と共通点が多いのです。

ギリシアと交易を行なっていた騎馬民族が朝鮮半島を経由して、神話を古墳時代の日本に伝えたというのです。

大和政権（大和朝廷）が氏姓制度を設けた理由は？

Q

わたしたちの名前は、姓と名に分かれています。姓で家を区別し、名で個々を区別しています。ですが古代では、そんな単純なものではありませんでした。大和政権の中枢は大《おお》王《きみ》（のちの天皇）を中心として、大和や河内の豪族連合が握っていました。それでは統制がとれないために氏姓《しせい》制度を確立したのです。氏《うじ》というのは血族連合で、姓《かばね》というのは称号と理解すればいいでしょう。

それぞれの氏にはトップである氏上《うじのかみ》がいて、直系・傍系の血族が従い、非血族の者たちを隷属させていました。ヤクザのボスがいて、のれん分けした組の親分がいて、その下に子分がいるようなものと思えばいいでしょう。

氏の種類には、葛城《かつらぎ》・平群《へぐり》・巨勢《こせ》・蘇我《そが》など地名に由来するものと、大伴《おおとも》・物部《もののべ》・土《は》師《じ》・中臣《なかとみ》など職業に由来するものがあります。

姓の起源は、『古事記』『日本書紀』にも登場する彦《ひこ》・根子《ねこ》・君《きみ》・別《わけ》・宿禰《すくね》などですが、大和政権は豪族たちに臣《おみ》・連《むらじ》・君《きみ》・直《あたえ》・造《みやつこ》・首《おびと》・史《ふひと》などを与えました。

なかでも臣・連の階級は高く、臣には葛城・平群・巨勢・蘇我など大和政権を構成する豪族や吉備・出雲など地方有力豪族がなり、連には大伴・物部・中臣など職業をもって大和政権に仕える豪族がなりました。

とくに臣のなかでも位の高い葛城・平群・巨勢・蘇我を大臣に、連のなかでも位の高い大伴・物部を大連に任じました。さらに大和政権は、政務や祭祀などの職務を司る豪族を伴造《とものみやつこ》に、百済《くだら》などから渡来した技術者集団を品部《しなべ》に、地方首長豪族を国造《くにのみやつこ》に任命して私有地田荘《たどころ》、私有民部曲《かきべ》を支配させ、また地方豪族の一部を名代《なしろ》・子代《こしろ》の部（長谷部・春日部など）という直轄民にして屯倉《みやけ》と呼ばれる大王家直轄領に組みこんだのです。

A タテ割り社会にして支配しやすくするため！

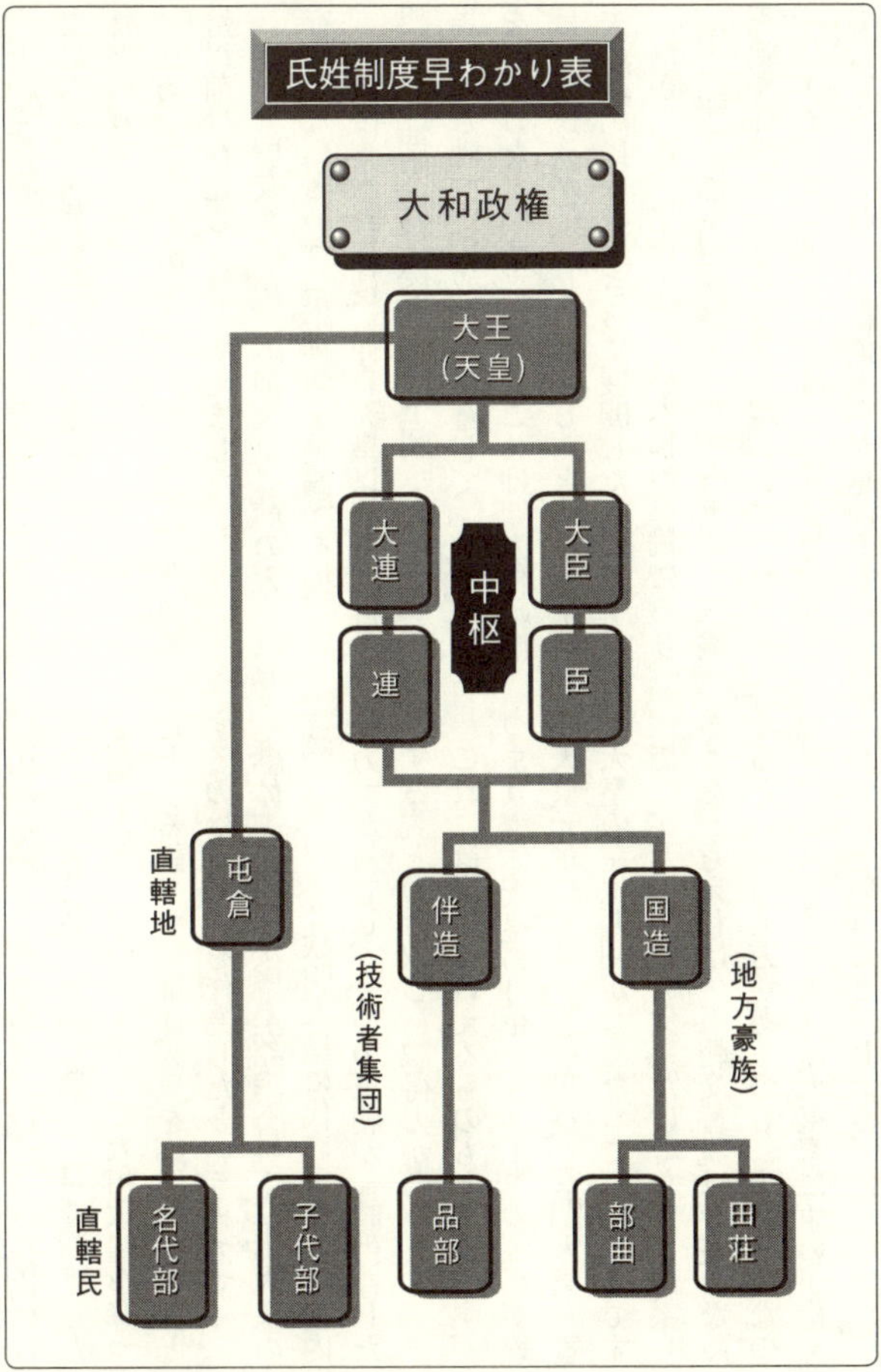
氏姓制度早わかり表
大和政権
大王（天皇）
大連
大臣
中枢
連
臣
直轄地
屯倉
伴造
国造
（技術者集団）
（地方豪族）
直轄民
名代部
子代部
品部
部曲
田荘

Q 万世一系の天皇家にかかわる大問題とは何か？

王朝交替説というのは、天皇家が万世一系ではなく、古代において政権乗っ取りがあったという考え方です。

初めに唱えたのは津田左右吉《つだそうきち》で、仲哀《ちゅうあい》天皇以前は存在しないと考えました。

次に林屋友次郎が、応神天皇以前の天皇は存在しないという「応神新王朝論」を提唱。

その後、水野祐は、仲哀天皇以前を「古王朝」、応神天皇以後を「中王朝」と考え、邪馬台国と戦った狗奴《くな》国が東遷して「中王朝」を形成したと唱えました。これは、大和政権は騎馬民族が征服して誕生したとする江上波夫の騎馬民族説をさらに展開したものです。

ほかにも、「古王朝」は大和の三輪にあり、「中王朝」は河内に成立した河内王朝が三輪王朝を征服したという説も現われました。

なかでもユニークなのは、「継体《けいたい》新王朝論」でしょう。これは、継体天皇が越前あるいは近江から迎えられたのは、近江の息長《おきなが》氏に代表される北方勢力が、武烈《ぶれつ》天皇で断絶した「応神王朝」のあとをうけて大和政権を奪ったとする説です。継体天皇を応神の5世孫とするのは正統性を作為したというのです。

継体天皇の死後、安閑《あんかん》天皇・宣化《せんか》天皇の「畿外勢力」と欽明《きんめい》天皇に代表される「畿内勢力」が対立し、2つの王朝が一時併存したとする説とも合致し、説得力があります。

これには証拠といえるものもあるのです。つまり継体天皇の没年（531）の翌年が欽明天皇元年（532）だから、安閑天皇と宣化天皇の在位期間がなくなってしまうのです。

ですが万世一系を父系だけでなく、母系もあったと考えれば、王朝交替説は存在しなくなるという考え方があるのも、また事実なのです。それだけ、古代の天皇家に争いが絶えなかったということでしょう。

A 王朝交替説が主張する古代天皇家の政権争い！

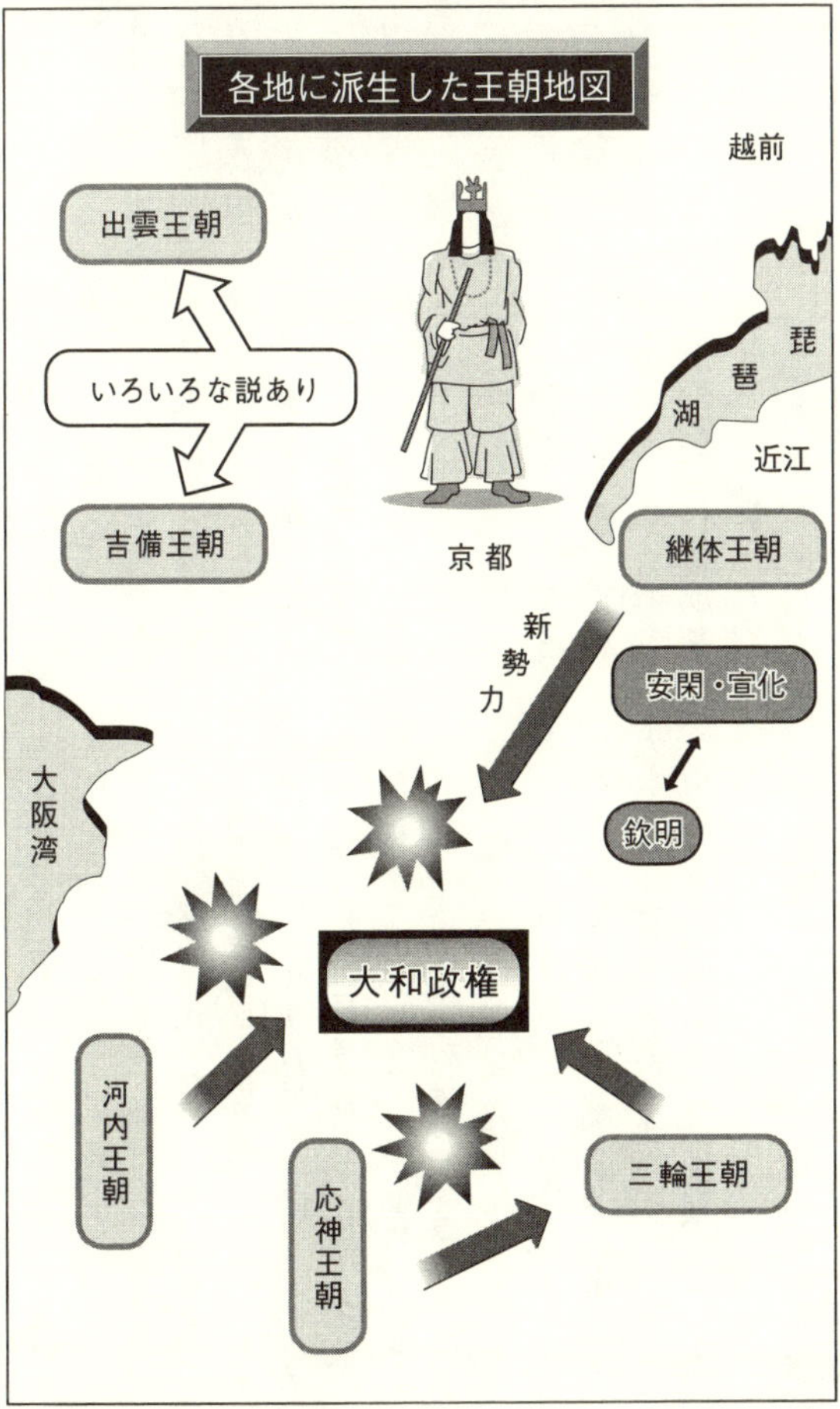
各地に派生した王朝地図
越前
出雲王朝
いろいろな説あり
吉備王朝
琵琶湖
近江
京都
継体王朝
新勢力
安閑・宣化
欽明
大阪湾
大和政権
河内王朝
応神王朝
三輪王朝

蘇我氏と物部氏の凄絶な仏教対立の原因とは？

Q

日本に仏教が持ちこまれたのは6世紀の初めのことでした。渡来人の子孫たちが信奉していたのです。そのあと、宣化天皇3年（538）に、百済《くだら》の聖明王《せいめいおう》が仏像と経典を大和政権に献上したことで公式に伝えられました。

天皇は終始、中立の立場をとったようですが、蘇我氏と物部氏は、崇仏派と排仏派に分かれて論争するだけでなく、過激な対立をくり返すことになりました。新興宗教というものは、いつの世でも迫害を受けるものですが、それは仏教も例外ではなかったようです。

百済の聖明王が仏像と経典を献上してきたとき、天皇は、大臣の蘇我稲目《そがのいなめ》と大連《おおむらじ》の物部尾輿《もののべのおこし》を呼んで意見を聞きました。これを聞いた物部尾輿は猛反対。蘇我稲目は賛成して、向原《むくはら》家を寺にして礼拝するようになったのです。

疫病が流行したとき、仏教を崇拝したから国神《くにつかみ》が怒ったのだと主張した尾輿は、稲目の向原寺《むくはらでら》を焼き払い、仏像を捨ててしまいます。火に油を注ぐようなものでした。

蘇我と物部の対立は、稲目の子の馬子《うまこ》、尾輿の子の守屋《もりや》の世代になってもつづきました。

疫病の流行は稲目の仏教崇拝が原因だとする守屋は、蘇我氏が管理する大野丘北の寺の塔、仏殿、仏像を焼き、残りの仏像も難波の堀江に捨ててしまいます。それだけではありません。敏達《びだつ》天皇の死後の殯宮《もがりのみや》で、守屋が馬子の姿を「矢で射られた雀のようだ」と嘲《あざけ》り、これを聞いた馬子が「守屋の震える手脚に鈴をかけてしまえ」と嘲り返す始末。こうなれば坊主憎けりゃ袈裟《けさ》まで憎い、です。

やがて2人の対立は、皇位継承争いにまで発展しました。

用明《ようめい》天皇（母は蘇我堅塩媛《そがのきたしひめ》）の異母弟の穴《あな》穂部皇子《ほべのみこ》（母は蘇我小姉君《そがのおあねのきみ》）と親しかった守

A 一族生き残りをかけた政争が皇位争いへ発展！

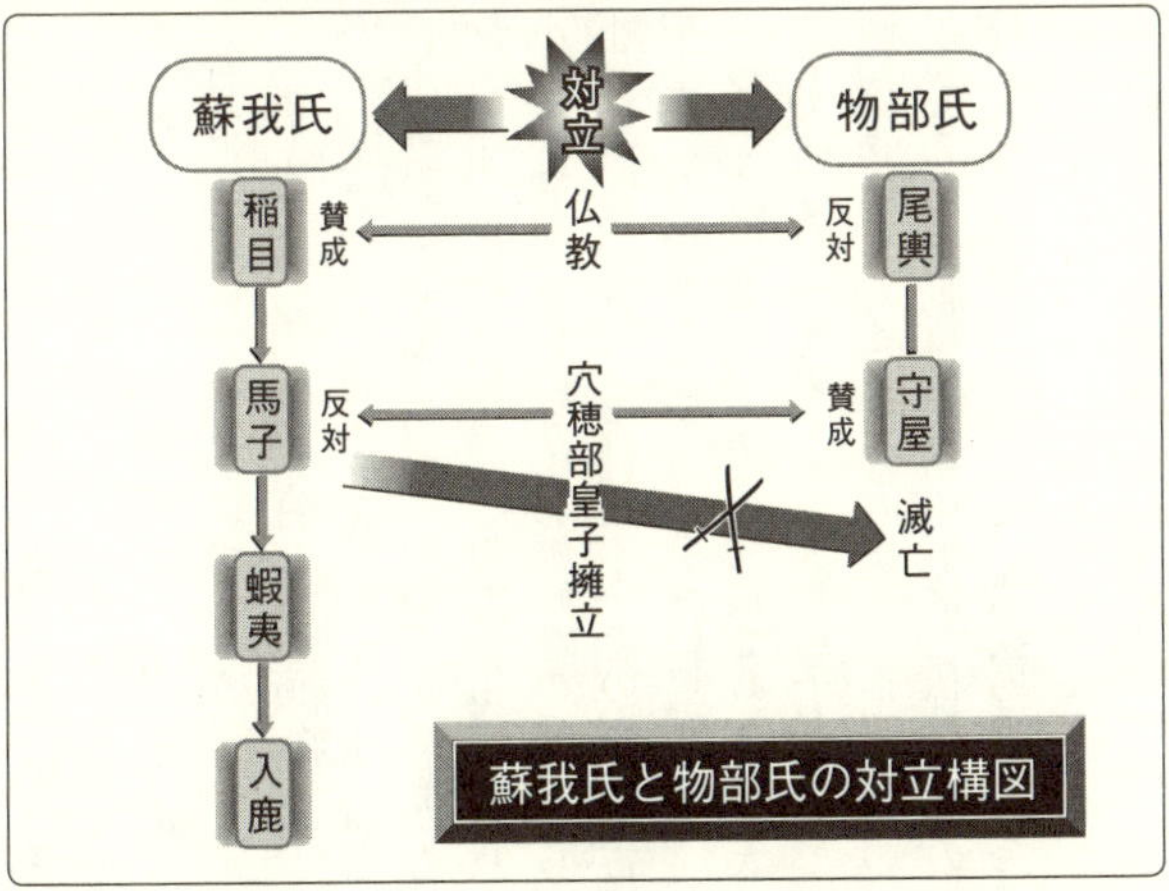
蘇我氏
対立
物部氏
稲目
賛成
仏教
反対
尾輿
馬子
反対
穴穂部皇子擁立
賛成
守屋
滅亡
蝦夷
入鹿
蘇我氏と物部氏の対立構図

屋は、穴穂部皇子の皇位継承を阻もうとする三輪逆《みわのさかう》を殺してしまうのです。

しかし、大和政権のなかで孤立していくのを知った守屋は、挙兵の準備を進めます。守屋と同じく排仏派である中臣勝海《なかとみのかつみ》も兵を集めたところで、用明天皇が死亡。守屋は穴穂部皇子を天皇に擁立しようと動きます。

ところが、馬子が穴穂部皇子を暗殺。泊瀬《はつせ》部皇子《べのみこ》（のちの崇峻《すしゅん》天皇）、竹田皇子《たけだのみこ》、厩戸王《うまやとおう》（聖徳太子）のほか、紀《き》・巨勢《こせ》・膳《かしわで》・葛城・大伴・阿倍・平群《へぐり》・坂本・春日ら諸豪族の勢力を糾合して、守屋を攻め滅ぼしてしまうのです。

では、もし守屋が排仏派に立たず、ともに崇拝していれば、蘇我氏と対立することはなかったでしょうか。天皇家の外戚として権力を伸ばしていた蘇我氏です。大連である物部氏を目の敵にしたのはいうまでもありません。

有能な厩戸王（聖徳太子）はなぜ天皇になれなかったのか？

Q

厩戸《うまやと》王《おう》（聖徳太子）の人生は、蘇我馬子率いる物部守屋討伐軍に加わったことで決まりました。いや、生まれたときから運命は定められていたといってもいいでしょう。

厩戸王の父の用明天皇は蘇我堅塩媛《そがのきたしひめ》（蘇我稲目の娘）の子、母の穴穂部間人皇女《あなほべのはしひとのひめみこ》は蘇《そ》我《がの》小姉君《おあねのきみ》（蘇我稲目の娘）の娘です。しかも父方の祖母の蘇我堅塩媛と母方の祖母の蘇我小姉君は蘇我稲目の異腹の姉妹なのですから、まさに蘇我一族。おまけに、ときの女帝推古《すいこ》天皇の父は欽明天皇、母は蘇我堅塩媛です。

つまり厩戸王は、父母の姉妹である推古天皇と、祖父母の兄弟である蘇我馬子と3人で政治を行なったことになります。推古天皇の摂政となった厩戸王の初仕事は、仏教を国の公式宗教にすることでした。蘇我馬子の命令だったことはいうまでもありません。

冠位十二階の制定、十七条憲法の作成、遣隋使の派遣、『天皇記』『国記《こくき》』以下史書の編纂などは、推古天皇が厩戸王に担当させ、蘇我馬子と協力したと日本史の教科書にはありますが、そうではないでしょう。蘇我馬子の政治を厩戸王が実現し、推古天皇が承認したというのが実態ではないでしょうか。

厩戸王といえば、同時に8人の話を聞き分けられたなど超人的な才能の持ち主だったといわれています。こうした太子信仰も、蘇我氏独裁政権を隠すための隠れみのだったとすれば納得できます。

順当にいけば、推古天皇のあとは皇太子の厩戸王が天皇になったのでしょうが、厩戸王は病没してしまいます。ですが、この死には謎が多く自殺説もあります。事実、厩戸王は晩年、仏教どっぷりな生活を送っていますから、蘇我氏に操られつづけた厩戸王が悲観して自殺したとも考えられるのです。

A 病没！ 蘇我氏の操り人形でいたくなくて自殺!?

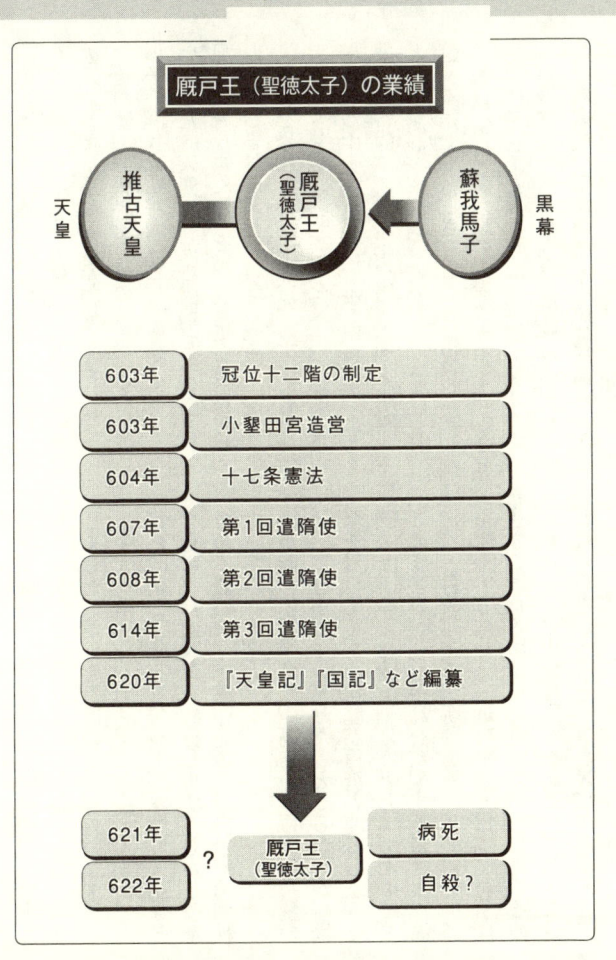

厩戸王（聖徳太子）の業績

天皇
推古天皇
厩戸王
（聖徳太子）
蘇我馬子
黒幕

603年	冠位十二階の制定
603年	小墾田宮造営
604年	十七条憲法
607年	第1回遣隋使
608年	第2回遣隋使
614年	第3回遣隋使
620年	『天皇記』『国記』など編纂

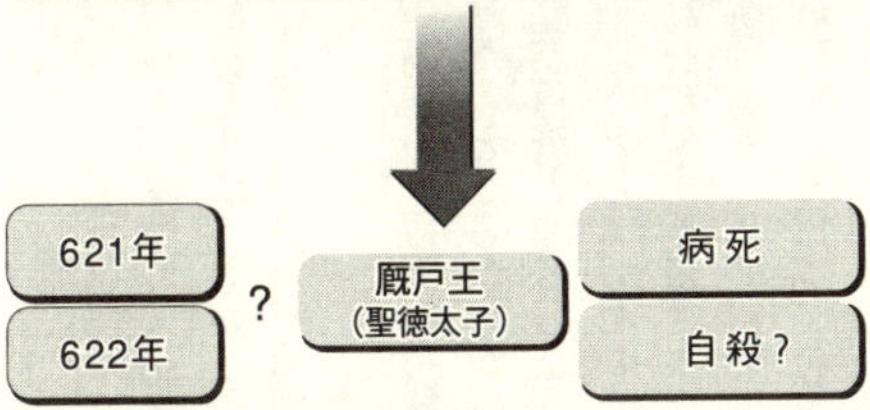
621年
622年
？
厩戸王
（聖徳太子）
病死
自殺？

大化改新を急がせた一触即発の国際情勢とは？

Q

推古天皇の腹違いの兄弟敏達《びだつ》天皇の孫にあたる舒明《じょめい》天皇が皇位を継ぎ、さらに舒明天皇の姪にあたる皇極《こうぎょく》天皇が即位しました。

その間、蘇我馬子の子の蝦夷《えみし》、さらに、その子の蘇我入鹿《いるか》が大臣として権勢を振るっていました。入鹿は、天皇候補である山背大《やましろのおお》兄王《えのおう》（厩戸王の子）を滅ぼして、政権を乗っ取ってしまおうとしていたのです。

それを恐れたのが中大兄皇子《なかのおおえのみこ》（のちの天智《てんじ》天皇）でした。舒明天皇を父に、皇極天皇を母にもつ中大兄皇子は、中臣鎌子《なかとみのかまこ》（のちの藤原鎌足《ふじわらのかまたり》）と謀って宮中で入鹿を暗殺すると、蝦夷の邸宅を襲って自殺させます。これで蘇我本宗家《ほんそうけ》を滅亡させることに成功しました。

翌日、母皇極天皇の弟孝徳《こうとく》天皇を即位させ、自分は皇太子として政治の実権を握ります。

阿倍倉梯麻呂《あべのくらはしまろ》を左大臣、蘇我倉山田石川麻《そがのくらやまだのいしかわま》呂《ろ》を右大臣、中臣鎌子を内臣に任命し、唐に留学経験のある僧旻《みん》と高向玄理《たかむくのくろまろ》を国博士《くにはかせ》としてブレーンに置き、年号を制定して大化としました。これを乙巳《いっし》の変、といいます。

中大兄皇子は、翌大化2年（646）の元日に改新の詔《みことのり》を発して、公地公民制などを定め、行政改革を断行します。しかし改革を急ぐ裏には、一触即発の国際紛争が隠されていたのです。

当時の朝鮮半島は、高句麗《こうくり》・百済・新羅《しらぎ》の3国に分かれていました。ところが唐から侵略を受けていた高句麗が百済と連合しようと画策し、新羅は唐と結ぼうとしていたのです。このまま唐が朝鮮半島を支配するにせよ、高句麗・百済連合軍が新羅を滅ぼして朝鮮半島を統一するにせよ、近い将来、日本が紛争に巻きこまれるのは目に見えていました。そのためにも、中央集権国家を確立しておかなければならなかったというわけです。

A 朝鮮半島有事に備え中央集権国家への道を急ぐ！

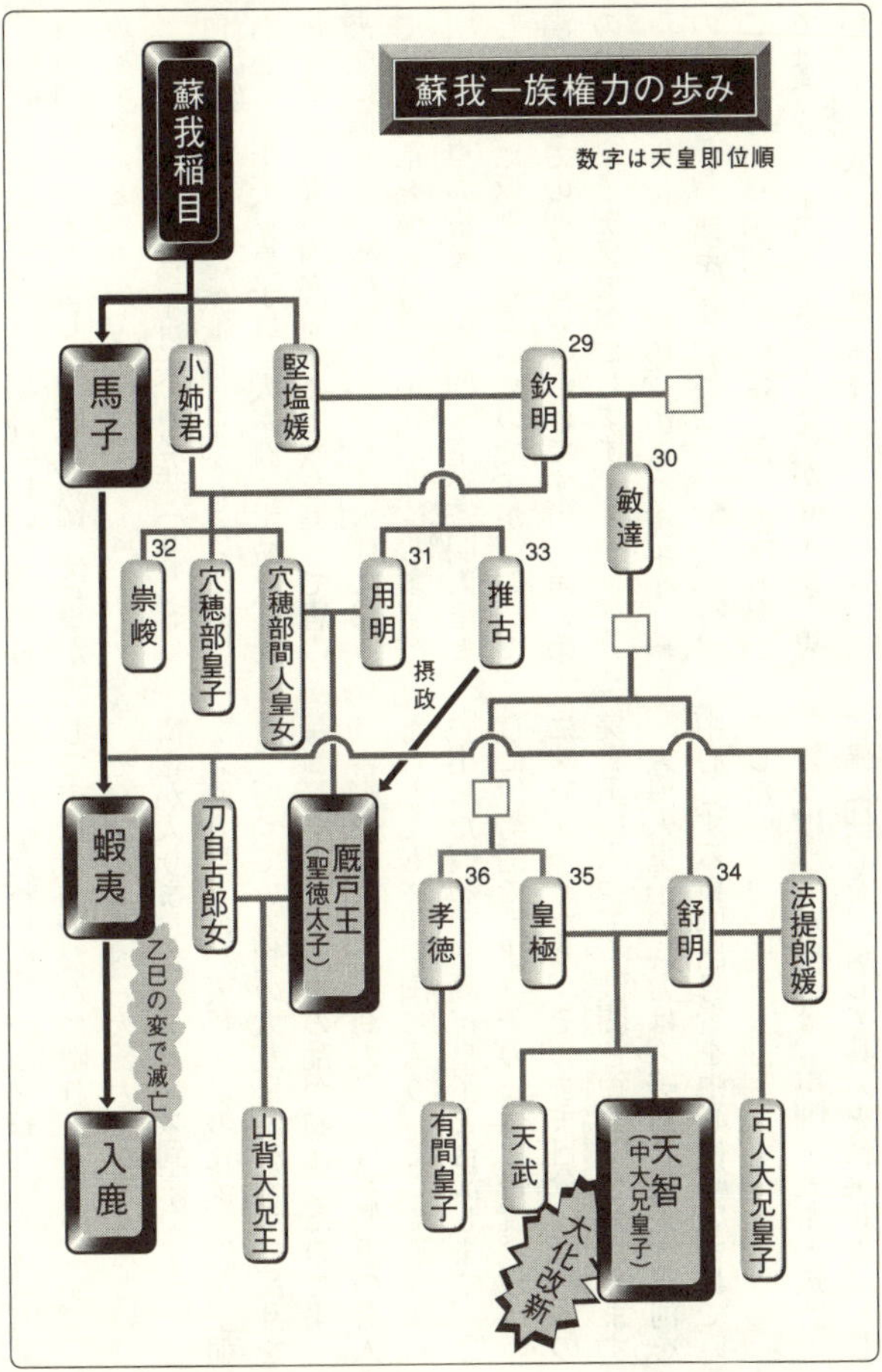
蘇我一族権力の歩み
数字は天皇即位順
蘇我稲目
馬子
小姉君
堅塩媛
29 欽明
30 敏達
32 崇峻
穴穂部皇子
穴穂部間人皇女
31 用明
33 推古
摂政
蝦夷
刀自古郎女
厩戸王（聖徳太子）
36 孝徳
35 皇極
34 舒明
法提郎媛
乙巳の変で滅亡
入鹿
山背大兄王
有間皇子
天武
天智（中大兄皇子）
大化改新
古人大兄皇子

叔父と甥で皇位を争う「壬申の乱」はなぜ起きた？

Q

中大兄皇子のもとに、朝鮮半島の百済から急の知らせが入りました。唐・新羅連合軍が攻めてきたというのです。

そこで中大兄皇子は天智2年（663）、白村江《はくそんこう》《はくすきのえ》に救援軍を派遣します。しかし大敗。あわてた中大兄皇子は、大宰府に水城《みずき》を、九州北部から瀬戸内海沿岸に山城を築いて唐の来襲に備えるいっぽう、都を近江大津《おうみおおつ》に移して政治改革を推し進め、正式に即位します。

孝徳天皇の没後、母皇極天皇が斉明《さいめい》天皇として皇位に返り咲いていたのですが、ここで満を持しての即位というわけです。同時に弟の大海人皇子《おおあまのみこ》を皇太弟にします。

さらに即位した2年後、のちの庚午年籍《こうごねんじゃく》の元となる戸籍を作成し、近江令《おうみりょう》を施行。このころから次期天皇には、弟の大海人皇子ではなく、子の大友皇子《おおとものみこ》に継がせようと思い、太政《だいじょう》大臣に任命します。

兄の心変わりを知った大海人皇子は、出家して吉野の山のなかに隠れてしまいます。そんなところへ、天智天皇が死んだという情報が入りました。チャンス到来です。

大海人皇子は、天智天皇の死後、近江王朝を仕切っている甥の大友皇子を相手に反乱を起こしました。壬申《じんしん》の乱が勃発したのです。

吉野で挙兵した大海人皇子は、側近の舎人《とねり》たちとともに伊賀国に入り、そこで近江から脱出した、わが子高市皇子《たけちのみこ》と合流します。さらに伊勢国で大津皇子の一行と合流。しだいに味方が多くなり、そのまま自分の直轄地の美濃国に入って不破関《ふわのせき》と鈴鹿関《すずかのせき》をおさえます。

大海人皇子の兵力は、美濃・尾張・三河を中心とする東国出身者を中心に編成されていました。

いっぽう大友皇子は、東国・大和・筑紫・吉備に使者を派遣して兵力を結集しようとし

A　兄（天智）の弟（大海人皇子）への約束破りが遠因！

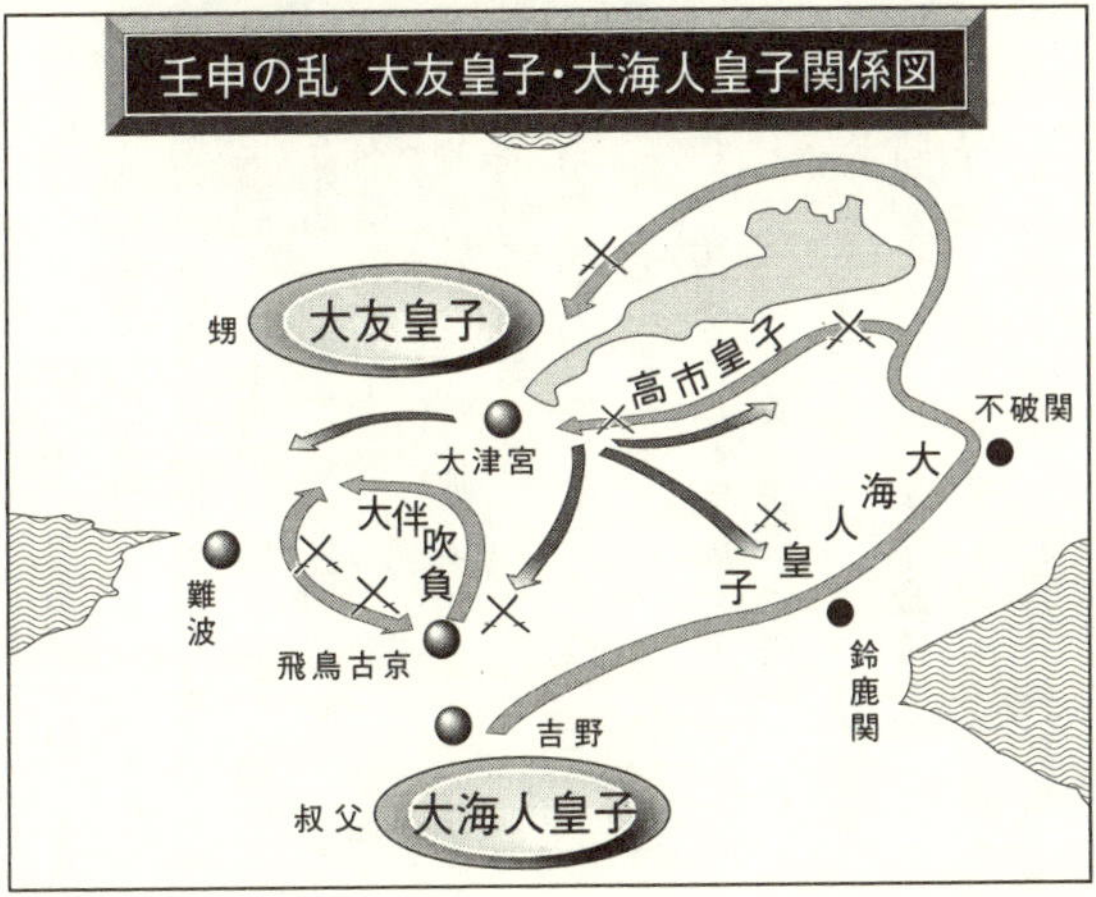
甥
大友皇子
高市皇子
不破関
大津宮
大海人皇子
大伴吹負
難波
飛鳥古京
鈴鹿関
吉野
叔父
大海人皇子
壬申の乱　大友皇子・大海人皇子関係図

ますが、大海人皇子が不破関と鈴鹿関をおさえているため東国へ派遣された使者が通過することができず、また筑紫国も吉備国も徴兵に応じなかったため、予定した軍勢が揃いません。ほかにも裏切り者が出る始末でした。

なかでも大きな役割をしたのが、大海人皇子側に寝返った大伴吹負《おおとものふけい》で、吹負は近江方の軍隊が駐屯していた飛鳥古京を襲撃。占領の報を聞いた大海人皇子は、大和と近江に総攻撃をかけます。近江大津宮へ進撃した高市皇子が犬上川付近、さらに野洲川で近江軍を打ち破って勝利を決定的にしました。さらに近江大津宮を包囲して大友皇子を大津宮から追い出し、大友皇子が自害することで、壬申の乱は終わりを迎えるのです。

壬申の乱に勝利した大海人皇子は飛鳥京の飛鳥浄御原宮《あすかきよみはらのみや》で即位。天武《てんむ》天皇となります。

律令法典の完成版「大宝律令」で何が変わった？ Q

天武天皇は大臣を置かず、天皇と皇后、また草壁皇子《くさかべのみこ》・大津皇子《おおつのみこ》・高市皇子《たけちのみこ》などの皇子を中心に皇親政治を行ないました。

天武天皇は律令の制定に着手します。さらに『古事記』『日本書紀』につながる国史の編纂を始め（国史については別項参照）、姓を再編成して八色《やくさ》の姓《かばね》（真人《まひと》・朝臣《あそみ》・宿禰《すくね》・忌寸《いみき》・道師《みちのし》・臣《おみ》・連《むらじ》・稲置《いなぎ》）を定めるほか、藤原京の造営にも着手します。

ですが完成を前に死んでしまったため、皇后が即位して持統《じとう》天皇となり、飛鳥浄御原《あすかきよみはら》令《りょう》を施行。庚午年籍《こうごねんじゃく》を完成させて徴兵をやりやすくし、完成した藤原京に遷都しました。

孫の文武《もんむ》天皇に皇位を譲った持統天皇が、藤原鎌足の子不比等《ふひと》とともに政権を握ったとき、近江令、飛鳥浄御原令と続いてきた律令法典の完成版、大宝律令《たいほうりつりょう》が施行されました。大宝元年（701）のことです。ちなみに養老律令はバージョンアップ版です。

律令の「律」は刑罰法。「令」は教令法・行政法で、国家の統治組織、官吏の服務規定、租税や労役法などが定められています。

統治組織は、神祇《じんぎ》と祭祀をつかさどる神祇官、行政事務を担当する太政官《だいじょうかん》を頂点に成立しています。その下に、太政大臣・左大臣・右大臣・大納言がいて、彼らの合議制で政治が運営され、決定事項を天皇に報告して裁可を受けるのです。彼らの下に、宮中事務を扱う少納言、中務省《なかつかさ》・式部省《しきぶ》・治部省《じぶ》・民部省を統括する左弁官、兵部省《ひょうぶ》・刑部省《ぎょうぶ》・大蔵省・宮内省を統括する右弁官がいました。

このほか、官吏の階級を示した官位相当の制が定められ、先々踏襲されます。

刑罰法には、殴打の笞《ち》・杖《じょう》、懲役の徒《ず》、流罪の流《る》、死罪の死《し》が定められたほか、国家反逆罪や尊属罪は別に重い罰が課せられました。

A 「大宝律令」で、ようやく国家の仕組みが整った！

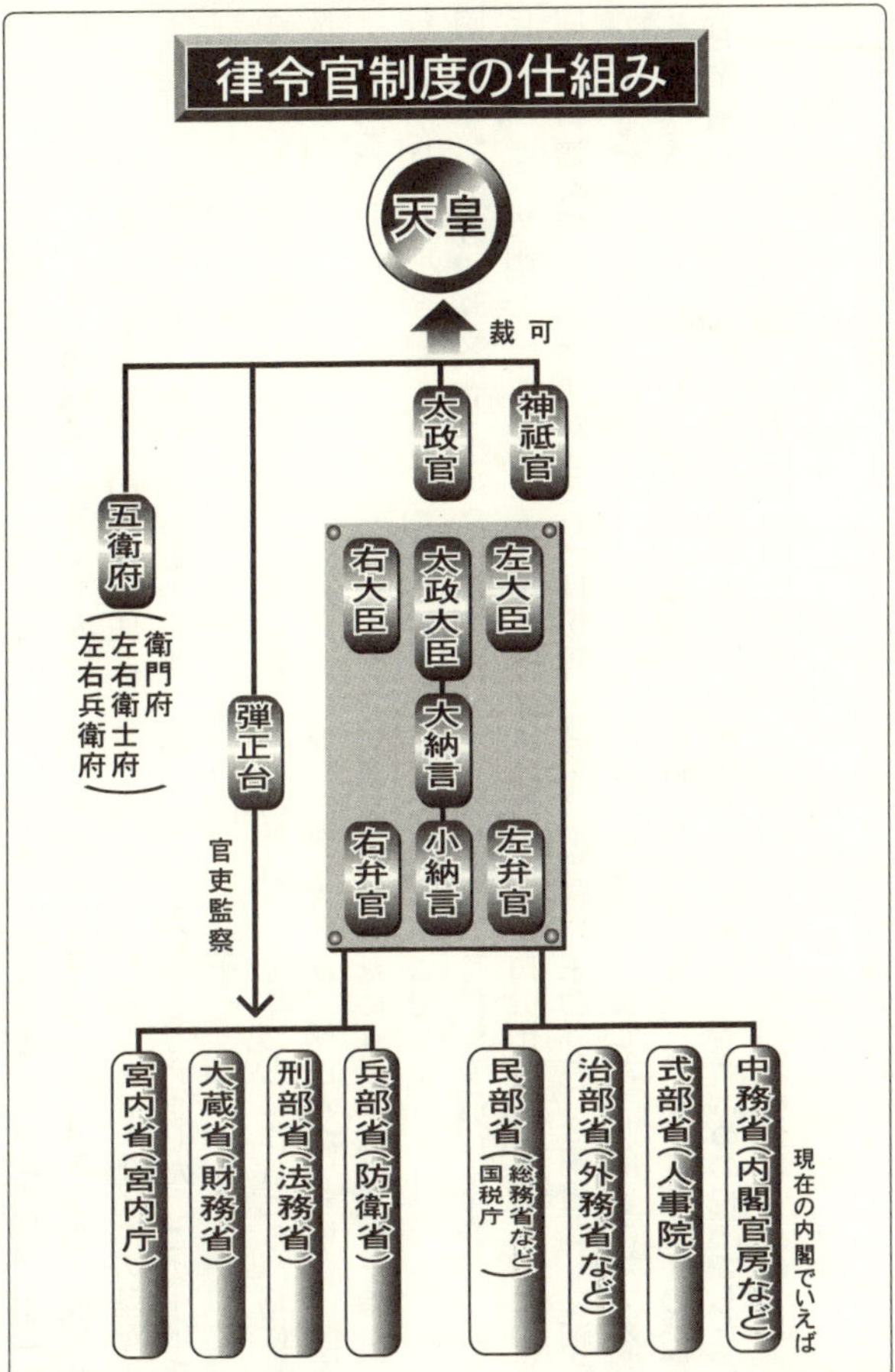
律令官制度の仕組み
天皇
裁可
太政官
神祇官
五衛府
（衛門府 左右衛士府 左右兵衛府）
弾正台
官吏監察
右大臣
太政大臣
左大臣
大納言
右弁官
小納言
左弁官
宮内省（宮内庁）
大蔵省（財務省）
刑部省（法務省）
兵部省（防衛省）
民部省（総務省など 国税庁）
治部省（外務省など）
式部省（人事院）
中務省（内閣官房など）
現在の内閣でいえば

税徴収のため考案された土地私有の制度とは？ Q

いつの世でも政府が一所懸命になるのは、国民から、いかに多くの税金を徴収するか、です。そのために戸籍を作り、国民個人個人を把握し、収入を確認する必要があるのです。

初めにこれを考案したのは、中大兄皇子（のちの天智天皇）でした（とはいっても唐の模倣ですが）。

大化改新を断行した中大兄皇子が最初に施行したのは、公地公民制でした。それまで全国の豪族がそれぞれ支配していた「私地私民」は、すべて国家に属するとしたのです。同時に戸籍も作ったのですが、それでは税金が取れません。

そこで大宝律令では、6歳以上の戸籍登録者に土地を貸して生活の基盤を確立させ、そのかわり税を負担させることにしたのです。

具体的に説明しましょう。

男子には2段（約24アール。1アールは約30坪）、女子には1段１２０歩（約16アール）、賤民《せんみん》男子には２４０歩（約8アール）、賤民女子には１６０歩（約５・３アール）の基準で算出して戸主に貸し与えました。この土地を口分田《くぶんでん》といいます。

この計算は、6年ごとに作られる戸籍に基づいてやり直され、死亡者がいた場合は国家が取り上げ、新たに6歳以上に達した者に貸し与えるシステムでした。

これを班田収授法《はんでんしゅうじゅのほう》といいます。

政府の命令で口分田を耕すと、1段につき2束2把の稲（米約3升）を田租《でんそ》として納めることになっていました。収穫量に対する割合は、ほぼ3〜5%。２０１６年現在の消費税は8%ですから、若干低めの税率でした。

しかし、これにも問題が生じました。

国司や郡司が口分田を取り上げるようになったため、政府は国民を守るため、新たな

A　三世一身法と墾田永年私財法で土地私有を促進！

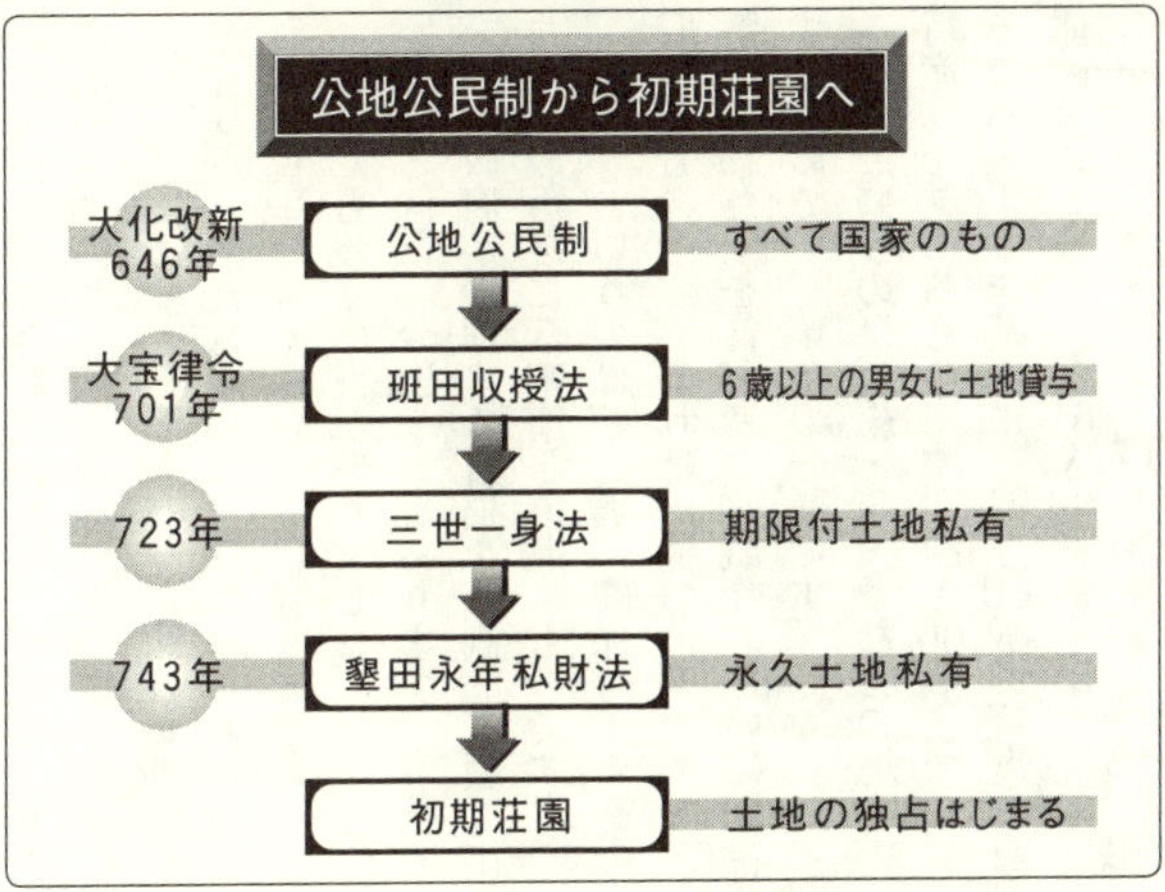
公地公民制から初期荘園へ
大化改新 646年
公地公民制
すべて国家のもの
大宝律令 701年
班田収授法
6歳以上の男女に土地貸与
723年
三世一身法
期限付土地私有
743年
墾田永年私財法
永久土地私有
初期荘園
土地の独占はじまる

制度を施行したのです。

これが三世一身法《せんぜいっしんのほう》です。溝や池などの灌《かん》漑《がい》施設を新設して開墾した田は三世（本人・子・孫、または子・孫・曾孫）まで、また既設の灌漑施設を利用して開墾した田は開墾者が死亡するまで取り上げないことにしたのです。いわば期限つき土地私有制です。

しかし期限が近づけば、国民の耕作意欲がなくなることがわかった政府は、面積の上限をもうけて口分田を永遠に取り上げないという、公地公民からかけ離れた制度を作ります。

これが墾田永年私財法《こんでんえいねんしざいのほう》です。

土地の私有が認められることになったわけですが、東大寺など大きな寺院は、国司や郡司を取りこんで広大な原野を独占し、付近の農民や浮浪者を働かせるようになります。こうして初期荘園が形成されていったのです。

古代の税金は現在とくらべてどうだった？　Q

口分田を貸与された国民が、ほぼ3〜5％の田租を納めたことは前項で記しました。これは「租《そ》」といわれる税です。現在の所得税や住民税と思えばいいでしょう。これだけ見れば、税率は高くないように見えますが、それ以外にも多くの税がありました。

「租」と似た「公出挙《くすいこ》」もあります。春秋の2回、政府が管理する官稲《かんとう》を強制的に貸し出して、収穫後に5割増しで返すものです。

「義倉《ぎそう》」というのは、立場に関係なく粟《あわ》を徴収するものです。これは一種の積み立てで、蓄えられた粟を貧窮者や、飢饉のさいに配給するためです。年金の一種です。

「調《ちょう》」というのは、絹・布・糸などの地方の特産物を納めるものです。21〜60歳までの男子である正丁《せいてい》を基本に、21〜60歳の軽度の身体障害者（残疾《ざんしつ》）と61〜65歳の男子（老丁《ろうてい》）の次丁《じてい》は2分の1、17〜20歳までの中男《ちゅうなん》（少丁《しょうてい》）は4分の1で割り当てられました。

ただし「調」は、納税者の代表（運脚《うんきゃく》）が都まで特産物を運ばなければなりません。交通費も宿泊費も自前です。都から帰る途中で餓死したり、逃亡する者も出ました。

「庸《よう》」は、正丁が10日、次丁が5日、都にのぼって歳役《さいえき》と呼ばれる労役をするかわりに、布2丈6尺（約8メートル）を「調」のように運ばなければならないものです。

「雑徭《ぞうよう》」は、正丁1人につき年間60日以内、次丁は2分の1、中男は4分の1、国司のもとで土木事業や、国や郡の役所の雑用をさせられるものです。雑徭以外にも、50戸ごとに2人の割合で都の官庁の雑用をさせられる「仕丁《しちょう》」、造都・造園のために都の周辺諸国から強制的に狩り出される「雇役《こえき》」がありました。ただし「仕丁」は、「調」「庸」「雑徭」を免除され、食事支給もありました。

A 「租」は高くないが、それ以外の税が重かった！

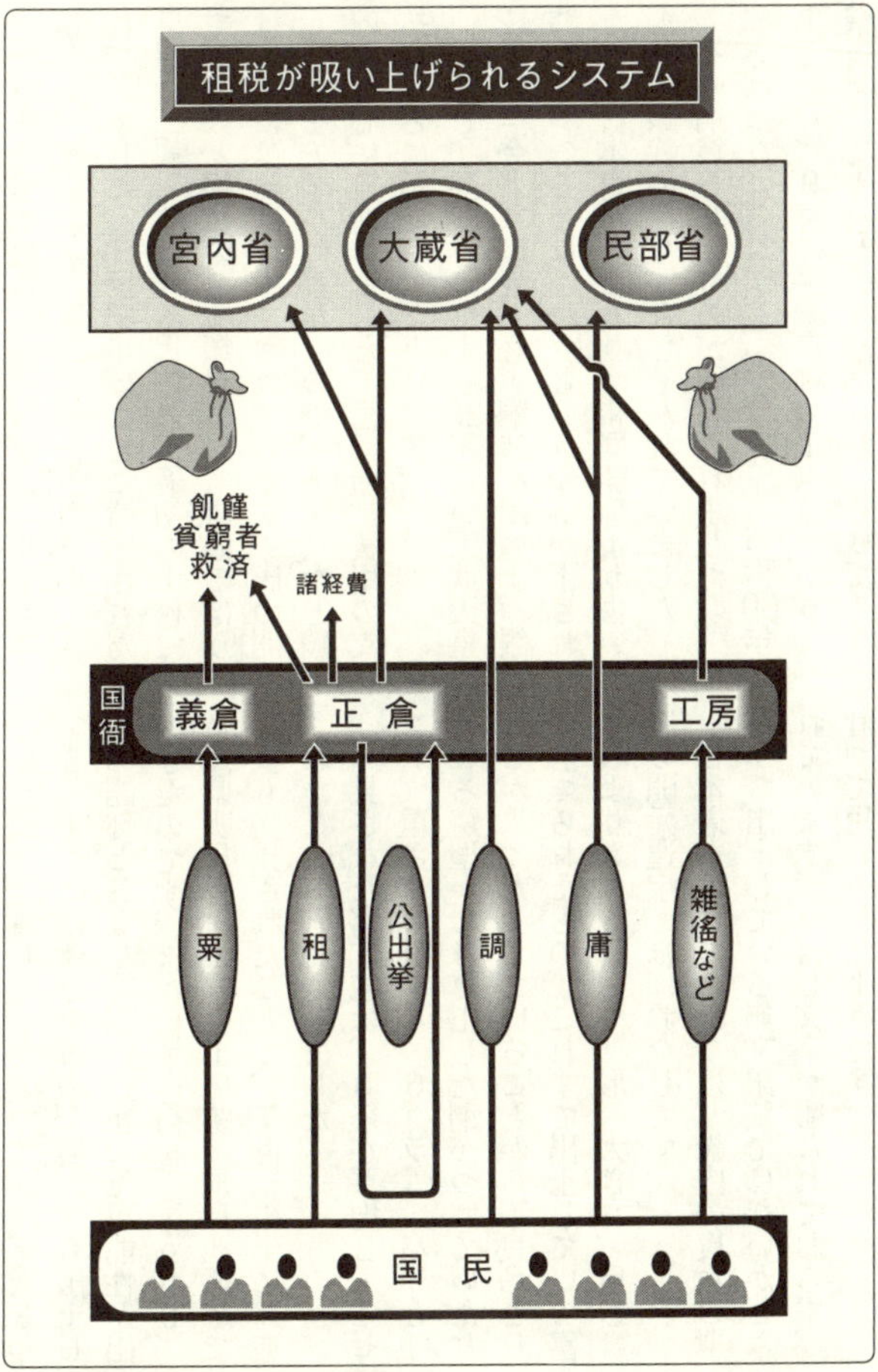
租税が吸い上げられるシステム
宮内省
大蔵省
民部省
飢饉貧窮者救済
諸経費
国衙
義倉
正倉
工房
粟
租
公出挙
調
庸
雑徭など
国民

新たに発見された日本最古の貨幣とは？

Q

これまで日本最古の流通貨幣は、和銅元年（708）に初めて鋳造された和同開珎《わどうかいちん》とされてきました。10世紀半ばまでに鋳造された皇朝十二銭と呼ばれる貨幣の、最初の1枚です。銅銭と銀銭の2種類があり、銀銭のほうは翌年には鋳造が中止されています。唐の開元通宝をモデルにしたもので、平城京など畿内を中心に流通しました。宮都造営費用の支払いなどに用いられたようです。

しかし和同開珎鋳造より25年古い天武天皇12年に「今より以後、必ず銅銭を用いよ。銀銭を用いることなかれ」という命令が下されたと『日本書紀』にあり、和同開珎より古い銅銭と銀銭の存在がささやかれていました。

その銅銭らしきものが確認されました。

それが富本銭《ふほんせん》です。富本銭は、昭和60年（1985）9月に平城京跡で1点見つかり、奈良時代にまじないに使った厭勝銭《えんしょうせん》だろうという説が定着していたのですが、平成3年（1991）には藤原京跡の側溝からも出土し、和同開珎とおなじ時期に存在した可能性が出てきたのです。さらに平成11年（1999）、奈良県明日香村の総合工房跡、飛鳥池遺跡で33枚も発見されたことで、7世紀後半に鋳造されたことが確認されました。

発見された富本銭は、直径が平均2・4センチ、重さ4・25〜4・6グラム。バリと呼ばれる鋳型からはみ出した銅がついていたり、ヒビが入ったりしていることから不良品として捨てられたもの。これまで出土している富本銭よりもさらに古く、形、大きさ、重さは唐の開元通宝とほぼおなじです。

日本最古の銀銭のほうは、畿内の複数の遺跡から出土している無文銀銭ではないかとされています。ただし文字が彫られておらず、計って用いられたようです。

A　和同開珎より古い富本銭、無文銀銭も発見されている！

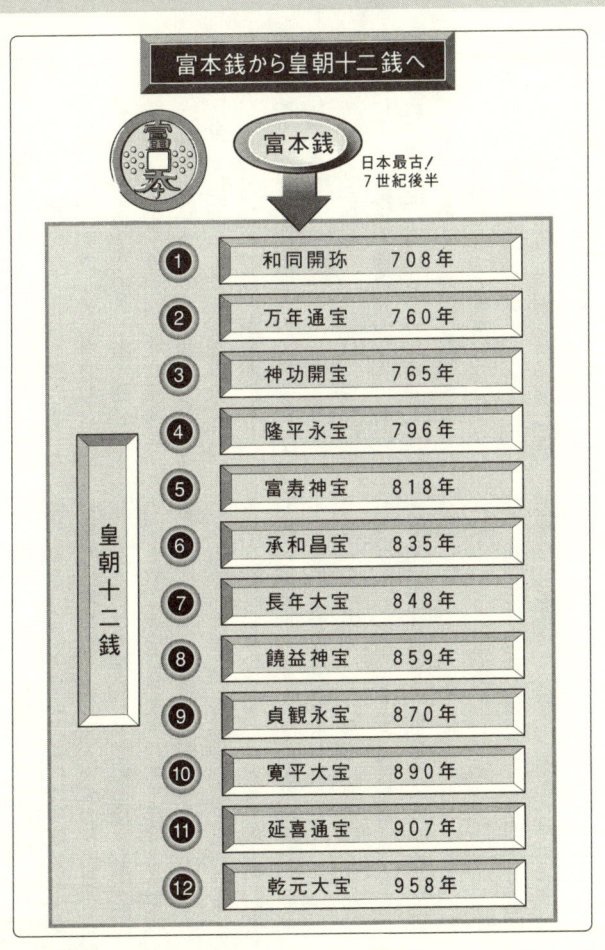

富本銭から皇朝十二銭へ

富本銭

日本最古！
7世紀後半

皇朝十二銭

①	和同開珎	708年
②	万年通宝	760年
③	神功開宝	765年
④	隆平永宝	796年
⑤	富寿神宝	818年
⑥	承和昌宝	835年
⑦	長年大宝	848年
⑧	饒益神宝	859年
⑨	貞観永宝	870年
⑩	寛平大宝	890年
⑪	延喜通宝	907年
⑫	乾元大宝	958年

大和政権の地方支配はどのように進んだのか？

Q

国家の統治組織を整え、法律を作り、戸籍を完備し、土地を管理し、租税を徴収するなどして、律令体制は完成していきました。同時に、都のある畿内を中心として、西に山陽道・山陰道・南海道・西海道、東に東海道・東山道・北陸道というように、日本を畿内と七道に区分して把握しようとしたのです。

ですが、国家の基本は畿内から西にあり、東日本や北日本まで支配しきれていなかったのが現状です。

なかでも支配が難しかったのは、現在の東北地方にあたる蝦夷《えみし》と南九州の隼人《はやと》でした。彼らは政府の支配に抵抗していたのです。政府は、彼らを「まつろわぬ民」と呼んで恐れていました。政府にとって蝦夷経営（すなわち蝦夷征伐）は最重要課題だったのです。

初めに行なったのは、城柵を設けることでした。すでに大化改新直後から日本海沿いに兵を進め、いまの新潟県内に渟足柵《ぬたりのさく》と磐舟《いわふねの》柵《さく》を築き、斉明天皇の時代には阿倍比羅夫《あべのひらふ》がやはり日本海を北上して、いまの秋田県から北海道にかけて探索。8世紀には出羽国に出羽柵と秋田城を、陸奥国の太平洋側に多賀城、さらに坂上田村麻呂《さかのうえのたむらまろ》が胆沢《いさわ》城を築き、いまの秋田県八郎潟と岩手県盛岡市を結ぶ線まで支配を伸ばしたのです。その後、坂上田村麻呂が再度遠征して、岩手県最北部と秋田県北半分を残すのみになりました。

政府が蝦夷経営で行なった方法は2種類でした。政府に帰順する者には禄《ろく》や饗食《きょうしょく》を与えて生活の保証をし、抵抗する者は武力で押さえこむのです。まさにアメとムチです。

戦争によって捕虜にした者は「俘囚《ふしゅう》」と呼び、強制的に内国に送って、35カ国にある俘囚郷で生活させたのです。彼らの食料は、公《く》出挙《すいこ》から出されました。しかし9世紀になる

A 東北地方の蝦夷と南九州の隼人にはてこずった！

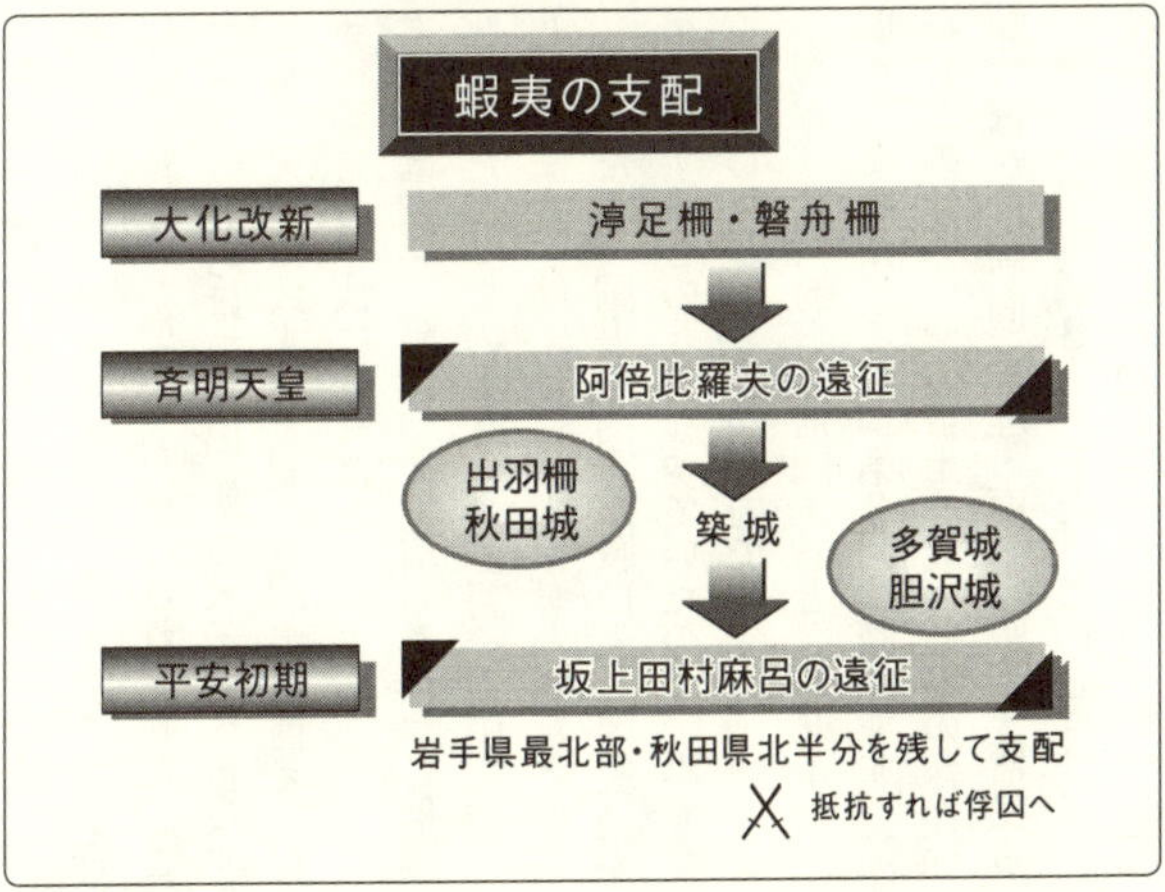
蝦夷の支配
大化改新
淳足柵・磐舟柵
斉明天皇
阿倍比羅夫の遠征
出羽柵
秋田城
築城
多賀城
胆沢城
平安初期
坂上田村麻呂の遠征
岩手県最北部・秋田県北半分を残して支配
抵抗すれば俘囚へ

と、彼らが反乱を起こすようになり、最たるものが前九年の役、後三年の役なのですが、それは後の話です。

南九州の隼人は、5世紀の仁徳天皇のころ大和政権に服属していたことがありましたが、ふたたび抵抗したようです。彼らは、住んでいる場所の地名から、日向隼人、大隅隼人、薩摩隼人、甑《こしき》隼人などと呼ばれますが、それぞれの地域で部族集団を結成していたため、かえって大きな反乱にならず、大和政権に統治されていきました。

政府は、それぞれの首長が治める地域ごとに郡を置いて統治し、律令体制が整うと、6年交替で上京して特産物を貢納し、隼人舞や相撲を天皇の前で演じたといいます。また一部の隼人は強制的に畿内に移住させられて隼《はや》人司《とのつかさ》に属し、竹製品を作って献上したり、歌舞を奏することが義務づけられていました。

計20数回にわたる遣隋使と遣唐使の成果とは？

Q

遣隋使は3回派遣されました。

第1回は、推古天皇15年（607）で小野《おのの》妹子《いもこ》・鞍作《くらつくりの》福利《ふくり》らが遣わされました。このとき、彼らは「日出処《ひいづるところ》の天子書を日没する処の天子に致す」と記した国書を携えて行き、煬帝《ようだい》を不快にさせたといいます。

妹子は翌年、隋使の裴世清《はいせいせい》らを伴って帰国しましたが、このとき隋の国書を途中で紛失しています。妹子は百済人に奪われたと報告しましたが、国書の内容が厩戸《うまやと》王《おう》（聖徳太子）の期待するものと異なっていたので、みずから破棄したという説が有力です。

翌年、裴世清らが帰国するとき、妹子らが同行しました。これが第2回遣隋使です。随行したのは、小使の吉士《きしの》雄成《おなり》、通事の鞍作福利、ほかに高向《たかむくの》玄理《くろまろ》・南淵《みなみぶち》請安《しょうあん》・僧旻《みん》ら留学生や学問僧8人でした。このとき妹子が携えた国書には、「東天皇啓白西皇帝」と記されていました。

第3回遣隋使は、6年後の推古天皇22年（614）で、犬上御田鍬《いぬがみのみたすき》・矢田部造《やたべのつくり》らが派遣されました。帰国したのは翌年です。

遣隋使派遣の目的は、隋の文化を持ち帰ることにありました。朝鮮半島の政情が不安定だったこともあり、大陸文化を直接輸入することができるようになったわけです。そのためにも留学生や学問僧を随行させたのです。

ちなみに派遣された人々は、渡来人の子孫たちが選ばれました。

618年に隋が滅んで唐になると、こんどは遣唐使を派遣しました。

舒明天皇2年（630）に犬上御田鍬らの第1回以降、約20回任命され、そのうち16回が実際に渡航しました。

日本の側からいえば唐の文化の摂取であり、交易の利を求めることにありましたが、唐の

A 中国文化を摂取して独自の文化を生む原動力に！

遣隋使から遣唐使へ

607年 《第1回遣隋使》 小野妹子

608年 《第2回遣隋使》 小野妹子・高向玄理・南淵請安

614年 《第3回遣隋使》 犬上御田鍬

隋 → 唐へ

630年 《第1回遣唐使》

阿倍仲麻呂・吉備真備・山上憶良
橘逸勢・最澄・空海・円仁

894年 中止（菅原道真の提言）

側は朝貢《ちょうこう》としか見ていませんでした。

一行は240～500人以上に及び、4隻の船に乗りこみました。

使節には貴族の子弟が、留学生・留学僧には有能な人材が選ばれました。

遣唐使のメンバーの顔ぶれを見ると、伊吉《いきの》博徳《はかとこ》・山上憶良《やまのうえのおくら》・吉備真備《きびのまきび》・橘逸勢《たちばなのはやなり》・最澄《さいちょう》・空海《くうかい》・円仁《えんにん》など傑出した人物を多く見かけます。なかには阿倍仲麻呂《あべのなかまろ》のように、唐の王朝に重く用いられて、唐で没した者もいたほどです。

また遣唐使は、帰朝のときに、鑑真《がんじん》のような渡来人を伴ってくることも多かったようです。

遣唐使は、寛平6年（894）、菅原道真《すがわらのみちざね》の提言で中止になりますが、このころには日本独自の文化を生み出そうとする動きがあったので潮時だったというべきでしょう。

蘇我氏にかわり奈良時代の政界を牛耳ったのは？

Q

すべては、中臣鎌足が病死する前日に藤原姓を賜ったことに始まりました。

持統天皇の右腕となって権力を振るった、鎌足の子の不比等は、持統天皇の孫の文武天皇に娘の宮子《みやこ》を嫁がせました。

この文武天皇が死ぬと、宮子が生んだ孫の首皇子《おびとのみこ》（のちの聖武《しょうむ》天皇）に、後妻の県犬《あがたいぬ》養三千代《かいのみちよ》の生んだ光明子《こうみょうし》を嫁がせて、外戚関係を保ったのです。

さらに、武智麻呂《むちまろ》・房前《ふささき》・宇合《うまかい》・麻呂《まろ》の4人の息子を政治の中枢に送りこみました。自分の死後のことを考えての布石だったのです。

不比等の死後、政権を握ったのは左大臣の長屋王《ながやおう》でした。ですが長屋王は、即位した聖武天皇の夫人光明子が皇后に昇格するのを反対したのです。なぜなら、皇族ではない臣下出身者が皇后になった前例がないからです。これを不服に思った4兄弟は、長屋王に反乱の罪を着せて自殺させてしまいます。

しかし、政権を握った4兄弟が疫病で死んだことで、政界再編が行なわれました。

不比等の妻だった県犬養三千代の前夫の子の橘諸兄《たちばなのもろえ》が政権を握ったのです。おまけに宇合の子の広嗣《ひろつぐ》が北九州で反乱を起こしたことで、藤原一族の野望は潰《つい》えたかに見えました。しかし、聖武天皇と光明皇后の間に生まれた孝謙《こうけん》天皇（女帝）が即位すると、武智麻呂の子で孝謙天皇の従兄にあたる仲麻呂《なかまろ》が政権を握り、諸兄の子の奈良麻呂《ならまろ》を倒して、天武天皇の孫の淳仁《じゅんにん》天皇を立てます。

ところが孝謙前天皇が道鏡《どうきょう》と親しくなると、仲麻呂は反乱を起こして自滅。さらに孝謙前天皇が死ぬと、房前の子の永手《ながて》、宇合の子の良継《よしつぐ》・百川《ももかわ》らが道鏡を追放するのです。

まさに奈良時代の政界は、藤原不比等とその子、孫たちによって動かされたのです。

A　奈良時代は藤原不比等と子孫の手で動かされた！

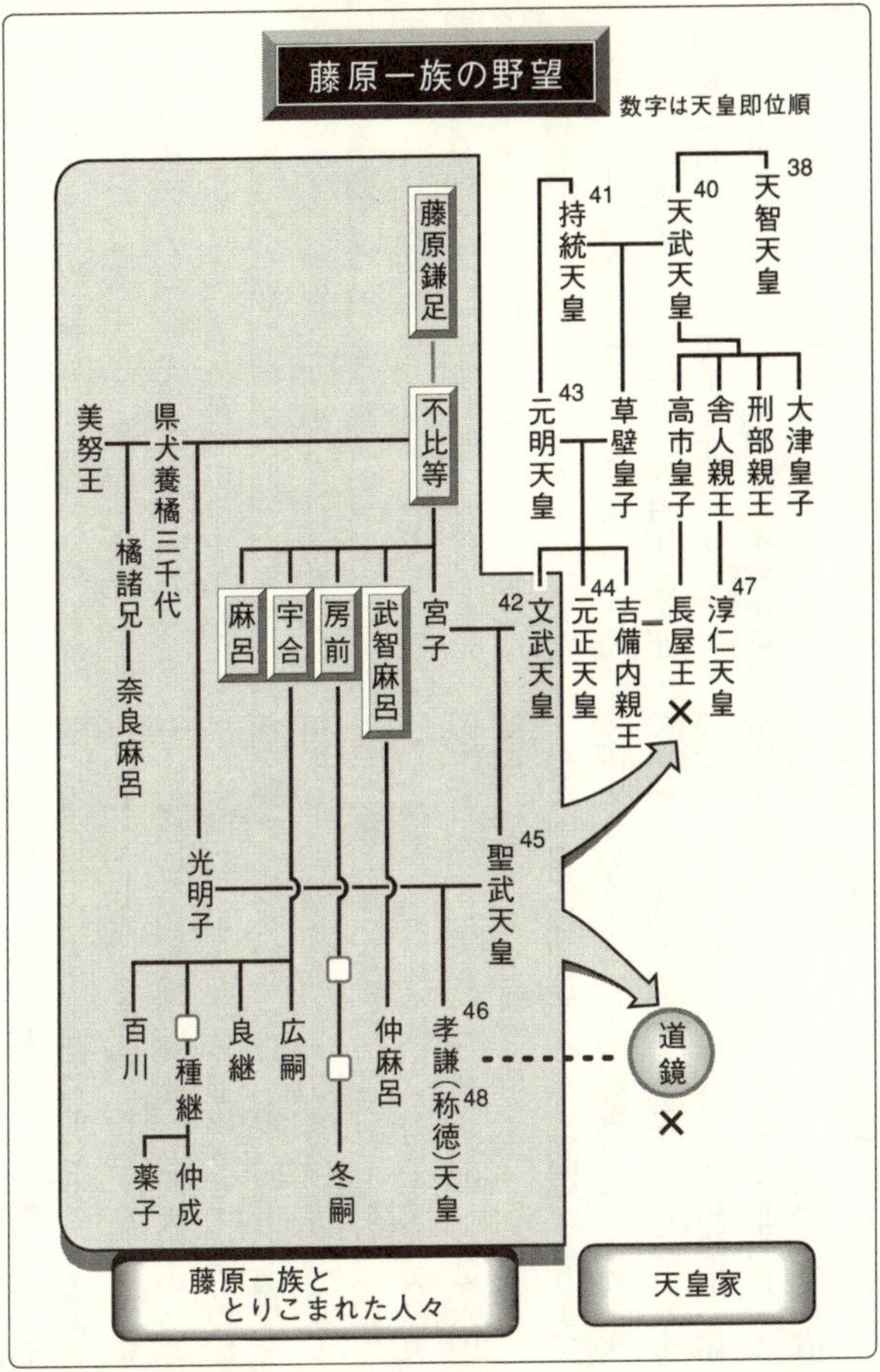
藤原一族の野望
数字は天皇即位順
藤原鎌足
不比等
県犬養橘三千代
美努王
橘諸兄
奈良麻呂
麻呂
宇合
房前
武智麻呂
宮子
光明子
38 天智天皇
40 天武天皇
41 持統天皇
43 元明天皇
草壁皇子
高市皇子
舎人親王
刑部親王
大津皇子
42 文武天皇
44 元正天皇
吉備内親王
長屋王
47 淳仁天皇
45 聖武天皇
百川
種継
良継
広嗣
仲麻呂
46 孝謙(称徳)天皇 48
冬嗣
薬子
仲成
道鏡
藤原一族と
とりこまれた人々
天皇家

日本の歴史書「国史」はいつ誰がつくらせたのか？

Q

日本で初めて国史を文字で残さなければならないと考えたのは厩戸《うまやと》王《おう》（聖徳太子）と蘇我馬子でした。厩戸王は、6世紀に成立していた、歴代天皇の系譜と事跡をまとめた『帝紀』と天皇家にまつわる神話伝承を集めた『旧辞』を、『天皇記』『国記』などに編纂し直したのです。その後、この2書は蘇我家に伝わりますが、乙巳《いっし》の変で蘇我蝦夷邸が焼けて以降、行方不明になります。ただし『国記』だけは難を逃れて中大兄皇子に送られたといいますが、それ以降、見た人はいません。

国史編纂を受け継いだのは天武天皇でした。彼は、『帝紀』『旧辞』をまとめ直し、天皇家の神話を集めた『古事記』、律令国家の正式記録『日本書紀』の編纂を企てます。

まず天武天皇は、『帝紀』『旧辞』を稗田阿《ひえだのあ》礼《れ》にまとめ直させますが完成せず、30数年後、太安麻呂《おおのやすまろ》が『古事記』として完成させます。

『日本書紀』も、天武天皇が川嶋皇子《かわしまのみこ》・忍《おさ》壁皇子《かべのみこ》以下12人の王臣に命じることで編纂が始まりました。その後、持統天皇のときに有力豪族に墓記を提出させ、元明《げんめい》天皇のときには全国に『風土記』を提出させて地方の伝承を集め、最終段階では、舎人親王《とねりしんのう》が編集を担当して、編纂開始から40年後に完成しました。以後、国史の編纂作業は『続日本紀《しょくにほんぎ》』『日本後紀《にほんこうき》』『続日本後紀』『日本文徳《もんとく》天皇実録』『日本三代実録』（『日本書紀』以降を六国《りっこく》史《し》といいます）へとつづきます。

ただ国史には、ひとつだけ問題があります。国史というのは、王朝が滅びたときに、次の王朝が前王朝を評価するために作られたものです。しかし日本の場合は、大和政権、律令国家の統治が正しかったことを正当化するものだったのです。はたして、国史には政治家の意思が反映されているのでしょうか。

A 厩戸王（聖徳太子）の事業を天武天皇が引き継いだ！

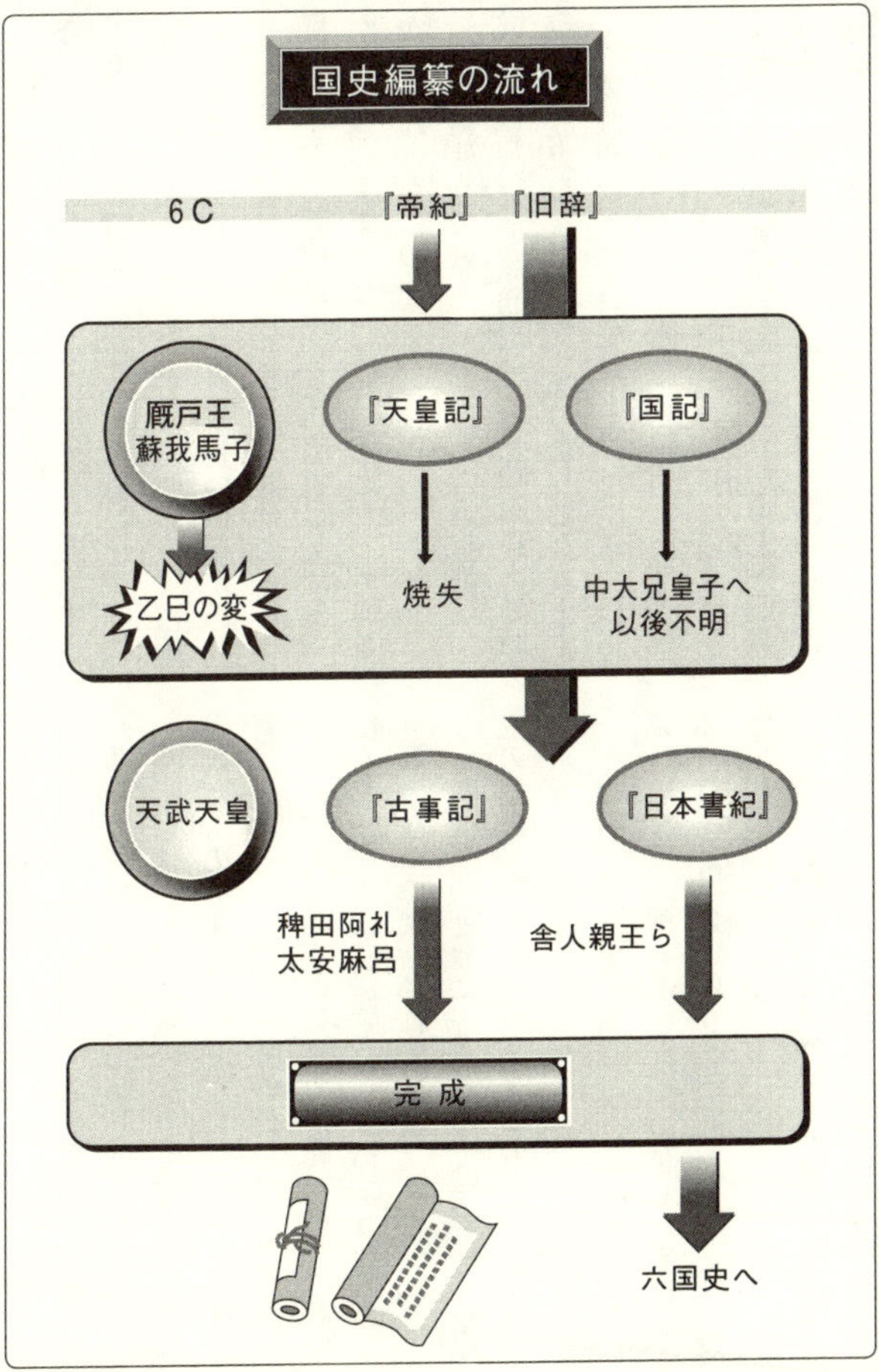

国史編纂の流れ
6C
『帝紀』
『旧辞』
厩戸王
蘇我馬子
『天皇記』
『国記』
乙巳の変
焼失
中大兄皇子へ
以後不明
天武天皇
『古事記』
『日本書紀』
稗田阿礼
太安麻呂
舎人親王ら
完成
六国史へ

Q 桓武天皇が長岡京から平安京に遷都した理由は？

延暦13年（794）に平安京に遷都してから、明治2年（1869）に東京に遷都するまで、日本の宮都は京都にありました。日本史上いちばん長い歴史をもっています。宮都が京都に落ち着くまでには、長い道程《みちのり》がありました。宮都は、天皇が住み、政治を行なう場所ですが、藤原京以前と藤原京以後では、かなり違います。それは、都市になっているか、いないか、の差です。

記録に残っている、いちばん古い宮都は、推古天皇の飛鳥豊浦宮《あすかとゆらのみや》です。藤原京までの遷都の歴史をたどると、次のようになります。

飛鳥豊浦宮・飛鳥小墾田宮《あすかおはりだのみや》（推古天皇）、飛鳥岡本宮・飛鳥田中宮・百済宮《くだらのみや》（舒明天皇）、飛鳥板蓋宮《あすかいたぶきのみや》（皇極天皇）、難波長柄豊碕宮《なにわながらとよさきのみや》（孝徳天皇）、飛鳥板蓋宮・飛鳥川原宮《あすかかわらのみや》・飛鳥岡本宮（斉明天皇・天智天皇）、近江大津宮（天智天皇・弘文天皇）、飛鳥浄御原宮《あすかきよみはらのみや》（天武天皇・持統天皇）。

そして藤原京に遷都するのです。天武天皇が造りはじめ、持統天皇が完成させました。

藤原京は、中国の城郭都市にならって造営されたものです。中央北寄りに天皇御座所と官庁のある宮を置き、そのほかは、条坊制にしたがって東西南北に走る道路で区画された街を設定。官吏の住宅（社宅のようなもの）も都のなかで供給されました。

元明天皇のときに完成した平城京は、藤原京の北に平行移動され、2倍の規模になりました。

その後、聖武天皇のとき、一時的に恭仁《くに》京《きょう》・難波宮《なにわのみや》・紫香楽宮《しがらきのみや》に引っ越したものの、ふたたび平城京に戻り、桓武《かんむ》天皇のとき、長岡京に遷都されました。

平城京を模倣して大規模な造都工事が進んだ長岡京でしたが、遷都の翌年に工事責任者

A 遷都は早良親王の怨霊から逃れるためだった！

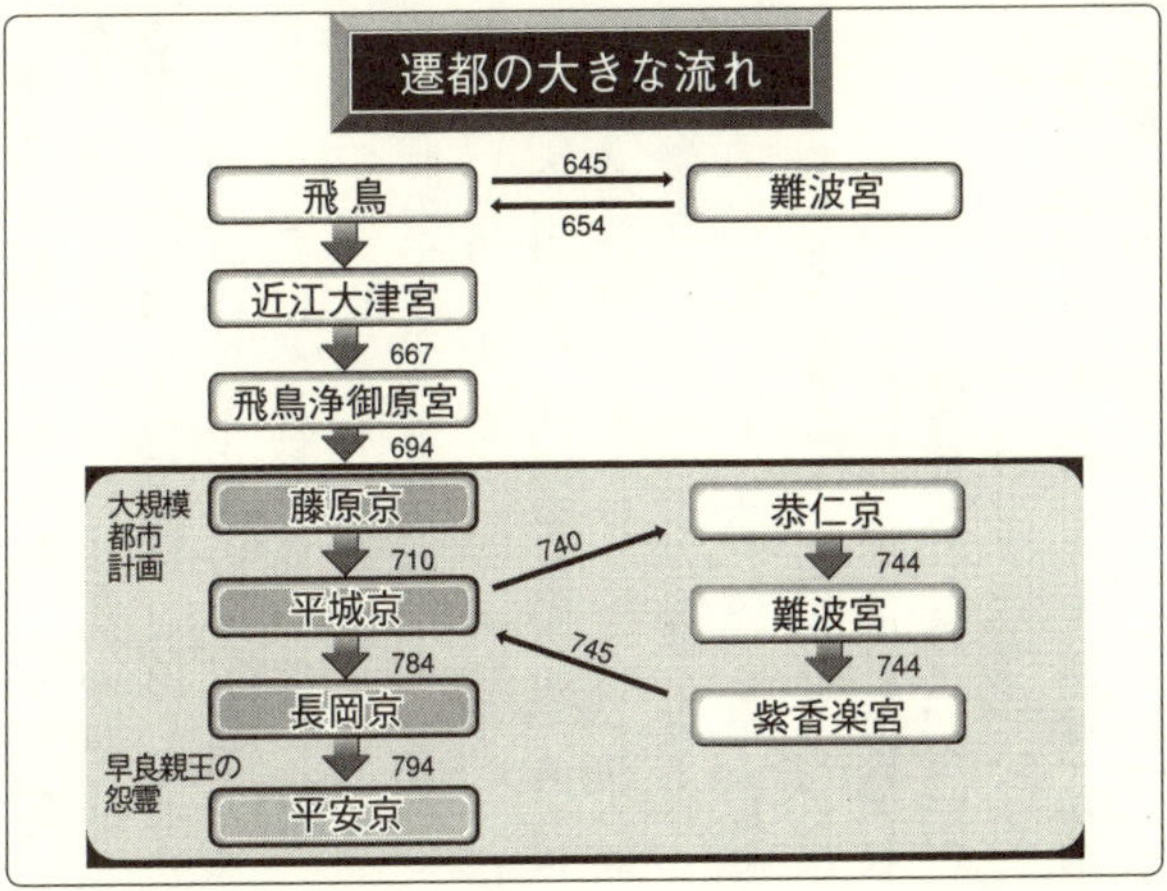
遷都の大きな流れ
飛鳥
645
654
難波宮
近江大津宮
667
飛鳥浄御原宮
694
大規模
都市
計画
藤原京
710
平城京
740
恭仁京
744
難波宮
744
紫香楽宮
745
784
長岡京
早良親王の
怨霊
794
平安京

の藤原種継《たねつぐ》が殺されてしまいます。この事件は大伴・佐伯両氏が種継を失脚させるために仕組んだものでした。しかし、陰謀に加担した罪で皇太子の早良親王《さわらしんのう》が流罪となり、淡路島に送られる途中で無罪を訴えながら死亡。それからは、桓武天皇の母や皇后が相次いで謎の死をとげます。これが早良親王の亡霊だと思いこんだ桓武天皇は、まだ造都途中だった長岡京を捨てて、わずか10年で平安京に遷都することになるのです。

平安京は、陰陽道《おんみょうどう》にのっとって場所が定められました。おそらく桓武天皇は、いかなる怨霊も近づけない宮都にしようと考えたのでしょう。東に青龍《せいりゅう》（賀茂川）、西に白虎《びゃっこ》（山陰・山陽道）、南に朱雀《すざく》（巨椋《おぐら》池）、北に玄《げん》武《ぶ》（船岡山）という四神相応《しじんそうおう》の図式になっているのです。周囲を山で囲まれた平安京は、軍事的にも最適な場所だったのです。

平安時代の天皇家は藤原氏に乗っ取られた？ Q

平安京に遷都して権力を思う存分に振るったように見えた桓武天皇ですが、やはり政治の中枢は藤原氏によって固められていました。

当時の藤原氏は、不比等の4人の息子が独立してできた南家《なんけ》（武智麻呂《むちまろ》）、北家《ほっけ》（房前《ふささき》）、式家《しきけ》（宇合《うまかい》）、京家《きょうけ》（麻呂《まろ》）に分かれたあと、それぞれの子孫が政権を独占しようと互いに競っていたのです。

桓武天皇の皇后は式家の良継の娘、夫人はやはり式家の百川の娘というように、初めは式家が優勢でしたが、式家の種継が殺され、種継の子の仲成《なかなり》・薬子《くすこ》兄妹が反乱を起こしたことで勢いを失いました。南家の仲麻呂も反乱を起こし、京家の浜成《はまなり》も大宰府に追放されてしまい、結局、政界に残れたのは、房前の系統の北家だけだったのです。

藤原家の中興の祖ともいえる人物は、房前の曾孫にあたる冬嗣《ふゆつぐ》でした。嵯峨《さが》天皇の信任を得て蔵人頭《くろうどのとう》から左大臣になった冬嗣は、嵯峨天皇の子の仁明《にんみょう》天皇に娘の順子《のぶこ》を嫁がせて外戚関係を築き、さらに息子の長良《ながら》・良房《よしふさ》らを政界に送りこみました。良房は、娘の明子《あきこ》と文徳《もんとく》天皇とのあいだに生まれた清和《せいわ》天皇が幼少で即位すると、臣下で最初の摂政となります。

さらに長良の子の基経《もとつね》は、妹の高子《たかいこ》と清和天皇とのあいだに生まれた陽成《ようぜい》天皇と対立すると、陽成天皇を廃位に追いこみ、仁明天皇の子の光孝《こうこう》天皇を立てて、みずから関白として君臨するのです。

以後、基経の子孫が摂政・関白の地位を独占し、基経の4代後の道長《みちなが》、その子の頼通《よりみち》の時代に藤原氏は全盛期を迎え、栄耀栄華を誇ることになるのです。これが藤原時代であり、摂関政治の時代です。やはり平安時代の政界も、藤原氏によって動かされていたのです。

A 藤原氏は摂政・関白を独占して全盛期を迎えた！

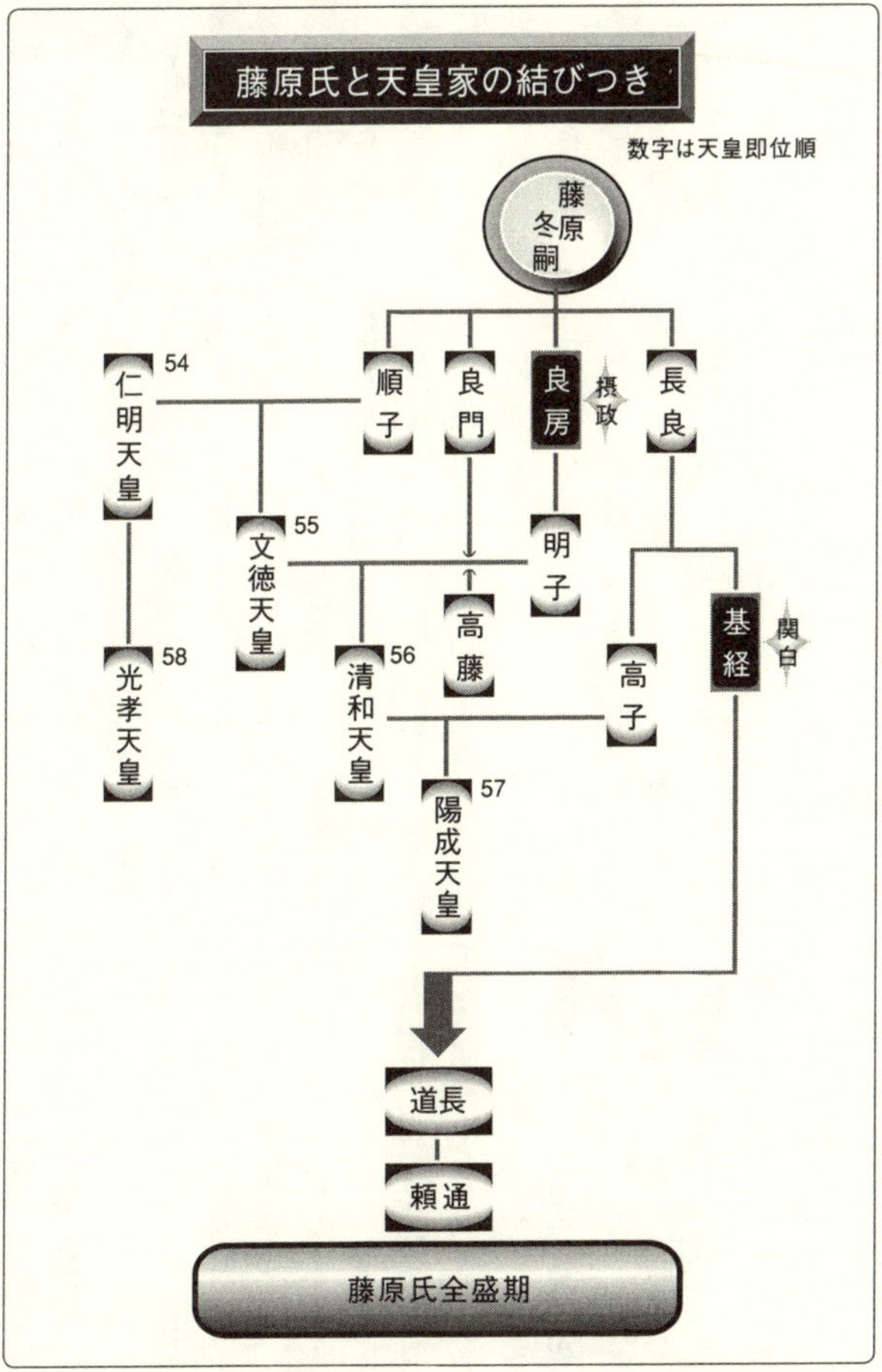
藤原氏と天皇家の結びつき
数字は天皇即位順
藤原冬嗣
順子
良門
良房
摂政
長良
54
仁明天皇
55
文徳天皇
明子
高藤
基経
関白
58
光孝天皇
56
清和天皇
高子
57
陽成天皇
道長
頼通
藤原氏全盛期

全国の約60の国に派遣された国司の実態とは？

律令体制が整ったことで、国・郡・里の行政区分が定まり、全国に国司・郡司・里長による地方支配が行なわれるようになりました。

それ以前にも国司と名前のついた官僚が派遣されることはありましたが、戸籍の作成など仕事が限られたものでした。

郡司や里長は、かつての国造などが現地採用されて終身雇用されましたが、国司は中央の貴族のなかから任命されて、全国約60の国に派遣されました。国司の役所は国衙《こくが》といい、政庁所在地は国府《こくふ》と呼ばれました。

約60の国は大・上・中・下の4等級に分けられ、国衙の定員も等級によって違いました。

一般に国司は、長官の守《かみ》、次官の介《すけ》、判官の掾《じょう》、主典の目《さかん》の四等官と、書記の史生《ししょう》から成っていました。6年（のち4年）の任期で赴任し、彼らの下に多数の現地採用の属吏がいました。

国司は、それぞれの国内の民政、財政そのほかすべての権限を握り、さらに軍を管轄・指揮する立場にありました。

彼ら国司の仕事は多く、書類・帳簿の作成、租・庸・調などの税を徴収するほか、報告のために上京しなければなりませんでした。

初めのうちこそ、国司の仕事は厳正なものでしたが、班田収授法がなしくずしになっていくにしたがい、国司は、田堵《たと》と呼ばれる有力農民と結託して徴税請負人となり、やがて課税率を任されるようになると、税の一部を着服して私利私欲を肥やす者が増え、国司が利権の対象になったのです。

そのうち、国司本人は京都に残って収入を得ながら、かわりに目代《もくだい》を派遣する遙任《ようにん》も増えるようになり、まして鎌倉時代に守護が置かれるようになると、ますます国司の意味がなくなっていくのです。

A　徴税請負人として私腹を肥やす利権の対象に！

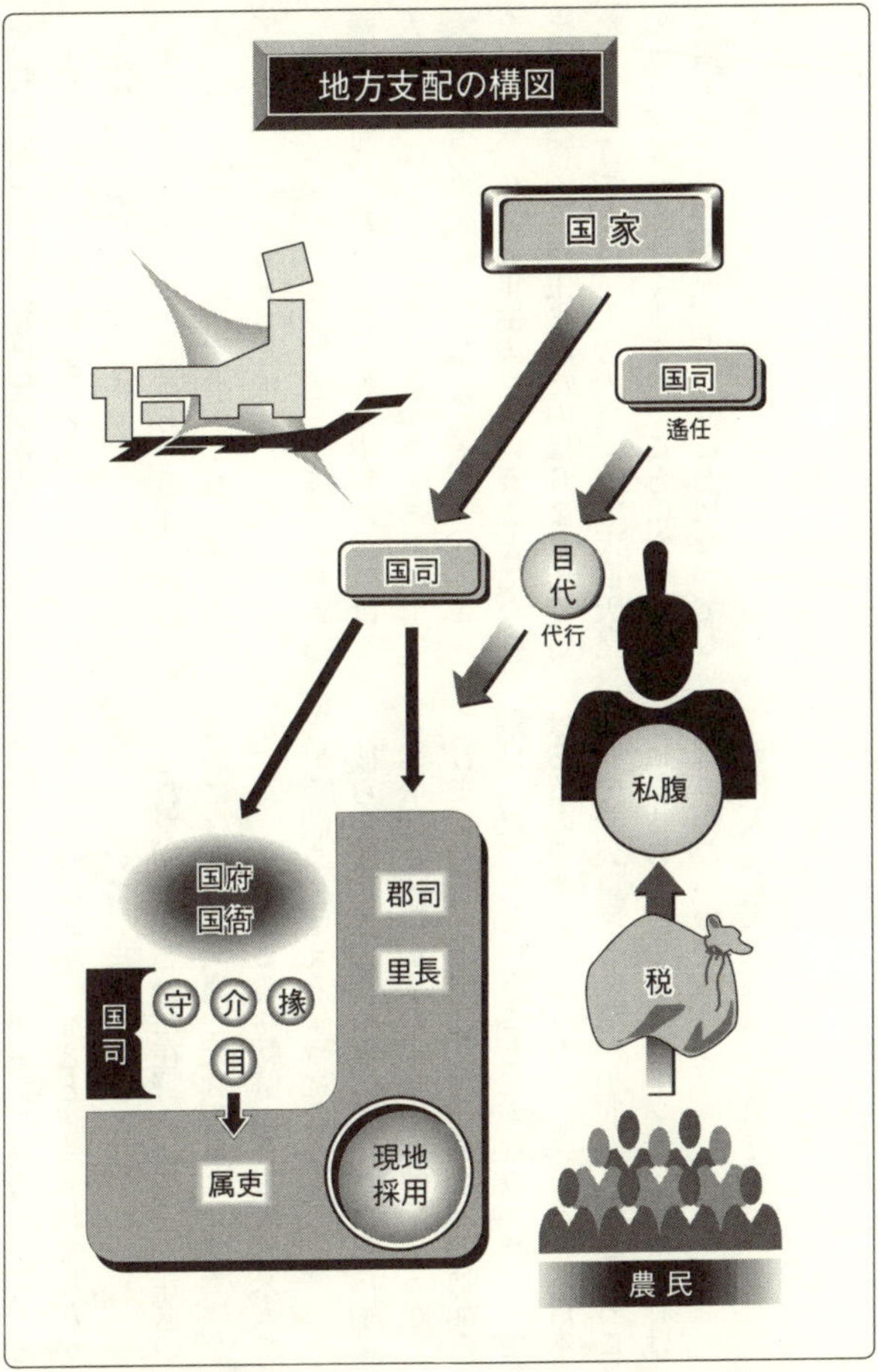
地方支配の構図
国家
国司
遙任
国司
目代
代行
私腹
税
国府
国衙
郡司
里長
国司
守
介
掾
目
属吏
現地採用
農民

コラム

★天智天皇と天武天皇は兄弟か★

天智天皇と天武天皇が兄と弟だったのは、日本史の常識になっています。

天智天皇が生まれたのは６２６年、死んだのは６７１年。天武天皇の生まれた年は不明で、死んだのは６８６年です。

ところが『一代要《いちだいよう》記《き》』という鎌倉時代から南北朝時代にかけて書かれた史料によれば、天武天皇は「享年65歳」だったとあるのです。天武天皇の没年６８６年から享年（数え年）を引くと、６２２年生まれということになります。天智天皇が生まれたのは６２６年でした。ということは、天智天皇よりも天武天皇のほうが4年も早く生まれたことになります。天武天皇のほうが兄、ということになってしまうのです。

これまで歴史学者は、この問題に頭を悩ませました。『一代要記』が間違えているのだろう、いや天智天皇が生まれたのは、もっと前なのではないか、などと議論されましたが決着はついていません。

これを逆手にとった在野の研究者や作家のなかには、天智天皇と天武天皇は兄弟ではなかった、それどころか朝鮮から来た渡来人だという説まで唱えるようになりました。

彼らが渡来人であれば、大化改新から始まる律令国家政策がスムースに理解できるかもしれませんし、壬申の乱が朝鮮半島の動乱の飛び火だったということにもなり興味津々ではあるのですが、これが肯定されると、日本の歴史や天皇家の系譜が根底から覆されることになるので、やはり歴史学者は認めるわけにはいかないのでしょう。

天智天皇と天武天皇は兄弟だったのか、それとも渡来人なのか。あなたは、どう思いますか？

2
章

武家政権の誕生

〈平安後期～鎌倉・南北朝〉

律令体制崩壊の序曲となった 2大反乱事件とは？

Q

国司が私腹を肥やすようになると、支配される豪族たちも乱れはじめます。これは当然の成り行きなのですが、事件が起こらなければ気がつかないのは、いつの世もおなじです。

下総北部を地盤にしていた私営田の領主（農奴主という説もあります）だった平将門《たいらのまさかど》は、一族内で私闘をくり広げていましたが、常陸国司が仇敵と手を結んで挑発してきたため、常陸国衙《こくが》を襲って略奪、焼き払ってしまいました。常陸の豪族藤原玄明《はるあき》が、国司に反抗して国を逃れて将門に助けを求めてきたという説もあります。

いずれにせよ、平将門の常陸国衙焼き討ちは、政府にとってはショッキングな出来事でした。律令国家への反乱第1号だったのです。

将門は、下野《しもつけ》・上野《こうずけ》・相模などの国衙まで制圧すると、弟や主だった従者たちを諸国の国司に任じ、みずから「新皇《しんのう》」と称します。これは将門が、律令国家から関東を独立させるために起こした軍事行動でしたが、関東版ミニ律令国家にすぎませんでした。

反乱を起こしたのは平将門だけではありませんでした。こんどは、伊予国司の藤原純友《すみとも》が反乱を起こしたのです。

そもそもは、山陽・九州・四国と京を結ぶ海上交通の大動脈である瀬戸内海に出没する海賊を、伊予国司の藤原純友に制圧させたのが始まりでした。そこへ平将門の反乱の噂を聞いた純友が、立場を一転して海賊の頭領となったのです。

畿内から九州東部にかけての海賊連合軍を率いた純友は、京都に放火したり、上京途中の国司を捕らえたり、備中や淡路の国府を襲って武器を略奪したり、一時は、上洛して京都を占拠するのではないかと思われていました。あわてた政府は、純友に従五位下《じゅごいげ》を授

A 東では平将門の乱、西では藤原純友の乱！

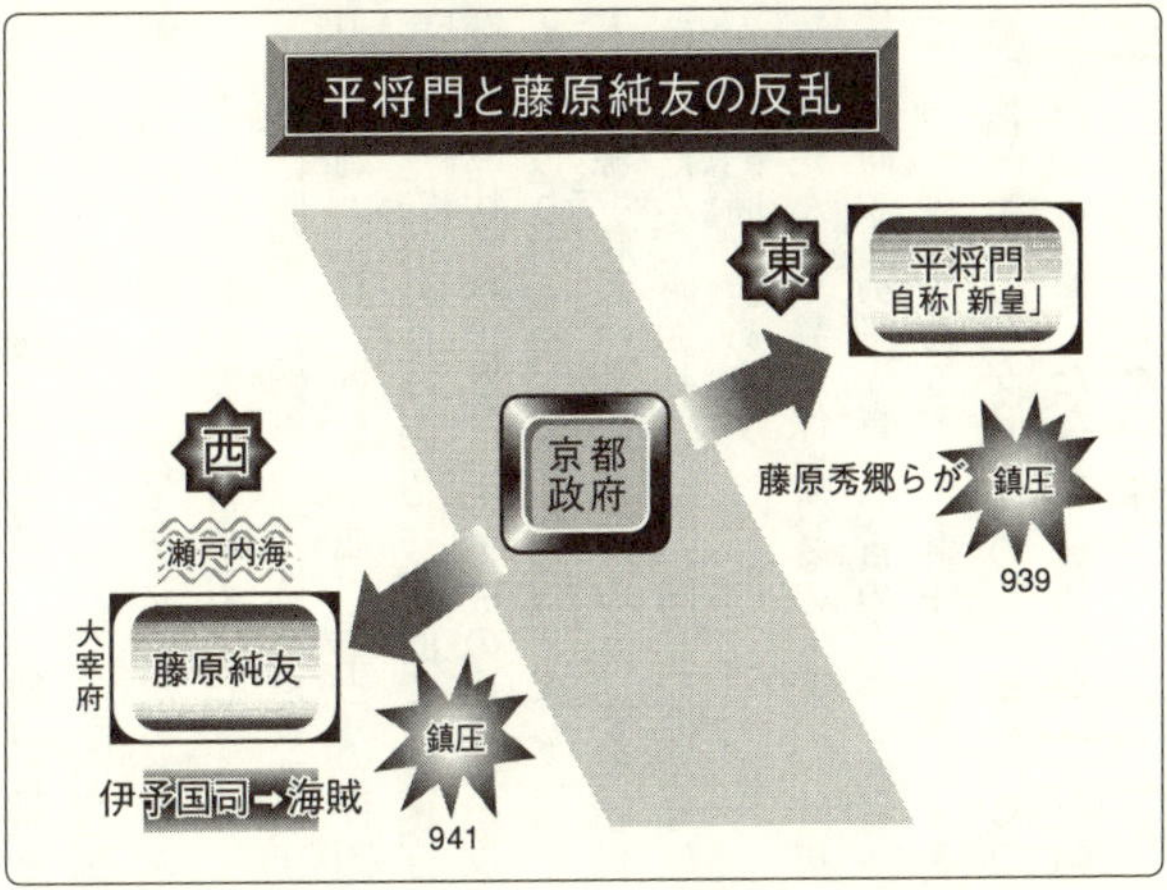
平将門と藤原純友の反乱
東
平将門
自称「新皇」
京都政府
藤原秀郷らが
鎮圧
939
西
瀬戸内海
大宰府
藤原純友
鎮圧
伊予国司→海賊
941

けて懐柔しようとします。

しかし、将門が藤原秀郷《ひでさと》によって制圧された報に接した純友は、京都突入を中止。将門の乱を鎮圧したことで気をよくした政府は、純友を挑発して反乱を続行させ、鎮圧軍を送りこみます。瀬戸内海を逃げながら、ついには大宰府まで制圧した純友でしたが、伊予に逃げ帰ったところで討たれてしまいます。

平将門と藤原純友の反乱は短いものでしたが、政府を驚愕せしめるのに充分でした。

彼らを鎮圧した藤原秀郷ら地方豪族は、恩賞として位階を受け、上級国司である受領に任命されます。彼らの子孫が、武者でありながらも中央貴族の家柄となり、やがては、地方の豪族を鎮圧して取りまとめる「武門の棟梁」として武士社会の主人公になっていくのです。もし平将門の反乱が成功していれば、源頼朝のようになれたかもしれません。

前九年・後三年の役で歴史はどう変わったのか？

Q

前九年の役と後三年の役は、単独の合戦として考えるべきではなく、平将門の乱や藤原純友の乱の延長上にとらえる必要があります。

まずは前九年の役から見てみましょう。

政府に服属した蝦夷《えみし》の子孫で、奥六郡（伊《い》沢《さわ》・江刺《えさし》・和賀《わが》・稗貫《ひえぬき》・斯波《しわ》・岩手《いわて》）の俘囚《ふしゅう》長《ちょう》だった安倍頼良《あべのよりよし》は国司に反抗的で、陸奥守藤原登任《ふじわらのなりとう》と秋田城介平重成《たいらのしげなり》の連合軍が攻めても返り討ちにしてしまうほどでした。しかし源頼義《みなもとのよりよし》が陸奥守になると、安倍頼良はいったんは服従し、名前が同音なのをはばかって頼時《よりとき》と改めます。

いったんは平静が保たれるのですが、陸奥権守藤原説貞《ときさだ》の子光貞・元貞の人馬が何者かによって殺傷されるという事件が起きたとき、源頼義が頼時の子安倍貞任《さだとう》のしわざと決めつけて罰しようとしたため、貞任をかばった頼時が反乱を起こしたのです。

合戦のさなかに安倍頼時が戦死し、そのあとは貞任がリーダーとなって戦い、勝利をおさめたかに見えました。

しかし、出羽国の俘囚長清原武則《きよはらのたけのり》が頼義に味方したことで形勢は逆転。安倍氏の砦《とりで》を破り、ついに貞任を戦死に追いこむのです。

滅亡した安倍氏のあと、出羽国仙北三郡だけでなく、安倍氏の旧領の奥六郡をあわせて奥羽最大勢力になったのは清原氏でした。

しかし、一族内で対立していたのです。ここからが後三年の役です。

清原武則の子の武貞《たけさだ》には3人の子がいました。嫡子の真衡《さねひら》が先妻の子、家衡《いえひら》が後妻安倍氏（安倍頼時の娘）の子、清衡《きよひら》が後妻の連れ子という複雑な関係だったのです。

まず清原一族の吉彦秀武《きみこひでたけ》が真衡と争って家衡・清衡を味方にし、家衡と清衡は真衡を攻めます。このときは真衡の求めによって、陸

A 平安時代後期に武士が台頭する萌芽となった！

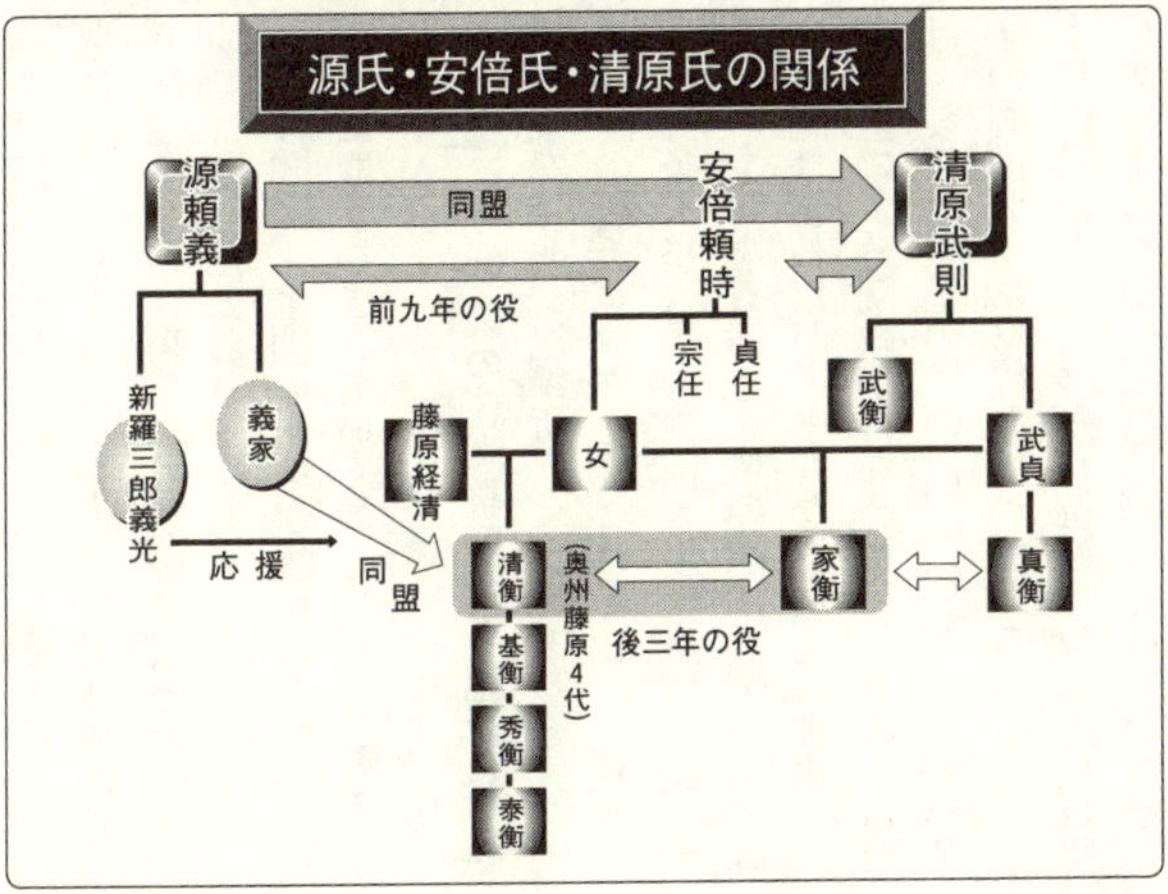
源氏・安倍氏・清原氏の関係
源頼義
同盟
安倍頼時
清原武則
前九年の役
宗任
貞任
新羅三郎義光
義家
藤原経清
女
武衡
武貞
応援
同盟
清衡
（奥州藤原4代）
家衡
真衡
後三年の役
基衡
秀衡
泰衡

奥守兼鎮守府将軍になっていた源義家《よしいえ》（源頼義の子）が介入してきたことで、騒ぎはおさまったかに見えました。

　そのあと、真衡が出羽国で病死したため、義家は遺領の奥六郡を家衡と清衡に分け与えます。しかし、こんどは家衡と清衡が対立。家衡は清衡の宿所を焼き払って一族を殺害してしまうのです。怒った清衡は義家に助けを求め、義家・清衡と家衡の戦いになるのです。

　家衡は、いったん義家を撃退しますが、義家の弟新羅三郎義光《しんらさぶろうよしみつ》が駆けつけたことで、義家らはようやく勝利を収めます。

　この戦いは、ただの私闘に加担したとして義家は何の恩賞ももらえませんでしたが、武名は上がり、武門の棟梁の地位を不動のものにするのです。いっぽうの清衡は、父の姓である藤原に復し、安倍・清原両氏の遺領を継いで、奥州藤原氏の基礎を築きます。

白河上皇に始まる院政は何を生み出したか？

Q

奈良時代の政界が藤原不比等とその子孫たちによって動かされ、平安時代の政界が藤原氏出身の摂政・関白に独占されてきたことは、すでに述べたとおりです。

その間に、全国の土地が貴族たちや寺社の荘園に取りこまれていくのを快しとしなかった天皇がいました。後三条《ごさんじょう》天皇です。後三条天皇は、延久《えんきゅう》の荘園整理令を施行して記録荘園券契所（記録所）を設置すると、全国の荘園の総チェックを行ないました。

後三条天皇は子の白河《しらかわ》天皇に皇位を譲って、上皇《じょうこう》（太上天皇のこと）の政治機関である院《いんの》庁《ちょう》を置きましたが、まもなく病死します。

上皇による院政が行なわれるようになるのは、後三条天皇の子の白河天皇が、わずか8歳の堀河《ほりかわ》天皇に皇位を譲ってからのことです。上皇が政治を行なった前例は、持統上皇以降もありましたが、それは院政とはいいません。

堀河天皇は長ずるにしたがって父の院政を嫌いますが、30歳にならずして死亡。その子の鳥羽《とば》天皇が次の崇徳《すとく》天皇に皇位を譲って上皇になります。白河上皇は出家して法皇になっていましたから、ここで、初めて天皇・上皇・法皇が並び立つことになったのです。

と書けば、何事もなかったかのようですが、じつは不倫スキャンダルがあったのです。

系譜上では、崇徳天皇は鳥羽天皇の子ということになっているのですが、そうではなく、白河上皇が鳥羽天皇の皇后である中宮璋子《ちゅうぐうしょうし》（のちの待賢門院《たいけんもんいん》）に生ませた子供だったのです。孫の嫁さんに手を出したうえに孕《はら》ませてしまったのです。そして曾孫（じつは実子）かわいさのあまり、白河上皇は孫の鳥羽天皇に向かって崇徳に皇位を譲るよう命じたというわけです。この不倫スキャンダルが、保《ほう》元《げん》・平治《へいじ》の乱を招くことになります。

A　不倫スキャンダルがらみの皇位継承争いに発展！

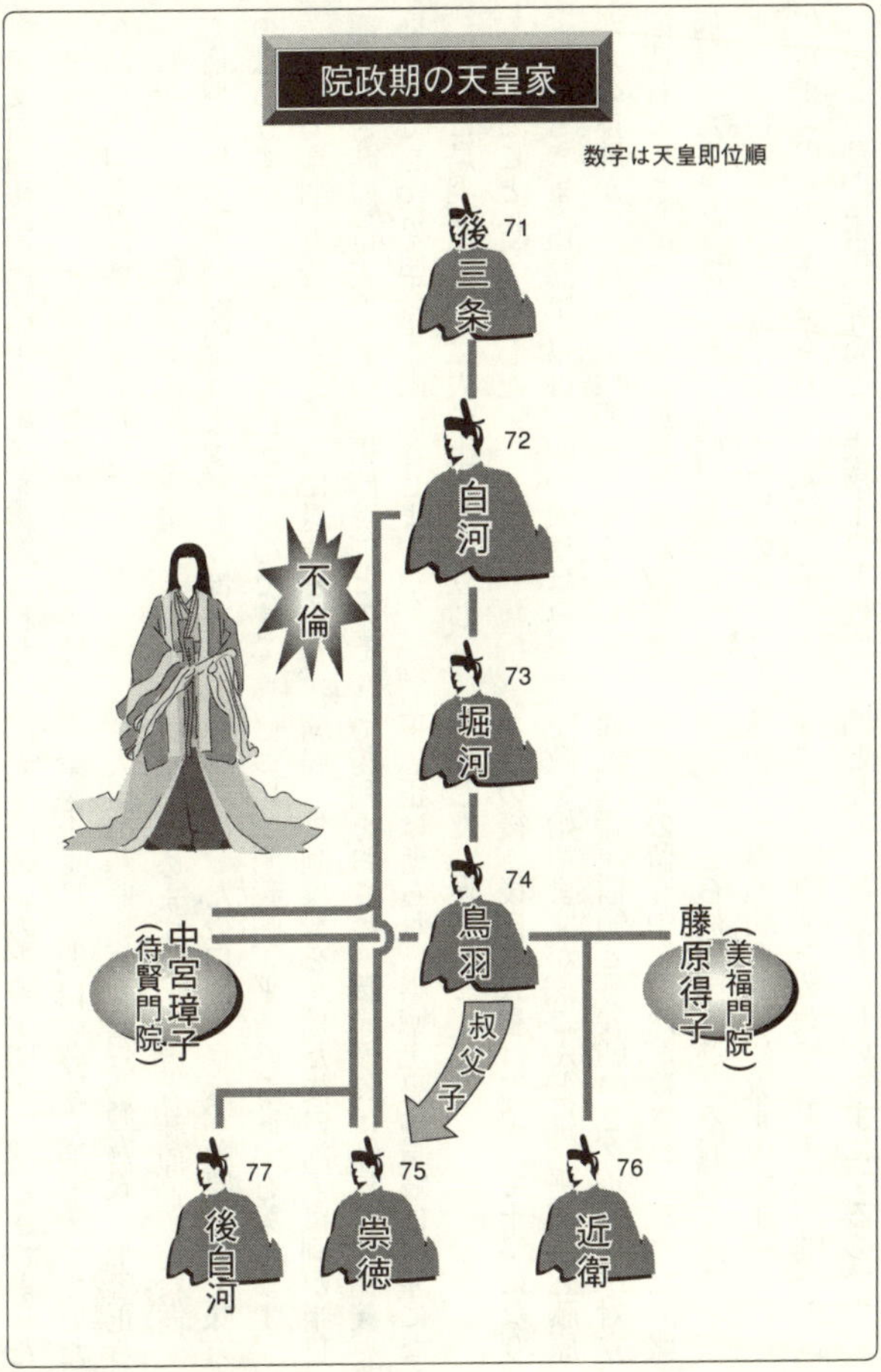
院政期の天皇家
数字は天皇即位順
後三条
71
白河
72
不倫
堀河
73
鳥羽
74
中宮璋子
（待賢門院）
藤原得子
（美福門院）
叔父子
後白河
77
崇徳
75
近衛
76

保元・平治の乱はなぜ起き、何を招いたのか？

Q

祖父白河法皇に嫁の中宮彰子を寝取られたうえ、「叔父子《おじこ》」の崇徳天皇に皇位を乗っ取られた鳥羽上皇は面白くありません。

6年後、白河法皇が死んだことで、ようやく鳥羽上皇の院政が始まります。もう怖いものはありません。自分の時代が来たのです。

そこで鳥羽上皇は、崇徳天皇に退位を迫り、寵愛する藤原得子《とくこ》（のちの美福門院《びふくもんいん》）とのあいだにできた近衛《このえ》天皇を即位させます。

ここに鳥羽と崇徳、二人の上皇が並立し、対立することになりました。

このときまだ崇徳上皇は、次の天皇はみずからの重祚《ちょうそ》か、子供の重仁《しげひと》親王がなるものと期待していました。しかし近衛天皇が17歳で病没したときに即位したのは同母弟で8つ年下の後白河《ごしらかわ》天皇。皇太子には後白河の子の守《もり》仁《ひと》親王（のちの二条《にじょう》天皇）がなったのです。

そして鳥羽上皇が死ぬと、崇徳上皇と後白河天皇の戦いの火蓋が切って落とされました。

崇徳上皇は、関白の藤原忠通《ただみち》と争っていた左大臣の藤原頼長《よりなが》と結び、源為義《ためよし》、平忠正《ただまさ》ら武士を集めます。いっぽう藤原通憲《みちのり》（信西《しんぜい》）を参謀にした後白河天皇は、藤原忠通を味方につけ、源義朝《よしとも》、平清盛《きよもり》ら武士を集めます。結局、先制攻撃をかけた後白河天皇側が半日で勝利をおさめ、藤原頼長は戦死。源為義、平忠正は斬られ、崇徳上皇は讃岐に流罪になりました（保元の乱）。

その後、後白河天皇は退位して上皇になり院政を始めますが、こんどは、平清盛と藤原通憲、藤原信頼《のぶより》と源義朝の2グループが対立。平清盛の留守中に信西が殺され、怒った清盛が信頼、さらに東国に逃げる義朝を滅ぼし、義朝の子の頼朝を伊豆に流すのです。

この平治の乱を契機に、平清盛が唯一の武門として、政界をほしいままにするのです。

A 皇位継承争いから源平合戦の引き鉄になった！

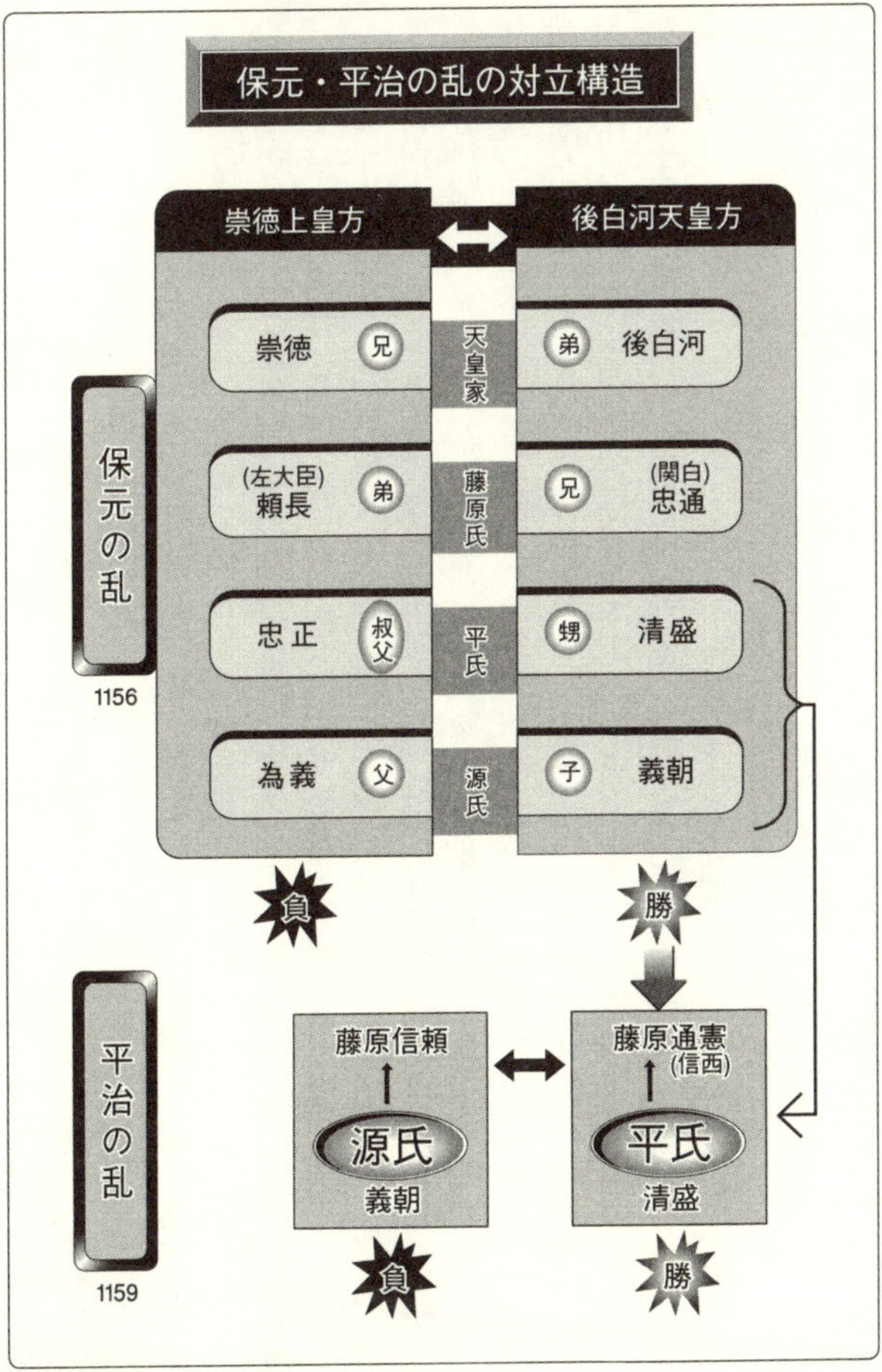

保元・平治の乱の対立構造
崇徳上皇方
後白河天皇方
崇徳
兄
天皇家
弟
後白河
(左大臣)
頼長
弟
藤原氏
兄
(関白)
忠通
忠正
叔父
平氏
甥
清盛
為義
父
源氏
子
義朝
保元の乱
1156
負
勝
平治の乱
1159
藤原信頼
源氏
義朝
藤原通憲
(信西)
平氏
清盛
負
勝

平清盛スピード出世の背後に隠された秘密とは？

Q

保元の乱で後白河天皇側に味方して勝利し、さらに平治の乱では、藤原通憲とともに藤原信頼と源義朝を破った平清盛ですが、はたして彼はどのような人物だったのでしょうか。

系譜のうえでは清盛は、父が平忠盛《ただもり》、母が祇園女御《ぎおんにょうご》の妹ということになっています。

父の忠盛というのは、白河上皇にかわいがられ、検非違使《けびいし》、伯耆守《ほうきのかみ》、越前守、備前守を歴任。白河上皇が没したあとは鳥羽上皇の側近として活躍したのち、鳥羽院の執事別当、鳥羽上皇の寵妃藤原得子（美福門院）の執事別当を兼ねた人物です。鳥羽上皇、藤原得子といえば、保元の乱の後白河天皇擁立派ですから、息子の清盛が後白河天皇側についたのもうなずけます。

平治の乱後の清盛の出世は早く、翌年の永暦元年（1160）には参議正三位となって大納言クラスになり、仁安2年（1167）には内大臣正二位から左右大臣を飛び越えて太政大臣従一位にまで昇りつめるのです。このとき清盛は50歳でした。

その背後には、藤原氏も顔負けの強引な婚姻政策が行なわれていたのです。

まず清盛は、娘の盛子《せいし》を関白藤原基実《もとざね》に嫁がせ、基実が他界すると遺領を盛子に継がせて、盛子の後見として摂関家領を押領《おうりょう》。さらに盛子の妹寛子《かんし》は基実の子の基通《もとみち》に嫁がせ、徳子《とくし》（建礼門院《けんれいもんいん》）を高倉《たかくら》天皇の中宮にして安《あん》徳《とく》天皇を生ませます。しかも高倉天皇というのは、清盛の妻時子の妹滋子《しげこ》（建春門院《けんしゅんもんいん》）が後白河上皇のもとに入って生んだ子ですから、清盛の甥になるのです。

そして安徳天皇が即位したことで、清盛は天皇の外祖父の地位を得ます。

武門の清盛が、なぜ太政大臣まで昇りつめることができたのか。理由は、もうひとつあ

A 清盛は忠盛の子ではなく白河法皇の御落胤！

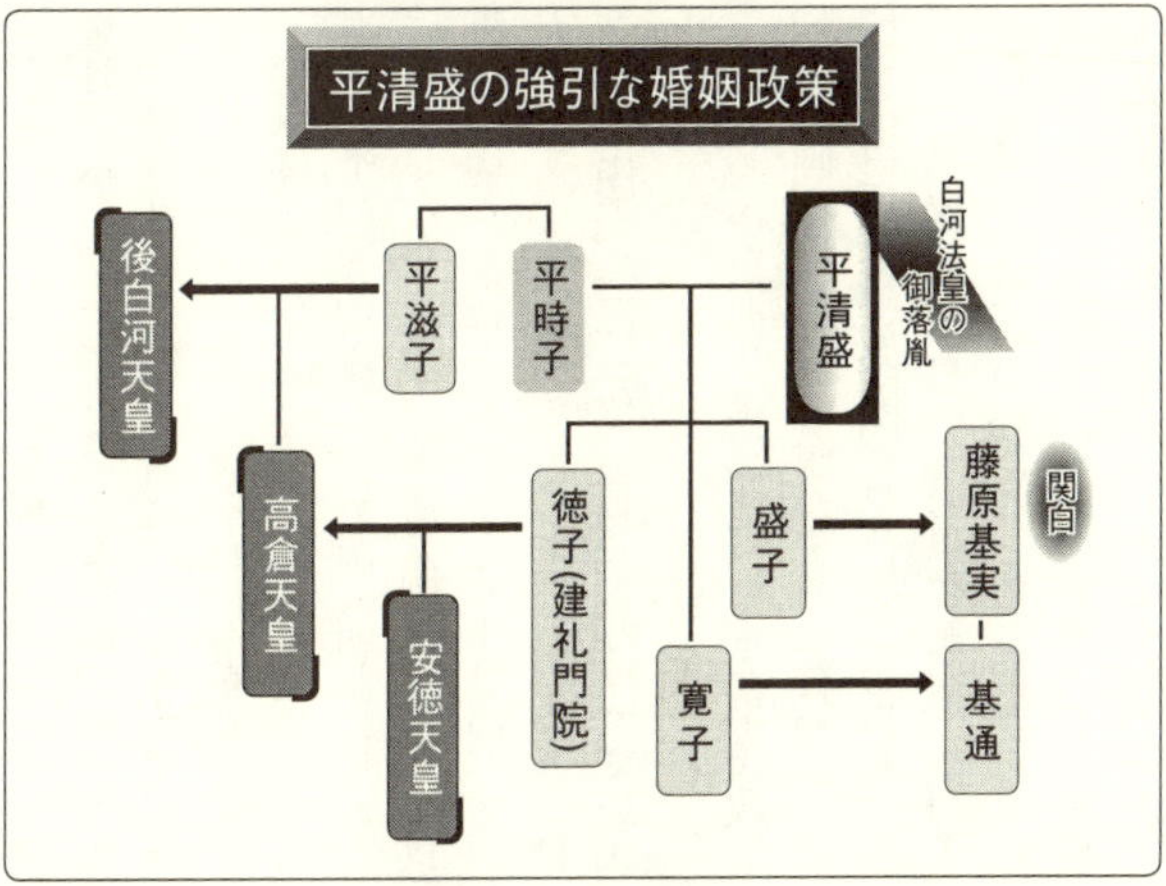
平清盛の強引な婚姻政策
白河法皇の御落胤
平清盛
平時子
平滋子
後白河天皇
高倉天皇
徳子（建礼門院）
盛子
藤原基実
関白
寛子
基通
安徳天皇

るのです。

それは清盛の出生に関して、です。

じつは清盛は忠盛の子ではなく、白河法皇の御落胤《ごらくいん》なのです。当時66歳だった白河法皇が祇園女御の妹を孕《はら》ませたまま、側近の忠盛に下賜《かし》したのです。たとえ祇園女御の妹が妊娠していることを知っていたとしても、赤ん坊が生まれてから計算が合わないことがわかっても文句はいえなかったでしょう。

ただ天皇の周辺や貴族のあいだでは清盛が御落胤である噂は流れていたでしょうから、清盛が太政大臣まで昇りつめたところで異を唱える者はいなかったというのが真相でしょう。清盛自身がみずからの出自を知っていて、強引な婚姻政策を行なったとも考えられます。

しかし、「平氏にあらずんば人にあらず」といわれるほど、平氏一門で政権を独占したばかりに反平氏勢力を生むことになるのです。

政権を独占した平家がなぜ源氏に敗れたのか？

平清盛の強引な婚姻政策が功を奏して、政権は平氏が独占し、このまま栄耀栄華がつづくと思われましたが、清盛はひとりの男の存在を甘く見ていました。それは源頼政《よりまさ》です。

頼政は、保元の乱で後白河天皇側についたあと、平治の乱では、初め源義朝側に加わっていましたが、途中で平清盛側に寝返り、以後、源氏としては、ただひとり生きのびていたのです。その後、出世して三位となり、ほどなく出家。「源三位《げんさんみ》入道」と呼ばれていました。

俊寛《しゅんかん》や後白河法皇の側近による平氏政権転覆計画、鹿ケ谷《ししがたに》の陰謀が失敗に終わり、清盛が後白河法皇を幽閉。皇位継承の最有力候補だった後白河法皇の子の以仁王《もちひとおう》が、異母弟高倉天皇が皇位についたことで皇位から退けられ、さらに高倉天皇の子の安徳天皇の実現で皇位継承が絶望的になったのを知った頼政はクーデターを敢行します。

頼政は、以仁王に平氏追討の令旨《りょうじ》を出させるのです。天皇が発する勅旨や上皇・法皇が出す院宣には及ばないものの、立派な大義名分になります。

このクーデターはすぐに露見して、頼政は討死、以仁王も捕らえられて討たれてしまいますが、以仁王の令旨だけは生き残り、全国各地の反平氏勢力が挙兵するのです。

そのなかでも強大だったのが、源義朝の三男で伊豆に流されていた源頼朝。もうひとりが、頼朝の従兄弟にあたる木曾の源義仲《よしなか》です。

挙兵した頼朝は、いったんは石橋山の合戦で平氏軍に敗れたものの、安房に逃れて勢力を盛り返し、富士川では戦わずして平氏軍を敗走させて、南関東一帯を制圧。

平清盛が病死したあと、後白河法皇に密奏して忠誠を誓い、源平の和平共存を申し入れ

A 源氏を皆殺しにしなかったことが敗因に直結！

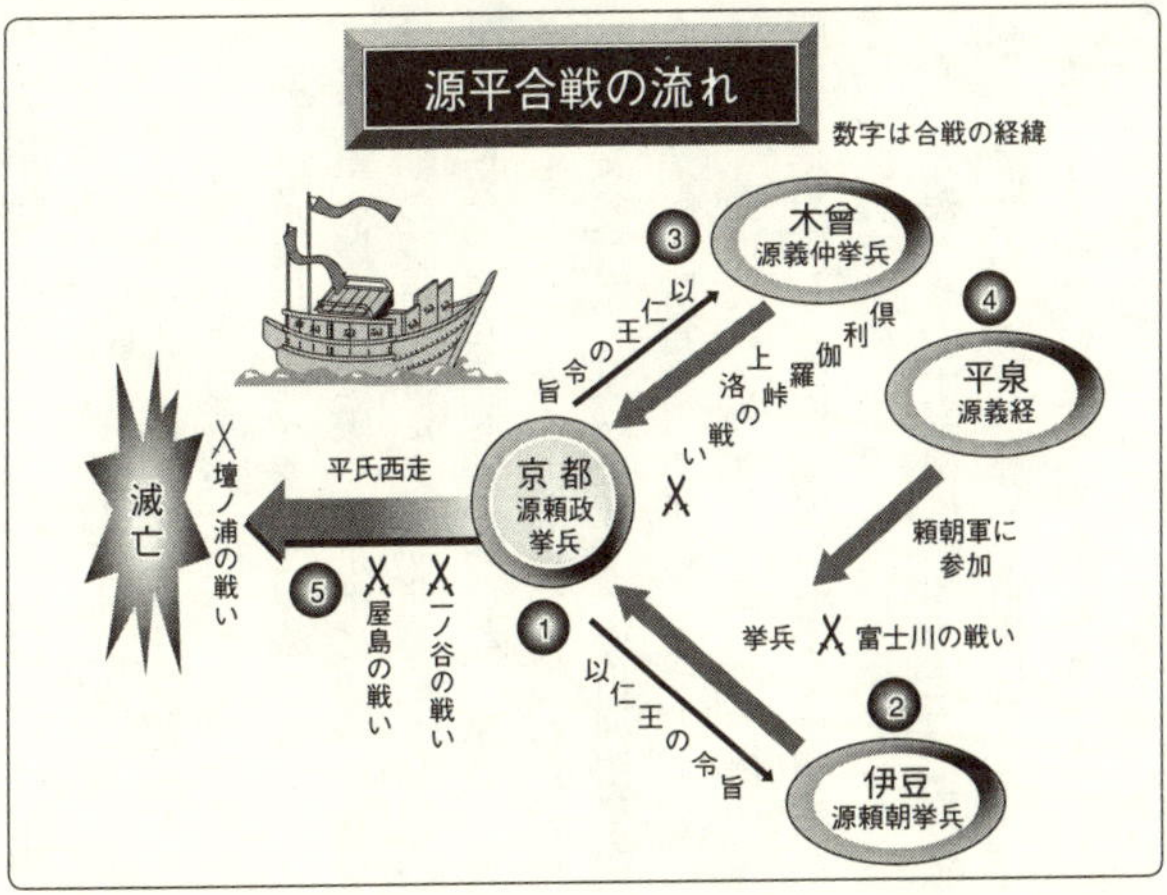
源平合戦の流れ
数字は合戦の経緯
木曽
源義仲挙兵
平泉
源義経
京都
源頼政挙兵
伊豆
源頼朝挙兵
滅亡
以仁王の令旨
以仁王の令旨
倶利伽羅峠の戦い
上洛
平氏西走
壇ノ浦の戦い
屋島の戦い
一ノ谷の戦い
頼朝軍に参加
挙兵
富士川の戦い
1
2
3
4
5

ますが、平氏が拒否したため、しばらくは関東制圧に力を注ぎます。

そのころには源義仲が、倶利伽羅《くりから》峠で平氏軍を破って近江に入り、平氏が安徳天皇を連れて西に逃げたところで上洛を果たしました。

義仲は、後白河法皇より平氏追討の院宣を受けますが、備中水島で平氏と戦って敗走。その間に法皇は、頼朝に「寿永二年十月宣旨」を与えます。

「日本一の大天狗」と呼ばれた後白河法皇らしいやり方です。

孤立した義仲はクーデターを起こして、みずから従四位下征夷大将軍「旭将軍」を称しますが、頼朝のかわりに上洛した源義経《よしつね》・範《のり》頼《より》連合軍と戦って敗死します。

あとは皆さんもご存知のとおり。義経の活躍で一ノ谷、屋島と平氏を追い詰め、壇ノ浦で平氏を滅亡させるのです。

源義経は生きのびて チンギス・ハンになった？ Q

兄源頼朝に比べて、弟義経の行動には不明な部分が多く、半分以上は伝説といっても過言ではありません。明らかに史実と思われているのは、兄頼朝の挙兵を聞いて奥州平泉から駿河国黄瀬川に馳せ参じて以降のことです。

平氏軍を壇ノ浦に破って京都に戻った義経は、頼朝の認可を待たずに検非違使・左衛門《さえもん》少尉《しょうじょう》になったため頼朝に嫌われ、鎌倉に帰ることも許されません。追いつめられた義経は、叔父の行家《ゆきいえ》と反逆を企て、後白河法皇から頼朝追討の院宣を得て挙兵しますが、計画は失敗。西に逃れようとして摂津の大物浦《だいもつうら》に船出して難破し、畿内に潜伏。やがて奥州藤原秀衡《ひでひら》の庇護を求めて平泉に逃げます。しかし秀衡の死後、その子泰衡《やすひら》は頼朝の圧力に負け、衣河館《ころもがわのたち》にいる義経を襲って自害させます。

ここまでが義経について、史実としてわかっているすべてです。

しかし、『平家物語』『源平盛衰記《げんぺいせいすいき》』『義経《ぎけい》記《き》』などの物語に記された武蔵坊弁慶《むさしぼうべんけい》らとの華々しい活躍のストーリーが、あたかも史実のように語られ、定着していったのです。

なかでも興味深いのは、生存伝説でしょう。衣河館で戦死しなかった義経は、東北の各地を北上して、津軽半島から蝦夷島《えぞがしま》（北海道）に渡ったというものです。義経が北行したというコースには伝説が残り、義経を祀った寺院や神社なども残っているのです。

江戸時代になると、義経は北海道から樺太を経て大陸に渡り、チンギス・ハン（ジンギスカン）になったという説が出てきます。義経が死んだとされる年と、チンギス・ハンの活躍が始まる年がおなじだというのです。それが大正時代の『成吉思汗《ジンギスカン》は源義経也』（小《お》谷部全一郎《やべぜんいちろう》）、さらに推理小説『成吉思汗の秘密』（高木彬光）で知られるようになりました。

A 日本人の好きな英雄不死伝説が生んだ壮大な夢！

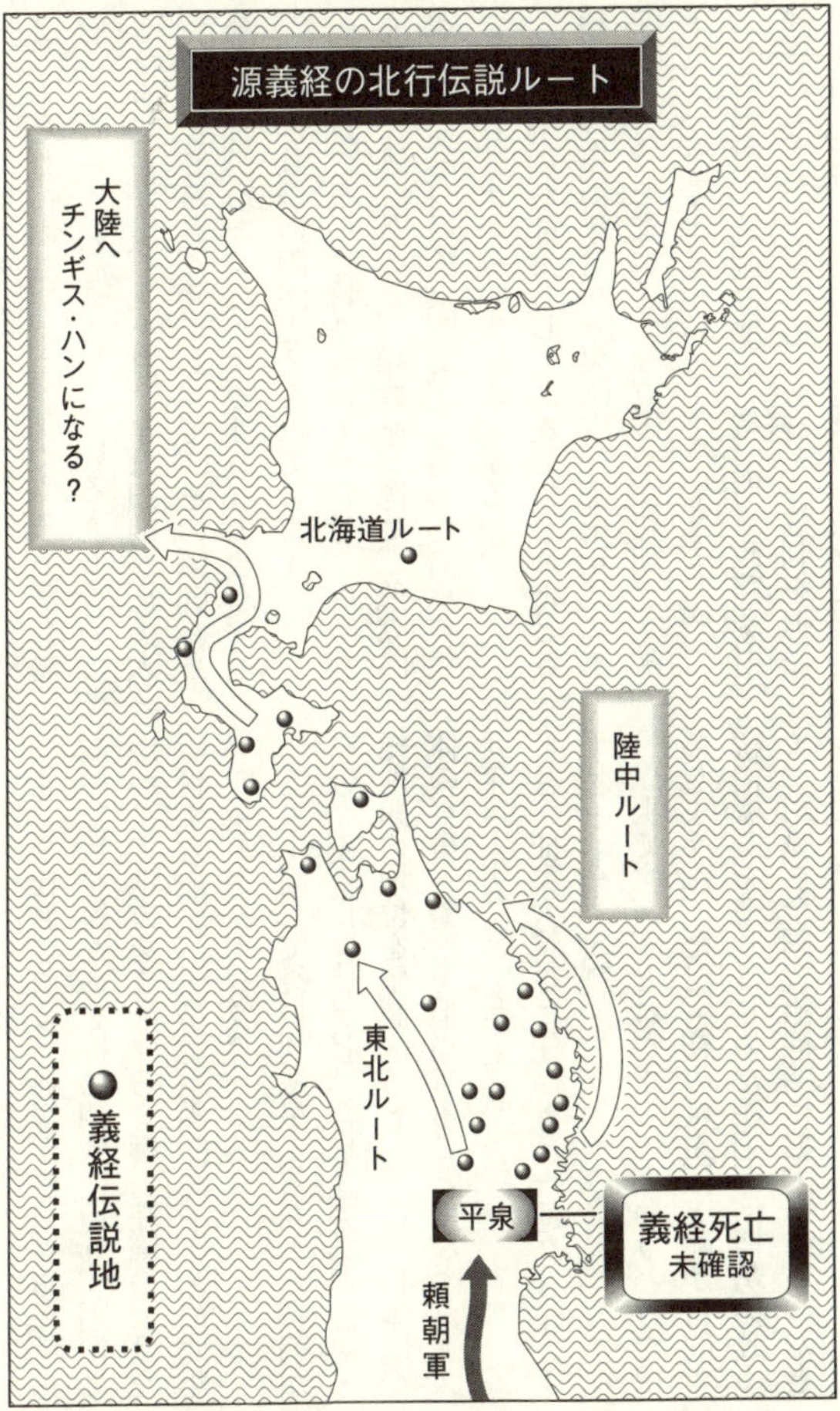
源義経の北行伝説ルート
大陸へ
チンギス・ハンになる？
北海道ルート
陸中ルート
東北ルート
義経伝説地
平泉
義経死亡
未確認
頼朝軍

鎌倉幕府はいつから始まったのだろうか？

Q

鎌倉幕府が始まったのは建久3年（1192）とされており、「いい国つくろう鎌倉幕府」とゴロ合わせで覚えている人も多いでしょう。しかし、1192年は頼朝が征夷大将軍に任じられた年であって、その瞬間から鎌倉幕府が始まったわけではありません。

現在は6つの説が唱えられています。

①以仁王《もちひとおう》の令旨を受けて挙兵し、いったん安房に逃れたあと、鎌倉を本拠に、独立国家構想に基づいて東国支配を始めた治承4年（1180）末から始まったとする説。

②平氏が都落ちして西走しはじめたとき、頼朝が後白河法皇から東国支配権を正式に承認する宣旨を受けて、独立国家から朝廷支配下に入った寿永2年（1183）とする説。

③御家人統制機関の侍所《さむらいどころ》、政務や財務を行なう公文所《くもんじょ》（のち政所《まんどころ》）、裁判を担当する問注所《もんちゅうじょ》といった政治機関を鎌倉に置いた元暦元年（1184）とする説。

④平氏滅亡直後、義経が法皇から頼朝追討の宣旨を得たのを機に朝廷に迫り、国司にかわって地方を支配する守護、荘園や公領を監督する地頭の設置を承認させた文治元年（1185）とする説。

⑤上洛して後白河法皇と対面した頼朝が右近衛大将《うこのえたいしょう》に任じられ、日本国惣追捕使《にほんこくそうついぶし》・総地頭の地位を確認すると同時に、日本国全体の軍事・警察を担当することになった建久元年（1190）とする説。

⑥征夷大将軍に任命された建久3年（1192）とする説。

以上ですが、どれが正しいというわけではありません。ただ、初めは東国支配が目的で統治機関を造りはじめた頼朝が、情勢の赴くまま組織を全国統治機関に拡大していったということでしょう。

A 実は1192年以前から着々と準備を進めていた！

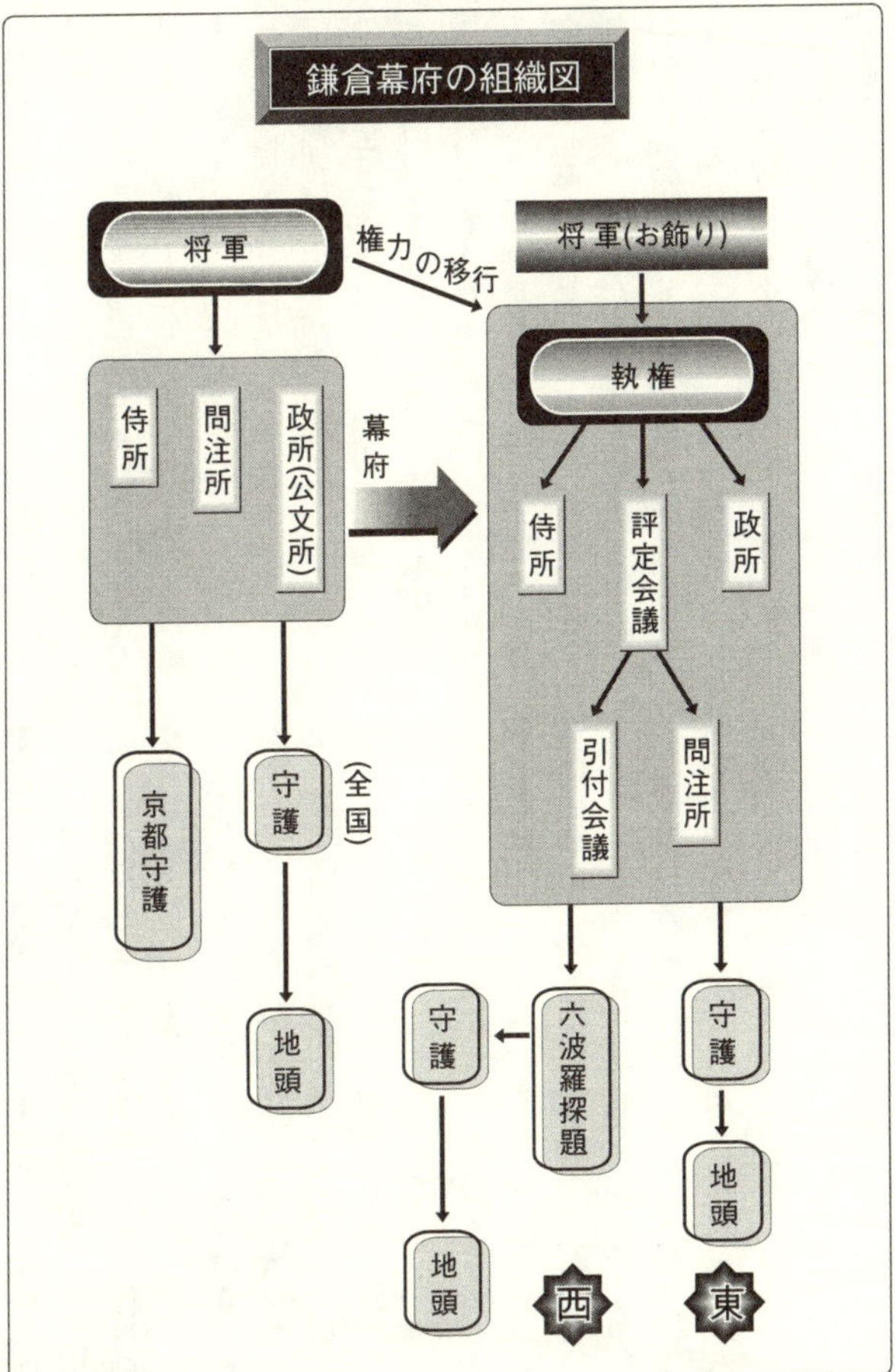
鎌倉幕府の組織図
将軍
権力の移行
将軍(お飾り)
侍所
問注所
政所(公文所)
幕府
執権
侍所
評定会議
政所
京都守護
守護
(全国)
引付会議
問注所
地頭
守護
六波羅探題
守護
地頭
地頭
西
東

源頼朝の封建制度で日本はどう変わったのか？

Q

源頼朝は、どのように幕府内を統制していたのでしょうか。

まず、将軍である頼朝と主従関係を結んだ武士たちを御家人《ごけにん》といいました。ふつうは家《け》人《にん》といいますが、相手が将軍だから特別に「御」という字をつけたのです。

まず頼朝は、主な御家人たちを、それぞれの先祖が守ってきた土地の地頭に任命することで生活の保証をしました。これを本領安《ほんりょうあん》堵《ど》といい、御家人たちは自分の土地を命がけで守るようになりました。ここから「一所懸命」（「一生懸命」は誤り）という言葉が生まれました。こうした生活保証を御恩といい、かわりに御家人として義務を果たすことを奉公といいました。

奉公には2種類あり、戦《いくさ》が起こったときの軍役義務。そのほかのときには、上京して朝廷の警護にあたる京都大番役、鎌倉の幕府を警護する鎌倉番役がありました。本領の場所によって違いますが、鎌倉幕府出勤、京都出張といったところでしょうか。ただし往復の交通費は支給されませんでした。

また、特別な功績があったときには新恩給与が与えられました。本領安堵が基本給だとすれば、新恩給与はボーナスでしょう。いずれもサラリーマン社会を想定すれば、わかりやすいと思います。

御家人たちは、幕府とは「御恩と奉公」の関係を結んだうえで、それぞれが自分の「家」を守り、栄えることを願っていました。

こうして土地を基本にした支配が行なわれる制度を封建制度といい、さらに一族の長である惣領が庶子とのあいだで、幕府と御家人同様の主従関係を結んでいました。

古代の氏姓制度に始まった日本のタテ社会は、鎌倉時代に確立されたのです。

A 「御恩と奉公」のシステムでタテ割り社会が確立！

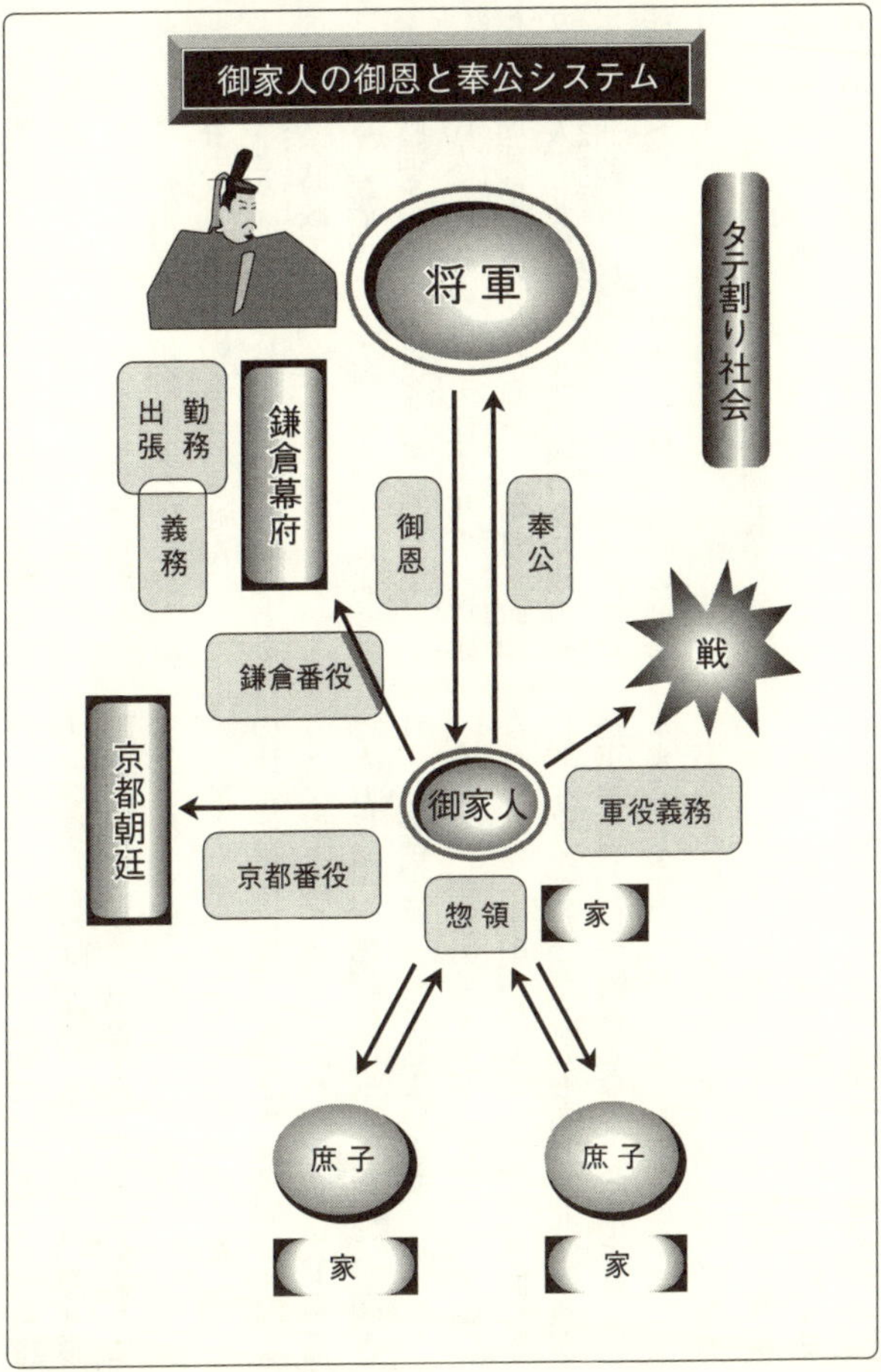
御家人の御恩と奉公システム
将軍
タテ割り社会
出張
勤務
義務
鎌倉幕府
御恩
奉公
戦
鎌倉番役
京都朝廷
御家人
軍役義務
京都番役
惣領
家
庶子
庶子
家
家

2代将軍頼家と3代将軍実朝はなぜ殺された？

Q

源頼朝が死ぬと、そのまま順当に家督を継いだ長男の頼家《よりいえ》が2代将軍に就任しました。しかし、幼いころから才気煥発で独断専行タイプだった頼家は、頼朝のように御家人たちから尊敬されず、信頼もされませんでした。

このことを憂いたのは、頼朝の妻政子《まさこ》とその父北条時政《ほうじょうときまさ》でした。

時政は、幕府内の有力御家人13人による合議制で政治を行なうことを決めたのです。

その13人というのは、大江広元《おおえのひろもと》・三善康《みよしのやす》信《のぶ》・中原親能《なかはらちかよし》（大江広元の兄）・二階堂行政《にかいどうゆきまさ》の文官4人、北条時政・北条義時《よしとき》（時政の次男）・三浦義澄《みうらよしずみ》・八田知家《はったともいえ》・和田義盛《わだよしもり》・比企《ひき》能員《よしかず》・安達盛長《あだちもりなが》・足立遠元《あだちとおもと》・梶原景時《かじわらかげとき》の武将9人です。

このうち梶原景時は頼朝の信頼も厚く、頼家お気に入りの側近だったため、かえって、ほかの有力御家人たちの反感を買って追放されます。また頼家が重病に倒れると、将軍権力の象徴だった66カ国惣地頭職および惣守護職を、子の一幡《いちまん》、弟の千幡《せんまん》（のちの実朝《さねとも》）に二分されてしまうのです。

頼家と一幡の外祖父だった、13人衆のうちの比企能員は、権勢を振るう北条時政を討とうと反旗を翻しますが敗れ、比企一族と一幡はともに滅亡。頼家は伊豆の修禅寺《しゅぜんじ》に幽閉され、北条氏に殺されてしまいます。

そして、頼家の弟千幡が3代将軍源実朝になりました。実朝が早くから京文化に憧れる軟弱なタイプだったこともあり、北条時政が将軍補佐の名目で執権となり、政治をほしいままにします。

実朝を利用しようとしたのは、時の後鳥羽上皇もそうで、ひそかに実朝に連携をもちかけます。優柔不断な実朝は、そのまま板ばさみの状態になり、ますます文化芸術の道に逃

A 黒幕の北条氏には邪魔な存在でしかなかった！

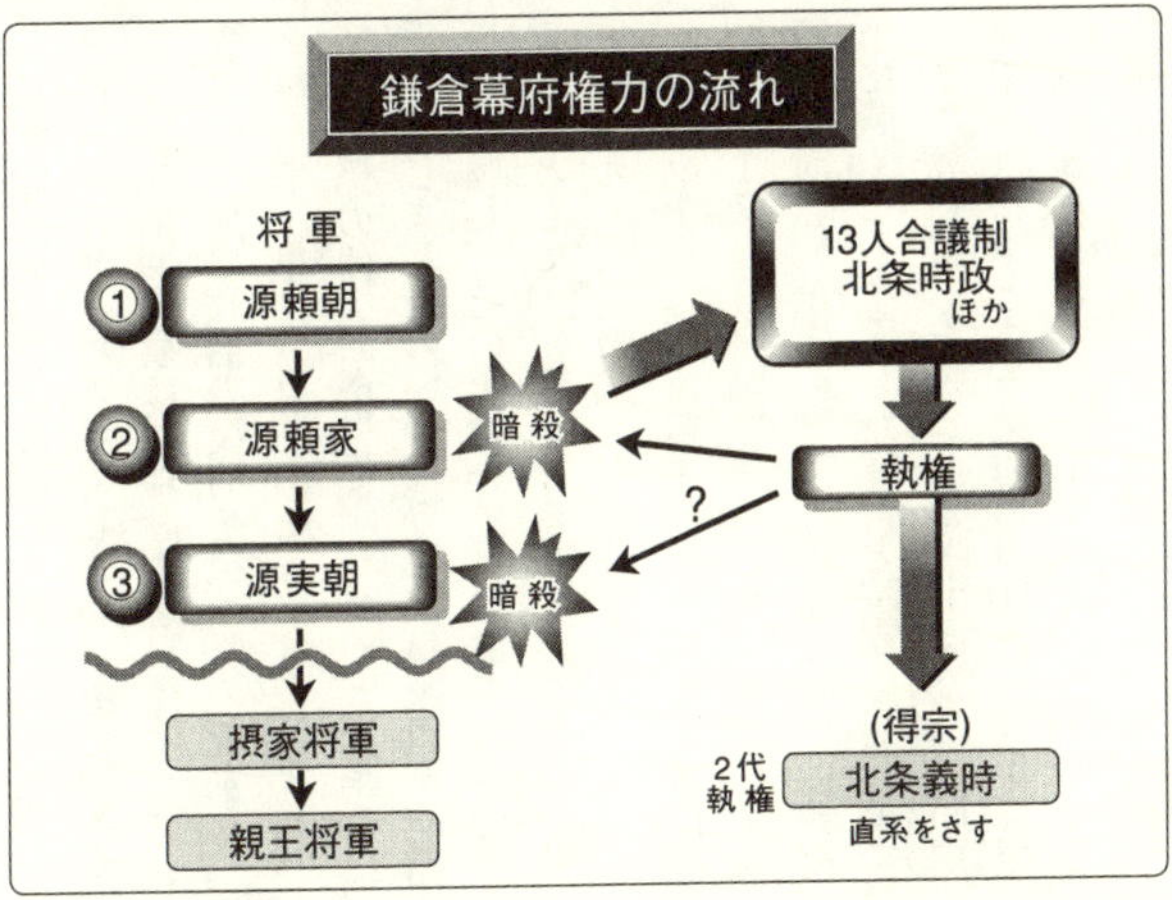
鎌倉幕府権力の流れ
将軍
①
源頼朝
②
源頼家
③
源実朝
摂家将軍
親王将軍
暗殺
暗殺
?
13人合議制
北条時政
ほか
執権
(得宗)
2代
執権
北条義時
直系をさす

げ、一時期は本気で宋《そう》に渡ろうとして失敗。

朝廷は実朝の位階をどんどん上げて右大臣まで昇りつめますが、右大臣昇任の拝賀のため鶴岡八幡宮に参詣したとき、兄頼家の遺子で、鶴岡八幡宮の別当の公暁《くぎょう》によって社頭で暗殺されてしまいます。

この事件の実行犯は、たしかに公暁ですが、その公暁も殺されてしまいます。公暁の背後に黒幕がいたことは間違いありません。それが北条氏なのか三浦氏なのか、それともほかにいるのか、真相はわかっていません。

源氏も3代で滅び、就任すべき将軍がいなくなってしまったため、執権北条義時は、親王から将軍を迎えようとしました。しかし後鳥羽上皇が拒否したため、頼朝の遠縁にあたる摂関家の藤原頼経《よりつね》（まだ2歳）を鎌倉に迎え入れたのです。これを摂家《せっけ》将軍、藤原将軍といい、頼経の子の頼嗣《よりつぐ》までつづきます。

天皇政治の復活を狙った「承久の乱」の結末は？

Q

鎌倉幕府を影響下に置こうとしたさなか、3代将軍実朝が殺されてしまい、その望みを失った後鳥羽天皇は討幕計画を具体化していきます。天皇政治の復活を狙ったのです。

後鳥羽上皇は、息子の順徳《じゅんとく》天皇に命じて、皇位を孫の仲恭《ちゅうきょう》天皇に譲らせると、挙兵に乗り出しました。いっぽうで天皇家領を統括して把握し、その土地を恩賞にあてる準備をするとともに、朝廷を守らせていた北面《ほくめん》の武士に加え、西面《さいめん》の武士も新設します。

後鳥羽上皇は、流鏑馬《やぶさめ》揃えと称して畿内諸国から1700余騎を集めると、執権北条義時を追討し、全国の守護・地頭を院庁の統制下に置くことを記した宣旨と院宣を発します。

この報に接した鎌倉側は、北条泰時《やすとき》・時房《ときふさ》兄弟を大将軍とする東海道軍10万のほか、東山道軍5万、北陸道軍4万の計19万からなる大軍を直ちに西上させました。

これにひきかえ後鳥羽上皇軍は総数2万数千しか集まらず、院の近習、北面の武士、西面の武士、検非違使、僧兵の一部、在京御家人など烏合の衆で、統率者もいない状態でした。ですから実戦力はなく、幕府軍に蹴散らされ、京都を占領されてしまいました。

後鳥羽・順徳・土御門《つちみかど》の3上皇は、それぞれ隠岐《おき》・佐渡・土佐に配流され、院の近習たちは捕らえられて斬殺。在京御家人たちも六《ろく》波羅《はら》で斬られてしまいます。

おまけに上皇領はもちろん、処罰された人々の所領3000余カ所は没収され、功績のあった鎌倉幕府の御家人たちに与えられました。この地頭たちを新補地頭《しんぽじとう》といいます。

この承久《じょうきゅう》の乱によって、幕府は西国を支配しやすくなり、上洛した北条泰時・時房が六波羅探題《ろくはらたんだい》を創設。朝廷の監視、洛中警固、西国御家人の統治を行なうようになったのです。

A 敗れた朝廷側は六波羅探題の厳しい監視下に！

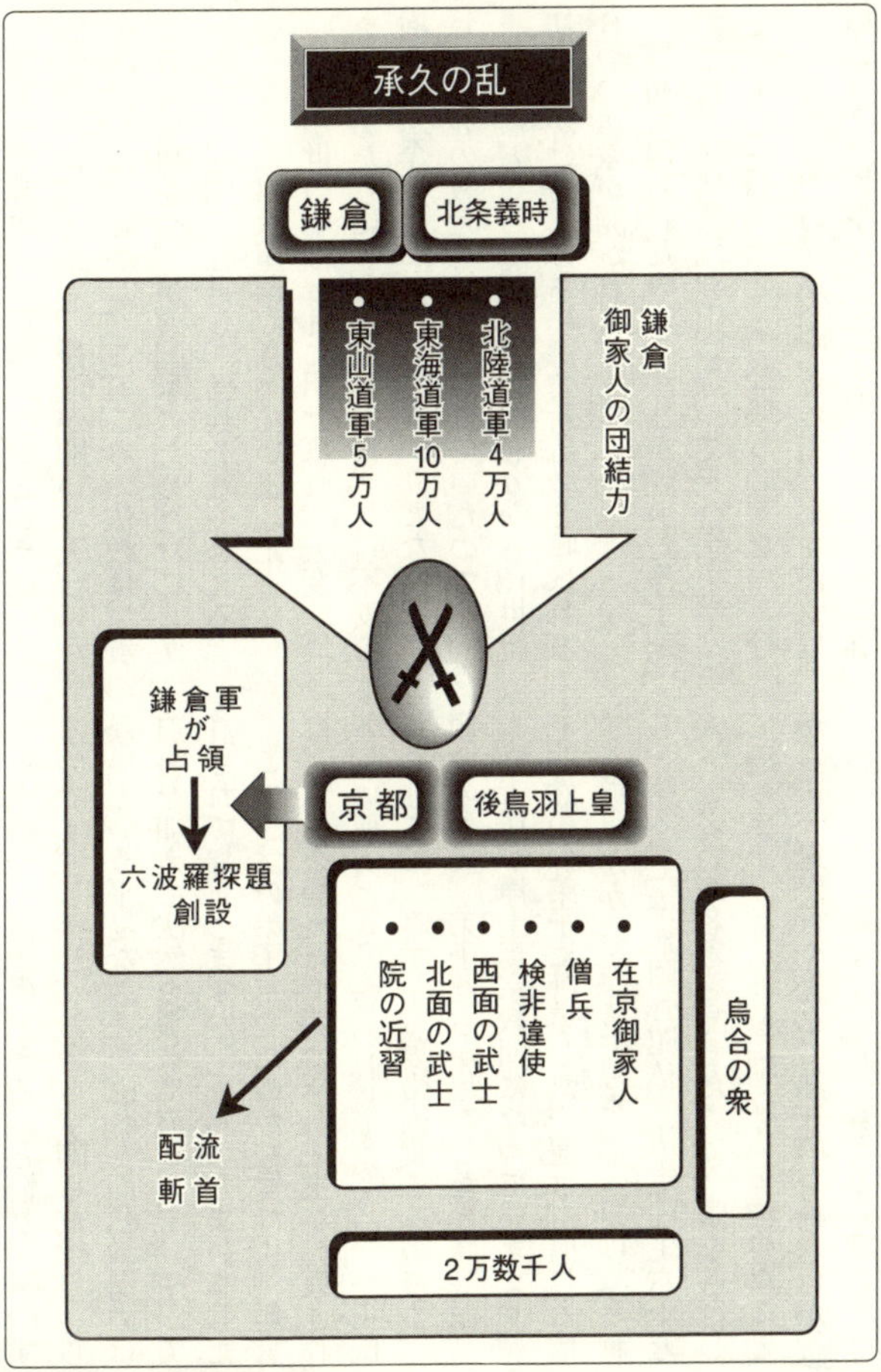
承久の乱
鎌倉
北条義時
鎌倉御家人の団結力
・北陸道軍4万人
・東海道軍10万人
・東山道軍5万人
鎌倉軍が占領
六波羅探題創設
京都
後鳥羽上皇
・在京御家人
・僧兵
・検非違使
・西面の武士
・北面の武士
・院の近習
烏合の衆
配流
斬首
2万数千人

鎌倉時代に花開いた6つの新興宗教の特徴とは？

Q

源平の争乱以前の日本の仏教といえば、空海が開いた真言宗と、最澄が開いた天台宗が主流でした。しかし、このころの仏教は、貴族の現世利益や、鎮護国家のためだけにしか祈らず、荘園を経営し、僧兵をたくわえるというように腐敗堕落しきっていました。

ですが世の中は戦乱に明け暮れ、天変地異を目のあたりにした農民たちは、毎日不安を抱き、「末法到来」を待つばかりとなり、新しい救いの教えを待ち焦がれていたのです。

そんなところへ、12世紀終わりから13世紀初めにかけて、のちに鎌倉新仏教と呼ばれる6つの仏教が開かれます。

最初に現われたのは、法然《ほうねん》が説いた浄土宗でした。法然は比叡山に登って天台宗を学んでいましたが、「多くの経典も必要ない、ひとつの教えだけを選び、それだけにすがればいい、『南無阿弥陀仏《なむあみだぶつ》』を唱えさえすれば誰でも極楽浄土に往生できる」と悟り、下山するのです。しかし、お金も学問も戒律もいらないという平易な教えを恐れた旧仏教勢力は迫害を加えて法然を讃岐に流します。やがて許されて帰京しますが、死んでしまいました。

この法然の弟子だったのが親鸞《しんらん》です。親鸞は、念仏を唱えた瞬間に極楽往生が約束され、罪深い悪人こそが救われるという悪人正機《あくにんしょうき》説《せつ》を立てて、みずから妻帯肉食するのです。親鸞の死後、弟子たちが起こした専修寺派、本願寺派が浄土真宗教団になっていきます。

法然の孫弟子に師事した一遍《いっぺん》は、信じる信じないにかかわらず名号《みょうごう》を唱えれば救われると悟り、「南無阿弥陀仏、決定《けつじょう》往生六十万人」と書いた名号を配るために全国を遊行して廻ります。そのとき踊念仏《おどりねんぶつ》を始めたことから、一遍が行く先々で熱狂的な踊念仏が行なわれるようになり、彼の教えは時《じ》宗と呼ば

A　貴族のためではなく庶民のための仏教が浸透！

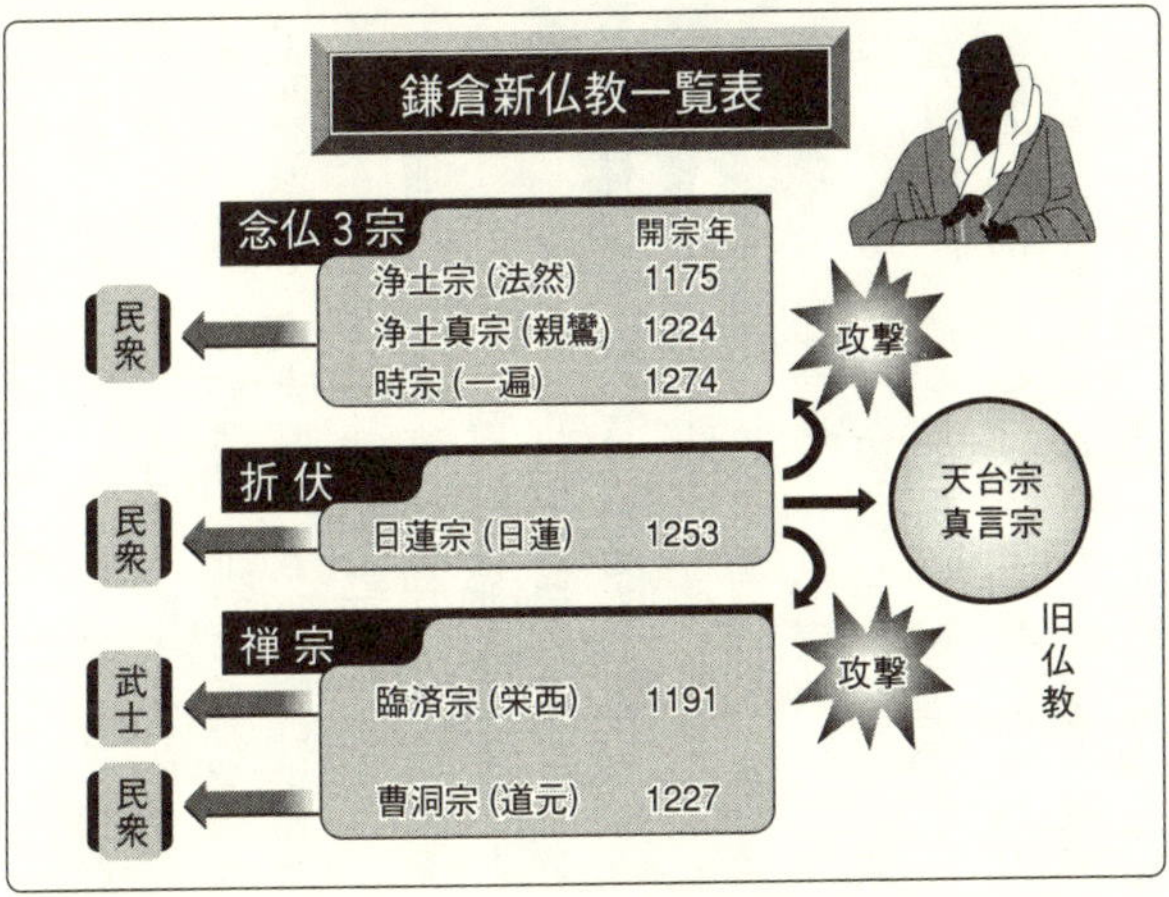
鎌倉新仏教一覧表
念仏3宗
開宗年
浄土宗（法然）　1175
浄土真宗（親鸞）　1224
時宗（一遍）　1274
折伏
日蓮宗（日蓮）　1253
禅宗
臨済宗（栄西）　1191
曹洞宗（道元）　1227
民衆
民衆
武士
民衆
攻撃
攻撃
天台宗
真言宗
旧仏教

れるようになりました。

　また安房《あわ》小湊《こみなと》で天台宗を学んでいた日蓮《にちれん》は、法華経《ほけきょう》の教えがすぐれていると思って日蓮宗（法華宗）を興します。彼は「南無妙法蓮華《なむみょうほうれんげ》経《きょう》」の題目を唱えれば仏になれると説き、鎌倉に出ます。鎌倉でほかのすべての宗教を攻撃して戦闘的な折伏《しゃくぶく》をくり返したため、他宗の反感を買い、幕府からも迫害を受けます。法華信仰を受け入れなければ内乱が起き侵略を受けると警告した矢先に元寇《げんこう》があったために、より戦闘的になったのは有名な話。

　これら修行は必要ないという教えの正反対に位置されるのが、臨済《りんざい》宗と曹洞《そうとう》宗の禅宗です。いずれも座禅に打ちこむことで、自力で悟りを開くという教えです。栄西《えいさい》の臨済宗は執権北条氏の帰依を受けたことで、以後、武士のあいだに広まり、道元《どうげん》の曹洞宗は民衆のあいだに広まっていきました。

蒙古襲来が日本にもたらした意外な事実とは？

Q

執権北条氏が鎌倉幕府の権力を増大させることに躍起になっていたころ、モンゴル民族のチンギス・ハン、オゴタイが大陸を席巻し、5代目のフビライが大都《だいと》（北京）に都を遷して元《げん》を樹立していました。さらに朝鮮半島を南下した元軍は、日本侵略を始めたのです。

元に服属せよと、高麗を仲介して国書を送ってきましたが、時の執権北条時宗《ときむね》はこれを無視します。元から使者が遣わされても会おうとはせず、九州に所領をもつ東国御家人に異国警護を命じました。

そして文永11年（1274）10月、元軍2万、高麗1万の連合軍が対馬、壱岐、松浦を襲撃し、博多湾に侵入してきました。迎え撃つ大将は筑前守護の少弐資能《しょうにすけよし》・経資《つねすけ》父子です。しかし元軍の「てつはう」と呼ばれる火器の前に幕府軍は苦戦し、大宰府の水城《みずき》まで後退します。夜になり、元軍が博多湾に停泊中の船に戻ったとき、暴風雨が襲って多くの船が沈没。元・高麗連合軍は引き返しました。

その後も元は使者を送ってきましたが、時宗はこれを鎌倉で斬り捨てます。来るなら来い、というわけです。非常事態宣言をした時宗は、異国警固番役《いこくけいごばんやく》を博多に、長門守護を長門探題《ながとたんだい》に変え、山陰・山陽・南海の3道の御家人だけでなく、非御家人にも異国防御を命令します。博多湾一帯には、元軍防御のための防塁を築かせました。

文永の役から5年後の弘安2年（1279）5月から7月にかけ、元・高麗・旧北宋連合軍4万が対馬、壱岐《いき》、博多湾に攻めこんできました。幕府軍は徹底抗戦し、いったん退かせます。さらに、あとから送りこまれた旧南宋の水軍10万が合流して総攻撃をかけようとしたとき、博多湾を台風が襲い、元軍の4000隻のほとんどが沈没。4分の3の兵を

A　御家人の窮乏に幕府は借金踏み倒しを奨励！

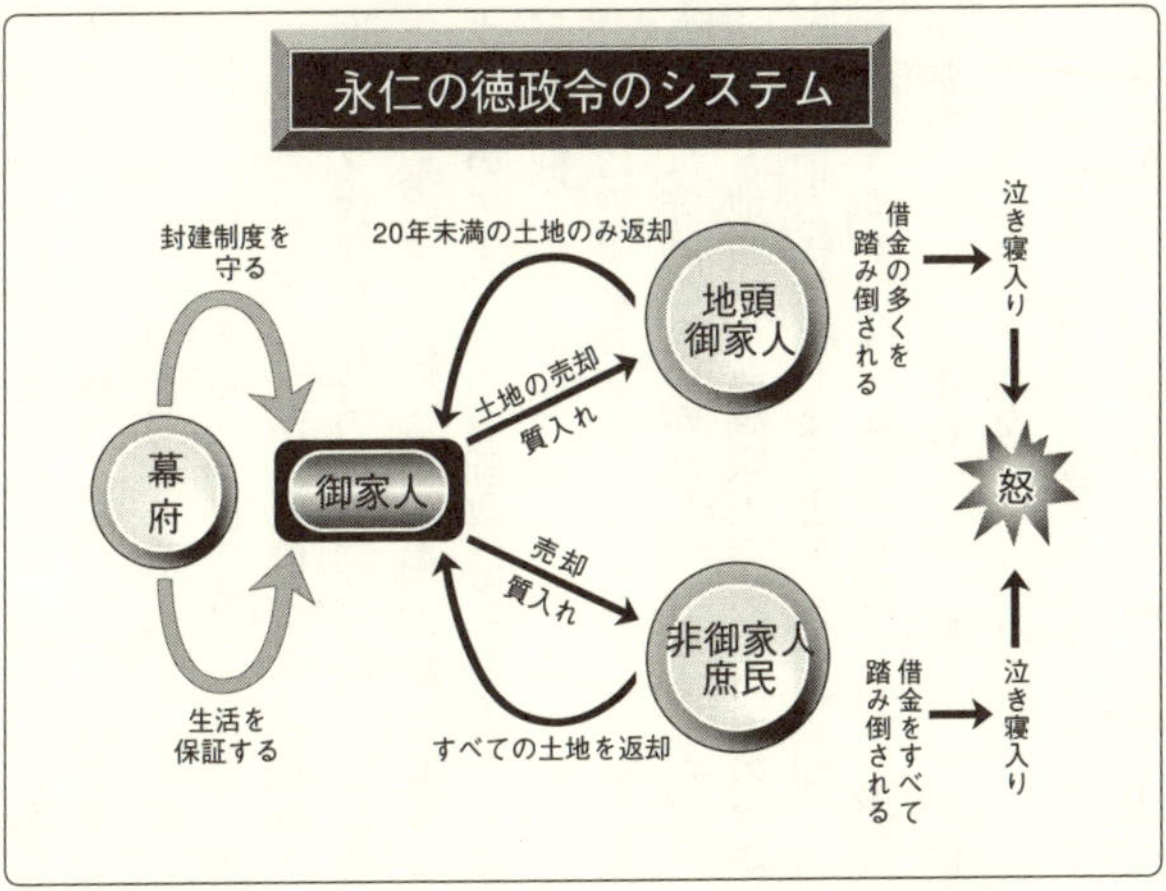
永仁の徳政令のシステム
封建制度を守る
生活を保証する
幕府
御家人
20年未満の土地のみ返却
土地の売却
質入れ
地頭
御家人
売却
質入れ
非御家人
庶民
すべての土地を返却
借金の多くを踏み倒される
泣き寝入り
怒
借金をすべて踏み倒される
泣き寝入り

失って引き返します。

　元寇で軍役を課せられ戦費を負担させられた御家人たちの生活は窮乏するばかりでした。おまけに惣領から庶子へ分割相続が重なり、収入が激減していたのです。所領を売却したり、質に入れたりする者も続出しました。

　幕府は、惣領に単独相続させることにしましたが、事態は好転しないため、所領の売却と質入れを禁止し、地頭・御家人に売却した20年未満の土地、非御家人や庶民に売却したすべての土地を無償で返却させる永仁《えいにん》の徳政《とくせい》令《れい》を発令します。御家人に限り、借金を踏み倒してもかまわない、というわけです。御家人の所領がなくなれば、土地を基本にした封建制度が崩れ去る恐れがあったからです。

　とはいえ取り戻せた所領の売却は許されないので御家人の窮乏は変わらず、募る不満が幕府の存続を危うくさせることになるのです。

北条氏独裁の鎌倉幕府を滅亡に追いこんだのは？

Q

元寇の影響で窮乏しはじめた御家人たちの生活は、永仁の徳政令で緩和されるはずでした。少なくとも幕府はそう思っていました。

初めは13人による合議制で政治を行なっていた鎌倉幕府でしたが、執権北条氏の独裁が進み、2代執権義時の長男泰時《やすとき》が継いで以降、実権は泰時の系統（得宗《とくそう》家）が掌握してしまったのです。この専制政治に御家人たちは、反発を抱くようになっていたのです。

同時に惣領制もなしくずしになり、地方にあっては守護の権力が増していきました。そうすると地頭や、非御家人の武士たちのなかから、権力に対抗しようとする武装集団が生まれてきます。彼らは荘園を襲ったり、物資を強奪したりして恐れられ、「悪党《あくとう》」と呼ばれるようになりました。

そのころ、天皇の皇位継承にまで口を出す幕府に反発する朝廷では、持明院統《じみょういんとう》と大覚寺統《だいかくじとう》の2系統に分裂して対立。天皇家領の相続をめぐって争い、ついに両統から交互に天皇を出す両統迭立《りょうとうてつりつ》の方向で和睦しました。

しかし大覚寺統の後醍醐《ごだいご》天皇は、幕府の干渉に不満を抱き、天皇親政を実現させ、自分の息子たちに皇位を継がせるため討幕計画を立てます。正中元年（１３２４）のことです。天皇は、側近日野資朝《ひのすけとも》・日野俊基《としもと》らと謀り、畿内の武士や僧兵を集めて六波羅探題を襲おうとしますが露見。日野資朝だけが佐渡に流され、天皇も俊基も許されます。

それから7年後の元弘元年（１３３１）、後醍醐天皇は息子の護良親王《もりよししんのう》と宗良《むねよし》親王を天台座主《ざす》に任命して僧兵を味方に引き入れるいっぽう、日野俊基に命じて畿内の悪党たちを糾合しようとします。しかし、これも側近の裏切りで露見。幕府は六波羅探題に後醍醐天皇捕縛を命じます。天皇は山城の笠置山に

A 得宗専制政治への反発と源氏一門の逆襲で討幕！

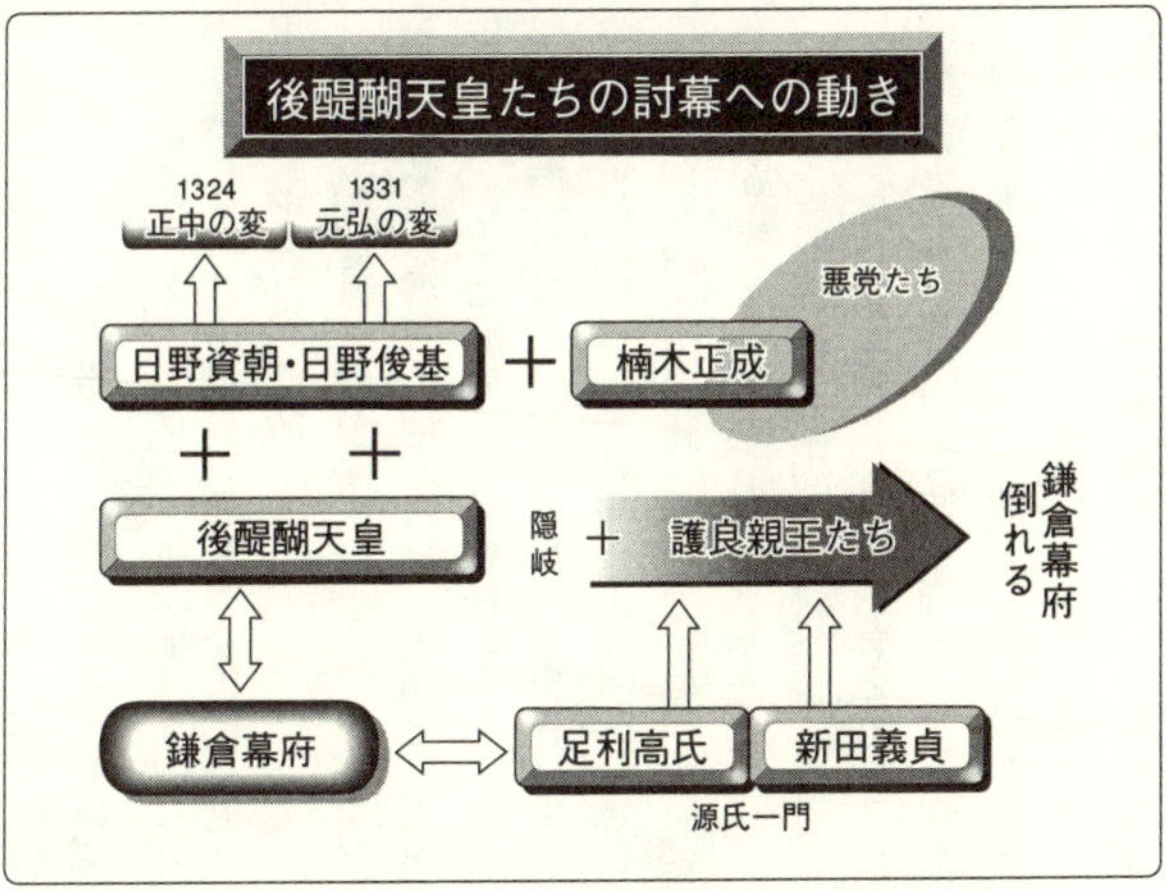
後醍醐天皇たちの討幕への動き
1324
正中の変
1331
元弘の変
悪党たち
日野資朝・日野俊基
楠木正成
後醍醐天皇
隠岐
護良親王たち
鎌倉幕府倒れる
鎌倉幕府
足利高氏
新田義貞
源氏一門

逃げ、畿内の悪党たちに挙兵を呼びかけました。しかし応じたのは赤坂城の楠木正成《くすのきまさしげ》だけ。結局、赤坂城は落ちて楠木正成は逃亡。天皇は隠岐に流され、日野資朝・日野俊基は斬首されてしまうのです。

　しかし楠木正成が千早城で再挙兵。さらに護良親王が悪党たちに挙兵を呼びかけ、討幕の動きが全国に広がりました。後醍醐天皇も隠岐から脱出して船岡山に立て籠もります。

　幕府は、得宗家と縁戚関係にあり、源氏の名門である足利高氏《あしかがたかうじ》（のちの尊氏《たかうじ》）を派遣しますが、この高氏が後醍醐天皇と接近して討幕運動の旗頭になるのです。

　これを機に、関東では高氏の子の千寿王《せんじゅおう》（のちの義詮《よしあきら》）のもとに武士が集まり、この軍を、やはり源氏一門の新田義貞《にったよしさだ》が指揮。鎌倉に攻め入って、最後の執権北条高時《たかとき》を自害に追いこむのです。

Q 後醍醐天皇の建武の新政はなぜ2年で終わった？

政権を取り戻した後醍醐天皇は、持明院統で即位していた光厳《こうごん》天皇を廃し、院政も摂関政治も幕府も否定した建武《けんむ》の新政を始め、まず休眠していた中務省以下8省を復活させて上級貴族を長官に任命します。

中央機関には、記録所、武者所《むしゃどころ》、恩賞方、雑訴決断所《ざっそけつだんしょ》を置き、地方には、国司と守護を併置し、とくに関東には鎌倉将軍府を、東北には陸奥将軍府を設置しました。鎌倉将軍府の長官には成良親王《なりよししんのう》、補佐に足利直義《ただよし》（尊氏の弟）、陸奥将軍府の長官には義良《のりよし》親王、補佐に北畠顕家《きたばたけあきいえ》をそれぞれ任命しました。

また土地の所有権の確認は綸旨《りんじ》（天皇の意を受けた文書）を必要とするという法令を出したため、綸旨を求めて全国から押し寄せてくる始末。

そもそも急ごしらえの政府です。公家たちは貴族政治の復活を、足利尊氏を代表とする御家人たちは武家政権の再興を、悪党たちを統率する護良親王は革新政治を目指しています。まさに結束力ゼロでした。

内部崩壊は、すぐに始まりました。

足利尊氏の存在を恐れた護良親王が、勝手に征夷大将軍を名乗って天皇の怒りを買い、鎌倉に追放されて足利直義に暗殺されます。

しかし、北条高時の遺児時行《ときゆき》が信州で中先《なかせん》代《だい》の乱を起こし、足利直義軍を破って鎌倉を占拠。尊氏は、自分を征夷大将軍に任命して北条討伐を天皇に願い出ますが、拒否されたため勝手に出兵。鎌倉を奪い返しますが、後醍醐天皇の怒りを買ってしまいます。

天皇は尊氏追討軍の大将に新田義貞を指名。足利軍と新田軍は箱根竹ノ下で戦いますが、義貞が敗走。尊氏はこれを追って京都に入ります。しかし北畠顕家軍に敗れた尊氏は九州に避難。兵力を集めた尊氏は再び上京して湊《みなと》川《がわ》で楠木正成を破り、京都を制圧するのです。

A　武士の不満が足利尊氏の武家政権再興を支援！

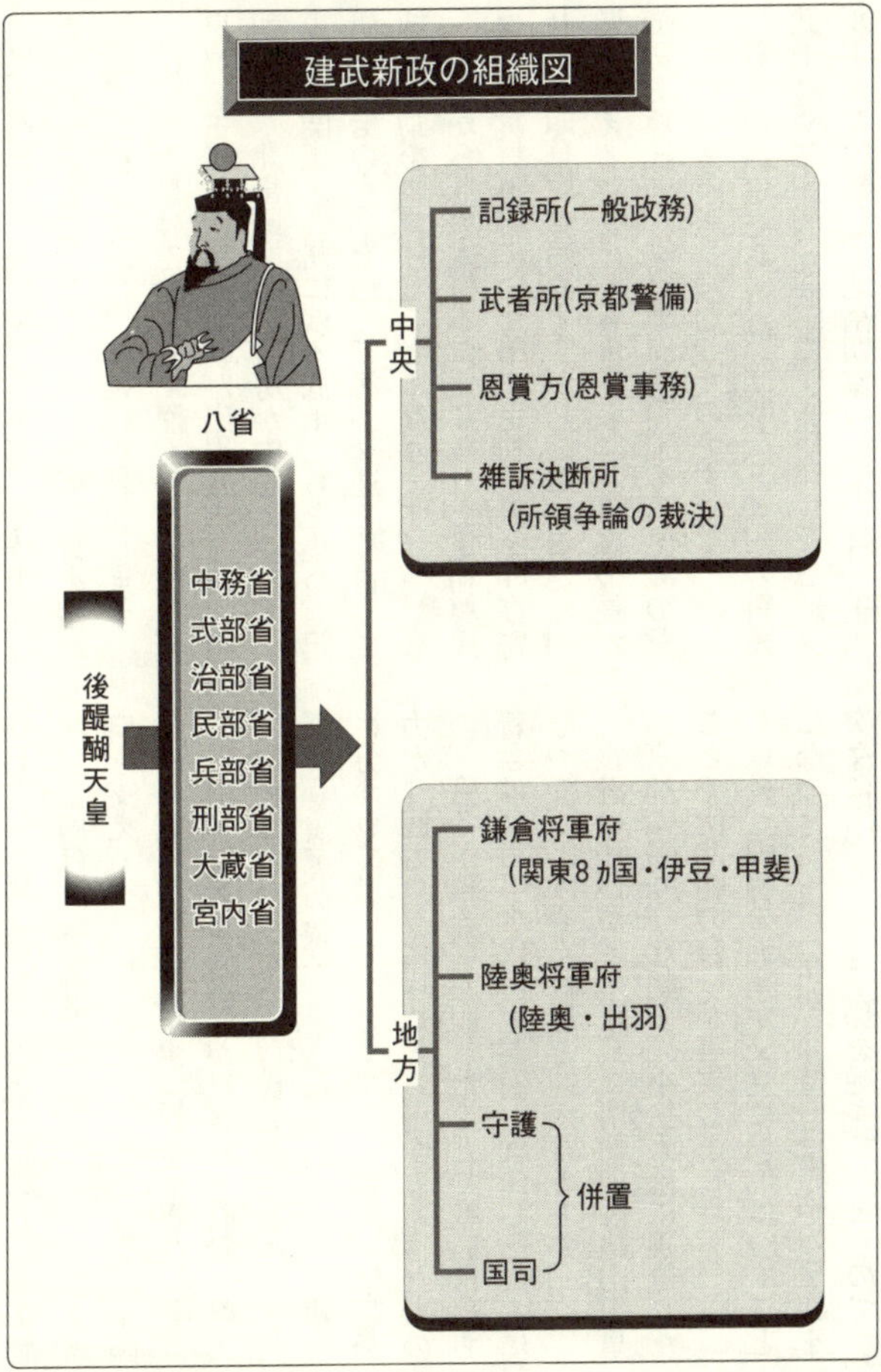
建武新政の組織図
八省
中務省
式部省
治部省
民部省
兵部省
刑部省
大蔵省
宮内省
後醍醐天皇
中央
記録所(一般政務)
武者所(京都警備)
恩賞方(恩賞事務)
雑訴決断所
(所領争論の裁決)
地方
鎌倉将軍府
(関東8ヵ国・伊豆・甲斐)
陸奥将軍府
(陸奥・出羽)
守護
国司
併置

半世紀もつづいた南北朝がなぜ合一できたのか？

Q

足利尊氏は、後醍醐天皇を廃して持明院統の光明《こうみょう》天皇を擁立すると、政治方針を定めた建武式目《けんむしきもく》を発表し、新幕府を設立します。

後醍醐天皇は吉野に立て籠もり、正統な天皇位を主張。南朝と北朝が出現しました。南朝側は、北畠顕家の父親房《ちかふさ》が中心になって、東北・関東・九州に残る武士たちを集め、紀伊や伊勢の水軍を抱えて海上交通を独占して、抵抗運動をつづけることになります。

北朝から征夷大将軍に任じられた足利尊氏は、鎌倉将軍府にいた弟の足利直義《ただよし》を呼び寄せて二頭幕府を始めますが、ここで新たな問題を抱えることになりました。「軍事の長」である尊氏と、「政事《せいじ》の長」である直義の意見が対立するようになったのです。

尊氏の執事である高師直《こうのもろなお》が、畿内の新興武士層や革新的な武士層を糾合して急進グループを組織し、北畠顕家や楠木正行《まさつら》（正成の子）らを滅ぼすと、保守的な武士層や文治派武士層は直義の周囲に集まり、とうとう幕府を支えるべき武士たちが二つに分裂。全国規模の戦いが始まります（観応《かんのう》の擾乱《じょうらん》）。

当事者である高師直が殺され、直義が尊氏に毒殺されたあとも、尊氏と嫡男義詮《よしあきら》（2代将軍）、直義の養子直冬《ただふゆ》（尊氏の庶子）両陣営に分かれて戦いつづけます。その間、南朝勢力が4回も京都に攻め入る場面もあったものの、直冬が義詮に屈服したことで戦いは落ち着きはじめ、3代将軍義満《よしみつ》が就任したころになって、ようやく終息を迎えたのです。

義満の呼びかけに応じた南朝の後亀山《ごかめやま》天皇が京都に帰り、北朝の後小松《ごこまつ》天皇に譲位したことで南北朝の合一が実現しました。

以後、両朝の天皇が交互に皇位につくことになっていましたが、義満は南朝の皇族を次々に出家させて子孫を絶ってしまうのです。

A 幕府の内紛も終息、三代将軍義満の政略が奏功！

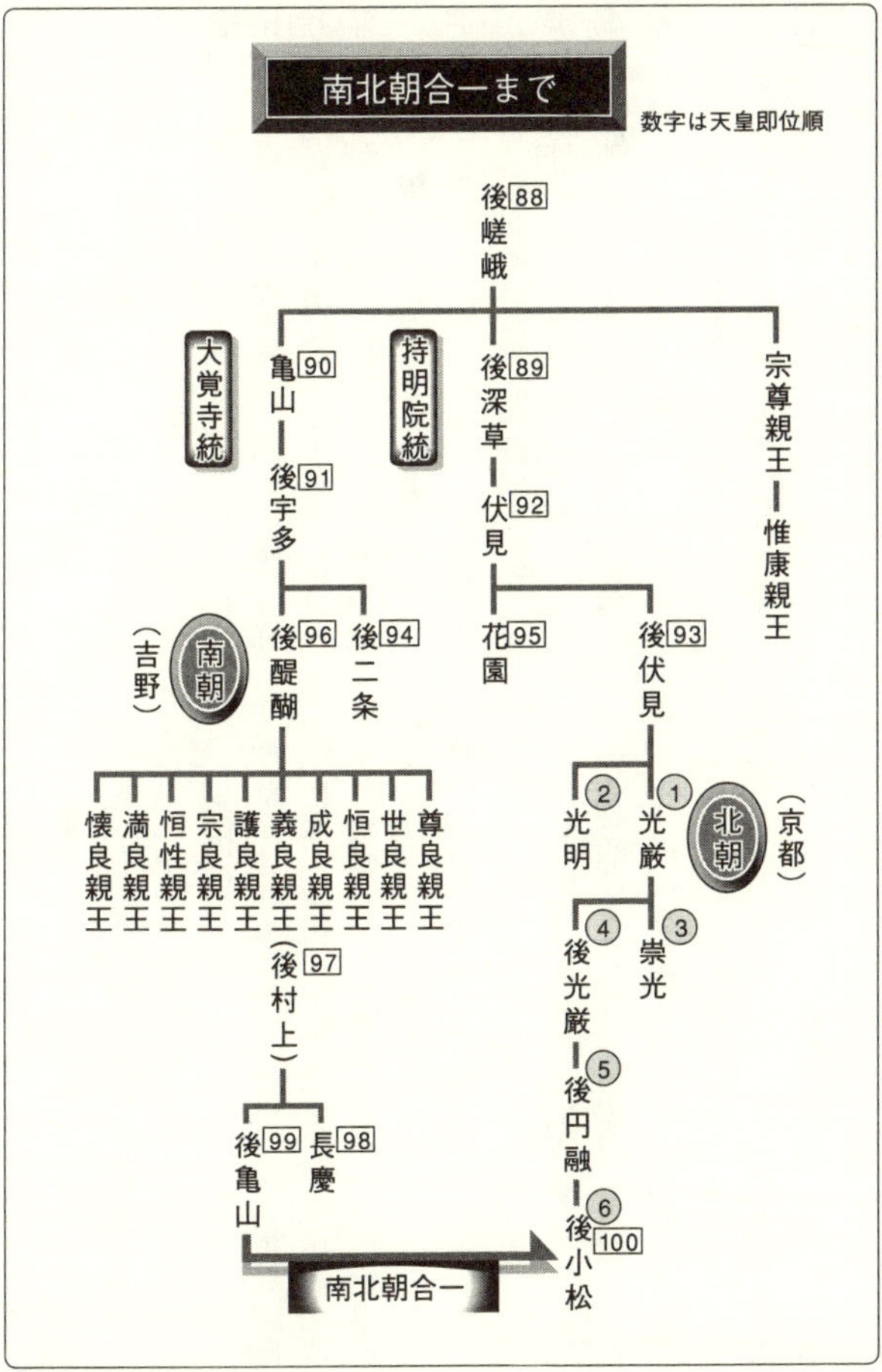
南北朝合一まで
数字は天皇即位順
後嵯峨 88
大覚寺統
持明院統
亀山 90
後深草 89
宗尊親王
惟康親王
後宇多 91
伏見 92
南朝
（吉野）
後醍醐 96
後二条 94
花園 95
後伏見 93
懐良親王
満良親王
恒性親王
宗良親王
護良親王
義良親王（後村上 97）
成良親王
恒良親王
世良親王
尊良親王
光明 2
光厳 1
北朝
（京都）
後光厳 4
崇光 3
後円融 5
後小松 6 100
後亀山 99
長慶 98
南北朝合一

コラム

★源頼朝落馬死説の真相★

　源頼朝は、歴史事典などでは「落馬」がもとで死亡したと書かれています。建久9年（1198）12月27日、武将の稲毛《いなげ》重成《しげなり》が、亡き妻（北条政子の妹）を追福するために相模川に橋を造り、その供養に頼朝が出席した帰りに落馬し、翌正治元年（1199）正月13日、落馬がもとで死亡したというのです。

　そこで、鎌倉幕府の公式記録書ともいえる『吾妻鏡《あずまかがみ》』をひもといてみると、建久6年末から正治元年正月までの3年間の記録がスッポリと抜け落ちているのです。ちなみに落馬事故の記述が登場するのは、3年後の建暦2年2月28日の記事です。

　さらに親幕派公卿だった九条《くじょう》兼実《かねざね》の日記『玉葉《ぎょくよう》』を読むと、やはり頼朝の死に関する記述が抜け落ちています。

　そこで、ほかの公卿たちの日記ものぞいてみると面白いことがわかってきたのです。

　九条兼実の家司として働いていた藤原定家《さだいえ》の日記『明月記《めいげつき》』を読むと、頼朝重態を知らせる飛脚が到着したときのことが書かれていて、「死因は急病か」という文がありました。

　反幕派公卿の近衛《このえ》家実《いえざね》の日記『猪隈《いのくま》関白《かんぱく》記《き》』には「源頼朝が重い飲水病（糖尿病）に罹って出家した」とあるのです。糖尿病が重くなれば、身体がだるくなったり、目がかすんだり、手足がしびれて痛んだりしますから、「落馬」してしまうのもうなずけます。

　しかし『明月記』を読み進めると、頼朝死去の報を聞いた（反幕派公卿の）土御門《つちみかど》通親《みちちか》は、土御門天皇や後鳥羽上皇らに知らせないどころか、報を聞かなかったふりをして、京都から名医を派遣してくれという要請を無視したというのです。おかげで頼朝は満足な治療を受けることなく死んでしまうのです。

3章

天下統一への道

〈室町・戦国〉

室町幕府第3代将軍義満は天皇になろうとした？

Q

一般には「室町幕府の第1代将軍は足利尊氏、第2代将軍は足利義詮《よしあきら》」といわれていますが、事実上の第1代将軍は、第3代の義満と思ったほうがいいかもしれません。

というのも、義満が京都室町に花の御所と呼ばれる邸宅を築いて初めて「室町幕府」の名称が使われたからです。

ほかにも理由はあります。それは、義満になって、ようやく幕府機構が整ったからです。

中央機関は、将軍を補佐する管領《かんれい》がすべてを統括しました。管領には、足利一門の有力守護である斯波《しば》・細川《ほそかわ》・畠山《はたけやま》の3氏（三管領）が交替で任命されました。この管領の下に、京都警備や刑事裁判を行なう侍所、将軍家の家務や財政を担当する政所、文書記録管理や文書審理を行なう問注所が置かれました。これら中央機関には、奉行と呼ばれる実務官僚が配属されています。

なかでも特徴的なのが侍所《さむらいどころ》で、朝廷管轄下にあった検非違使庁が廃止され、その役目を担いました。京都の警察権・司法権を奪うことで、朝廷に力がないことをアピールしたのです。侍所には、山名《やまな》・赤松《あかまつ》・京極《きょうごく》・一色《いっしき》の4氏の守護（四職《しき》《ししょく》）が任じられました。

検非違使庁に代表されるように、朝廷機能を片っ端から管轄下に置くことで、義満は幕府の権力を増大させます。同時に、義満は将軍で初めて太政大臣となり、妻の日野業子《なりこ》は名目上の天皇母である准母《じゅんぼ》に、息子の義嗣《よしつぐ》は親王と同格に、そして、みずからも死後、太上天皇と呼ばれるように画策しますが、幕府側が辞退したため実現しませんでした。

このように義満は、将軍職では飽き足らず、天皇になろうとした形跡があるのです。しかし天皇になれるはずはなく、外交文書には「日本国王」と記すのです。

A 天皇にはなれなかったが「日本国王」と称した！

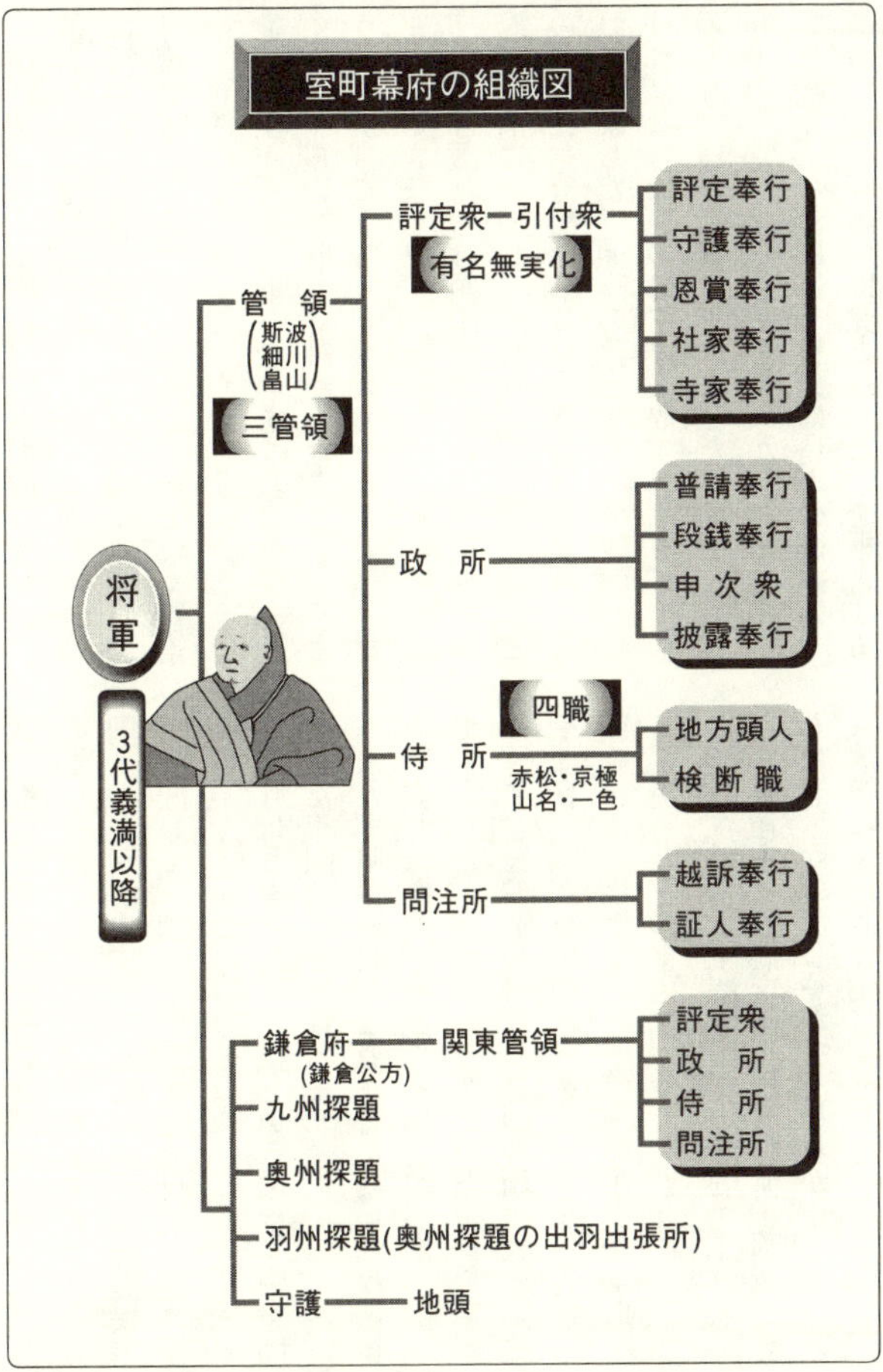
室町幕府の組織図
将軍
3代義満以降
管　領
(斯波 細川 畠山)
三管領
評定衆
引付衆
有名無実化
評定奉行
守護奉行
恩賞奉行
社家奉行
寺家奉行
政　所
普請奉行
段銭奉行
申 次 衆
披露奉行
侍　所
四職
赤松・京極 山名・一色
地方頭人
検 断 職
問注所
越訴奉行
証人奉行
鎌倉府
(鎌倉公方)
関東管領
評定衆
政　所
侍　所
問注所
九州探題
奥州探題
羽州探題(奥州探題の出羽出張所)
守護
地頭

武士の国人一揆、民衆の土一揆はなぜ起きた？ Q

足利義満は、全国に守護を配置しました。彼らの多くは足利一門からなり、地元で守護に採用される者はほとんどいませんでした。守護の権力は絶大で、行政権だけでなく警察権・司法権まで握っていたのです。たとえば、武士同士が所領の取り合いをすれば裁決を下すし、年貢の徴収も守護が行なう、というようにです。こうして守護大名という言葉が生まれていきました。

その守護たちは領国には赴かず、京都で幕府の政治に参加し、かわりに守護代を送りこみました。守護たちには大きな義務が課せられていました。領国の武士をすべて統轄しなければならないのです。失敗すればクビで、新たな守護が送りこまれました。武士たちは守護の郎党にならざるをえなかったのです。

しかし、なかには「自分は将軍の御家人である」と、守護の郎党となることを拒否する武士も出てきます。彼らは国人《こくじん》と呼ばれ、力の弱い守護のいる国では、所領のもめごとも国人たちが解決するようになり、また農民まで支配して、国人のいる地域で自主支配の様相を見せるようになりました。これは国人一揆《こくじんいっき》と呼ばれました。一揆というのは、一致団結した集団のことを指します。

また室町幕府は、これまでにない増税政策を発表したため、庶民のあいだで不満が募っていました。高利貸しをしていた土倉《どそう》や酒屋に課す倉役《くらやく》や酒屋役、交通の要衝に課す関銭《せきせん》や津料《つりょう》、国家行事の経費を負担させる段銭《たんせん》、観応《かんのう》の擾乱《じょうらん》のために必要な軍事費を徴収する半済令《はんぜいれい》などがよい例です。

全国で次々に自治的な惣村《そうそん》が成立し、彼らが荘園領主に不満を訴え出る愁訴《しゅうそ》、強訴《ごうそ》、さらに逃散《ちょうさん》が続出。やがて、それが土《ど》一揆《つちいっき》など大規模な反体制運動に発展していくのです。

A 領国に基盤のない守護大名の力不足と重税から！

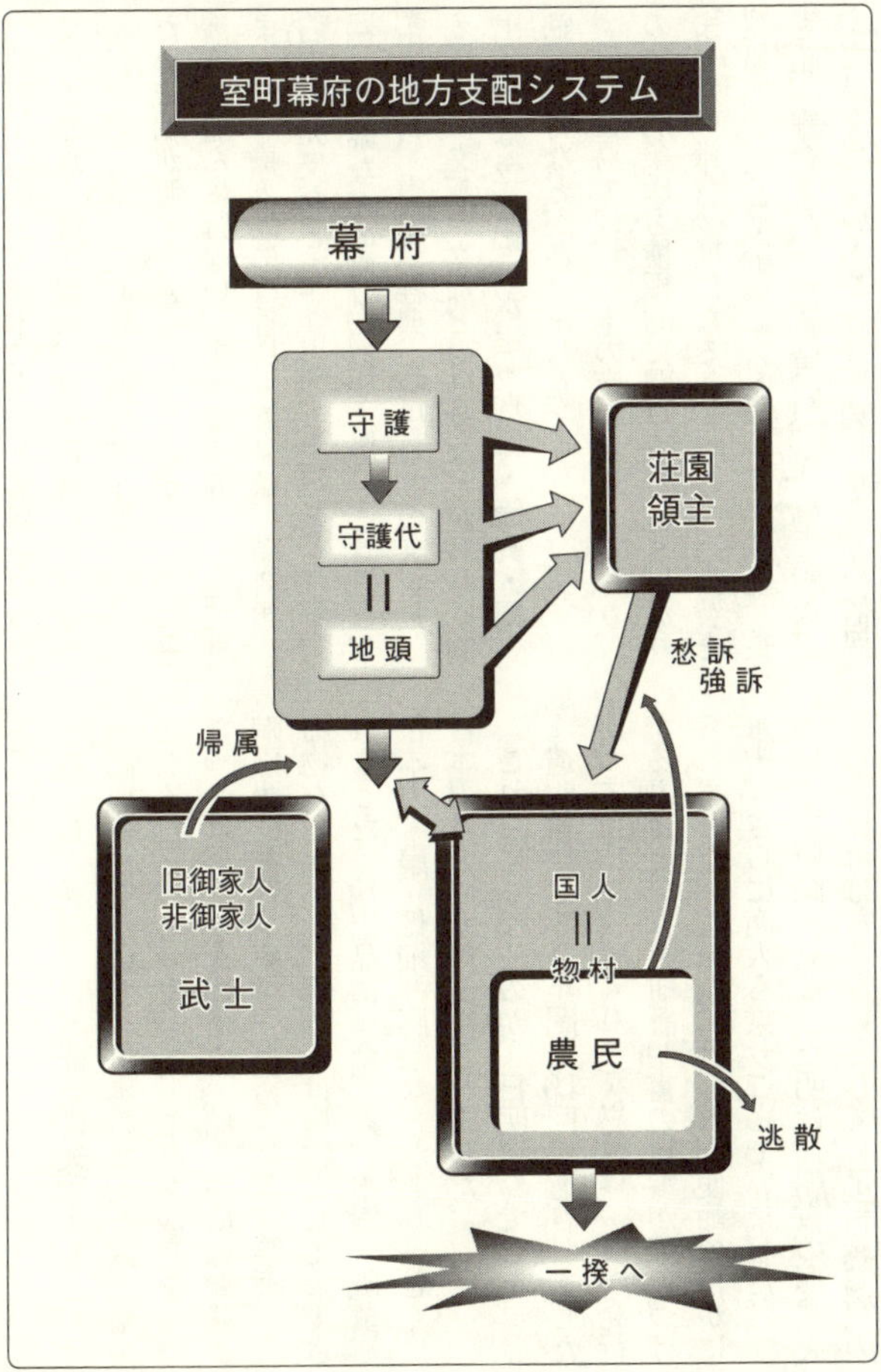
室町幕府の地方支配システム
幕府
守護
守護代
||
地頭
荘園領主
愁訴
強訴
帰属
旧御家人
非御家人
武士
国人
||
惣村
農民
逃散
一揆へ

室町幕府が莫大な利益を得た外交政策とは？

Q

遣唐使以後も、日本は中国と貿易をつづけていました。日宋貿易、日元貿易です。日宋貿易は、初めは渡航が禁止されていたため宋船が渡ってきていましたが、のちに平清盛が盛んに行ない、宋に渡る商人も出てきました。輸入品には香料・薬品類、顔料類、豹《ひょう》皮・虎皮などの皮革類、茶碗などの陶磁器、綾錦《りょうめん》などの唐織物類、呉竹・甘竹など笛の材料、書籍、経典、筆墨などの文房具、オウム・クジャクなどの鳥獣などがあり、輸出品には金・銀・水銀・真珠・硫黄・銅・鉄・木材などがありました。

日元貿易では、日本の商船が渡っており、のちに北条氏も積極的に関与するようになりました。鎌倉後期になると、寺社の造営費を貿易船の利益で調達するようになり、建長《けんちょう》寺船《じせん》、鎌倉大仏造営料唐船、天竜寺船《てんりゅうじせん》などが交易を行ない、これに便乗した多くの僧侶が元に渡りました。

しかし、元寇で日本征服に失敗すると、元は高い関税をかけて、日本の商船と武力衝突になることもありました。これが倭寇《わこう》を生むきっかけになったのです。輸入品には銅銭、陶磁器、香料、薬材、書籍、経典、絵画、茶、織物などがあり、日本では唐物として珍重されました。輸出品には金、銅、水銀、硫黄、日本刀、扇、螺鈿《らでん》、蒔絵《まきえ》などがあり、とくに日本刀は元でも重要視されました。

これらにつづくのが、日明貿易でした。遣明船は150年間に19回派遣されましたが、応永11年（1404）以後は、明が発行する勘合《かんごう》という渡航証明書の持参が義務づけられました。渡航船には、外交使節のほかに水夫、さらに商人も乗りこんでいました。

日本を属国と見なした明は、朝貢の形式をとらなければならないとして、足利義満宛の

A 朝貢形式の明国との勘合貿易の経費は明の負担！

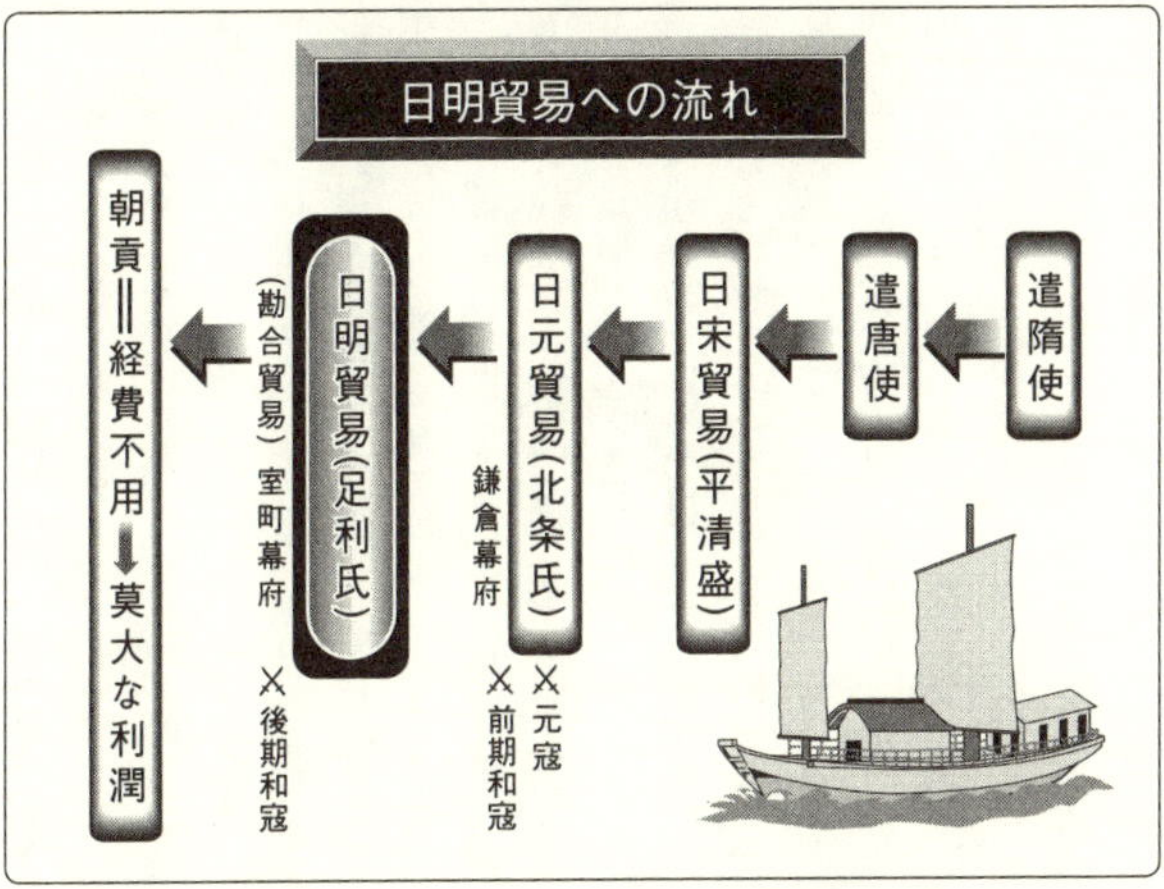

日明貿易への流れ
遣隋使
遣唐使
日宋貿易(平清盛)
日元貿易(北条氏)
鎌倉幕府
×元寇
×前期和寇
日明貿易(足利氏)
(勘合貿易) 室町幕府
×後期和寇
朝貢‖経費不用⬇莫大な利潤

国書に「日本国王」と記しました。ただし朝貢なので、滞在費や運搬費などの経費はすべて、主人である明の負担でした。これで室町幕府は莫大な利潤を生むことができたのです。

貿易には、進貢貿易、公貿易、私貿易の3種類がありました。

進貢貿易では、馬、刀剣、硫黄、鎧《よろい》、瑪瑙《めのう》、硯《すずり》、金屏風、扇、槍などを献上し、かわりに羅《ら》・紗《しゃ》・絹などの高級織物、白金、銅銭、工芸品などが下賜されました。なかでも銅銭は日本の貨幣経済に大きな影響を与えました。

公貿易は遣明船の搭載貨物を、私貿易は遣明船の乗員の私的貨物を取引しました。

遣明船の派遣が途絶えてからは、倭寇の密貿易によって明の物資が運びこまれました。倭寇といっても日本人は1割から3割ほどで、あとは中国人でした。なかでも数百隻という船団を率いた王直《おうちょく》が有名です。

応仁の乱の発端となった有名なわがまま女とは？ Q

応仁の乱の前に、義満以降の室町幕府のようすをお話ししておきましょう。

義満のあとを継いだ第4代義持《よしもち》の時代は、比較的安定した時代でした。ただ鎌倉公方《くぼう》の足利持氏《もちうじ》に不満を抱いていた前関東管領の上杉氏憲《うじのり》（禅秀《ぜんしゅう》）が反乱を起こして幕府軍に鎮圧された（上杉禅秀の乱）程度でした。

第5代義量《よしかず》は早世。4年間の将軍空位ののち、第6代義教《よしのり》が籤引《くじびき》で将軍職を引き当てるという非常事態が起きました。

ところが義教というのは、とにかく専制政治を行なう将軍だったため、幕府内でも反発する者が続出します。

なかでも鎌倉公方の足利持氏は、幕府から独立を狙うほどでした。そんなとき、関東管領の上杉憲実《のりざね》が足利持氏と対立したのをいいことに、憲実支援を名目にして幕府軍を送りこんで持氏を滅ぼしてしまうのです（永享《えいきょう》の乱）。さらに義教は、有力守護の一色義貫《いっしきよしつら》と土岐持頼《ときもちより》を謀殺。次は自分の番だと思った赤《あか》松満祐《まつみつすけ》が義教を殺害します（嘉吉《かきつ》の乱）。満祐は幕府軍に討たれますが、将軍が殺されるようでは幕府の力が弱まっている証拠です。

またも1年半、将軍空位のあと、第7代義《よし》勝《かつ》が就任しますが、在位1年足らずで10歳で病没。さらに5年近く将軍空位のあと、第8代義政《よしまさ》が就任しました。

この義政の妻が、かの有名な日野富子《ひのとみこ》です。

将軍空位がないように、義政は将軍後継を弟義視《よしみ》に決めますが、そんな矢先、富子に男子が誕生します。のちの義尚《よしひさ》です。もちろん義政も富子も自分の子供を将軍に就けさせたくて仕方ありません。面白くないのは、義政の弟の義視です。

三管領にかわって幕府の実権を握ろうとして争っていた管領の細川勝元と四職の山名持《もち》

A 大乱は将軍の妻・日野富子の偏愛から始まった！

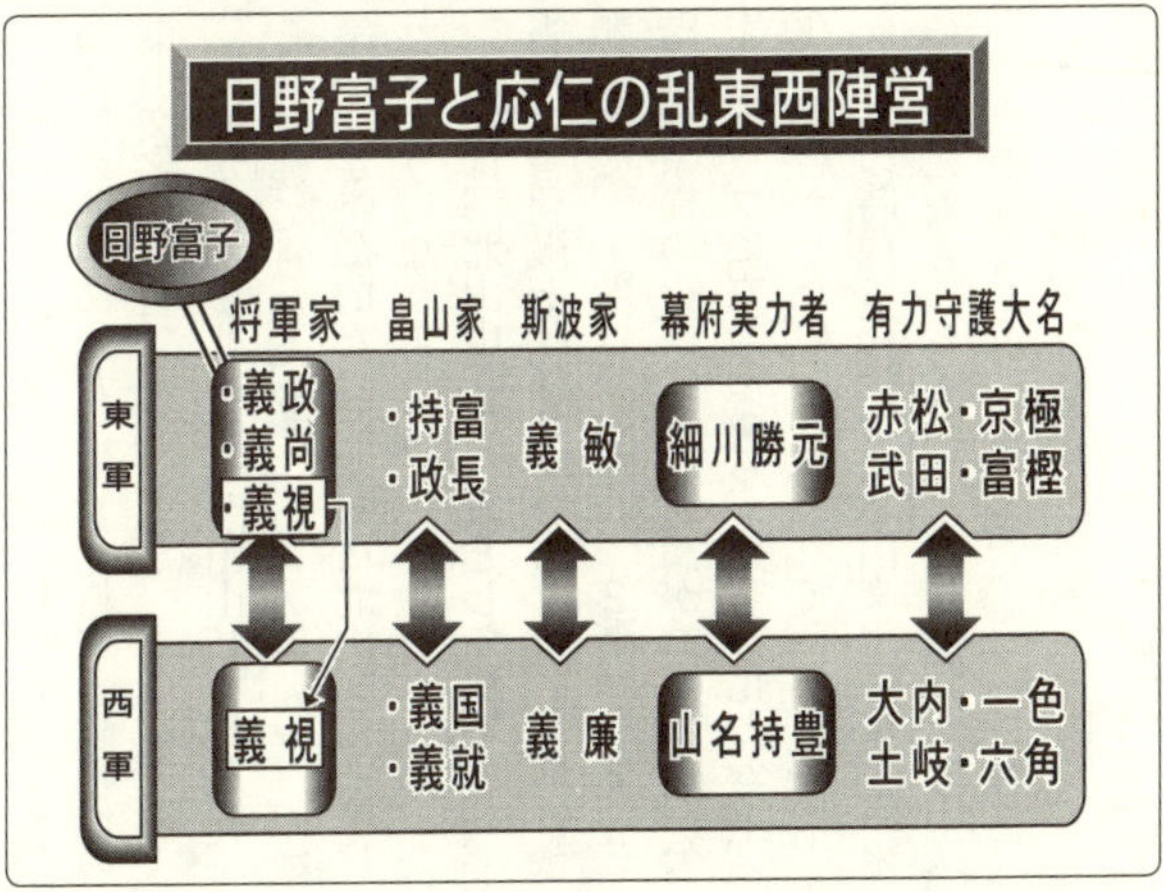
日野富子と応仁の乱東西陣営
日野富子
将軍家
畠山家
斯波家
幕府実力者
有力守護大名
東軍
・義政
・義尚
・義視
・持富
・政長
義敏
細川勝元
赤松・京極
武田・富樫
西軍
義視
・義国
・義就
義廉
山名持豊
大内・一色
土岐・六角

豊《とよ》（宗全《そうぜん》）が、それぞれ、義尚側（東軍）と義視側（西軍）に味方し、守護大名たちも東西に分かれて全面戦争が始まりました。

日野富子のわがままが発端でしたが、単独相続の一般化による守護大名たちの相続争いが背景にあったのも事実ですから、起こるべくして起こった内乱といえるでしょう。

応仁元年（１４６７）から始まった戦いは、文明5年（１４７３）の山名宗全と細川勝元の死で衰えを見せ、いったんは和睦しかけますが、文明9年になって、ようやく終息を迎えました。将軍位継承に始まった応仁の乱は11年間にわたってつづけられたのです。ちなみに第9代将軍には義尚が就任しました。

結果、主な戦場となった京都は荒廃し、幕府の権威は失墜。荘園制も崩壊して、守護大名の権力が強大になり、戦国時代に突入していくことになるのです。

金閣寺は「金」だが銀閣寺はなぜ「銀」でないのか？ Q

室町時代の文化といえば、第3代将軍義満の時代の北山文化と、第8代将軍義政時代の東山文化が有名です。

義満が京都の北山に「北山山荘」を造り、そこに建てられた金閣（のちの鹿苑寺《ろくおんじ》）の建築様式が特徴的だったために北山文化と呼ばれるようになりました。

金閣は、北山山荘の仏殿として建てられ、当初は舎利殿と呼ばれていました。3層の楼閣建築で、1階は寝殿造り、2階は和様、3階は禅宗様の折衷です。義満が武家および公家のトップに立ったから、武家文化と公家文化を融合させたのだといわれています。

義満の時代に花咲いた北山文化には、南宋の官寺にならった五山《ござん》・十刹《じゅっさつ》の制、五山文学、水墨画などのほか、能があげられるでしょう。観世座から出た観阿弥《かんあみ》・世阿弥《ぜあみ》父子。彼らは義満や義持に保護されて猿楽能を完成させ、世阿弥の著わした『風姿花伝《ふうしかでん》（花伝《かでん》書《しょ》）』はいまでも読み継がれています。

いっぽう東山文化は、義政が京都の東山に「東山山荘」を造ったことから、そのように呼ばれています。東山山荘に建てられた銀閣（のちの慈照寺《じしょうじ》）は、金閣とは裏腹に、簡素で幽玄・侘《わび》の美意識が強調されています。

銀閣も仏殿で、2層の楼閣建築です。当初は観音殿と呼ばれていました。1層は書院造り、2層は禅宗様です。江戸時代初期の名所案内記に銀箔が貼られていたとありますが、そのような痕跡は見られません。

東山文化には、書院造りのほか、枯山水《かれさんすい》の庭園、雪舟《せっしゅう》に代表される水墨画、大和絵《やまとえ》、有職故実《ゆうそくこじつ》、古今伝授などがありますが、やはり茶の湯があげられるでしょう。村田珠光《むらたじゅこう》が生み出した侘茶《わびちゃ》の方式は、武野紹鷗《たけのじょうおう》から千《せんの》利休《りきゅう》に受け継がれていきました。

A 幽玄・侘の美意識に「銀」は必要とされない！

北山文化と東山文化

東山文化		北山文化
8代義政		3代義満
東山山荘	山荘	北山山荘
銀閣	仏殿	金閣
幽玄・侘	特徴	華麗・折衷
有職故実 古今伝授	学問 文学	五山文学
水墨画 大和絵	芸術	水墨画
連歌	芸能	能
書院造り 枯山水	宗教 建築	五山十刹
茶道 花道 香道	芸道	

琉球王国はどう建国され、どう征服されたのか？

Q

もともと琉球は独立国家でした。

10～12世紀になって、ようやく米、麦などの穀類農耕が開始され、按司《あんじ》と呼ばれる首長が各地に登場しはじめました。

按司は、グスク（城）という城塞を築いて互いに抗争し合い、14世紀に入ると三山《さんざん》と呼ばれる小国家が出現しました。

今帰仁《なきじん》城を拠点とする北山《ほくざん》、浦添《うらそえ》城、のちに首里《しゅり》城を拠点とする中山《ちゅうざん》、島尻大里《しまじりおおざと》城を拠点とする南山《なんざん》の3国です。

中山王の察度《さっと》が明《みん》の太祖洪武帝《こうぶてい》の招きを受け入れて入貢し、冊封《さくほう》体制の一員となったのにつづいて南山王、北山王も明と関係を結び、三山の対立は激化していきます。

ですが三山の対立は、ひとりの英雄の出現で終止符が打たれることになりました。

その名は、尚巴志《しょうはし》。

近隣を攻略して父を中山王にした尚巴志は、北山王の攀安知《はんあち》、南山王の他魯毎《たるみい》を滅ぼして首里城を都とする「琉球王国」を樹立します。

尚巴志は、明、日本、高麗、東南アジアとの外交・貿易関係を推進しますが、彼の死後、王位継承をめぐる内乱が続発。第一尚氏王朝は瓦解し、尚円《しょうえん》による第二尚氏王朝となり、2代尚真《しょうしん》のとき最盛期を迎えました。

そのころ日本では、豊臣秀吉が天下を統一していました。秀吉は朝鮮出兵に際して琉球に援軍を求めてきます。しかし独立王国である琉球はこれを拒否。さらに薩摩の島津氏も琉球を乗っ取ろうと高圧的な要求をつきつけてくるようになりました。

徳川家康が幕府を開くと、薩摩藩主の島津家久《いえひさ》は、これまでの琉球の非礼を正すという大義名分で琉球出兵を願い出て許可されるのです。そして、慶長14年（1609）、薩摩軍が琉球に侵入して征服してしまいました。

A 1429年に統一されたが、1609年に薩摩軍が征服！

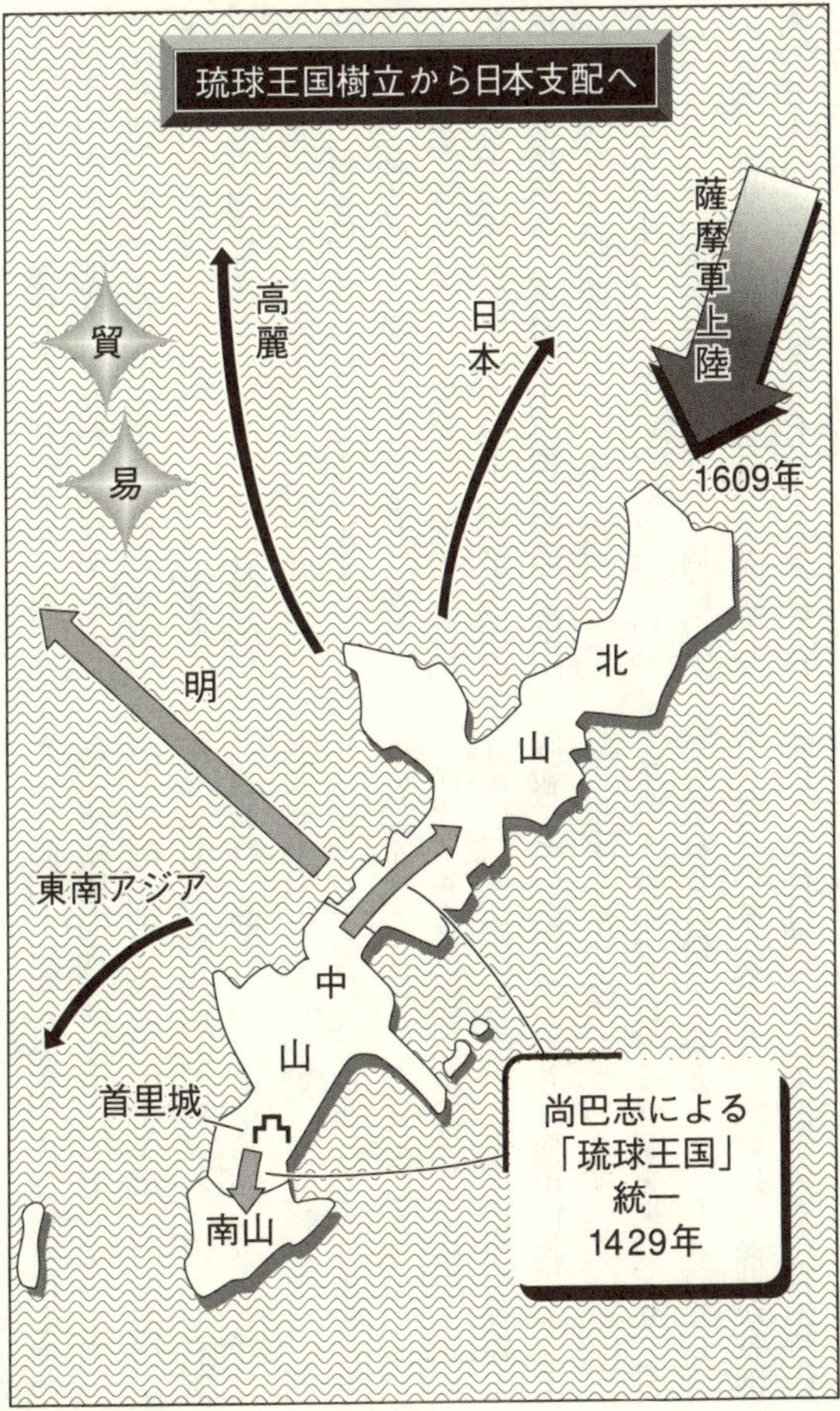
琉球王国樹立から日本支配へ
薩摩軍上陸
1609年
高麗
日本
貿
易
明
北
山
東南アジア
中
山
首里城
南山
尚巴志による
「琉球王国」
統一
1429年

戦国時代はいったいいつから始まったのか？

Q

応仁の乱のさなか、日野富子の後見のもとで第9代将軍に就任した足利義尚《よしひさ》が、みずから近江の六角《ろっかく》氏征伐のさなかに病死すると、第10代将軍には、将軍位を争っていた義視《よしみ》の子の義材《よしき》が日野富子らの推挙で就任しました。

義材も六角氏征伐を企てますが、管領細川政元《まさもと》（勝元《かつもと》の子）と対立。政元のクーデターにより、将軍位を追われてしまいます。

そこで細川政元が第11代将軍として連れてきたのが、鎌倉公方から分裂した堀越《ほりごえ》公方《くぼう》足利政知《まさとも》の子の義澄《よしずみ》です。このように足利氏の権力は地に落ち、幕府の主導権は管領の細川氏によって完全に握られていました。

そのころ越中に逃亡していた義材は、いったんは京都奪回を企てますが失敗。周防《すおう》の大《おお》内義興《うちよしおき》、前管領の細川高国《たかくに》（政元の養子）を頼って上洛に成功し、名前を義尹《よしただ》と変えて将軍に返り咲きます（のちに義稙《よしたね》と改名）。

しかし、おなじく政元の養子澄元《すみもと》と通じたために高国との間が悪化。再び将軍位を追われ、淡路に出奔。阿波で死んでしまいます。

その間、細川氏の内部抗争は熾烈なものがありました。細川政元が殺され、澄元が高国に追われ、高国は澄元の子晴元《はるもと》と家臣三好元《みよしもと》長《なが》に追われ、晴元が三好元長を滅ぼすと、晴元は元長の子の長慶《ながよし》に追われ、その長慶は家臣の松永久秀《まつながひさひで》に乗っ取られてしまうのです。

松永久秀は、三好三人衆（三好長逸《ながゆき》・岩成《いわなり》友通《ともみち》・三好政康《まさやす》）と謀って第13代将軍義輝《よしてる》を暗殺。その久秀も、のちに織田信長によって息の根を止められてしまいます。

下剋上の第一歩は、三好家を乗っ取り、将軍を暗殺した松永久秀といってもいいでしょう。応仁の乱が終わり、三好氏全盛期が戦国時代への移行期。そして松永久秀が戦国時代の口火を切ったのです。

A 三好長慶の家臣・松永久秀の下剋上で始まった！

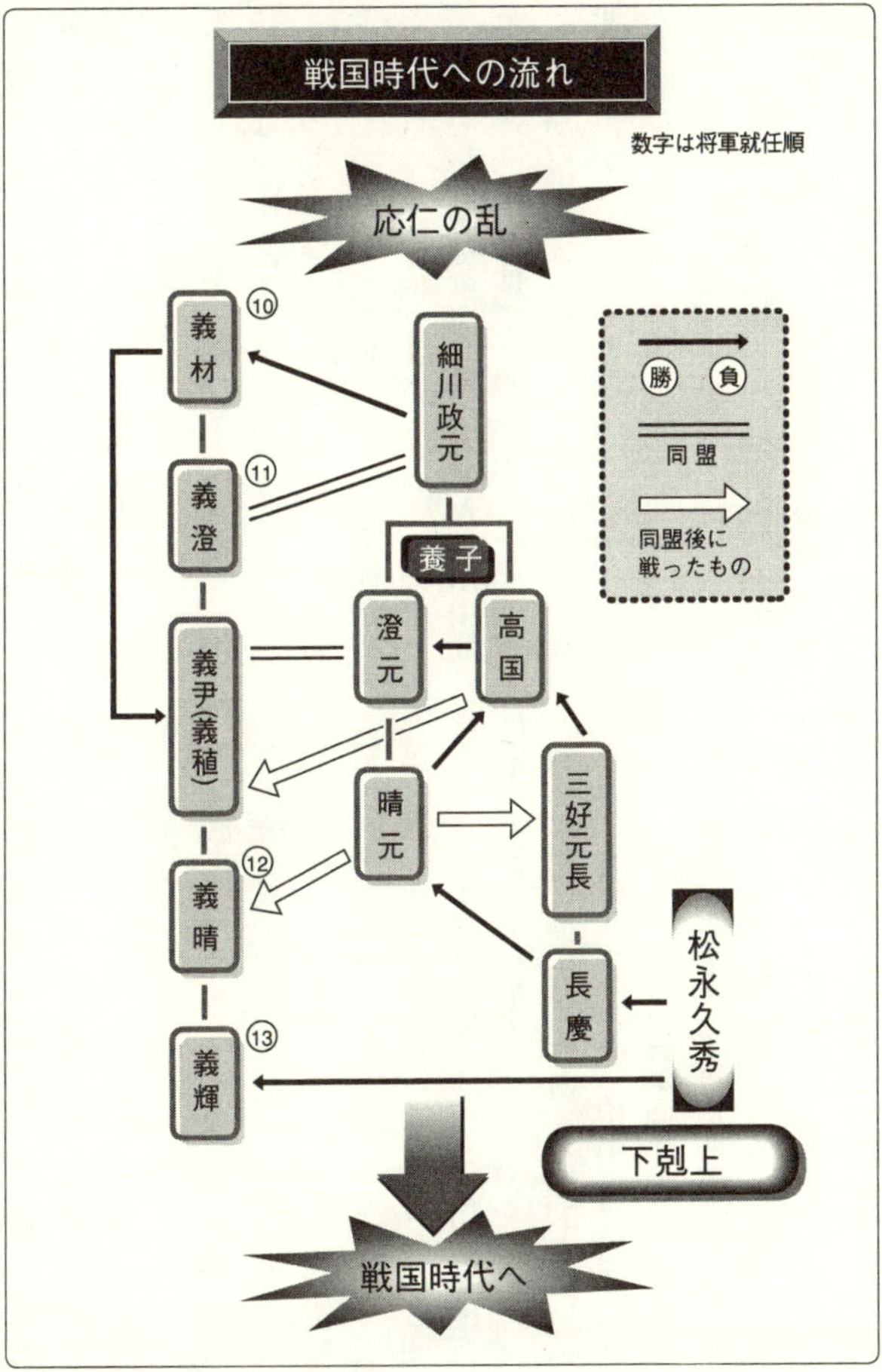

戦国時代への流れ
数字は将軍就任順
応仁の乱
⑩
義材
細川政元
勝
負
同盟
同盟後に戦ったもの
⑪
義澄
養子
澄元
高国
義尹(義稙)
晴元
三好元長
⑫
義晴
長慶
松永久秀
⑬
義輝
下剋上
戦国時代へ

信玄と謙信の川中島の戦いは1回だけではない？

15世紀末から16世紀初めにかけて勢力を伸ばしたのは、六角氏、武田氏、今川氏、大友氏、島津氏などの守護出身者を除けば、いずれも守護代や国人《こくじん》出身の戦国大名たちでした。彼らは、一族衆や譜代衆、国人たち、地侍からなる家臣団を形成していきました。

関東の北条早雲《そううん》、越後の上杉謙信《うえすぎけんしん》、甲斐の武田信玄《たけだしんげん》、美濃の斎藤道三《さいとうどうさん》、中国地方西部の毛利元就《もうりもとなり》などが好例です。

この時代を象徴する合戦で有名な「川中島の戦い」について見ていきましょう。

川中島の戦いは、武田信玄と上杉謙信が、北信濃の領有をめぐって天文22年（1553）から永禄7年（1564）にかけて戦った合戦の総称で、1回ではありません。

武田信玄は、天文10年から信濃侵略を始め、敗れた村上義清《むらかみよしきよ》らが天文22年に越後の上杉謙信に救援を求めたのです。

第1回は天文22年4月と9月、川中島地方の南部で行なわれ、上杉謙信が出陣したおかげで、この地方の武士は旧領を取り戻すことができました。

第2回は弘治元年（1555）7月、信玄が善光寺、謙信が犀川《さいがわ》を挟んだ大塚に布陣し、そのまま4カ月間対峙し、今川義元《いまがわよしもと》の斡旋で両軍が無条件撤兵しました。

第3回は弘治3年2月、4月、8月の3回、信濃各地で小競り合いがつづき、川中島地方は信玄の手に落ちます。

謙信は川中島地方を占拠する信玄を追い払おうと、永禄4年8月末、川中島に出陣。9月10日、第4回めの合戦を迎えます。信玄は弟信繁《のぶしげ》を失いますが、上杉軍を撃退しました。

その後、永禄7年8月に川中島で対峙しますが合戦しないまま終わり、信州は北部の一部を除いて信玄の分国になってしまいます。

A 北信濃の領有をめぐって5回も出陣している！

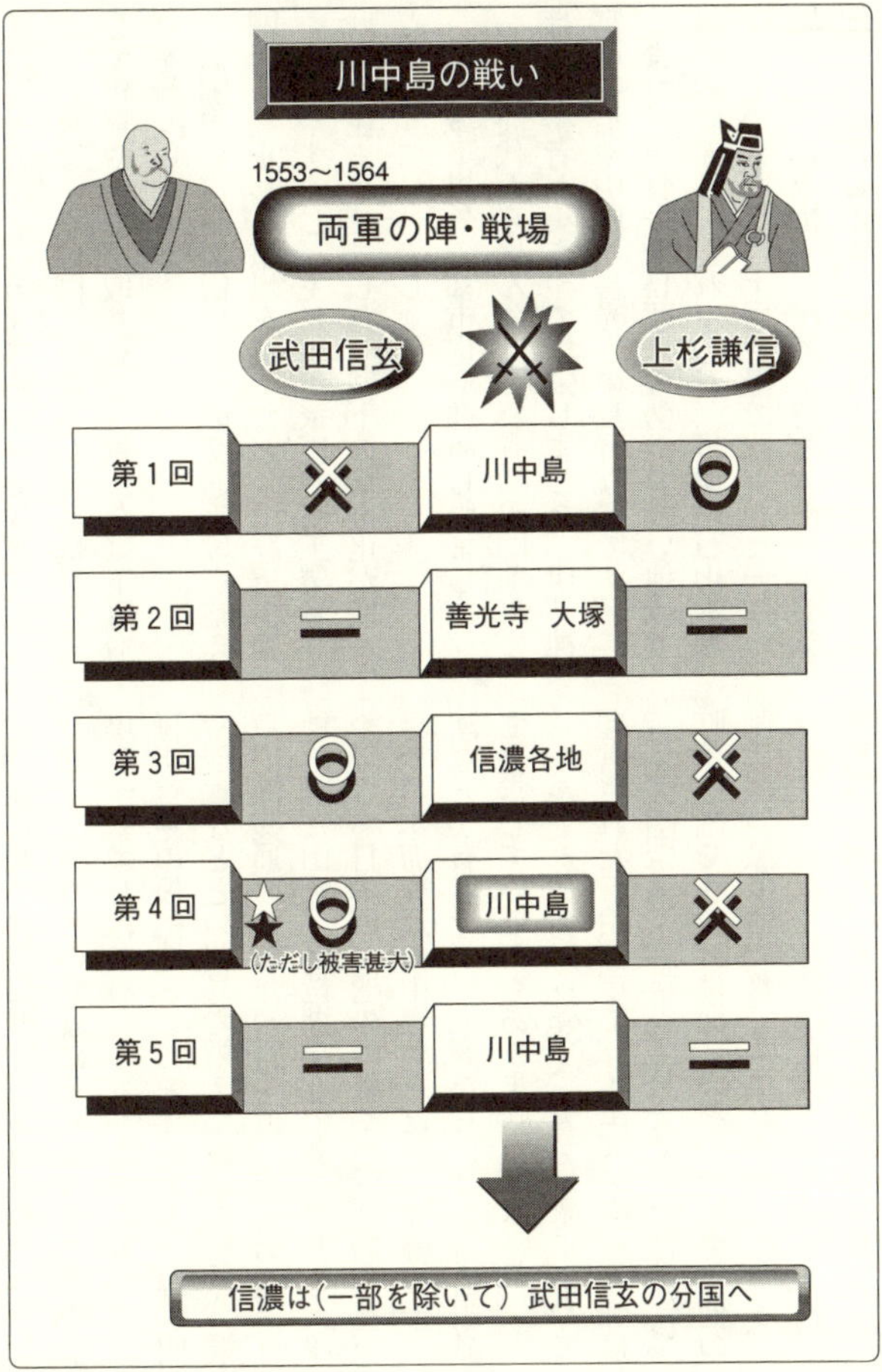
川中島の戦い
1553〜1564
両軍の陣・戦場
武田信玄
上杉謙信
第１回 × 川中島 ○
第２回 ＝ 善光寺 大塚 ＝
第３回 ○ 信濃各地 ×
第４回 ☆★ ○ 川中島 ×
(ただし被害甚大)
第５回 ＝ 川中島 ＝
信濃は（一部を除いて）武田信玄の分国へ

戦国時代の都市はどのように発展したのか？

Q

戦国大名による領国支配が始まると、彼らは独自な家法《かほう》や分国法《ぶんこくほう》を施行し、領地を検地《けんち》して年貢や諸税を取り立て、新たな城下町造りを行ないました。

領国内に宿駅や伝馬などの交通手段を整え、関所を廃止し、市場を開くなどして経済活動をやりやすくし、主だった家臣や商工業者を城下に住まわせました。城下の都市化が進んだといっていいでしょう。

また城下以外の都市化も進められました。

室町時代から盛んになった寺社の門前町《もんぜんまち》には商工業者が集まって繁栄しました。伊勢神宮の宇治や山田、善光寺の長野などです。

また浄土真宗や日蓮宗の勢力の強い地域では寺内町《じないまち》が建設されました。摂津の石山本願寺などの寺内町は土居や濠で囲まれた一種の城郭で、行政権、司法権を持ち、細川氏が支配していたころより免税権を取得していました。寺内町は自治都市だったのです。

海上交通などの発展にともなって港町や宿場町が繁栄しはじめたのも、このころです。日明貿易の根拠地として栄えた博多や堺、明や琉球などとの貿易で栄えた薩摩の坊津《ぼうのつ》、瀬戸内海交通の要衝だった尾道《おのみち》、淀川の陸揚げ地だった山崎《やまざき》、琵琶湖交通の拠点である大津や坂本、日本海交通の敦賀《つるが》や小浜《おばま》、蝦夷地交易や日本海交通の中継地点だった津軽の十三《とさ》湊《みなと》などが有名です。豪商たちによる自治組織で経営している町もありました。

なかでも堺の町は36人の会合衆《えごうしゅう》によって運営された自由都市で、イエズス会宣教師は、「日本全国で堺の町より安全なところはない。他の町は堅固で西の方は海にのぞんでいて、他の側は深い濠で囲まれて常に水が満ちている。ベネチアのように執政官によって治められ、共和国のようである」と表現しています。

A 寺内町や港町では自治都市、自由都市も出現！

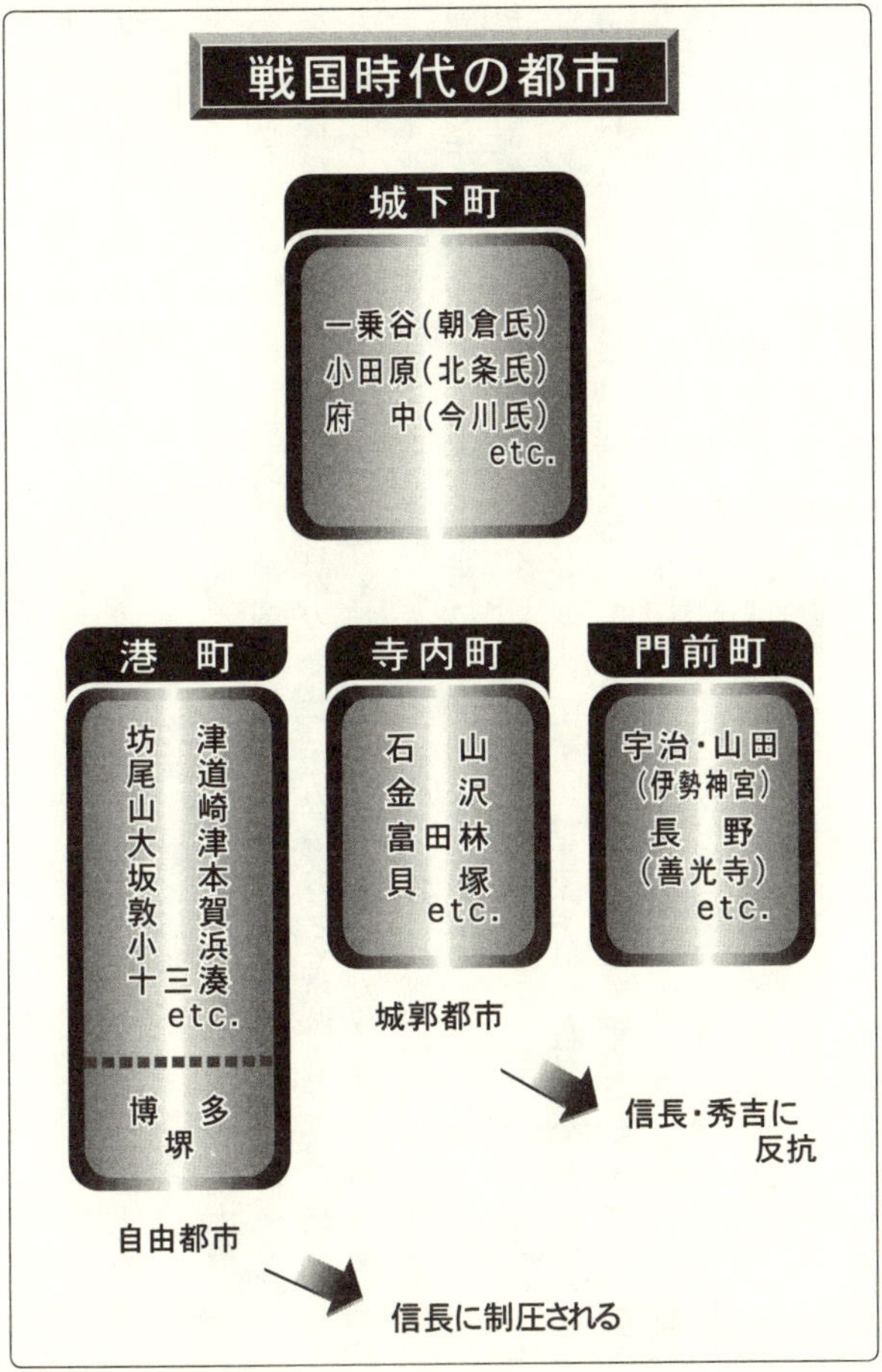
戦国時代の都市
城下町
一乗谷（朝倉氏）
小田原（北条氏）
府　中（今川氏）
etc.
港　町
坊津
尾道
山崎
大津
坂本
敦賀
小浜
十三湊
etc.
博多
堺
自由都市
信長に制圧される
寺内町
石　山
金　沢
富田林
貝　塚
etc.
城郭都市
門前町
宇治・山田
（伊勢神宮）
長　野
（善光寺）
etc.
信長・秀吉に
反抗

鉄砲伝来後に続々と入国した宣教師の目的は？

Q

天文12年（１５４３）8月25日、九州南方の種子島《たねがしま》に1艘《そう》の船が漂着しました。倭寇の頭目である中国人王直《おうちょく》の船で、ポルトガル人が同乗していました。

そのポルトガル人は、日本が中国（明）の生糸を欲しがっているのに目をつけ、中国の生糸を倭寇の船で日本に運びこみ、日本の銀と交換して莫大な利益を得ていたのです。

このポルトガル人が持っていた鉄砲（火縄銃）を島主の種子島時堯《たねがしまときたか》が購入し、家臣に使用法や製造法を学ばせました。

日本での商売が利益になると考えたポルトガル人は、毎年のように九州諸港にやってくるようになったのです。そうなれば他の国も黙ってはおらず、スペイン人も平戸に来航するようになりました。彼らは南蛮人と呼ばれ、肥前の大村氏や有馬氏、豊後の大友氏、薩摩の島津氏など九州の戦国大名たちと次々に貿易を始めました。生糸はもちろんですが、うれしいのは鉄砲と火薬です。それまで刀という武器しか使ったことのない戦国大名には、魔法の武器に思えたことでしょう。

鉄砲は「種子島」の名称で戦国大名のあいだに広まり、和泉の堺、紀州の根来《ねごろ》や雑賀《さいか》、近江の国友《くにとも》などで模倣銃が大量に造られるようになりました。のちに長篠《ながしの》の戦いで、大量の鉄砲を調達した織田信長が武田勝頼《たけだかつより》を破ったのは有名な話です。

しかし、ポルトガルやスペインから輸入したものは生糸や鉄砲だけではありませんでした。キリスト教まで輸入されたのです。

南蛮船には、カトリックのイエズス会宣教師たちが乗ってきたのです。最初に日本にやってきたのはスペイン人宣教師フランシスコ・ザビエルで、天文18年のことです。種子島漂着から6年しか経っていませんでした。

A キリスト教布教の裏に植民地拡大の狙い！

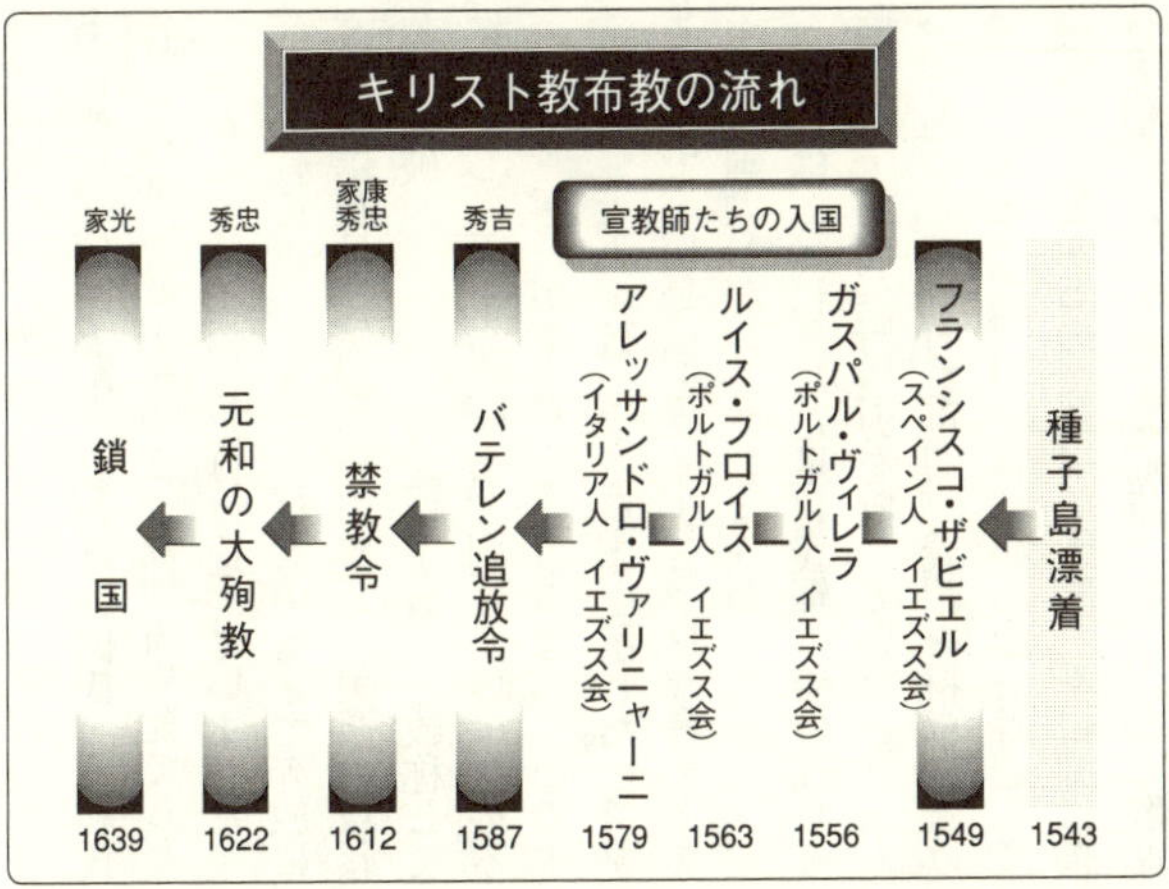
キリスト教布教の流れ
宣教師たちの入国
1543
種子島漂着
1549
フランシスコ・ザビエル
（スペイン人　イエズス会）
1556
ガスパル・ヴィレラ
（ポルトガル人　イエズス会）
1563
ルイス・フロイス
（ポルトガル人　イエズス会）
1579
アレッサンドロ・ヴァリニャーニ
（イタリア人　イエズス会）
秀吉
1587
バテレン追放令
家康
秀忠
1612
禁教令
秀忠
1622
元和の大殉教
家光
1639
鎖国

鹿児島に到着したザビエルは、豊後の大友《おおとも》宗麟《そうりん》、中国地方西部から豊前を領国に持つ大《おお》内義隆《うちよしたか》ら戦国大名の庇護を受けて布教活動を開始するのです。当時、キリスト教はキリシタン、宣教師はポルトガル語のパードレが訛ってバテレン（伴天連）と呼ばれていました。

ザビエルのあとも、ポルトガル人宣教師ガスパル・ヴィレラ、ポルトガル人宣教師ルイス・フロイス、イタリア人宣教師ヴァリニャーニらが日本にやってきました。

じつは、彼ら宣教師の目的は布教だけではありませんでした。当時は大航海時代で、ポルトガルやスペインは、まず商品を持ちこみ、次にキリスト教を布教させて、次から次へと植民地を広げていたころなのです。

のちに秀吉がバテレン追放令を出し、徳川幕府がキリスト教を弾圧して鎖国した理由もそのあたりにあったのです。

天下統一をめざした織田信長が強かった理由は？

Q

守護代や国人層からのし上がった戦国大名の目標は、領国支配、または大内氏、毛利氏、長宗我部《ちょうそかべ》氏、武田氏のような地方支配でした。

しかし、織田信長だけは違っていました。

守護代の家臣だった父信秀のもとで奔放に育った信長は、尾張の今川義元、美濃の斎藤《さいとう》義龍《よしたつ》を破って占領。井之口を岐阜と改称して拠点とし「天下布武《てんかふぶ》」の印判を使いはじめるのです。信長が傑出しているのは、ここです。

初めて天下を統一する意志を示したのです。それまで、信長ほどダイナミックな考え方をする戦国大名がいたでしょうか。

信長は、暗殺された足利義輝の弟の義昭を擁して上洛。幕府権力を握っていた三好三人衆を追放して幕府を再興。義昭を将軍に就けると、管領・副将軍任官の申し出を辞退して畿内を支配するのです。天下統一を目標に掲げる信長が、いまだ幕府権力にこだわる義昭の申し出を受け入れるはずがありません。

さらに信長は、浅井・朝倉連合軍を近江姉川の戦いで破り、浅井・朝倉と通じた比叡山延暦寺を焼き討ちにします。信長に権力の座を奪われる危機感を抱いた義昭が、浅井・朝倉・武田に助けを求めると、浅井・朝倉両氏を滅ぼして義昭を追放（室町幕府滅亡）。伊勢長島の一向一揆を鎮圧し、長篠で武田信玄の遺児勝頼を、鉄砲隊を駆使して破りました。

意に従わない者は徹底的に潰すのです。

さらに越前の一向一揆を鎮圧すると、美濃・尾張両国を嫡子信忠《のぶただ》に譲って安土城を築き、羽柴秀吉《はしばひでよし》に西国征伐を命じます。

いっぽうで足利義昭が本願寺顕如《けんにょ》・上杉謙信・毛利輝元《てるもと》らと信長包囲網を築きますが、信長は紀伊雑賀《さいか》を攻め、鉄甲船を建造して、本願寺に物資輸送途中の毛利水軍を撃破。上杉謙信が病没、信長を裏切っていた荒木村重《あらきむらしげ》

A 天下布武の思想を抱いた兵農分離プロ軍団の力！

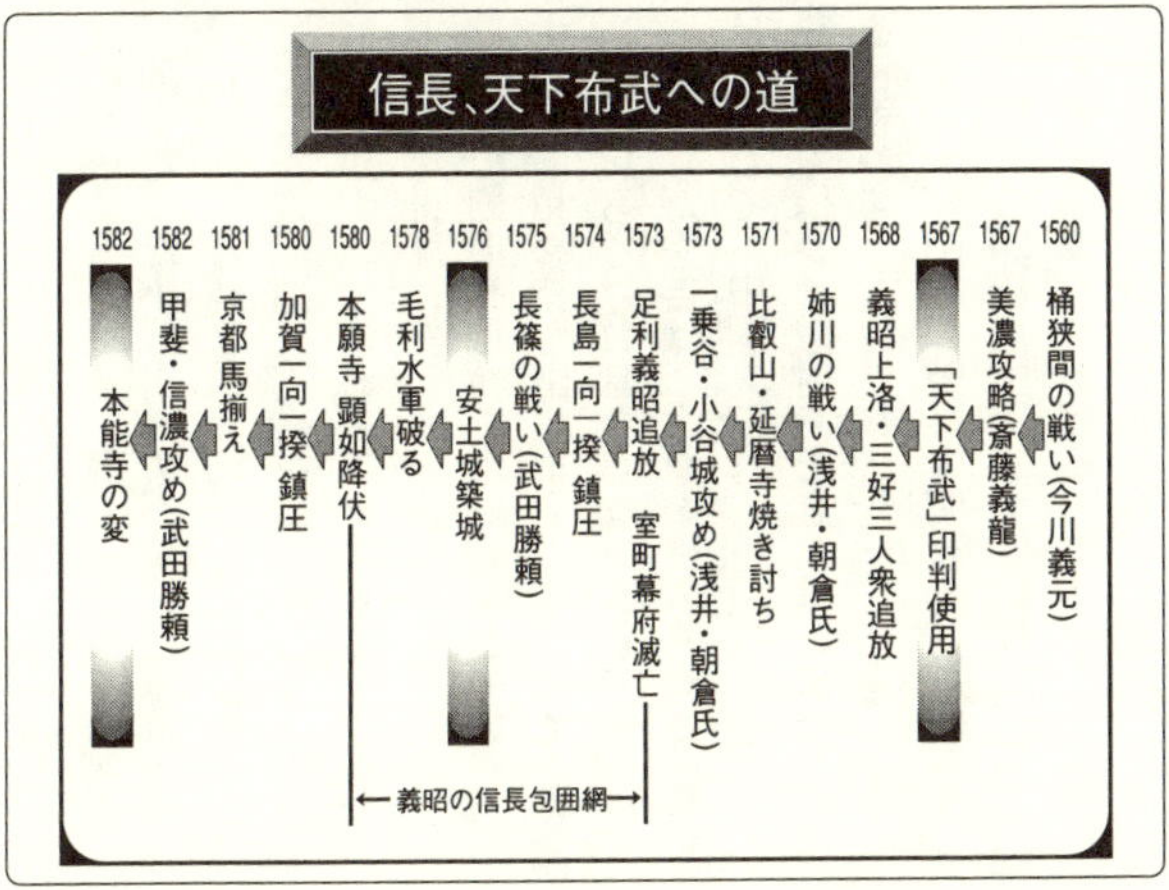

年	出来事
1560	桶狭間の戦い(今川義元)
1567	美濃攻略(斎藤義龍)
1567	「天下布武」印判使用
1568	義昭上洛・三好三人衆追放
1570	姉川の戦い(浅井・朝倉氏)
1571	比叡山・延暦寺焼き討ち
1573	一乗谷・小谷城攻め(浅井・朝倉氏)
1573	足利義昭追放 室町幕府滅亡
1574	長島一向一揆鎮圧
1575	長篠の戦い(武田勝頼)
1576	安土城築城
1578	毛利水軍破る
1580	本願寺顕如降伏
1580	加賀一向一揆鎮圧
1581	京都馬揃え
1582	甲斐・信濃攻め(武田勝頼)
1582	本能寺の変

←義昭の信長包囲網→

も敗走したため本願寺顕如はついに降伏。加賀の一向一揆も部将の柴田勝家《しばたかついえ》が鎮圧します。

向かうところ敵なしの信長は、正親町《おおぎまち》天皇の行幸を仰いだうえで、京都で盛大な馬揃えを挙行します。信長の権力を誇示すると同時に、正親町天皇を震撼させるに充分でした。

長篠の戦い以降懸案だった甲斐・信濃に侵入して武田勝頼を破った信長は、3男信孝《のぶたか》らに四国征伐を命じたうえ、毛利氏攻めの指示を与えるために上洛。定宿の本能寺に宿泊したところを明智光秀《あけちみつひで》に急襲されて自害、長男信忠も二条城で敗死してしまうのです。

信長のたぐいまれな軍事力の秘密は、彼の采配だけでなく、信長軍団の構成にありました。信長の軍団は兵農分離した美濃・尾張の地侍や有力名主層から構成されているだけでなく、鉄砲・長槍などで武装させたプロフェッショナル集団だったのです。

本能寺で信長を暗殺したのは本当に明智光秀か？

Q

織田信長が本能寺で自害した知らせは、すぐに広まりましたが、備中高松で羽柴秀吉と対陣中だった小早川隆景《こばやかわたかかげ》のもとに駆けつけなければならないはずの明智光秀の密使が、間違えて秀吉の陣に密書を届けてしまったために歴史が大きく変わることになりました。

信長の訃報に接した秀吉は、毛利攻めの一環として備中高松城を水攻めにしていたのですが、講和を持ち出します。すぐにでも京都に駆け戻らなければならないからです。

講和した秀吉は、大軍を引き連れて昼夜駆けどおしで「中国大返《ちゅうごくおおがえ》し」を敢行します。一刻も早く信長の敵討ちをしなければならない、そう思っていたのでしょう。

秀吉は、山崎の戦いで明智光秀を討ち滅ぼし、信長の葬儀を主宰して、信長軍団の後継者として名乗りをあげるのです。

さらに信長の後継者を決める清洲《きよす》（須）会議では信長の長男信忠の遺児で、まだ赤ん坊同然の三法師《さんぼうし》（のちの秀信《ひでのぶ》）を跡目にすえ、みずから後見人になります。これに怒った織田家宿老の柴田勝家を賤ケ岳《しずがたけ》の戦いで滅ぼし、勝家と与《くみ》した信長の3男織田信孝を自殺に追いこんで、名実ともに主導権を握るのです。

過去、本能寺の変について、さまざまな説が提唱されました。そのほとんどは明智光秀の動機探しでした。信長に個人的な恨みがあった怨恨説、天下を取ろうとした野望説の2つが主なもので、ふと魔がさしてしまった突発説もあります。ところが、ここしばらくは、明智光秀の背後には黒幕がいたという説が主流を占め、黒幕探しを楽しむ風潮があるのも事実です。秀吉説、毛利輝元説、朝廷説、足利義昭説などなど。はたして、どれが正解なのか。ただ、ひとつだけいえるのは、わかってしまえば面白くない、ということです。

A 光秀の背後には黒幕がいたという説も浮上！

本能寺の変の真犯人は誰か?

明智光秀が主犯とすると？

野望説（高柳光寿）論争（桑田忠親）怨恨説

ほかに、突発説・ノイローゼ説など多数あり
また、それぞれの組み合わせ説もある。

黒幕がいたとすると？

朝 廷 説	信長は正親町天皇から誠仁親王（信長の養子）に譲位させようとした
足利義昭説	室町幕府を再興させようとしていた
羽柴秀吉説	「中国大返し」が成功したのが怪しい
徳川家康説	本能寺の変直後の伊賀越え帰国に重大疑惑
毛利輝元説	毛利方の外交顧問・安国寺恵瓊の存在に注目
堺 商 人 説	自由都市堺の利益を信長から守るため

などなど百家争鳴

Q 豊臣秀吉が天下統一に成功した秘訣とは？

織田信長は、本能寺の変で急逝する直前、朝廷が申し出た「太政大臣」「関白」「征夷大将軍」の職を断わったといわれています。そこが、従来の権威にこだわらない信長らしいところでしょう。

しかし、羽柴秀吉は正反対でした。朝廷の権威を上手に利用したのです。

賤《しず》ケ《が》岳《たけ》の戦いで柴田勝家、つづいて織田信孝を滅ぼした秀吉は、顕如が最後まで抵抗していた石山本願寺跡地に大坂城を築き、信長につづく天下統一事業を開始します。

まず小牧《こまき》・長久手《ながくて》の戦いで、いまだ後継者を自認する信長の次男信雄《のぶかつ》と徳川家康の連合軍と戦います。しかし戦況が硬直したため、異父妹の朝日方《あさひのかた》を家康に嫁がせて和睦。家康に味方した根来《ねごろ》・雑賀《さいか》一揆を鎮圧したのにつづき、四国の長宗我部《ちょうそかべ》元親《もとちか》を制圧します。

そのころ秀吉は、朝廷から関白、太政大臣に任じられ、さらに「豊臣」姓を受けました。

関白・太政大臣になった秀吉は、京都に造営した聚楽第《じゅらくてい》に後陽成《ごようぜい》天皇を迎えるなどして朝廷に接近します。

天皇から全国の支配権をゆだねられたことになった秀吉は、公家・寺社の荘園を改めた所領の確定を秀吉に任せる旨を書いた惣無事《そうぶじ》令《れい》を発令。全国の戦国大名に停戦命令を出します。「自分に従え、従わなければ攻め滅ぼす」というわけです。

惣無事令を大義名分にした秀吉は、命令に従わない九州の島津義久《よしひさ》（九州攻め）、続いて小田原の北条氏政《うじまさ》（小田原攻め）を服従させ、さらに東北を制覇している伊達《だて》政宗《まさむね》を脅迫して小田原に馳せ参じさせ（奥州平定）、秀吉に抵抗する葛西《かさい》・大崎《おおさき》一揆、九戸《くのへ》政実《まさざね》の乱を鎮圧します。ここに、秀吉の全国統一が実現しました。

A 朝廷の権威「関白」になることで全国支配権獲得！

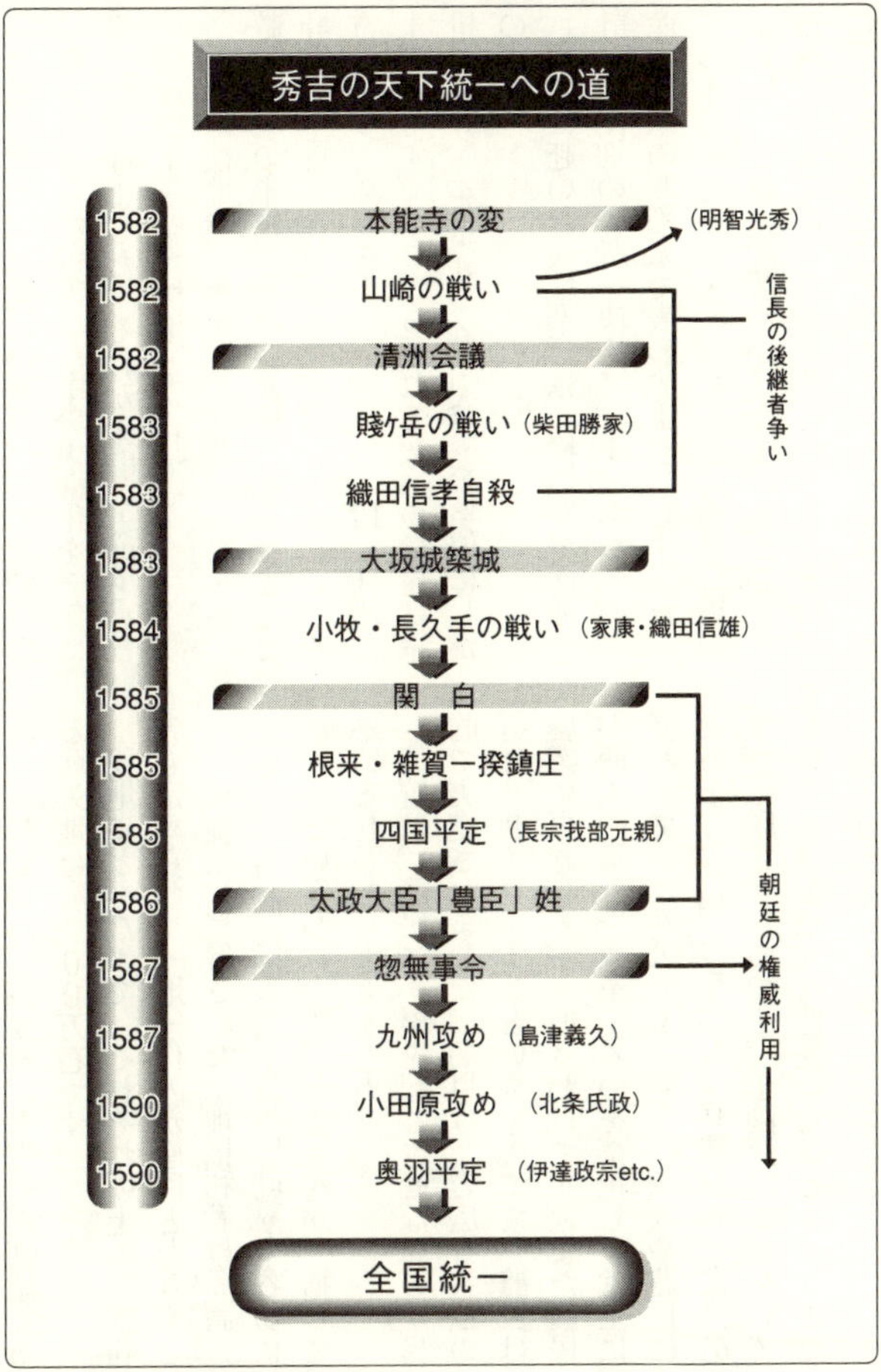
秀吉の天下統一への道
1582 本能寺の変
(明智光秀)
1582 山崎の戦い
1582 清洲会議
1583 賤ケ岳の戦い (柴田勝家)
1583 織田信孝自殺
信長の後継者争い
1583 大坂城築城
1584 小牧・長久手の戦い (家康・織田信雄)
1585 関　白
1585 根来・雑賀一揆鎮圧
1585 四国平定 (長宗我部元親)
1586 太政大臣「豊臣」姓
1587 惣無事令
朝廷の権威利用
1587 九州攻め (島津義久)
1590 小田原攻め (北条氏政)
1590 奥羽平定 (伊達政宗etc.)
全国統一

秀吉の太閤検地と刀狩に隠された意味は？ Q

全国を統一した豊臣秀吉は、これまでの政治権力者たちが苦労した中央集権化を一気にやってのけました。それが太閤《たいこう》（太閤というのは前関白の意味）検地《けんち》と刀狩《かたながり》です。

秀吉は検地奉行を全国に派遣し、「町《ちょう》・段《たん》・畝《せ》・歩《ぶ》」の単位で土地の面積を計らせました。計算方法は、6尺3寸（約１９１センチ）四方を1歩、30歩を1畝、10畝を1段、10段が1町、です。そこから獲れる穀物の分量は京枡で計り、「石・斗・升・合」を単位にしたのです。

現地に赴いた検地奉行は、検地竿で面積を計り、田畑の等級を決めて、1段あたりの生産力を米の収穫量で表わすようにしました。この1段あたりの生産力を石盛《こくもり》（標準収穫量）といい、石盛に面積をかけたものが石高《こくだか》です。石高制の完成により、大名それぞれの等級が決められ、軍役奉仕のレベルも石高によって決められました。ちなみに秀吉の直轄領である蔵入地《くらいりち》は約２００万石です。

検地にともなって、それぞれの土地の権利者も定められ、一地一作人が原則となりました。検地帳に登録された土地権利者は名請人《なうけにん》といい、石高に準じた年貢の計算も容易になったというわけです。年貢は村が一括して納める村請制《むらうけせい》になりました。

刀狩は、農民に一揆を起こさせないのが目的で実施されました。名目は、方広寺《ほうこうじ》大仏の釘にリサイクルするというものです。農民は農業に専念しろ、というわけです。また農民が商人や職人を兼業するのを禁止し、武士に使われていた奉公人も、もとの商人や農民に戻るよう人掃令《ひとばらいれい》を出し、兵農分離、農商分離を徹底させたのです。全国戸口調査をして、戸数や人口を正確に把握したことはいうまでもありません。

A 正しい納税と一揆防止で一気に中央集権化！

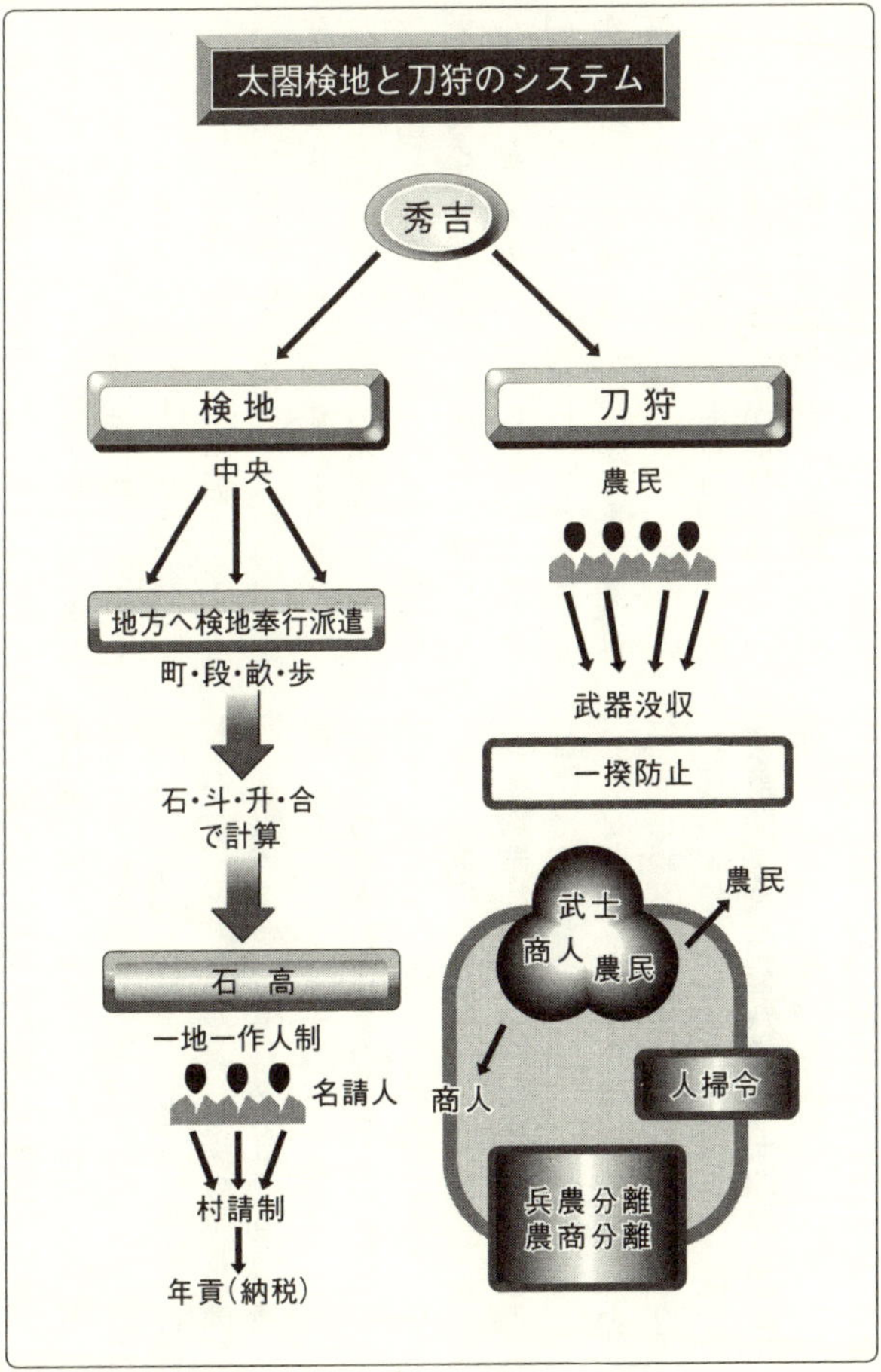
太閤検地と刀狩のシステム
秀吉
検地
中央
地方へ検地奉行派遣
町・段・畝・歩
石・斗・升・合
で計算
石高
一地一作人制
名請人
村請制
年貢（納税）
刀狩
農民
武器没収
一揆防止
武士
商人
農民
農民
商人
人掃令
兵農分離
農商分離

2度にわたる朝鮮出兵が失敗に終わった理由は？

Q

全国統一を果たした秀吉の「夢」は、日本を中心にした東アジアの国際秩序を完成させることでした。そこで秀吉は、ゴアのポルトガル政庁、マニラのスペイン政庁、高山国《こうざんこく》（台湾）に、日本への服属と入貢を求めます。しかし、所詮は井のなかの蛙、大航海時代を生きる大国が相手にするはずがありません。

そこで秀吉が目をつけたのが明《みん》でした。

明に出兵して服属させるためには、通過地点である李氏朝鮮《りしちょうせん》をも服属させなければならない、というので、対馬の宗義智《そうよしとも》を通して朝鮮に入貢と明出兵の先導役を求めます。しかし朝鮮がこれに応じるはずがなく、朝鮮は拒否してきました。

おりから国内では大名たちに与える知行地が足りなくなっており、なかには海外に領国を求める大名もいたため、秀吉は朝鮮出兵の号令をかけたのです。

肥前名護屋《なごや》に本陣を築いた秀吉は、みずからは陣に残り、大名たちを部将にした15万の大軍を出兵させます（文禄《ぶんろく》の役）。当初は漢城（現在のソウル特別市）、さらに平壌《ピョンヤン》を占領しますが、朝鮮の民衆義兵組織の徹底抗戦、明の援軍、李舜臣《りしゅんしん》率いる水軍の活躍で補給路を断たれ、休戦を余儀なくされます。

秀吉の誇大妄想はこのあたりから激しくなります。なにしろ、後陽成《ごようぜい》天皇を北京に移し、日本の帝位には皇太子か皇弟が就任する。そして弟の関白秀次《ひでつぐ》を中国の関白に任命するというのですから。

秀吉は明国王と和平交渉に入ります。条件は、明の皇女を天皇の后とし、そのかわり人質に取っている朝鮮皇子を返還する、勘合貿易を再開する、朝鮮八道のうち四道を割譲する、というものです。

しかし、こんな要求に応じさせるわけには

A 秀吉の誇大妄想に戦国大名たちは戦意喪失！

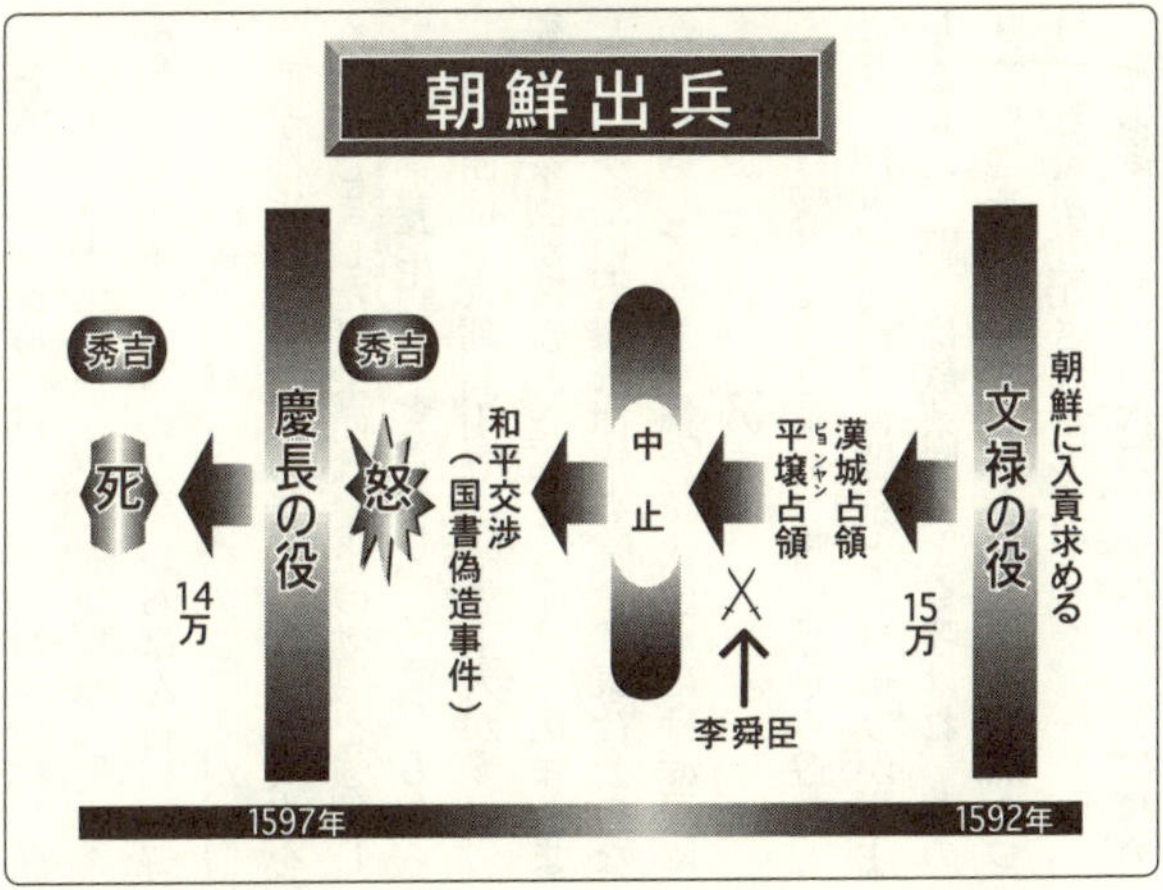
朝鮮出兵
文禄の役
朝鮮に入貢求める
15万
漢城占領
平壌《ピョンヤン》占領
李舜臣
中止
和平交渉（国書偽造事件）
秀吉
怒
慶長の役
14万
秀吉
死
1592年
1597年

いかないと思った交渉役の小西行長《こにしゆきなが》と、明の将軍沈惟敬《しんいけい》は、秀吉の国書を偽造。明から「秀吉を日本国王にし、朝貢を許す」という返事が届けられたため、秀吉は激怒。2度めの出兵（慶長《けいちょう》の役）となるのです。

しかし秀吉が国内で病死したため、14万の兵はあっさり引き返してきます。そもそも偽造された国書に端を発した出兵なのですから、大名たちの戦意が高揚しないのも当然です。

こうして2度にわたる朝鮮出兵は終わりを告げますが、秀吉の誇大妄想により、朝鮮国内に甚大な被害を与えることになりました。耕地は3分の1に減り、日本兵に虐殺される者、家を焼かれる者、日本軍に拉致される者などで人口が激減しました。

また国内でも、膨大な戦費を無駄遣いし、多くの兵力を失ったのです。朝鮮出兵で豊臣政権は崩壊の一途をたどることになります。

戦国武将たちに流行った茶湯政道とは？

Q

日本での茶の歴史は古く、『日本後紀』弘仁6年（815）に、僧永忠《えいちゅう》が嵯峨《さが》天皇に茶を献じた記事があるのが、いちばん古い記録です。その後、しばらく姿を消しますが、僧栄西《えいさい》が禅宗とともに宋の新しい飲茶の文化をもたらしました。栄西は養生の効果を強調して『喫茶養生記《きっさようじょうき》』を著わし、栄西がもたらした茶樹は、京都高山寺の明恵《みょうえ》上人が愛好。栂尾《とがのお》に茶園が開かれたあと、宇治へ広まりました。喫茶の習慣は禅宗寺院や武家社会のなかに浸透してゆき、鎌倉時代後期には庶民にまで広がっていったのです。

初めは喫茶だった茶も、嗜好品から遊戯となり、14世紀初めには闘茶《とうちゃ》という遊びが誕生しました。闘茶は飲茶勝負とも呼ばれ、茶の味や産地を飲み当てるゲームです。得点をつけて懸賞が分配される形式でした。

その後、南北朝時代の佐々木道誉《ささきどうよ》をはじめとする「ばさら大名」たちが唐物《からもの》の茶器を珍重したり、花や香を楽しんだりして、その風潮は室町時代にまで引き継がれ、武家儀礼の一部として定着していったのです。

東山文化の代表でもある書院造の棚は、唐物を飾るために考案されたもので、これら唐物を管理したり鑑定したりする同朋衆《どうぼうしゅう》が、茶の湯の世界を作り出していくのです。

やがて村田珠光《むらたじゅこう》が創始した侘茶《わびちゃ》は、自由都市堺の豪商たちに愛好されはじめました。珍重される唐物を購入できるのは彼らぐらいだったのです。その代表格が武野紹鷗《たけのじょうおう》でした。

堺の町衆たちは、深山幽谷を思わせる山里風の庭の奥に草庵を建て、世俗から脱却した別世界を創り上げたのです。

さらに茶道を完成の域にまで高めたのが、武野紹鷗の弟子の千利休でした。利休は小さな茶室をつくり、そこに唐物や高麗物の茶器

A　茶室がサロンになって、密室政治が行なわれた！

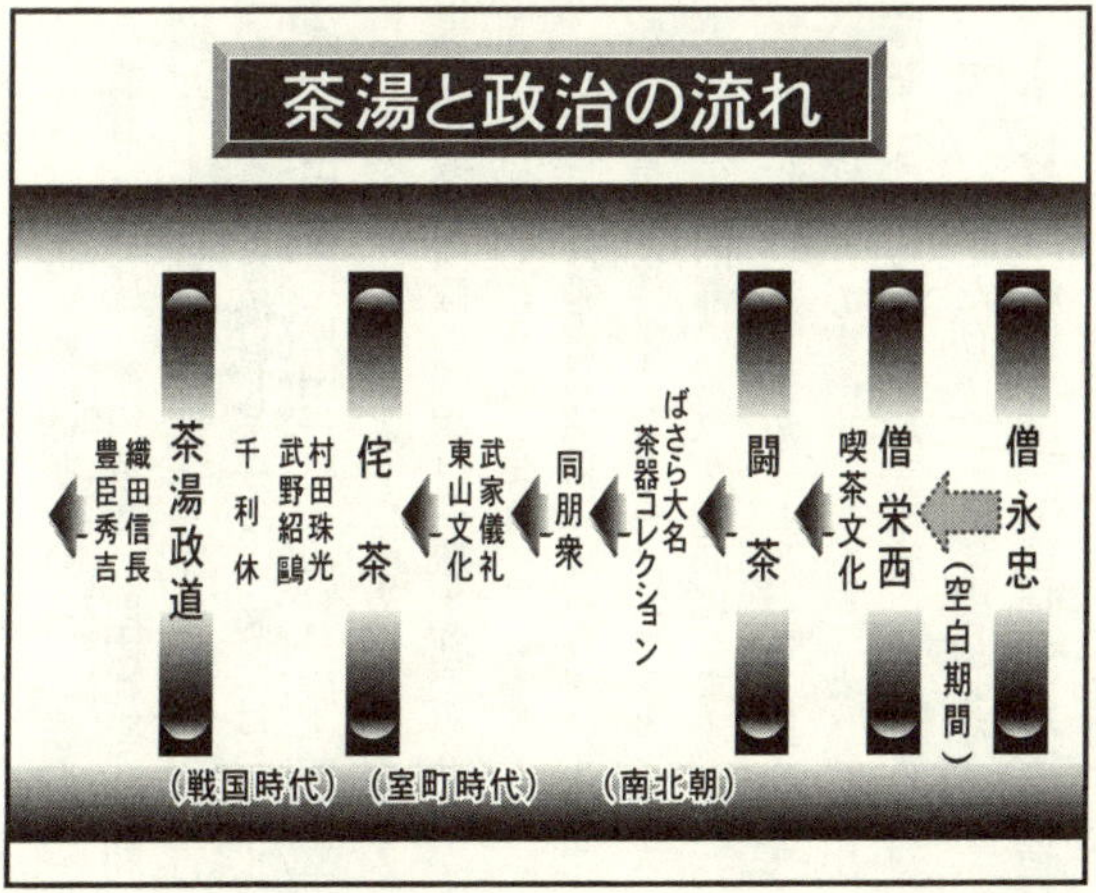
茶湯と政治の流れ
僧 永忠
（空白期間）
僧 栄西
喫茶文化
闘 茶
ばさら大名
茶器コレクション
同朋衆
武家儀礼
東山文化
侘 茶
村田珠光
武野紹鷗
千 利 休
茶湯政道
織田信長
豊臣秀吉
（南北朝）
（室町時代）
（戦国時代）

を置き、みずから竹花入や茶杓をつくるなど独創性を発揮しました。

利休全盛期の堺は、信長や秀吉の権力下にあり、戦国大名たちも茶の湯に熱中しました。茶室がサロンになり、そこで密室政治が行なわれるようにもなりました（茶湯政道《ちゃのゆせいどう》）。

また、唐物の茶器ひとつが領国一国と交換されるほどの価値を持ったのも、このころのことです。唐物のコレクションの多さが、権力の象徴になっていったのです。

本能寺の変の前夜にも、本能寺で信長主催の茶会が行なわれたとおり、信長も茶会好きでしたが、秀吉はそれ以上でした。組み立て式の黄金の茶室を造って内裏、大坂城、名護屋城で茶会を開いたり、北野大茶会では身分や貧富の別なく民衆を参加させたといわれています。いずれの茶会でも、秀吉自慢の茶器が披露されたことはいうまでもありません。

関ヶ原の戦いで東軍が勝利した原因は？

Q

　秀吉は、自分の死後に後継者争いが起きないよう、遺言で政治体制を整えていました。

　遺言によれば、徳川家康《とくがわいえやす》・前田利家《まえだとしいえ》・毛利輝元・上杉景勝《うえすぎかげかつ》・宇喜多秀家《うきたひでいえ》の五大老が秀吉の遺児秀頼《ひでより》を後見し、天下の政治は長束正家《なつかまさいえ》・石田三成《いしだみつなり》・増田長盛《ましたながもり》・浅野長政《あさのながまさ》・前田玄以《まえだげんい》の五奉行が合議によって決め、秀吉の蔵入地など政府財政の運用は家康・利家の2人が面倒を見るということになっていました。

　しばらくは秀吉の遺言は守られていましたが、慶長4年（1599）になると、五大老・五奉行内部の対立が表面化します。

　おもに、秀吉の側近として政治を動かしていた三成などの吏僚派（文治派）と、朝鮮出兵でこき使われてきた武将派（武断派）の対立でした。ただひとり朝鮮に出兵しなかった家康だけは、領国の関東で江戸城の城下町造りに専念するいっぽう、武将派の支持を集めることに余念がありませんでした。

　五大老のひとり上杉景勝が、会津に帰国して、城の修築や道路の補修などを始めたのを戦《いくさ》の準備と判断した家康は、上洛するよう景勝に要求しますが、景勝が拒絶したため、家康が諸大名を率いて東下している隙に、石田三成が挙兵してしまうのです。景勝の行動は家康を畿内から離す陽動作戦でした。

　五大老のひとり毛利輝元を盟主に担いだ三成は、家康打倒を明らかにして西軍を結集。畿内を勢力下に収めると、濃尾に進出。いっぽう家康は、引き連れていた軍の一部を先発させると、尾張から木曾川を渡って西軍の守る岐阜城を攻略。あとから本隊を引き連れた家康も岐阜に入り、美濃赤坂で軍議を開くと、三成の居城である近江佐和山《さわやま》城を攻略。大坂に向かうことを決定します。

　家康の動きを察知した西軍は、東軍を阻止

A 合戦が始まる前の家康の動きに勝因があった！

東軍と西軍の比較

関ヶ原の戦い参戦主要武将

東軍	西軍
徳川家康	石田三成
黒田長政　細川忠興 井伊直政　田中吉政 福島正則　藤堂高虎 京極高知　織田有楽斎 本多忠勝　浅野幸長 池田輝政	島　左近　島津義弘 小西行長　宇喜多秀家 戸田重政　平塚為広 大谷刑部　大谷吉勝 木下頼継 豊臣麾下の武将たち

寝返り武将

小早川秀秋　脇坂安治　朽木元綱

傍観武将

毛利秀元　吉川広家　安国寺恵瓊
長束正家　長宗我部盛親

するため、西軍を関ヶ原に進出させます。

こうして慶長5年（1600）9月15日、関ヶ原の戦いは始まりました。

午前7時すぎから、東軍9万余、西軍8万余が激突。一進一退をくり返しますが、西軍の小早川秀秋《こばやかわひであき》らの寝返りもあって、午後2時ごろには東軍の勝利で終わりました。

西軍の石田三成、小西行長、安国寺《あんこくじ》恵瓊《えけい》などは捕らえられて京都六条河原で処刑。宇喜多秀家は八丈島に流され、毛利輝元、島津義《よし》弘《ひろ》らは軍勢をまとめて国に帰りました。結果、西軍諸大名90家、440万石は改易（領地没収）、毛利輝元は120万石から37万石に、上杉景勝は120万石から30万石に減封《げんぽう》（領地削減）されました。改易・減封された領地は東軍諸大名に分け与えられました。

そして3年後、家康は征夷大将軍の宣下を受けることになるのです。

大坂の陣で徳川方が豊臣方に勝った要因は？

Q

征夷大将軍になり、全国の大名を軍事的に指揮する権限を得た徳川家康は、諸大名に国絵図と郷帳《ごうちょう》（土地台帳）を提出させたほか、江戸城と城下町の普請を命じて主従関係を明らかにすると、東海道・東山道などの主要街道を整備。京都、伏見、大坂、堺、長崎など主要な都市や港を直轄地にし、石見《いわみ》銀山、生野《いくの》銀山、佐渡金銀山、伊豆金山も直轄にして経済基盤を押さえました。

しかし家康は、大きな問題を抱えていました。摂津・河内・和泉3国65万石の一大名に没落しているとはいえ、秀吉の遺児秀頼が依然として大坂城にいることです。秀頼は8歳ですが、母親の淀殿《よどどの》がいるのです。

家康は、秀忠の娘千姫《せんひめ》（7歳）を秀頼に嫁がせました。秀吉との約束を守ることで、豊臣恩顧の大名たちを懐柔しようとしたのです。

2年後の慶長10年（１６０５）、家康は将軍職が世襲であることを諸大名にわからせるため将軍職を辞し、秀忠に将軍宣下を受けさせ、2代将軍にします。そして駿府《すんぷ》に隠退して大御所政治を始めるのです。

家康は、二条城において新将軍に臣下の礼をとるよう秀頼に要求しますが、秀頼は淀殿の言いなりになって、これを拒否します。

慶長16年、後水尾《ごみずのお》天皇即位を機に、秀頼の家臣にも禁裏造営を手伝わせた家康は、秀頼を上洛させて二条城で臣下の礼をとらせます。

さらに3年後、秀吉が創建した方広寺大仏殿の新鋳鐘銘に「国家安康」とあるのを知った家康は、「家」「康」を切断しているなどと難癖をつけ、秀頼が江戸に下る、淀殿を人質に差し出す、大坂から国替えする、の三者択一を迫りました。しかし秀頼側は拒否。さらに両者を和解させようとした片桐且元《かたぎりかつもと》を大坂城から追放して戦の準備を始め、同年10月、

A 豊臣氏滅亡に執念を燃やした家康の作戦勝ち！

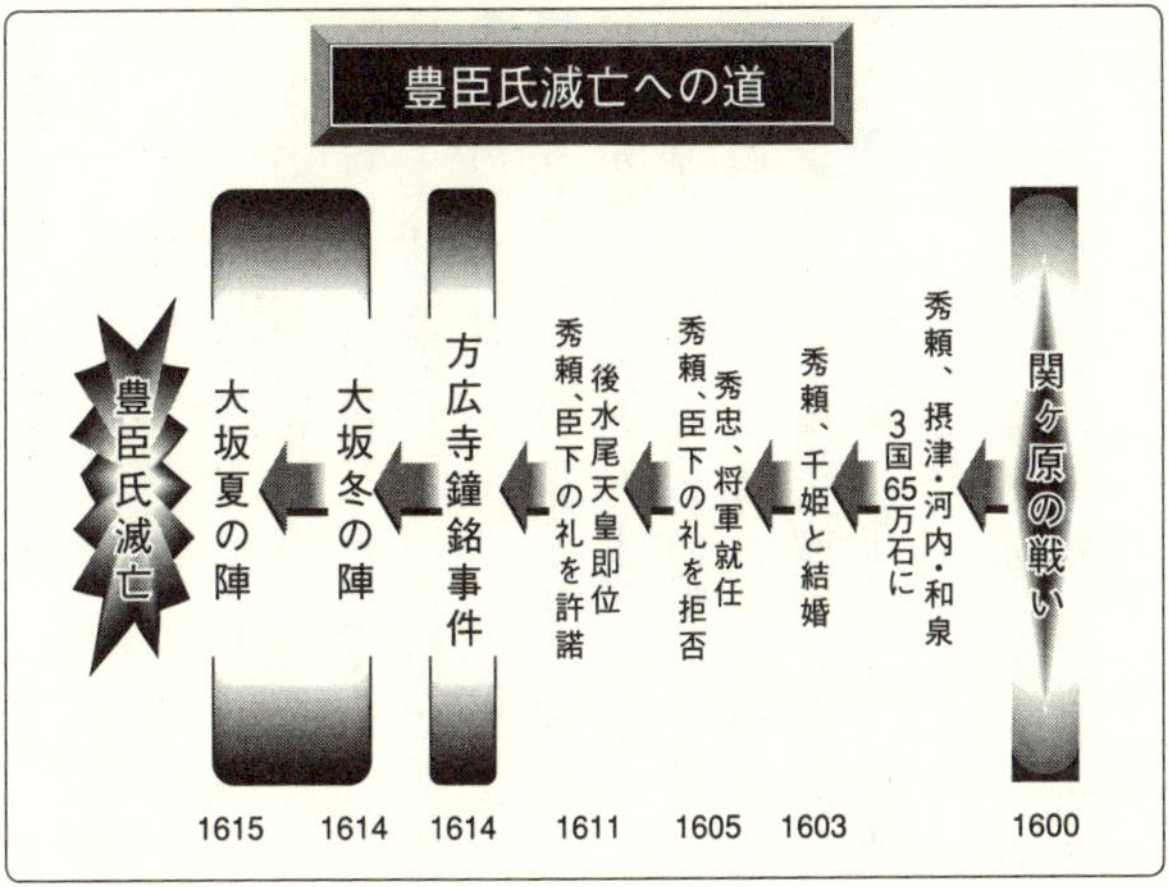
豊臣氏滅亡への道
関ヶ原の戦い
秀頼、摂津・河内・和泉
3国65万石に
秀頼、千姫と結婚
秀忠、将軍就任
秀頼、臣下の礼を拒否
後水尾天皇即位
秀頼、臣下の礼を許諾
方広寺鐘銘事件
大坂冬の陣
大坂夏の陣
豊臣氏滅亡
1600
1603
1605
1611
1614
1614
1615

大坂冬の陣の火蓋が切って落とされます。

大坂城に籠もった大坂方は、豊臣恩顧の家臣、浪人、雑兵合わせて12〜13万、家康の軍は20万。大坂方には、関ヶ原の戦いのあと高野山に追放されていた真田《さなだ》幸村《ゆきむら》も加わり、堅固な大坂城を攻めあぐねた家康は和議を結びます。たび重なる交渉の末、大坂城の外堀の一部を埋めることで決着しますが、家康は内堀まで埋め立ててしまいます。

さらに家康は、浪人たちの解散、秀頼の大和または伊勢への国替えの二者択一を迫って再戦に持ちこみ、翌元和元年（1615）4月、大坂夏の陣にもつれこみます。

しかし内堀まで埋め立てられた大坂方は籠城することができず、城を出て戦いますが、すでに勝負はついていました。5月7日、大坂城は落城。淀殿・秀頼母子は自害し、ここに豊臣氏は滅亡するのです。

コラム

★豊臣方武将　連続死の怪★

慶長16年（1611）、二条城において豊臣秀頼が家康に臣下の礼をとったとき、ひとり、有名な戦国大名が同席していました。

その名は、加藤清正《かとうきよまさ》です。

清正は両者の斡旋役だったのですが、じつは清正、大役を果たして領国の熊本に帰る途中、船のなかで謎の死を遂げているのです。高熱を発して倒れ、舌も動かせず、死ぬ前には身体が黒くなったといいます。

この話を伝え聞いた江戸時代の人々は、家康に毒饅頭を食べさせられたという噂を信じていたようで、歌舞伎や浄瑠璃の題材になったほどです。毒物に詳しい研究者は、細菌性の病気ではないか、ともいっています。

その真相はわかりませんが、「関ヶ原の戦いから大坂の陣のあいだ」の14年間に、関ヶ原の戦いのときは西軍で、それから東軍になった武将たちが立てつづけに死んでいるのです。試みに計算してみたところ、14年間に死亡したのは、西軍の武将8人、東軍の武将18人、西軍から東軍になった27人でした。

具体的には、前田玄以《まえだげんい》、有馬則頼《ありまのりよし》、小早川秀秋、稲葉貞通《いなばさだみち》、山岡景友《やまおかかげとも》、小堀政次《こぼりまさつぐ》、小出《こいで》秀政《ひでまさ》、山内一豊《やまうちかずとよ》、堀秀治《ほりひではる》、水谷勝俊《みずたにかつとし》、古田《ふるた》重勝《しげかつ》、金森長近《かなもりながちか》、田中吉政《たなかよしまさ》、京極高次《きょうごくたかつぐ》、生《い》駒一正《こまかずまさ》、細川藤孝《ほそかわふじたか》、浅野長政《あさのながまさ》、堀尾吉晴《ほりおよしはる》、加藤清正、松井康之《まついやすゆき》、亀井茲矩《かめいこれのり》、池田輝政《いけだてるまさ》、浅《あさ》野幸長《のゆきなが》、最上義光《もがみよしあき》、前田利長《まえだとしなが》、松浦鎮信《まつらしげのぶ》、池《いけ》田長吉《だながよし》（死亡順）の27人です。

西軍の武将が少ないのは、合戦に敗れたことで総数が減っていますから理解できますが、いくら何でも27人は多すぎます。偶然なのかもしれませんが、もしかしたら、加藤清正のように、毒殺や細菌性の病気の疑いのある死に方をした人がいるかもしれません。

4章

徳川三百年の繁栄

〈江戸〉

家康が実行した、全国大名への徹底支配策とは？

Q

大坂の陣で豊臣家を滅ぼした徳川家康が考えたことは、大名たちの徹底支配でした。

まず一国一城令《いっこくいちじょうれい》を出して、本城以外の城を破却させました。これは、おなじ国内で大名に拮抗する勢力を生み出さないためであるのはもちろんですが、大名の軍事拠点を減らす目的もありました。

さらに武家諸法度《ぶけしょはっと》を金地院崇伝《こんちいんすうでん》に起草させたうえで、秀忠の命令で全国の諸大名を伏見城に集めさせ、崇伝が朗読して聞かせたのです。「文武弓馬の道もっぱら相嗜《あいたしな》むべき事」のほか13カ条に及びましたが、なかでも重要なのは、居城修理のときや、一族を結婚させるときには許可が必要というものです。軍事拠点となる城の改築、大名どうしが軍事同盟を結ぶことになりかねない政略結婚に目を光らせたというわけでしょう。事実、城郭修理違反で功臣福島正則《ふくしままさのり》を広島から津軽、さらに川中島に転封させているほどです。

すべては徳川将軍家を存続させるための措置だったといってもいいでしょう。大坂夏の陣の翌年に家康は他界しますが、その前に秀忠体制のレールを敷いたのです。

ことに大名の配置は重要で、諸大名を親《しん》藩《ぱん》・譜代《ふだい》・外様《とざま》の3ランクに分けたのは、そのためでした。親藩は御三家（尾張・紀伊・水戸）など徳川一門、譜代はずっと徳川氏に仕えてきた大名たち、そして外様は、関ヶ原の戦いのあと徳川氏に仕えた大名たちです。

その配置方法は、江戸や直轄地の周囲には親藩や譜代を置くというものでした。

東北の伊達氏や北陸の前田氏の領地の江戸寄りを譜代で固め、薩摩の島津氏がいる九州の玄関口小倉に譜代の小笠原氏を配したのも、彼ら外様を監視し、万が一、江戸に攻め上ってくるのを防ぐためだったのです。

A 各種の法で縛り、危険な大名ほど遠くに配置！

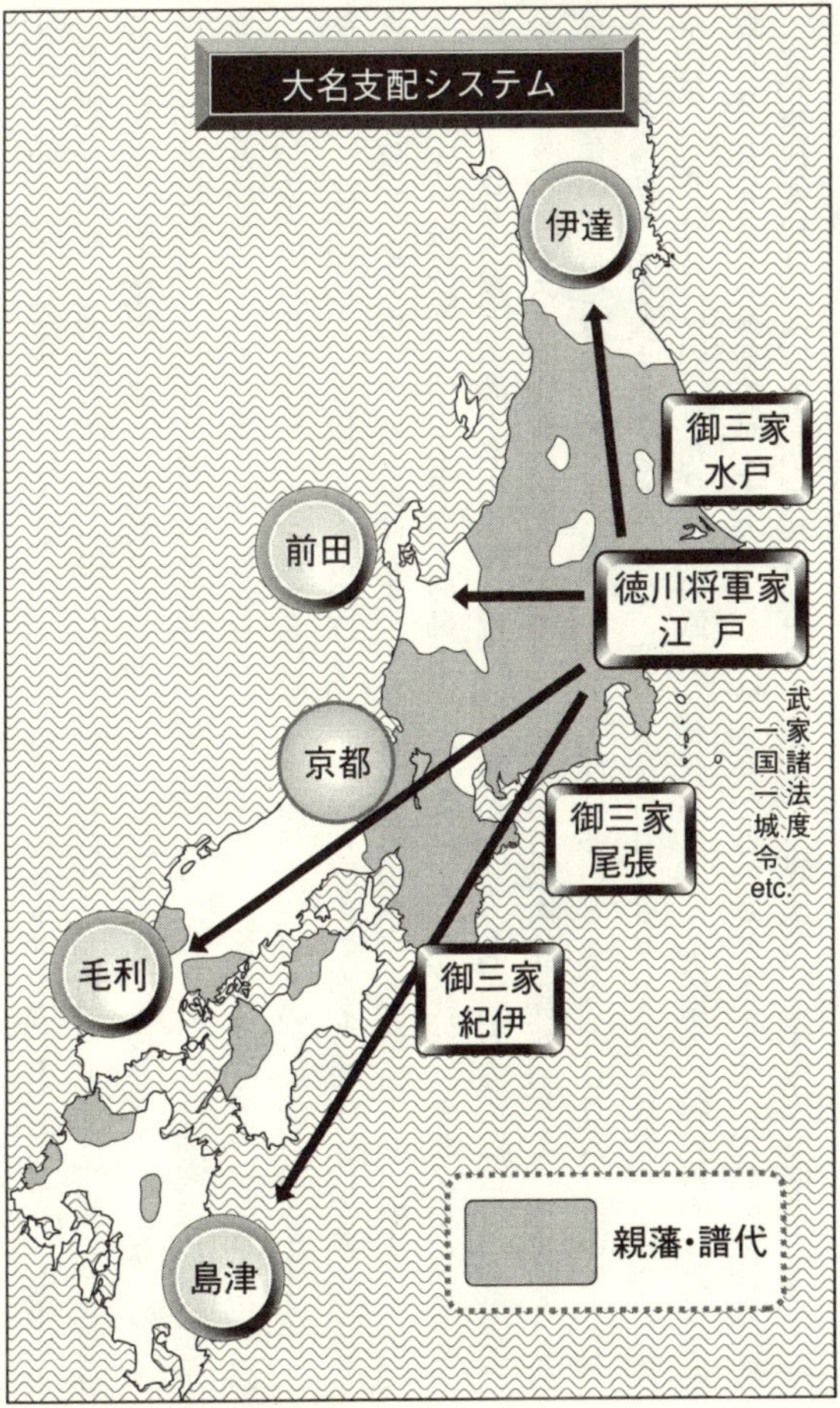

大名支配システム
伊達
御三家
水戸
前田
徳川将軍家
江　戸
武家諸法度
一国一城令
etc.
京都
御三家
尾張
毛利
御三家
紀伊
島津
親藩・譜代

家光の大名支配策「参勤交代」の狙いとは？

Q

第3代家光の時代になると、将軍家による大名支配は、ますます厳しくなりました。

　肥後の加藤忠広《ただひろ》（清正の子）を改易にして（理由は不明）出羽庄内に流し、豊前小倉の細川氏を肥後に転封し、小倉に譜代の小笠原氏を配置したのも、家光が将軍になってからのことです。家光の時代に改易になった大名は、徳川一門・譜代が19人、外様が29人にのぼりました。見せしめ人事、というわけです。

　また、江戸城修築や河川工事などの御手《おて》伝《つだい》普請《ふしん》をさせるなど、諸大名の軍役は重くなりました。もちろん諸経費は大名負担で、ツケは農民の年貢にはねかえりました。

　なかでも諸大名を震え上がらせたのは、寛永12年（１６３５）に出された2回めの武家諸法度に規定された参勤交代《さんきんこうたい》でしょう。

　参勤交代というのは、大名が国元と江戸を1年交代で往復する、というものです。交代期は毎年4月で、大名の妻子は江戸に住まなければなりませんでした。つまり、妻子を人質にとられた大名は、1年は江戸の大名屋敷に、1年は国元で生活せざるをえないのです。大名が江戸にいるあいだは国家老が藩政を仕切り、国元に帰っているあいだは江戸家老（留守居《るすい》）が幕府との折衝役を務めました。

　ただし関東の大名は半年交代が義務づけられ、対馬の宗家は3年に1回、蝦夷の松前《まつまえ》氏は5年に1回の交代で許されました。

　しかし諸大名が頭を痛めたのは、参勤交代にかかる莫大な諸経費でした。加賀藩などの大藩は多いときで２５００人、ほかの大名でも１５０〜３００人が大移動するのです。

　しかし、そこが家光の狙い目でした。参勤交代で散財させることで、大名の経済力を疲弊させ、謀反を起こす気力も財力もなくさせることにあったのです。

A 諸大名に経済力をつけさせず、人質をとるため！

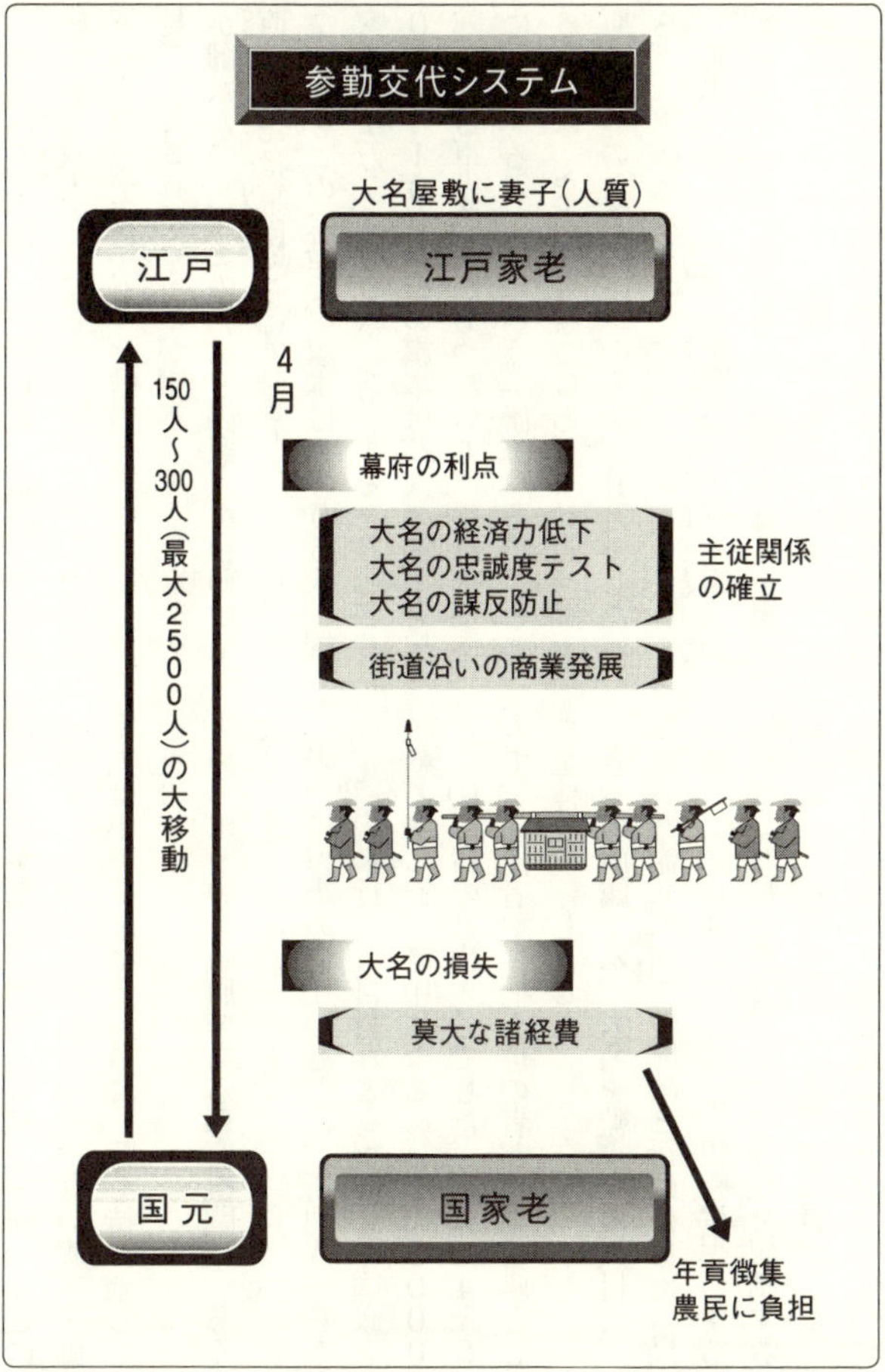
参勤交代システム
大名屋敷に妻子（人質）
江戸
江戸家老
4月
150人〜300人（最大2500人）の大移動
幕府の利点
大名の経済力低下
大名の忠誠度テスト
大名の謀反防止
主従関係の確立
街道沿いの商業発展
大名の損失
莫大な諸経費
国元
国家老
年貢徴集
農民に負担

徳川幕府の組織はどのように機能していたのか？

Q

　徳川将軍家には、将軍直属の家臣団である旗本《はたもと》と御家人《ごけにん》がいました。知行高が1万石以下（1万石以上は大名）で将軍にお目見え（謁見）を許されているのが旗本、そうでないのが御家人です。この旗本と御家人を合わせて直参《じきさん》または幕臣《ばくしん》と呼ばれました。享保７年（１７２２）の段階で、旗本は５２０５人、御家人は1万７３９９人。合計すると2万２６０４人。１０００石の旗本は23人の部下を出陣させる軍役義務があったので、これを基準に計算すると、俗にいう「旗本八万騎」という表現は、まんざら嘘ではありません。関ヶ原の戦いのときの東軍の人数が９万でしたから、大軍隊になるのです。

　旗本は通常、大番《おおばん》・書院番《しょいんばん》・小姓組番《こしょうぐみばん》・新《しん》番《ばん》・小十人組《こじゅうにんぐみ》に編成され、御家人は徒士組《かちぐみ》・鉄砲百人組などの諸隊に組みこまれました。

　旗本からは勘定奉行・町奉行・大目付《おおめつけ》・目付・代官が出て、御家人は与力・同心などに就きました。どの役職にも就けない旗本・御家人は小普請組《こぶしんぐみ》に入れられ、暇を持て余していたのです。

　いっぽう中央政府である幕府機関は、あくまでも老中《ろうじゅう》が中心でした。

　老中は将軍の信任のもとに、所司代、三奉行、遠国《おんごく》奉行、大目付などを指揮して国政を統轄しました。老中になるのは2万５０００石〜10万石の譜代大名でした。定員は４〜５人で、先任者や家柄上位の者が老中首座として全体を統轄しました。

　老中の直属では、大名を監視する大目付、幕府直轄領（天領《てんりょう》）の財政と行政にあたる勘定奉行（定員４人）、江戸の市政を担当する町奉行（北町・南町の2人）、寺社を統制する寺社奉行（定員４人）が主要な役職でした。老中・大目付・三奉行で構成される評定所で

A 老中を中心に複数監視システムが完備された！

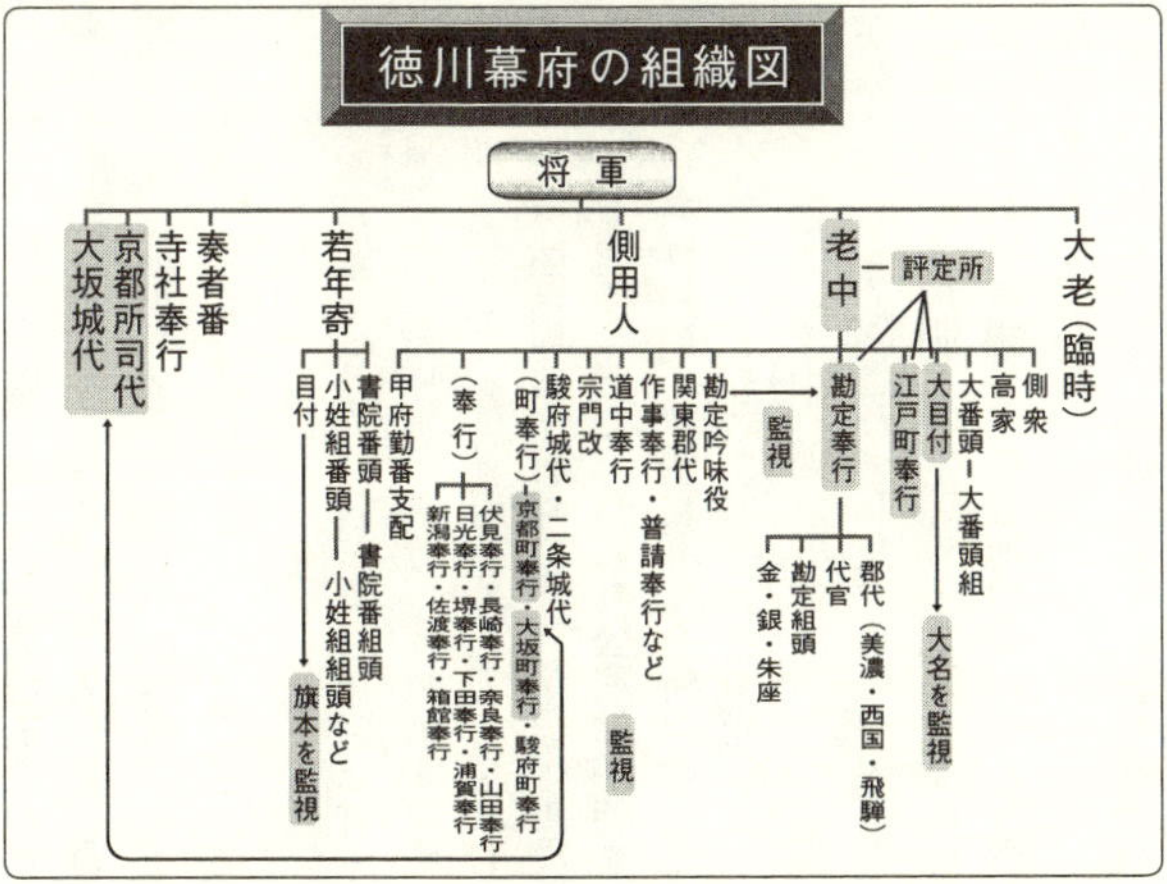

徳川幕府の組織図
将軍
大老（臨時）
老中
評定所
側衆
高家
大番頭 大番頭組
大目付
大名を監視
江戸町奉行
勘定奉行
監視
郡代（美濃・西国・飛騨）
代官
勘定組頭
金・銀・朱座
側用人
勘定吟味役
関東郡代
作事奉行・普請奉行など
道中奉行
監視
宗門改
駿府城代・二条城代
（町奉行）
京都町奉行・大坂町奉行・駿府町奉行
（奉行）
伏見奉行・長崎奉行・奈良奉行・山田奉行
日光奉行・堺奉行・下田奉行・浦賀奉行
新潟奉行・佐渡奉行・箱館奉行
甲府勤番支配
若年寄
書院番頭 書院番組頭
小姓組番頭 小姓組組頭など
目付
旗本を監視
奏者番
寺社奉行
京都所司代
大坂城代

は重要な裁判を担当していました。

以上の重要な役職は月番制で、重要事項は全員で、通常は月番の者が判断を下しました。ちなみに最高職の大老は常設ではなく、若年寄は老中を補佐すると同時に旗本の監督を行ないました。実際に旗本を監視する目付も若年寄の直属でした。

地方組織としては、朝廷や西国大名を監視する京都所司代、西国大名を監視する大坂城代が将軍直属で、伏見・長崎などの要地に置かれた遠国奉行、京都・大坂・駿府の町奉行、駿府・二条の城代が老中直属、直轄地に置かれた郡代や代官などが勘定奉行直属でした。

これら役職の特徴は、大名を監察する大目付、旗本を監察する目付はもちろん、勘定奉行と勘定吟味役、京都所司代と京都町奉行、大坂城代と大坂町奉行というように複数監視システムが完備されていたことにあります。

Q 厳しい掟で朝廷が力を抑えられたのは、なぜ？

幕府は、参勤交代を含む武家諸法度で諸大名を徹底支配すると同時に、朝廷にも厳しい掟を課し、監視システムを作り上げました。

その第1弾が慶長18年（1613）に出された公家衆法度《くげしゅうはっと》です。

公家衆は家々の学問（白川《しらかわ》・吉田《よしだ》家は神祇《じんぎ》道《どう》、土御門《つちみかど》家は陰陽道《おんみょうどう》、高辻《たかつじ》・東坊城《ひがしぼうじょう》・舟橋《ふなばし》家は学問、飛鳥井《あすかい》・難波《なんば》家は蹴鞠《けまり》など）に励むこと、行儀法度に背く者は流罪、禁裏小番役《きんりこばんやく》を怠っても流罪などで、つまり公家は学問をやっていればいい、政治に興味を持つな、というものです。さらに2年後の元和元年（1615）には、禁中《きんちゅう》並《ならびに》公家《くげ》諸法度《しょはっと》17カ条が第2弾として出されました。幕府が天皇と公家の行動を規制し、学問や儀式に専念させることで政治に関与する余地のないことを徹底させたものでした。

なかでも重要な事項は、天皇の子の親王の地位を、摂家が就任する三公《さんこう》（太政大臣・左大臣・右大臣）よりも低くしたことでした。摂家（関白・三公）に主導権を与えて皇親政治が行なわれないように予防したのです。

さらに公家2人からなる武家伝奏《ぶけてんそう》を新設し、朝廷の窓口にさせました。勅使として江戸に下るのも彼らの仕事でした。武家伝奏の仕事が多忙になると、彼らを補佐する議奏《ぎそう》（定員4〜5人）が新設されました。

武家伝奏は、幕府の命令などを京都所司代より受け、幕府に許可を得なければならないことは京都所司代に提出したのです。

天皇や公家たちは、京都所司代の監視を受けながら生活しなければなりませんでした。

また幕府は、秀忠の娘和子《かずこ》を後水尾《ごみずのお》天皇に入内《じゅだい》させることで外戚の立場に立つと同時に、禁中並公家諸法度に違反した公家を紫衣《しえ》事件などで処分して朝廷を震え上がらせたのです。

A 学問の世界に閉じこめ、政治から遠ざけた！

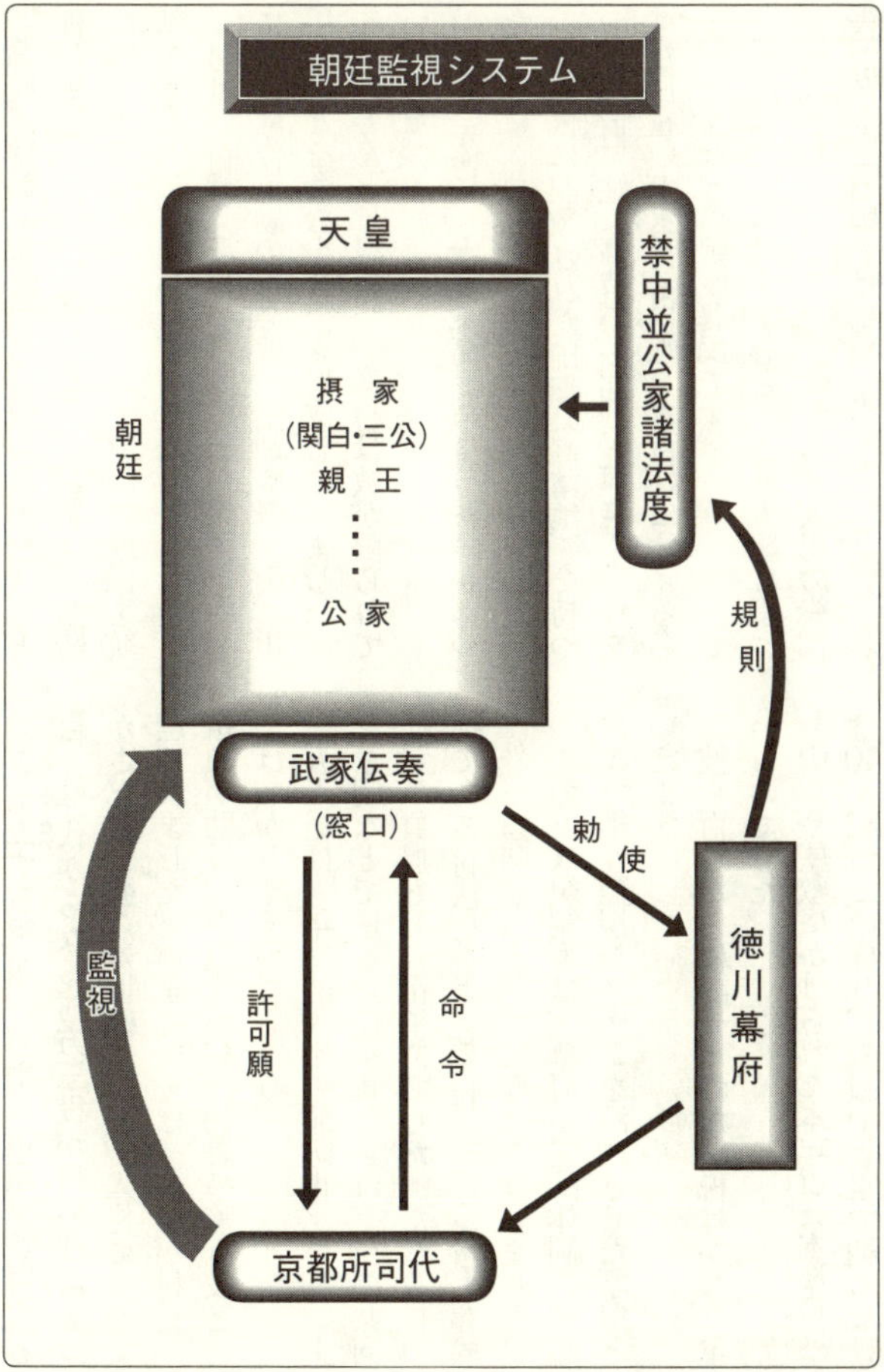
朝廷監視システム
天皇
摂家
(関白·三公)
親王
公家
朝廷
禁中並公家諸法度
規則
武家伝奏
(窓口)
勅使
徳川幕府
許可願
命令
監視
京都所司代

農村の百姓を支配するシステムとは？

Q

幕府直轄領を統轄する幕府の役人を代官と称しましたが、「代官」という言葉は、諸藩の領主である大名にかわって実際に庶民を統轄する役人にも使われるようになりました。

村は、百姓（農民）たちの住む集落を中心に、共同作業場の入会地《いりあいち》、田畑や野、山、川、用水などを含む小社会を形成していました。そのほとんどは農村で、漁村は数が限られていました。

社会全体に「士農工商」の身分秩序があったように、百姓にも身分の差がありました。検地帳に記載された田畑（高請地《たかうけち》）を持つのが本百姓《ほんびゃくしょう》（高持《たかもち》）、田畑を持たず小作を営む日雇いの水呑百姓《みずのみびゃくしょう》、本百姓に仕える名《な》子《ご》、被官《ひかん》などの隷属農民です。

村民は、本百姓を中心とする五人組によって編成されていました。これら五人組の総代表が名主《なぬし》（西国では庄屋《しょうや》、東北では肝煎《きもいり》）、名主を補佐する組頭《くみがしら》、名主・組頭を監視する百姓代《ひゃくしょうだい》からなる村方三役が村の運営をつかさどり、彼らは世襲や協議、入札によって選ばれました。いまでいえば、名主が村長、組頭が助役、百姓代が村民代表の監査役といえばわかりやすいでしょう。

五人組は、年貢納入や犯罪防止、キリシタン禁制などで連帯責任を負わされ、村の共同経費の負担も五人組単位でした。ただし村の掟である村法に背くと、村八分（火事と葬式以外の交際を絶つこと）になったりしました。

この五人組制度は、幕府が支配体制の末端にまで相互監視システムを浸透させた証拠といえます。

彼ら百姓たちに課せられた納税はかなり重いものでした。

田畑や屋敷にかけられた本年貢《ほんねんぐ》（本途物成《ほんとものなり》）は40～50％にのぼり、米穀や貨幣で納めなけ

A 村方三役のもと、五人組で相互監視を徹底！

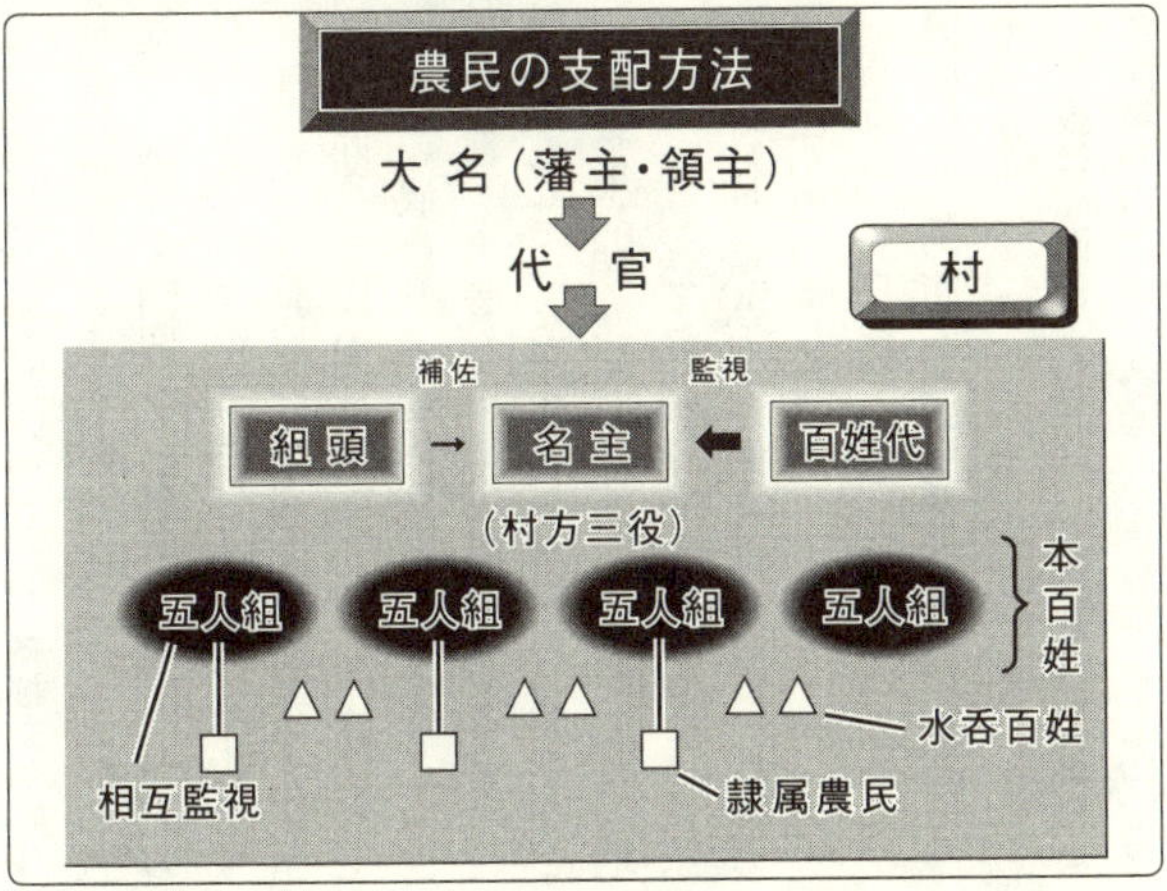
農民の支配方法
大名（藩主・領主）
代官
村
補佐
監視
組頭
名主
百姓代
（村方三役）
五人組
五人組
五人組
五人組
本百姓
水呑百姓
相互監視
隷属農民

ればなりませんでした。年貢の率は収穫高に比例した検見《けみ》法、一定期間同じ率で計算する定免《じょうめん》法がありました。

ほかにも、田畑以外を利用したときや、農業以外の副業があったときに徴収される小物《こもの》成《なり》、土木工事や夫役労働に駆り出される国役《くにやく》、街道交通に人馬を差し出す伝馬役《てんまやく》、宿駅に応援に出る助郷役《すけごうやく》などもあり、今からは想像もつかないほどの重税でした。

また幕府は、年貢を検地帳どおりに徴収できるように、田畑永代売買の禁令を出し、土地を失くした本百姓が水呑百姓にならないようにしたり、分割相続で田畑が細分化するのを防ぐために分地制限令を出したり、米・麦・黍《きび》・粟・豆以外の、たとえば、たばこ・綿花・菜種《なたね》などの農作物を作らせないために田畑勝手作りの禁止などを守らせ、生活の細かいところにまで目を光らせていました。

江戸時代の町人の暮らしはどうなっていたのか？

Q

江戸時代の都市といっても、おおまかに3種類に分類できます。江戸・京都・大坂の大都市、港町・門前町・宿場町・鉱山町などの特殊な都市、そして全国の大名の城下町です。

江戸には、幕府の各種機関、全国の大名屋敷（藩邸。上屋敷には藩主の私邸や江戸詰家臣の長屋が置かれ、中屋敷は隠居した元藩主や世子の住居、下屋敷は別荘や避難所、蔵屋敷の役割を果たしていた）、旗本や御家人の屋敷などの武家地（70％）、寺社地（15％）、町人地（15％）が整然と区別されていました。武家地と寺社地に50万人、町人地（町方）に50万人が住んでいました。

京都は、天皇家や公家、寺院の本山のほか、呉服屋などの商人、手工業者などが多く住んでいました。

大坂は、西日本や北陸などから物資が集まる商業都市です。各藩の年貢米は家臣に給付したり城下町の商人に売るほかは、大坂にある各藩の蔵屋敷に廻米《かいまい》され、堂島《どうじま》などの米会《こめかい》所《しょ》で換金されました。

各城下町も、江戸のように武家地・寺社地・町人地と住む場所が決められていました。それぞれの面積の割合も江戸と同様です。

町人地には、町という小社会があり、村と同じように身分の差がありました。

町内に町屋敷を持つ家持《いえもち》が町人と呼ばれ、宅地を借りて家屋を建てる地借《じがり》、家屋ごと借りる借家《しゃくや》・店借《たながり》、その借家人のなかでも裏長屋を借りて地代と店賃だけを支払い、町入用《まちいりよう》（町内会費）の負担のない者までいました。

町も、いわゆる地主・家主の町人からなる五人組によって編成されていました。町人から選ばれた町の代表が町年寄《まちどしより》と町名主、1カ月交替で幹事になる月行事《がちぎょうじ》によって町が運営されていました。

A 町人たちは狭い地域に詰めこまれて生活！

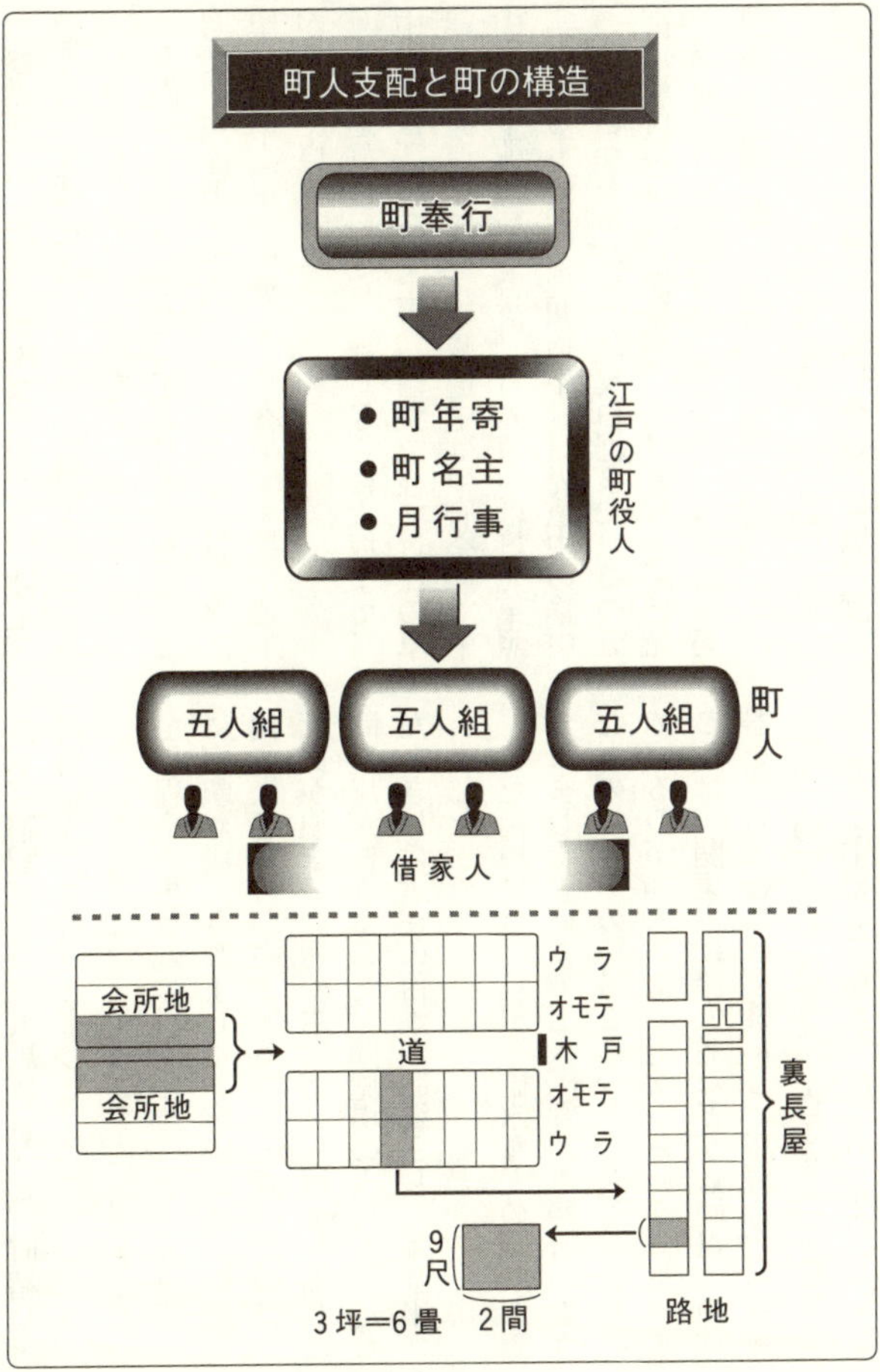
町人支配と町の構造
町奉行
●町年寄
●町名主
●月行事
江戸の町役人
五人組
五人組
五人組
町人
借家人
会所地
会所地
ウラ
オモテ
道
木戸
オモテ
ウラ
裏長屋
9尺
3坪＝6畳
2間
路地

Q 街道には「関所」が設けられていたが、なぜ？

参勤交代、年貢の廻米などのため、陸上交通と海上交通は江戸初期から整備されました。

その顕著な例が、五街道でしょう。

五街道は幕府直轄で、江戸日本橋を起点にして、東海道・中山道《なかせんどう》（中仙道、木曾街道）・甲州道中（甲州街道）・日光道中・奥州道中が延びていました。

東海道は江戸から京都、さらに大坂まで。中山道は江戸から上野、信濃を経て近江の草津で東海道に合流。甲州道中は甲府を経て中山道の下諏訪宿に合流。日光道中は日光東照宮に至るもので、奥州道中は日光道中の途中の宇都宮から分かれて陸奥白河まで。この五街道に付属して、佐渡路、水戸佐倉道、日光御成《おなり》道、日光例幣使《れいへいし》道、壬生《みぶ》道、本坂道、美濃路、佐屋路などがあり、幕府直轄でした。

これら諸街道を管理するため、幕府は道中奉行を置き、街道の改修や整備、架橋、渡船、並木、宿駅、助郷、人馬賃銭など、直轄地・諸藩を問わず管轄しました。

これら街道には、1里ごとに一里塚を置いて里程や人馬賃銭の目安にし、2〜3里ごとに宿駅が設置されました。宿駅には、参勤交代で大名一行が宿泊する本陣・脇本陣のほか、庶民が泊まる旅籠《はたご》や木賃宿、人馬を常備した問屋場《といやば》がありました。問屋場の人馬が不足したときには近在の百姓が助郷として駆り出されました。

また街道には、箱根や碓氷《うすい》などの関所が置かれました。いまの出入国管理事務所のようなもので、その特徴をもっとも顕著に表わしているのが「入鉄砲《いりでっぽう》に出女《でおんな》」という言葉です。これは、関東内に諸大名などが鉄砲以下の武器を持ちこむことを禁止し、江戸の大名屋敷（藩邸）の妻子が国許へ逃亡するのを監視することが主要な任務だったからです。

A 鉄砲流入と大名妻子の国元への脱出監視のため！

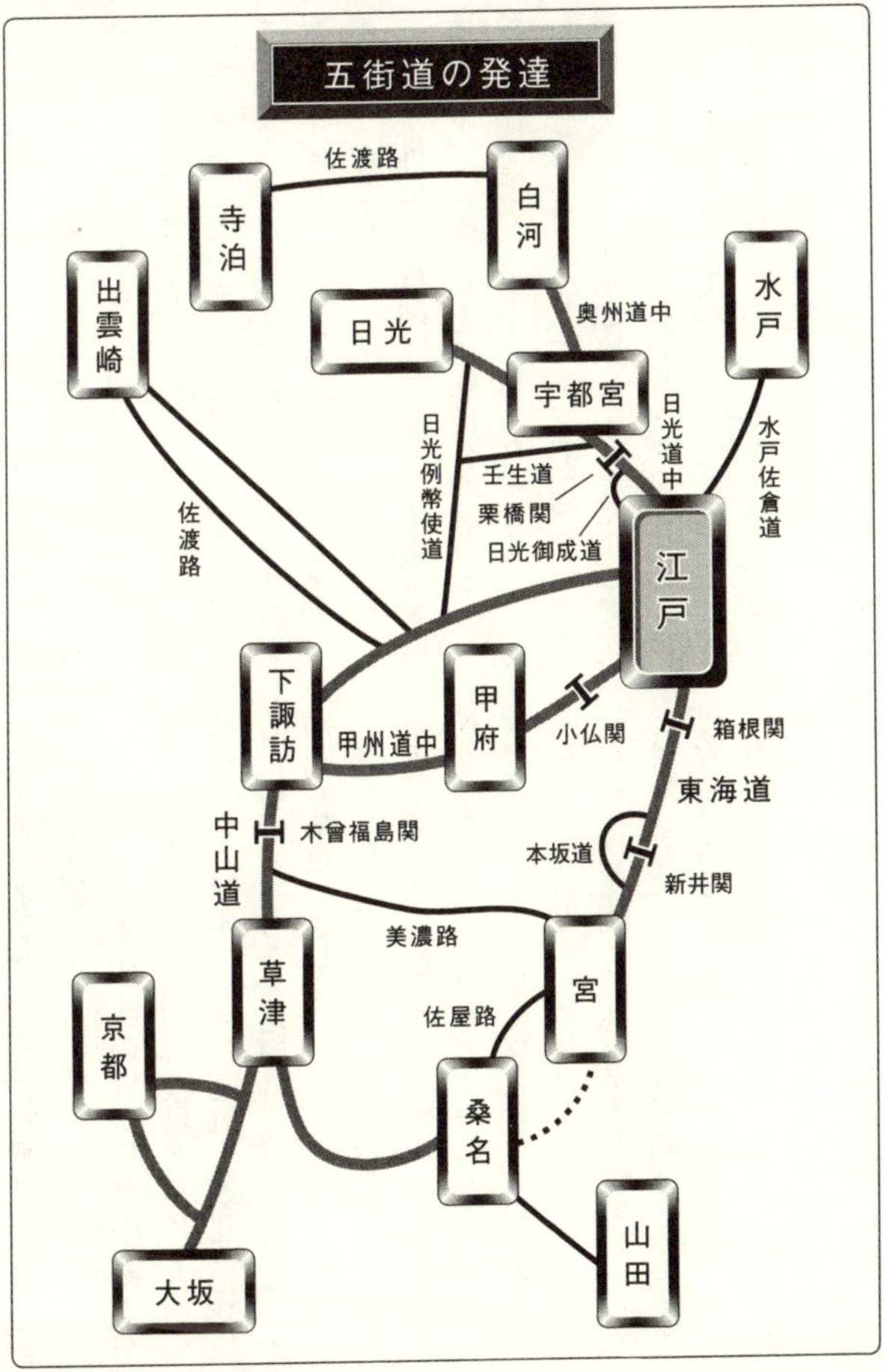
五街道の発達
佐渡路
寺泊
白河
出雲崎
日光
奥州道中
水戸
宇都宮
日光道中
日光例幣使道
壬生道
栗橋関
日光御成道
水戸佐倉道
佐渡路
江戸
下諏訪
甲府
甲州道中
小仏関
箱根関
東海道
中山道
木曽福島関
本坂道
新井関
美濃路
草津
宮
京都
佐屋路
桑名
山田
大坂

鎖国中でも海外との貿易があったのはなぜ？

Q

江戸時代に入ると、それまでスペインとポルトガルの市場だった日本に、スペインから独立したオランダと、イギリスが介入してくるようになりました。

その先兵となったのが、リーフデ号に乗りこんできたオランダ人航海士ヤン・ヨーステンと、イギリス人水先案内人のウイリアム・アダムズでした。

2人を外交・貿易顧問に迎えた徳川家康は、オランダ、イギリスとの通商を斡旋させ、平《ひら》戸《ど》に商館を置くことを許可したのです。

彼らが、キリスト教でもプロテスタントを信仰していたことが印象をよくしたようです。

しかし、いくら海外貿易を推進しても、キリスト教を禁止している以上、矛盾が生じてきます。貿易はしたい、でもキリスト教はいらない、というのですから。

そこでスペイン船の来航を禁止したころ、イギリスがオランダとの貿易競争に敗れて平戸商館を閉鎖（インドに矛先を変える）。

それまでの朱印状《しゅいんじょう》のほかに老中《ろうじゅう》奉書《ほうしょ》を持った奉書船以外の海外渡航を禁止したのにつづいて、日本人の海外渡航を全面的に禁止したのです。もちろん海外に渡った日本人の帰国も禁止しました。

島原の乱が起きると、幕府のキリスト教への不信感はさらに深まり、ポルトガル船の来航を禁止して、それまで平戸にあったオランダ商館を長崎の出島に移させて、長崎奉行の監視下に置いたのです。ほかに、公然とつづけられていた明との私貿易も長崎でのみ行なわせるようにして、やはり長崎奉行の監視下に置いたのです。

鎖国状態に入ってもなお、オランダとの通商を行なったのには理由がありました。

当時、オランダからの輸入品は、生糸、毛

A　幕府の貿易利益独占と、海外情報収集のため！

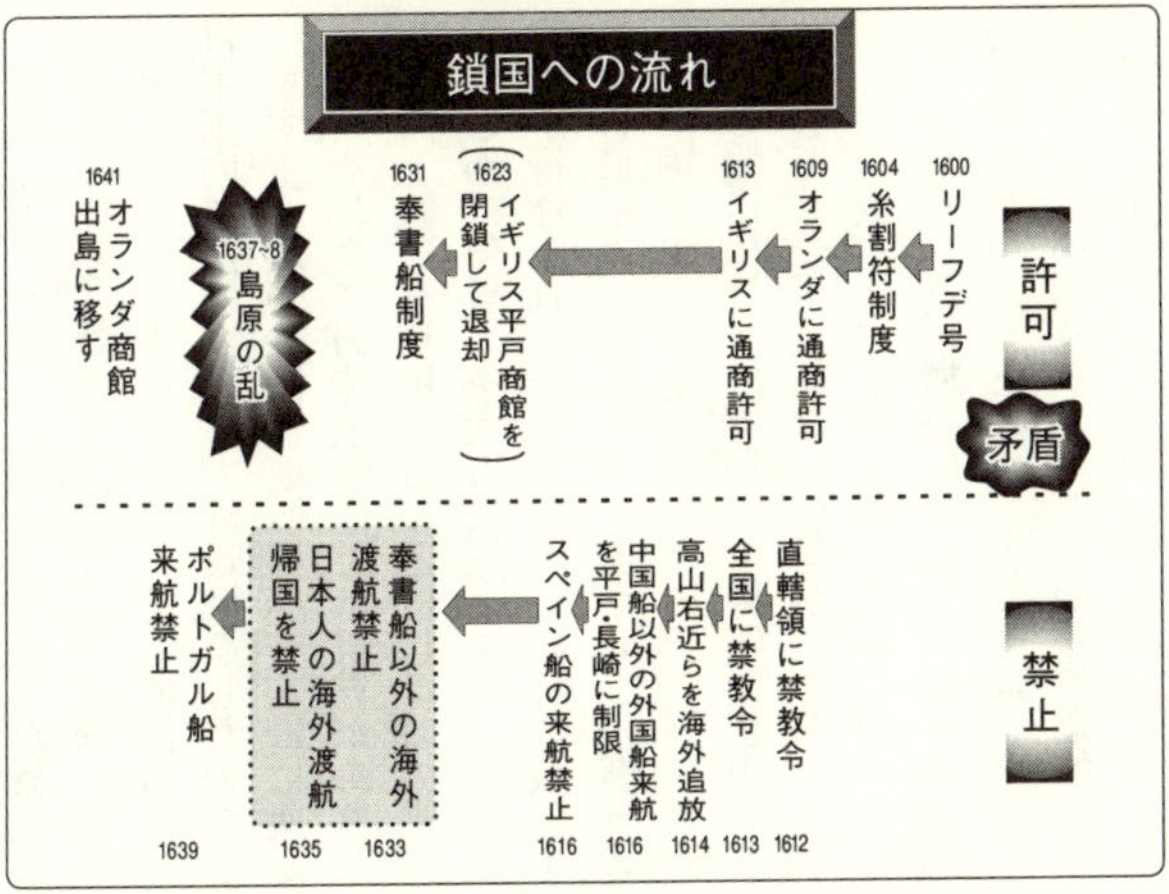
鎖国への流れ
許可
矛盾
1600 リーフデ号
1604 糸割符制度
1609 オランダに通商許可
1613 イギリスに通商許可
1623 （イギリス平戸商館を閉鎖して退却）
1631 奉書船制度
1637~8 島原の乱
1641 オランダ商館出島に移す
禁止
1612 直轄領に禁教令
1613 全国に禁教令
1614 高山右近らを海外追放
1616 中国船以外の外国船来航を平戸・長崎に制限
1616 スペイン船の来航禁止
1633 奉書船以外の海外渡航禁止
1635 日本人の海外渡航帰国を禁止
1639 ポルトガル船来航禁止

織物・絹織物・綿織物などの織物、薬品、時計、書物などで、日本からの輸出品は初めのうちこそ銀や銅でしたが、伊万里《いまり》焼や薩摩焼、樟脳《しょうのう》に変わっていきました。とくに柿右衛門《かきえもん》に代表される有田焼、古伊万里《こいまり》はヨーロッパで珍重され、ドイツのマイセン窯などに大きな影響を与えたといわれています。

日本市場を独占したオランダ商館長（甲比丹《カピタン》）は貿易による利益を得つづけたい一心で、毎年のように献上品を持って江戸参府をし、将軍の前で歌をうたったり踊ったりという屈辱にも耐えていました。その回数は約１２０年間、１６７回にも及びました。

そのいっぽうで日本は、オランダ商館長が提出するオランダ風説書によって海外事情を知ることができたというわけです。しかし、オランダの「朝貢」がうれしかっただけなのかもしれません。

鎖国と海上交通の発達で商業はどう変わったか？ Q

鎖国によって海外渡航による貿易が禁止になった朱印船《しゅいんせん》貿易や糸割符《いとわっぷ》仲間の商人たちは金儲けの場を失いました。そこで彼らは、日本国内で儲けるよう方針転換をしたのです。

まず生産地から消費地へ商品を大量に運ぶには、それまでの陸上輸送では限界があるため、海上輸送を利用することにしたのです。たしかに年貢米を大坂に廻米するのに海上輸送が行なわれていましたが、それに限らず、多くの商品を、集散地の大坂から、消費地の江戸に輸送する必要があったのです。

その輸送には、菱垣廻船《ひがきかいせん》と樽廻船《たるかいせん》が用いられました。菱垣廻船は、積荷が落ちないように、桧《ひのき》の板や竹でできた菱形の垣で囲ったことから命名され、樽廻船はもともと摂津で酒樽を運んでいたことから、そう呼ばれました。

しかし、小回りがきくことから樽廻船のほうが重宝がられ、しだいに菱垣廻船は姿を消していったのです。菱垣廻船と樽廻船は、大坂と江戸を結ぶ南海路《なんかいろ》で活躍しました。

これら廻船の活躍に大きな影響を与えたのが、材木屋から土建業をやっていた河村瑞賢《かわむらずいけん》です。幕府や諸大名の工事を請け負っていた彼は、幕府から奥州信夫《しのぶ》郡、さらに出羽国村山郡の幕領米を江戸に回漕するよう命じられたのをきっかけに、2つの海上輸送ルートを確立します。ひとつが東北から房総半島を迂回して江戸に入る東廻り航路。もうひとつは、日本海沿岸から下関・大坂経由で江戸に入る西廻り航路です。

このおかげで、日本海沿岸や東北の諸藩の廻米が安全に運ばれるようになったのです。

江戸時代の初期は、国内の商品価格に差があったため、そこに目をつけた問屋商人《といやしょうにん》たちは、稀少品を生産地で安く買い入れ、消費地で高額で売りつけることで莫大な利益を得

A 初期豪商の時代から薄利多売の新興商人時代へ！

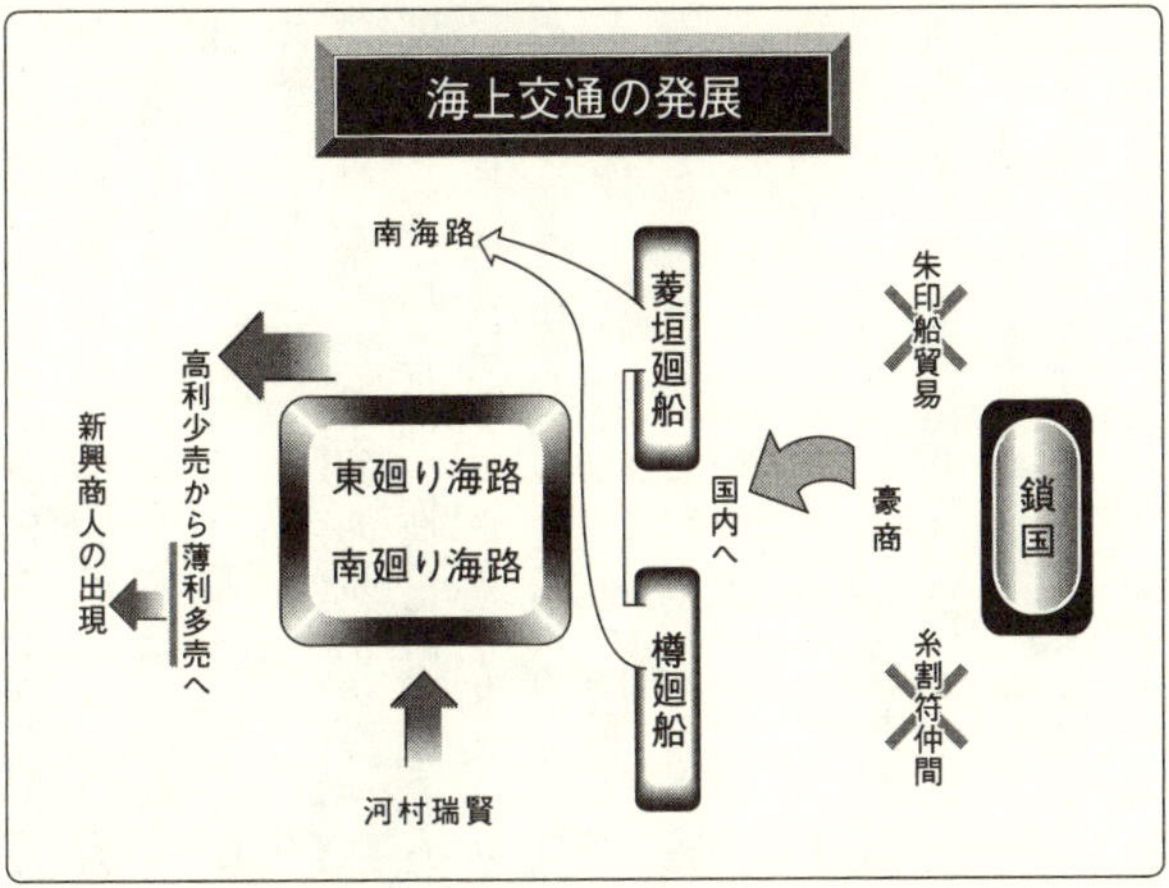

ていました。津軽で米2400石を金10枚で仕入れ、それを金1枚30石（仕入れ値の8倍）で売るようなことが常識だったのです。

しかし、交通の発達とともに商品価格の差が縮まり、薄利多売をしなければならなくなっていったのです。

そんな時代の流れに敏感に対応したのが、問屋商人のなかでも新興商人だった三井家の越後屋などでした。彼らは仲間という同業者団体を結成して仲間掟《なかまおきて》を作り、営業権を独占していました。そんな彼らに苦い顔をしていた幕府は、一定税率の運上《うんじょう》と、献金に等しい冥加《みょうが》を納めさせることで営業権を許可したのです。この営業権を株といい、仲間を株仲《かぶなか》間《ま》というようになりました。

問屋仲間の下に組織していたのが仲買仲間《なかがいなかま》で、実際に店舗をもたない小売商人は、振売《ふりうり》、棒手振《ぼてふり》などと呼ばれました。

東の金取引、西の銀取引が生み出したものは？ Q

江戸時代、年貢は原則として米穀で納められ、商品経済は貨幣を中心に動いていました。

幕府が正式に貨幣と認めたのは「金・銀・銭」の3種類で、それぞれ金座・銀座・銭座で鋳造されました。

金座は、幕府の御金銀改役《ごきんぎんあらためやく》の後藤庄三郎《ごとうしょうざぶろう》のもとで江戸・京都・佐渡に置かれました。

銀座は、堺の銀商大黒常是《だいこくじょうぜ》のもとで、初め伏見と駿府に置かれましたが、のちに伏見から京都に、駿府から江戸に移されました。

金座と銀座を支配したのは勘定奉行でした。

銭座は、老中土井利勝《どいとしかつ》の監督のもとで、江戸の芝網縄手、近江坂本に設けられましたが、のちに水戸・仙台など8カ所にも藩営の鋳銭所が置かれたあと、民間の請負によって鋳造されるようになりました。

金貨は1両《りょう》が4分《ぶ》、1分が4朱《しゅ》というように4進法で数える計数《けいすう》貨幣、銀貨や銭は目方を計る秤量《しょうりょう》貨幣で、銀貨の場合は1貫《かん》が1000匁《もんめ》、銭の場合は1貫が1000文でした。貨幣相場は時代によって変動しましたが、江戸前期の場合は、金貨1両・銀貨50匁・銭4貫文が同程度の価値がありました。

貨幣相場が変動するうえ、改鋳されるたびに金貨の成分が変わり、しかも江戸などの東日本では金貨（金遣い）で、大坂などの西日本では銀貨（銀遣い）で取引されたため、江戸と大坂の商取引は不便をきわめました。

そこで登場したのが大小の両替商です。

江戸・京都・大坂、また諸藩の両替商は、民間レベルの両替をして手数料で稼ぎ、越後屋（三井）、天王寺屋（のち幕末に倒産）、鴻池《こうのいけ》（のち幕末に倒産）などの本両替は、幕府や諸藩の御用で、公金の出納、為替、貸し付けなど、現在の銀行の役割まで果たすようになっていきました。

A 両替商がひとり儲かり、やがて銀行へ発展！

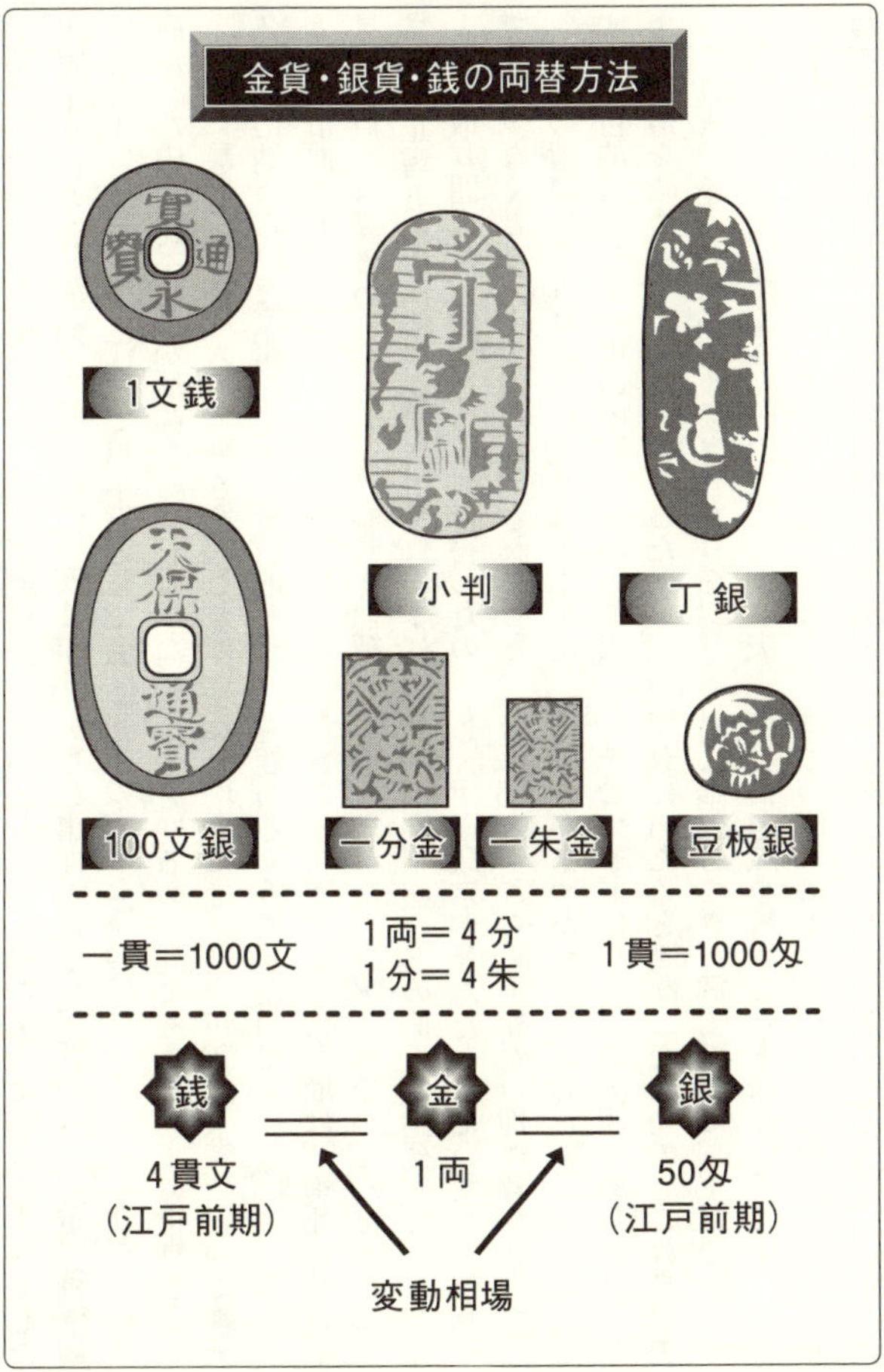
金貨・銀貨・銭の両替方法
1文銭
小判
丁銀
100文銀
一分金
一朱金
豆板銀
一貫＝1000文
1両＝4分
1分＝4朱
1貫＝1000匁
銭
金
銀
4貫文
（江戸前期）
1両
50匁
（江戸前期）
変動相場

由井正雪の乱のあと、世の中はどう変わった？ Q

第3代将軍の家光が死去し、次の家綱《いえつな》に将軍宣下が行なわれる約1ヵ月前の慶安4年（1651）7月23日、江戸で軍学者として名高かった由井《ゆい》(比)正雪《しょうせつ》が反乱を起こしました。江戸、駿府、京都、大坂で騒ぎを起こし、久能山《くのうざん》に納められた家康の遺金を奪い取ろうという計画でした。しかし、密告で幕府に露見。江戸で首謀者のひとり丸橋忠弥《まるばしちゅうや》が捕縛され、正雪も駿府の宿で駿府町奉行の手によって取り囲まれ、仲間とともに自害したのです。少なくとも三十数人が処刑されました。

正雪の遺書によれば、この反乱は天下を乱すのが目的ではなく、世の困窮を救済して天下の政道を改めようというものでした。

これまで多くの大名が改易されたり減封されたりしたため、たくさんの浪人、つまり失業者が生まれていたのです。そのため世の中は浪人だらけとなり、社会問題にまで発展していました。そんな矢先に起きた事件でした。

この事件を重く見た幕府は、改易（御家断絶）の大きな原因になっていた末期養子《まつごようし》の禁止令をゆるめ、死にそうな当主に世継ぎがいない場合には、当主が50歳未満に限って養子を認めるようにしたのです。

さらに将軍になった家綱は、殉死の禁止令を出しました。事実、家光が死んだときにも老中堀田正盛《ほったまさもり》などの側近が殉死していましたし、伊達政宗《だてまさむね》が死んだときにいたっては殉死者は15人、さらに殉死者の殉死者が5人も出る騒ぎがあったばかりでした。

そこで家綱は、殉死が美徳であるどころか不義にあたると判断したうえで、これまで主君に奉公してきた武士たちに、主君ではなく主家に忠誠を誓うことを命じたのです。

この法令によって、やっと戦国時代が終わりを迎えたといっていいでしょう。

A 浪人減少政策、殉死の禁止で戦国時代が終了！

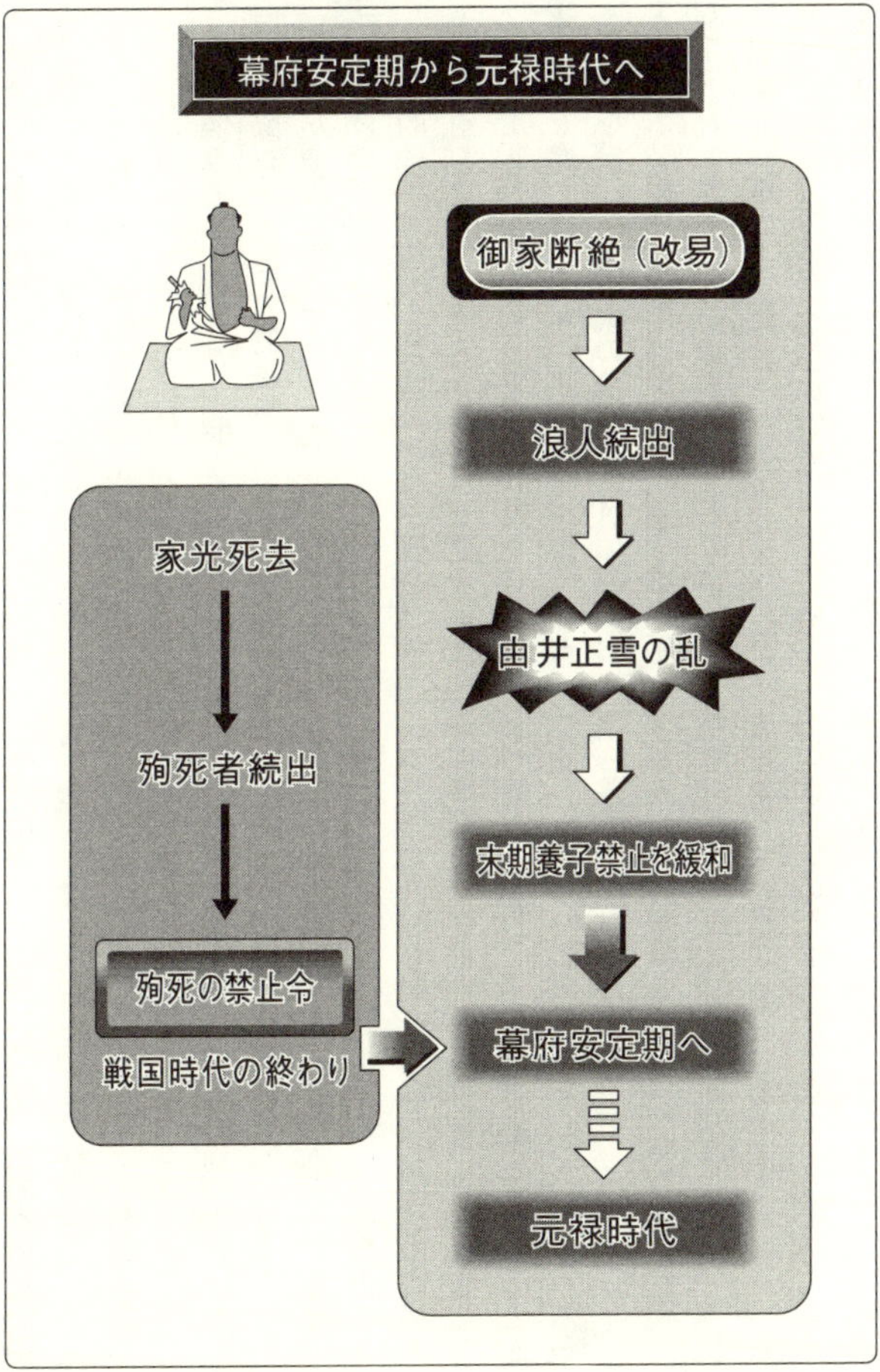
幕府安定期から元禄時代へ
家光死去
殉死者続出
殉死の禁止令
戦国時代の終わり
御家断絶（改易）
浪人続出
由井正雪の乱
末期養子禁止を緩和
幕府安定期へ
元禄時代

Q 綱吉の生類憐みの令と服忌令の真の狙いは？

戦国時代を終わらせる、という家綱の考え方を継いだのが第5代将軍の綱吉《つなよし》でした。

その現われが、かの有名な生類憐《しょうるいあわれ》みの令と、服忌令《ぶっきれい》という法令でした。

生類憐みの令というと、綱吉と生母桂昌《けいしょう》院《いん》、僧隆光《りゅうこう》らが個人的趣味で始めたものというのが通説になっていますが、どうやら、それだけではないようなのです。

具体的に、一連の生類憐みの令が発令されたのは貞享2年（1685）7月、綱吉の行く先々で犬猫をつなぐことを禁止したのに始まりました。そのあと、馬の尾先を焼くなどの風習を禁じ、将軍家の台所で魚貝類の使用をやめ、2年後に捨牛馬を厳しく禁じて以来強化され、無主犬（野良犬）いたわり令、犬《いぬ》毛《け》付帳《ふちょう》の作成などを経て、元禄8年（1695）、江戸中野の犬小屋の設置までエスカレートしました。

生類憐みの令の背景には、大名家の猛犬飼育、鷹狩の鷹に犬の生肉を食べさせる、野犬の横行、野犬狩り、犬食いなどの習慣があったことも事実でした。

憐れむべき生き物には、犬猫、牛馬はもちろん、ペット用の魚や鳥にまで及びましたが、注目しなければならないのは人間も対象だったということです。捨子・捨病人を禁止するいっぽうで妊婦登録をしたり、旅行中の病人を保護したりすることも義務づけられました。

つまり綱吉は、生き物を殺生《せっしょう》することを禁止しながら、戦国時代からつづいている殺生の残酷さを訴えたのです。

しかし、生類憐みの令は江戸庶民の反発を招き、かえって犬猫を殺すようになり、違反者を処罰すればするほど悪法とされていったのです。犬の喧嘩を止めさせようとして水をかけてもダメで、脇差を抜いて犬と犬を引き

A 殺生容認の戦国時代の終了を徹底させるため！

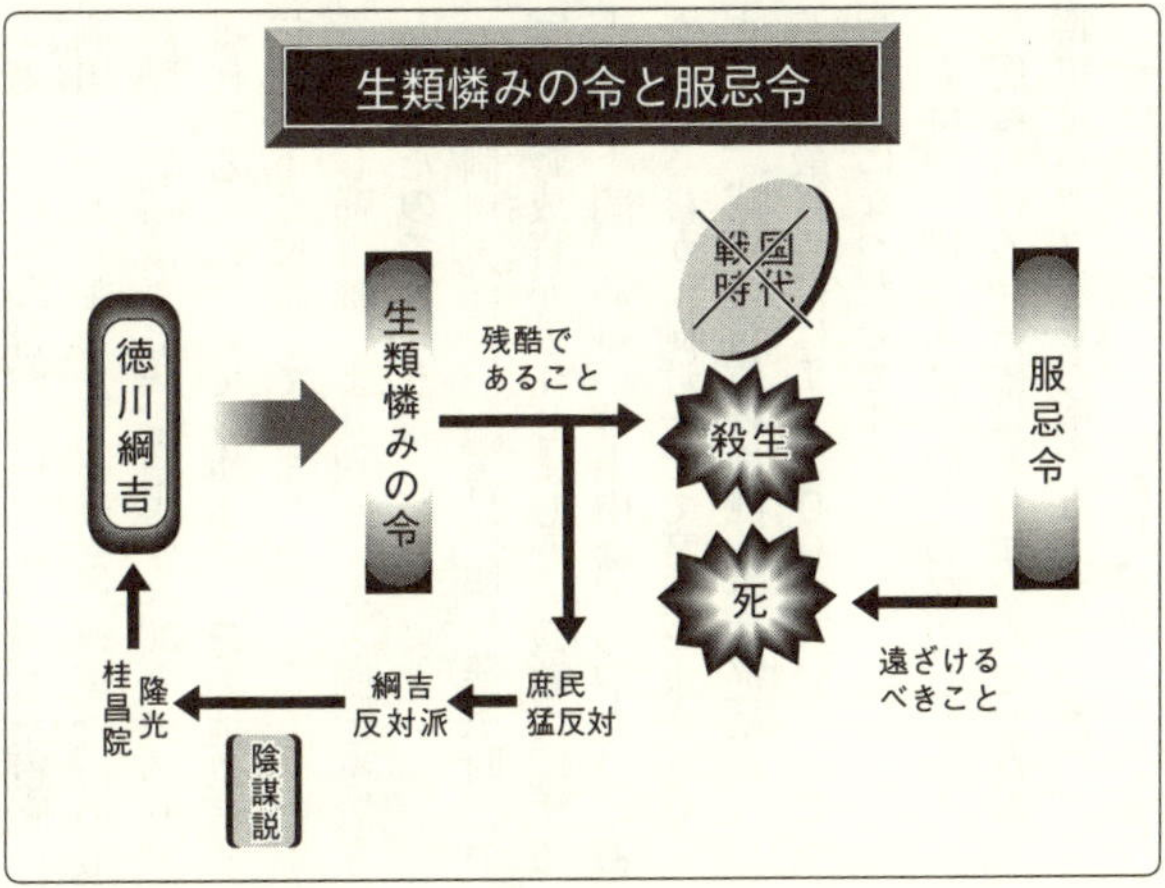
生類憐みの令と服忌令
徳川綱吉
生類憐みの令
残酷であること
戦国時代
殺生
死
服忌令
遠ざけるべきこと
庶民猛反対
綱吉反対派
隆光
桂昌院
陰謀説

はがしたあげくに切ってしまって八丈島送りになったりしたのですから。

こういった噂は、綱吉の政治に批判的だった幕閣にとって有利な材料となり、「生類憐みの令は綱吉の個人的趣味に走ったもの」だという情報操作を行なうに至るのです。

また服忌令というのは、近親者が死んだときに喪に服すべき期間を定めた法のことです。これは武士だけでなく庶民にも徹底させました。父母が死んだときは50日間忌中で、13カ月間にわたって喪に服さなければなりませんでした。それだけ自宅謹慎したり自粛しつづけていれば「死」というものがいやになってくる。幕府は、そこが狙いだったのです。

生類憐みの令で殺生することの残酷さを、服忌令で人の死というものを心のなかから遠ざけさせようとしたのです。もう戦国は終わったんだぞ、と。

幕府が武断政治から文治政治へ移れた理由は？ Q

第5代将軍綱吉が就任早々創設した役職に側用人《そばようにん》がありました。それまで将軍近侍の最高職は側衆《そばしゅう》でした。老中の支配下にあり、就任するのはたいてい旗本で、その地位は若年寄の下に位置していました。

しかし綱吉は、より頼りになる側近を置きたかったのでしょう。

初代側用人には、綱吉が館林《たてばやし》藩主時代の家老牧野成貞《まきのなりさだ》が就任しました。政務に関する上意や下問、あるいは上申などの取次役にあたらせるほか、側近として意見を求めたりしました。成貞の官位は従四位下侍従になり、石高も最終的には7万3000石で、下総関《せき》宿《やど》城主になったのです。

とはいえ側用人は奥向きの職でしかなく、政府における発言権はありませんでしたが、将軍をバックにした権力は大きかったのです。

それが柳沢吉保《やなぎさわよしやす》になると、初めこそ1万2000石の側用人でしたが、綱吉をバックに出世街道を驀進《ばくしん》し、7万2000石の武蔵川越城主、老中より上格の左近衛《さこのえ》権少将《ごんしょうしょう》（大老格）にまで昇りつめ、最終的には、徳川一門にしか与えられたことがない15万石の甲府城主になるのです。

柳沢吉保は綱吉死去とともに隠居し、第6代将軍家宣《いえのぶ》、第7代将軍家継《いえつぐ》の時代には間部《まなべ》詮房《あきふさ》が老中格の側用人となり、5万石の高崎城主になります。

基本的なことを言い忘れていましたが、徳川幕府の幕閣というのは当然大名以上によって組織されていて、領国の藩主を務めながら兼任で幕府の仕事をしていたのです。報酬は藩主としての収入だけで、幕閣としての特別報酬はありませんでした。

しかし、なぜ側用人の立場が急上昇したのでしょうか。それは側用人が、大老や老中以

A 「戦争を知らない世代」が政治を動かしはじめた！

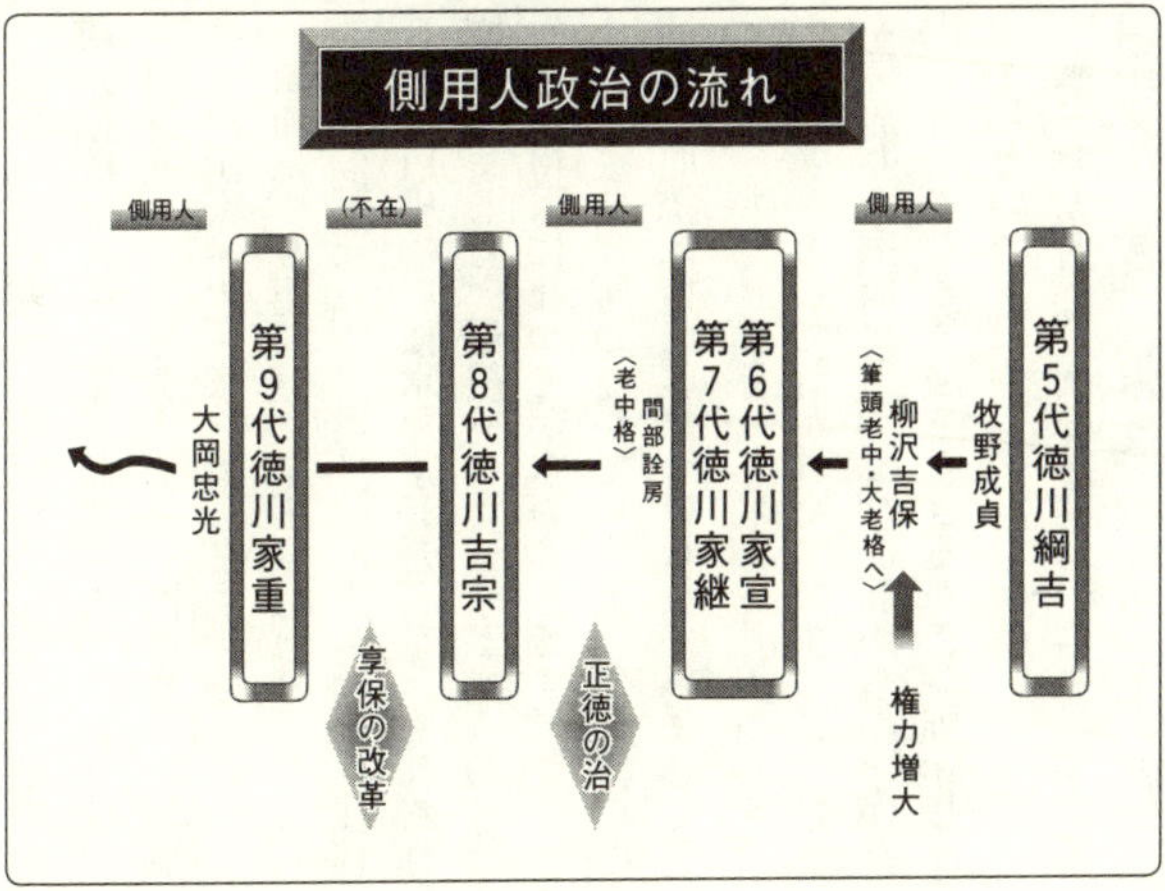
側用人政治の流れ
側用人
第5代徳川綱吉
牧野成貞
柳沢吉保
〈筆頭老中・大老格へ〉
権力増大
側用人
第6代徳川家宣
第7代徳川家継
間部詮房
〈老中格〉
正徳の治
（不在）
第8代徳川吉宗
享保の改革
側用人
第9代徳川家重
大岡忠光

下の決定事項を将軍に伝えたり、将軍の意見を伝えたりする窓口役だったからです。側用人のご機嫌を損ねるわけにはいかなかった、ということなのです。ですから将軍も、側用人を老中や大老格に昇格させる必要があったのです。第8代将軍吉宗《よしむね》は側用人を置きませんでしたが、その後、側用人は高級職というのが常識となり、若年寄経験者や老中経験者が就任するようになりました。

ところで間部詮房は、儒学者新井白石とともに、徹底した文治《ぶんち》政治を行ないました。2人の政治が行なわれた時代を正徳《しょうとく》の治《ち》といいますが、なぜ武断政治から文治政治へすんなり移行することができたのか。それは、案外と簡単な理由だったのではないでしょうか。つまり関ヶ原の戦いや大坂の陣を経験していない「戦争を知らない世代」が政治を動かしはじめたから。そう思えてならないのです。

Q 尾張・紀伊・水戸の御三家が置かれたのはなぜ？

俗に「御三家」と呼ばれる言葉は、徳川家康が創設した御三家が語源になっています。

御三家とは、家康の直系一門のうちの尾張家・紀伊家・水戸家を指します。

家康は、9男義直《よしなお》に尾張家61万９５００石（御三家筆頭）、10男頼宣《よりのぶ》に紀伊家55万５０００石、11男頼房《よりふさ》に水戸家35万石を、それぞれ継がせました。最終的に御三家が揃うのは、秀忠が将軍になってからのことです。

御三家は親藩のなかでも最上位で、将軍の補佐、血統保持を義務づけられていました。つまり、将軍の直系から将軍を出せないときの「保険」として置かれたのです。徳川幕府を開設した家康にとって、血筋から将軍が輩出されなくなる危険をできるかぎり排除しようとしたのです。

御三家からは、第8代吉宗《よしむね》（紀伊家）、第14代家茂《いえもち》（慶福《よしとみ》、紀伊家）が就任しました。

御三卿は、徳川氏の直系一門のうちの田安《たやす》家・一橋《ひとつばし》家・清水《しみず》家を指します。

御三家の血が、家康から遠く薄くなっていくのを危惧した第8代将軍吉宗が創設したもので、田安家は吉宗の次男宗武《むねたけ》、一橋家は吉宗の四男宗尹《むねただ》、清水家は第9代将軍家重《いえしげ》の次男重好《しげよし》をそれぞれ祖としています。やはり将軍の補佐、血統保持を義務づけられていました。つまり将軍の直系からも、御三家からも将軍が出せないときの「保険の保険」として置かれたのです。

御三卿からは、第11代家斉《いえなり》（一橋家）、第15代慶喜《よしのぶ》（一橋家）が生まれました。

では、なぜ家康は「保険」を用意しておく必要があったのか。それは家康の息子たちの不幸ともいえる生い立ちにあったのです。

家康には11人の嫡子と2人の御落胤がいました。

A 徳川家直系から将軍を出せないときの「保険」！

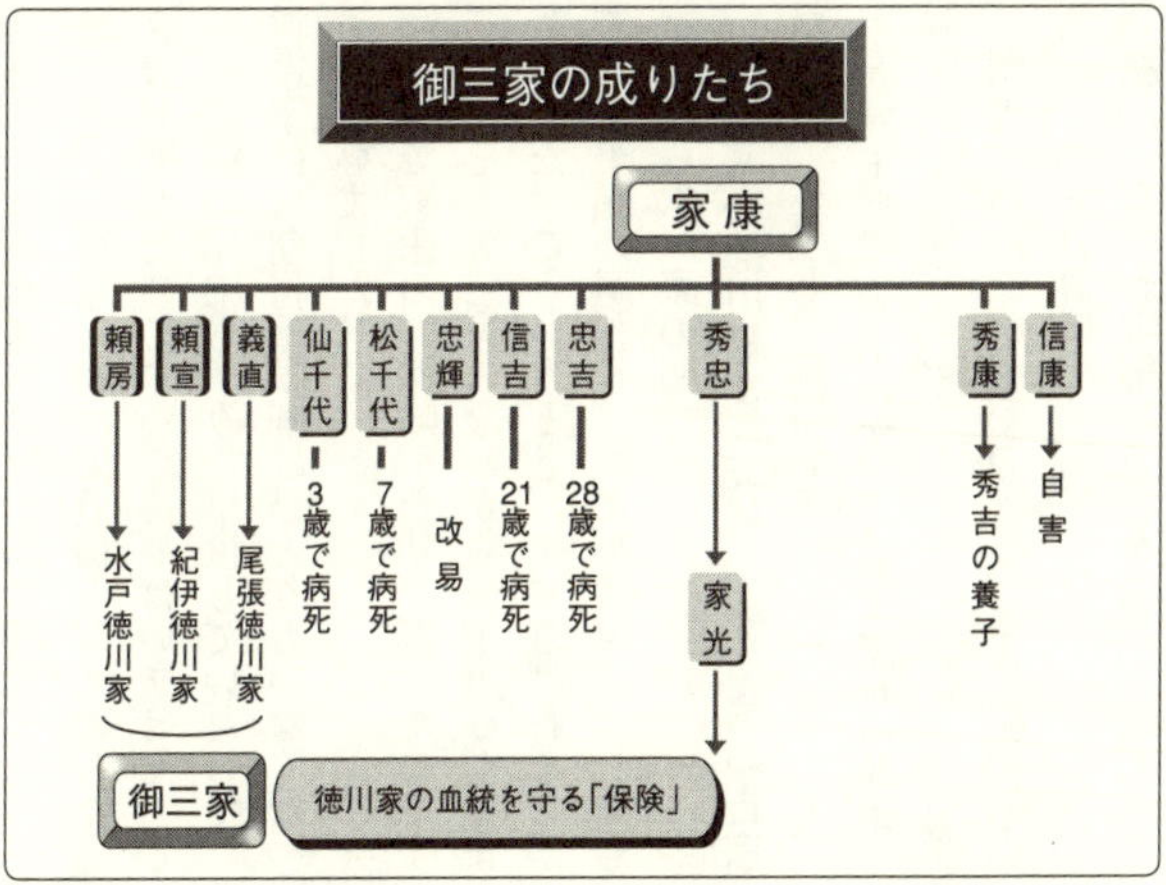
御三家の成りたち
家康
頼房
頼宣
義直
仙千代
松千代
忠輝
信吉
忠吉
秀忠
秀康
信康
水戸徳川家
紀伊徳川家
尾張徳川家
3歳で病死
7歳で病死
改易
21歳で病死
28歳で病死
家光
秀吉の養子
自害
御三家
徳川家の血統を守る「保険」

長男信康《のぶやす》は信長の命令で母の築山殿《つきやまどの》ともども自害させられ、次男秀康《ひでやす》は秀吉の養子になり、3男秀忠が跡を継いだものの、4男忠吉《ただよし》は28歳で病死、5男信吉《のぶよし》も21歳で病死、6男忠輝は御家騒動がもとで改易、7男松千代は6歳で、8男仙千代《せんちょ》は3歳で早世、残されたのは9男・10男・11男だけだったというわけなのです。もし秀忠に万が一のことがあったときのことを想像したのでしょう。

ちなみに家康の5番めの男子として生まれた民部《みんぶ》某は41歳のときの子で、次男秀康の養子にされたのち35歳で病死。あと小笠原権之《おがさわらごんの》丞《じょう》は小笠原広朝《ひろとも》の養子となり、キリスト教に入信。大坂夏の陣で大坂方に参戦して戦死したと伝えられている謎の人物です。

のちに御三家から、また御三卿から将軍が輩出されているところを見ると、家康の目論見は成功したといえるでしょう。

御三家2位の紀伊家4男がなぜ将軍になれた？ Q

第7代将軍家継《いえつぐ》が弱冠8歳で病死したことで、徳川将軍家は初めて危機を迎えました。8歳で死んだのですから後継はいません。しかも家継の兄弟も、みな早世していたので、将軍家に次期将軍候補はひとりもいなくなってしまいました。

そこで家康の「保険」が功を奏したのです。

さっそく御三家のなかから候補選びが始まりました。こういうとき、まず選ばれるのが御三家筆頭の尾張家、次に紀伊家、それでもダメなら水戸家の順です。

尾張家の徳川継友《つぐとも》（25歳）、紀伊家の吉宗《よしむね》（33歳）、水戸家の徳川綱条《つなえだ》（61歳）、そして、甲府城主綱重《つなしげ》の子の松平清武《きよたけ》（家宣の兄弟、54歳）が候補にあがりました。

順当にいけば尾張家の継友、次に紀伊家の吉宗、あとは高齢です。

結局、吉宗が家継の遺言を受けるかたちで将軍家を継ぎました。表向きは、継友は家康の玄孫《やしゃご》、吉宗は家康の曾孫だから、吉宗のほうが血が濃いということでしたが、どうやら、将軍後継に絡む幕閣の譜代大名たちの陰謀が渦巻いていたようです。

そもそも吉宗は運のよい人でした。

徳川光貞の4男として生まれ、紀伊家さえ継げない立場だったのですが、長男の3代綱教が41歳で死去、次男が早世、3男の4代頼職が26歳で死んだため、5代藩主に就任していたのです。

御三家2位の紀伊家の4男坊が将軍位を継承したのですから、大抜擢にはちがいありませんでした。

しかし実際のところ、紀伊藩主としての藩政改革の評価、また側近たちの優秀さが評価されたことはたしかで、いまにして見れば、なるべくしてなった将軍といえるでしょう。

A 天性の運の強さと藩政改革の実績が評価された！

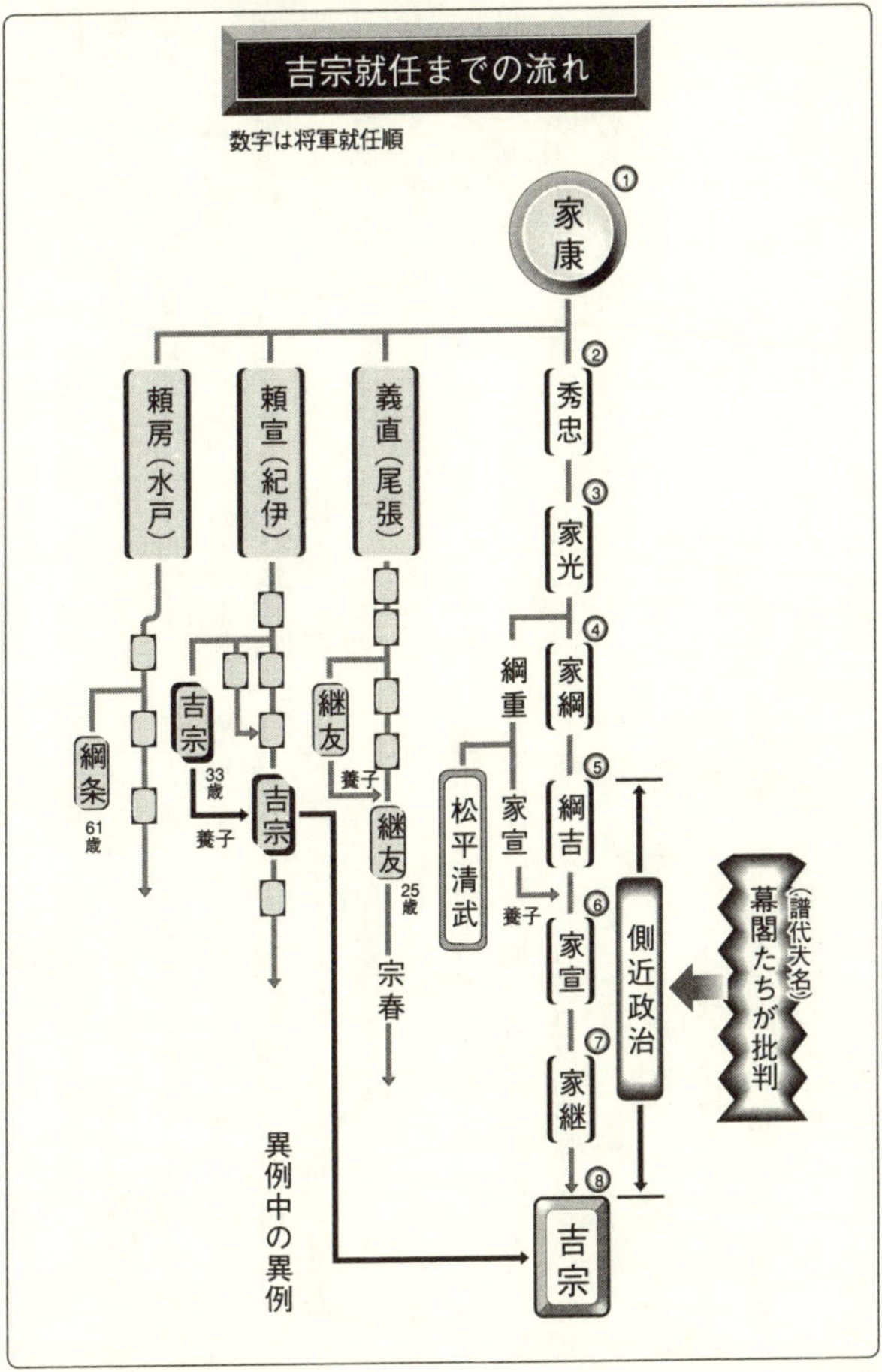
吉宗就任までの流れ
数字は将軍就任順
① 家康
頼房（水戸）
頼宣（紀伊）
義直（尾張）
② 秀忠
③ 家光
④ 家綱
綱重
綱条
61歳
吉宗
33歳
養子
吉宗
継友
養子
継友
25歳
宗春
松平清武
家宣
養子
⑤ 綱吉
⑥ 家宣
⑦ 家継
⑧ 吉宗
側近政治
幕閣たちが批判
（譜代大名）
異例中の異例

8代将軍吉宗はなぜ名君と呼ばれたのか？

Q

将軍になった吉宗が、まず行なったことは側用人の排除でした。譜代大名からなる老中や若年寄の強い要望でもあり、だからこそ吉宗を将軍に据えたところもあったからです。

吉宗は、紀州から連れてきた側近を御側御《おそばご》用取次《ようとりつぎ》に就け、あとは老中たち幕閣に直接指示を与えました。そのかわり、紀伊家から連れてきた御庭番《おにわばん》という密偵に情報収集をさせたのです。また、評定所前に目安箱《めやすばこ》を設置して将軍への直訴状を受け付けたことも、情報収集の一端でした。

吉宗が30年近くの在職中に行なった政治改革は、のちに「享保《きょうほう》の改革」と呼ばれるようになりますが、その内容は、じつに多岐にわたっています。

吉宗は人材登用に熱心で、なかでも大岡忠《おおおかただ》相《すけ》を町奉行に就けたことは有名。優秀な人材であれば家禄が不足していても登用し、家禄が不足していれば、その職にあるあいだだけ家禄を加える足高《たしだか》の制を採用しました。

吉宗に課せられていたのは、幕府財政の再建でした。吉宗は勘定方役人や代官の登用にも目を光らせ、全国の人口調査、田畑の面積を算出して年貢徴収を確実なものにし、これまでの検見《けみ》法を改めて、一定期間年貢率が変わらない定免《じょうめん》法を採用しました。

諸大名に対しても、1万石につき100石を献上させる上《あ》げ米《まい》を実施。かわりに参勤交代での江戸在府期間を半年に減少するようにしましたが、これには反対意見も多く、9年後に廃止されました。

また、それまで認められていなかった菜種・甘藷《かんしょ》・さとうきび・朝鮮人参などの栽培を奨励して、青木昆陽《あおきこんよう》に甘藷の研究をさせるなど殖産政策を推進しました。

吉宗は司法制度にも力を注ぎ、これまでの

A 財政再建と都市政策が江戸庶民に歓迎された！

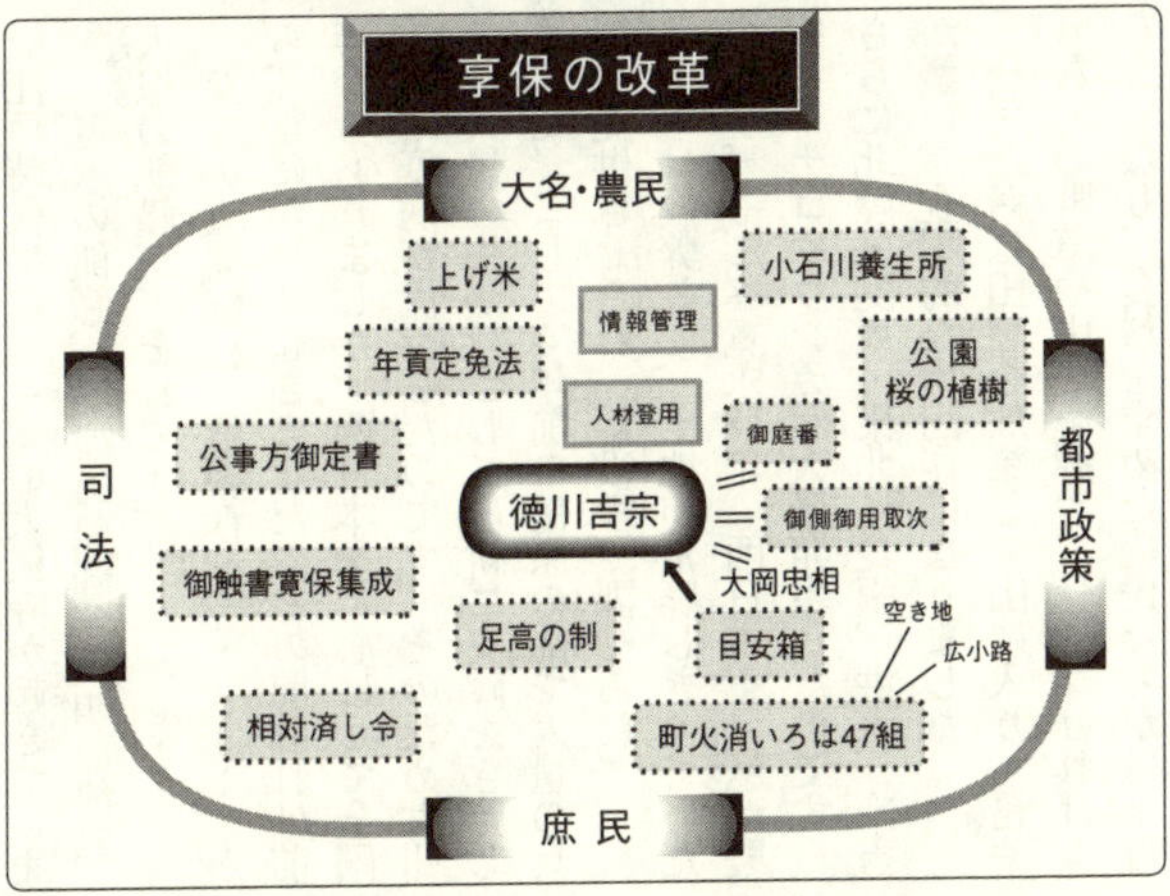
享保の改革
大名・農民
都市政策
庶民
司法
上げ米
年貢定免法
公事方御定書
御触書寛保集成
相対済し令
足高の制
情報管理
人材登用
徳川吉宗
御庭番
御側御用取次
大岡忠相
目安箱
小石川養生所
公園
桜の植樹
町火消いろは47組
空き地
広小路

裁判の判例を集めた『公事方《くじかた》御定書《おさだめがき》』を作成したほか、開幕以来の法令を集めた『御触《おふれ》書《がき》寛保集成《かんぽうしゅうせい》』を編纂しました。

さらに、商取引に関するもめごとについての訴訟が増大してきたため、当事者間で解決させる相対済《あいたいすま》し令《れい》を施行しましたが、かえってもめごとが増える始末で、10年後には中止。仲介者を立てさせることを推奨しました。

このほか都市政策を重視した吉宗は、町方の消防組織である町火消し「いろは47組」を創設。火事の延焼を防ぐために広小路や空き地などの火除け地を設けたほか、小石川薬園に小石川《こいしかわ》養生所《ようじょうしょ》を置いて貧民救済に役立てました。もちろん、これら都市政策に大岡忠相が尽力したことはいうまでもありません。

吉宗の享保の改革が評価されたのは、財政再建はもちろん、政治を庶民の生活レベルまで下ろしたことにあるといえるでしょう。

江戸時代の4大飢饉は何を誘発したか？ Q

江戸時代には、4度の大飢饉《ききん》が起きています。寛永《かんえい》の飢饉、享保《きょうほう》の飢饉、天明《てんめい》の飢饉、天保《てんぽう》の飢饉が、それです。

寛永の大飢饉は、寛永18年（1641）から翌年にかけて起きました。その前触れは前年からありました。西日本を中心にして全国的に牛疫病が流行したのです。そのため九州では大量の牛が死亡して農耕に支障をきたしました。まして4年前の島原の乱で大量の兵糧を提供させられ、軍役まで課せられて、農民たちは疲弊して、土地が荒廃しきっていたのです。そこへ寛永18年、西日本を旱魃《かんばつ》が襲い、イナゴやウンカが大量発生したのです。さらに北陸・関東・東北に長雨、洪水、冷害が襲い、全国的な大凶作になりました。

農民たちは田畑を放棄して山に入り、葛《くず》や蕨《わらび》などの野草や山菜を掘って食べなければならなくなり、食料を求めた農民たちが城下町や宿場町、さらに江戸、大坂、京都などに流れこんでは乞食になりました。全国で5万とも10万ともいわれる餓死者が出たのです。

享保の飢饉は、享保17年（1732）に、中国、四国、九州および近畿地方の一部を襲いました。原因はウンカの大量発生でした。田畑の半分に被害を受けたのが46藩、そのうち27藩は田畑の8割が被害を受けており、幕府直轄領で67万1961人、諸藩で197万4059人が被害をこうむり、1万2172人が餓死したという記録が残っています。

天明の飢饉は、天明3年（1783）から翌年にかけて関東から東北地方を襲いました。原因は冷害と海流異変で、収穫ゼロになった村も珍しくありませんでした。農民たちは、雑穀、海草、草木の芽や雑草、松の甘皮などを食べたといいます。さらに浅間山大噴火による降灰が周辺農村を埋めつくしました。人

A 食料を求めて、一揆、打ちこわし、人食いまで！

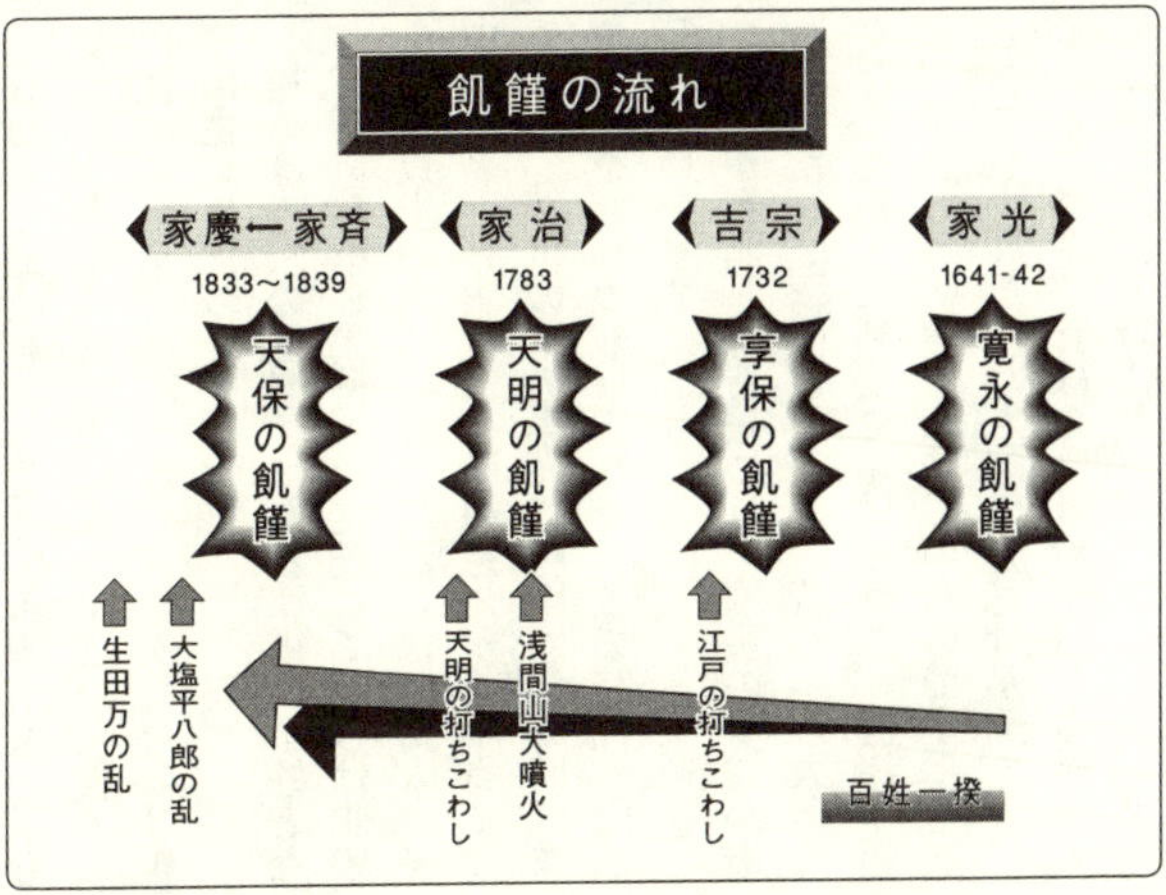
飢饉の流れ
家光
1641-42
寛永の飢饉
吉宗
1732
享保の飢饉
江戸の打ちこわし
家治
1783
天明の飢饉
浅間山大噴火
天明の打ちこわし
家慶←家斉
1833〜1839
天保の飢饉
大塩平八郎の乱
生田万の乱
百姓一揆

口の3分の1が餓死したり、疫病で死んだという東北の村もあるぐらいでした。

天保の飢饉は天保4年（1833）から7年に及んだもので、原因は冷害でした。被害は関東、東北から始まり、北陸、九州、四国を除く全国的なものになりました。この飢饉も例にもれず、餓死者、疫病による死者、都市への流民が長期にわたって続出しました。

たび重なる飢饉に幕府も対策を講じました。飢饉が始まるや、幕府や藩は救小屋《すくいごや》を設置して施粥や施金を行ない、商人や豪農にも献金させました。被害にあった農民に年貢の減免などの措置をとったのも、その現われです。

しかし、いくら幕府が救済方法を考えても、すべてに行き渡るはずもなく、食料を求めて百姓一揆が起きたり、打ちこわしがあったり、盗みを働く者、放火をする者、なかには死人を貪《むさぼ》り食う事態にも陥ったのです。

田沼意次は評判どおりの悪徳政治家だったのか？

Q

もともと田沼意次《たぬまおきつぐ》の父は紀伊徳川家の足軽で、吉宗が第8代将軍になって江戸に移るのに従って上京、旗本になり、意次はその3年後に生まれたのです。

初めは吉宗の世継ぎである家重《いえしげ》の小姓となり、家重が第9代将軍に就任してからは側衆、1万石以上の大名になってからは側用人、老中格、老中と出世。息子の意知《おきとも》が若年寄になるなど、家重の次の第10代将軍家治《いえはる》の時代まで幕政を握りつづけました。この時代を田沼時代といいます。

意次が台頭した背景には、家重の事情がありました。虚弱体質のうえ、若くから大奥の女たちを相手に酒宴にふけるうち、健康を害し、言語も不明瞭になっていたのです。意次とおなじ小姓だった大岡忠光《おおおかただみつ》だけが聞き分けることができ、しばらくは若年寄から側用人になった忠光の時代がつづきましたが、忠光の死後、意次が台頭してくるのです。

意次の政策は幕府財政問題に終始しました。享保の改革の年貢増徴策に限界を感じていた意次は、商品生産や流通を把握するため、商人や手工業者の株仲間を増設させ、定税率の運上《うんじょう》と、献金に等しい冥加《みょうが》を課すいっぽう、銅座・真鍮座《しんちゅうざ》・朱座・人参《にんじん》座《ざ》などを新設して専売制にすることで利益を幕府に向けさせたのです。さらに秤量計算しなくてもよいように南鐐弐朱銀《なんりょうにしゅぎん》（8枚で1両）を大量に鋳造させ、またそのために必要な金銀を輸入するために長崎貿易を振興。大坂の豪商をはじめ、全国の百姓、町人、寺社に対して石高や持ち家の規模に合わせた御用金《ごようきん》という名の新たな税金を課し、集まった御用金をもとに大坂に貸金会所《かしかねかいしょ》を設置して大名に貸し付けて、利子を幕府財政に充《あ》てました。

また豪商たちに資金を供出させて下総の印《いん》

A 重商主義政策を理解されずに支持率を落とした！

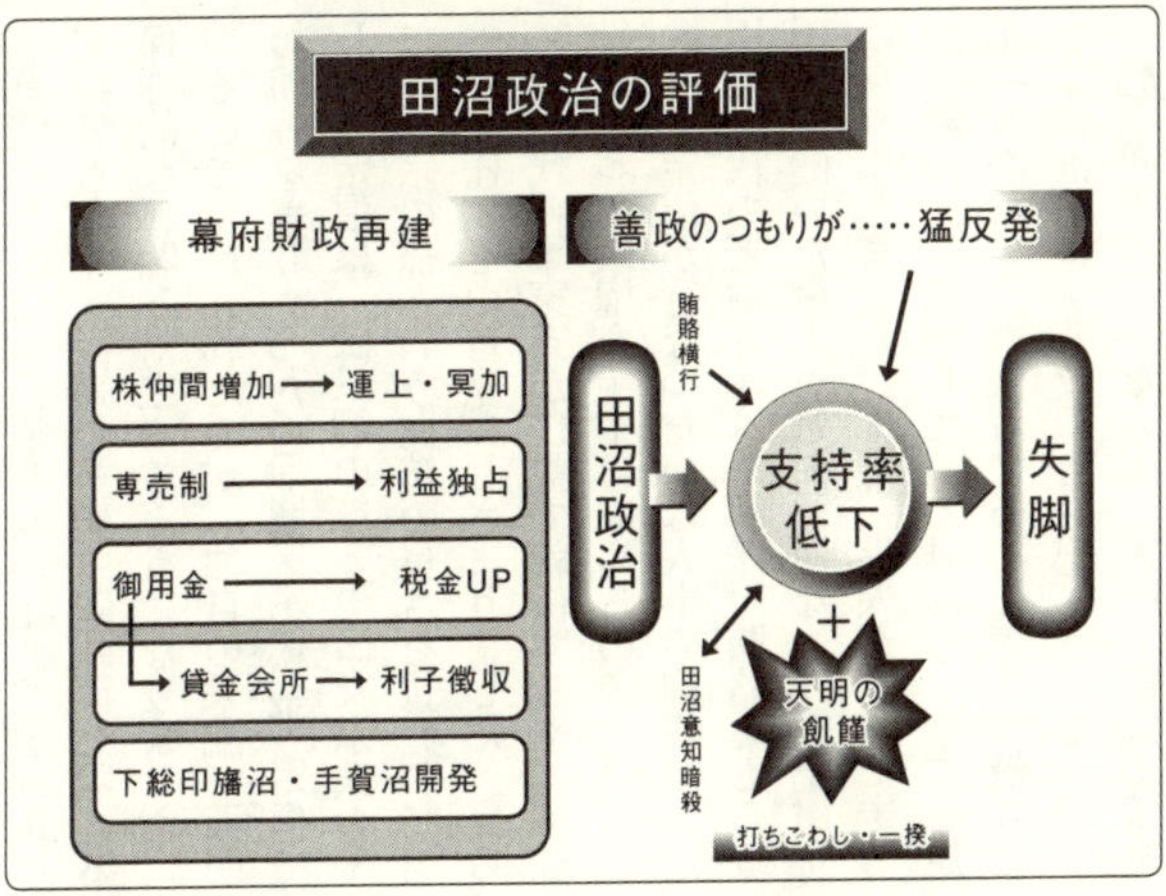
田沼政治の評価
幕府財政再建
株仲間増加 → 運上・冥加
専売制 → 利益独占
御用金 → 税金UP
貸金会所 → 利子徴収
下総印旛沼・手賀沼開発
善政のつもりが……猛反発
賄賂横行
田沼政治
支持率低下
失脚
田沼意知暗殺
天明の飢饉
打ちこわし・一揆

旛沼《ばぬま》や手賀沼《てがぬま》を開拓して新田開発することで年貢増収をはかりましたが、これは大洪水で失敗。ほかにも蝦夷地に注目した意次は、蝦夷地との交易、新田開発、鉱山経営などを計画して最上徳内《もがみとくない》らを派遣したりしました。

これら田沼意次の重商主義政策は、たしかに幕府の財政再建の新たな指針を示す評価できるものでした。しかし、利権をめぐって幕府役人や商人のあいだで賄賂が横行することになったり、結局、農民がしわよせを食うなど、庶民の支持率は低下していきました。

急速に支持率を下げていった田沼政治は、息子意知が佐野政言《さのまさこと》に殺される事件、さらに天明の飢饉によって一揆や打ちこわしが続出。失脚への道をたどることになるのです。

意次は幕府のために悪役に徹したのでしょうが、当時の庶民の意見は厳しかったということでしょう。

松平定信の「寛政の改革」に庶民はどう反応した？

Q

幕閣のなかには田沼意次の重商主義政策の支持者も多く、従来の重農主義政策を唱える保守的な幕閣と対立するようになりました。

そこで注目されたのが、独自の采配で天明の飢饉を乗りきった白河藩主の松平《まつだいら》定信《さだのぶ》でした。定信は、御三卿のひとつ田安《たやす》宗武《むねたけ》の子で、吉宗の孫という血統の良さを買われて老中に就任、その首座におさまりました。さらに第11代将軍家斉《いえなり》が15歳で就任するや、補佐役になって政権を手中に収めるのです。

まず定信が行なったのは人事の刷新でした。田沼時代の老中をすべて解任。賄賂《わいろ》をもらう不正を働いた役人を処罰するなど、綱紀粛正に乗り出しました。また、役人が賄賂に走るのは経済的に困窮している証拠だとして、旗本たちが町の金融業者である札差《ふださし》から借りた金を帳消しにする棄捐令《きえんれい》を出したのです。

農業政策で重要なのは、天明の飢饉で荒廃した農村を復興することでした。まず農業人口を回復するため、ほかの国に出稼ぎに行くことを制限し、江戸に流入した者には旅費や補助金を与えて農村に帰す旧里《きゅうり》帰農《きのう》奨励令《しょうれいれい》を出すほか、生まれた子の間引きを禁止し、小児養育手当てを貸し付けました。

また田畑を復旧させるため、農作物の種、農具を貸し付けたほか、助郷《すけごう》村への助成金、用水普請の助成金などを豪農に貸し付け、利子を納めさせるシステムを構築しました。

商業政策では、飢饉ではね上がった米価をはじめとする諸物価を抑えるため、米穀や貨幣の相場操作をする必要がありました。しかし、相場を取り仕切るためには莫大な資金が必要になるため、江戸の豪商から10人を選んで勘定所《かんじょうしょ》御用達《ごようたし》に任命し、彼らの資本を利用しようとしたのです。また棄捐令で被害を受けた札差のために、猿屋町会所《さるやまちかいしょ》を設置して

A　飢饉で荒廃した農村を救済するツケに庶民は不満！

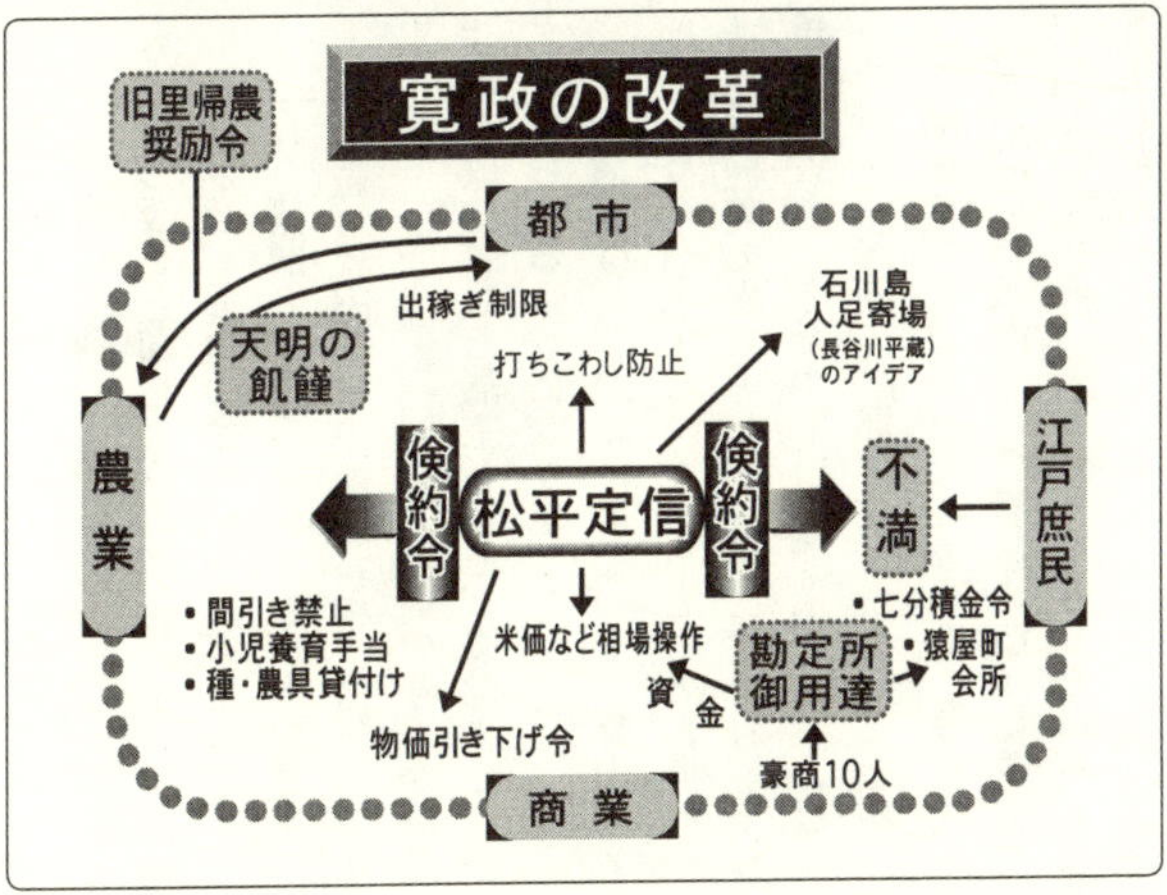

寛政の改革
旧里帰農奨励令
都市
出稼ぎ制限
天明の飢饉
石川島人足寄場
(長谷川平蔵)のアイデア
打ちこわし防止
農業
倹約令
松平定信
倹約令
不満
江戸庶民
・間引き禁止
・小児養育手当
・種・農具貸付け
米価など相場操作
物価引き下げ令
資金
勘定所御用達
・七分積金令
・猿屋町会所
豪商10人
商業

札差に融資をすることにし、その資金は勘定所御用達の資金でまかなわれました。公的資金に税金を使わないところが出色ですが、民間業者と結託したあたりは、田沼政治と大差はありません。都市政策では、農民たちによる打ちこわしの防止、さきに述べた旧里帰農奨励令のほか、物価引き下げ令、石川島人足《いしかわじまにんそく》寄場《よせば》の設置、七分積金令《しちぶつみきんれい》などが行なわれました。七分積金令というのは、江戸の町入用の節減分の70％を町会所で積み立て、それを窮民救済や低利融資にあてたものです。この貸付事務も勘定所御用達に任せていました。

結果、幕府財政はわずかながら黒字に転じましたが、徹底した倹約令は庶民を締めつけることになり、落首《らくしゅ》に「白河の清きに魚も住みかねて元の濁りの田沼恋しき」と書かれる始末でした。やはり支持率を低下させ、幕府への不満を募らせたのはたしかなようです。

米沢藩、秋田藩、松江藩、熊本藩の藩政改革とは？

Q

　財政再建に苦労しているのは幕府だけではなく、地方の諸藩も事情は同じでした。どこも寛政の改革と同じように綱紀粛正し、倹約を徹底させ、農村の復興につとめたのです。

　それら諸藩の藩主のなかでも、米沢藩主の上杉治憲《うえすぎはるのり》、秋田藩主の佐竹義和《さたけよしまさ》、松江藩の松《まつ》平治郷《だいらはるさと》、熊本藩主の細川重賢《ほそかわしげかた》の4人が藩政改革を成功させた藩主として、後世までその名を知られるようになりました。

　上杉治憲は、隠退したあとの上杉鷹山《ようざん》の名前のほうが有名でしょう。もともと日向高鍋《たかなべ》藩秋月種美《あきづきたねよし》の次男として江戸に生まれ、上杉重定の養嗣子となって17歳で米沢藩主となったせいか、藩内の動揺が激しかったことが、また治憲を奮い立たせたのかもしれません。

　米沢藩の藩政改革は、寛政の改革に先立つ明和〜安永年間（1764〜80）から始まりました。

　治憲は大倹約令を出したあと、国産を奨励して、葉は蚕の飼料、幹は家具、樹皮は紙の原料になる桑、和紙の原料になる楮《こうぞ》、樹液から塗料がとれる漆《うるし》の各100万本を植え、さらに越後から縮緬《ちりめん》業を導入しました。これが、のちの米沢織になります。

　改革は天明年間は飢饉の影響もあって一時挫折し、35歳で家督を譲り隠退してからは後見役として改革を再開しました。上書箱《じょうしょばこ》の設置、代官制度の改革、財政再建16カ年計画、広範な国産奨励策などを実施。とくに養蚕業と織物業の発展はすさまじく、藩財政を立て直すと同時に農村復興の基盤にもなりました。

　秋田藩の佐竹義和の政策の中心も国産奨励でした。桑、楮のほか、茎や葉から染料をとる藍《あい》、そして蚕の生産を奨励して生糸の生産を高め、秋田畝織《うねおり》、秋田八丈を生んだのです。

　松江藩の松平治郷は、茶道具収集の美術愛

A 倹約令、綱紀粛正、人材登用で財政再建に成功！

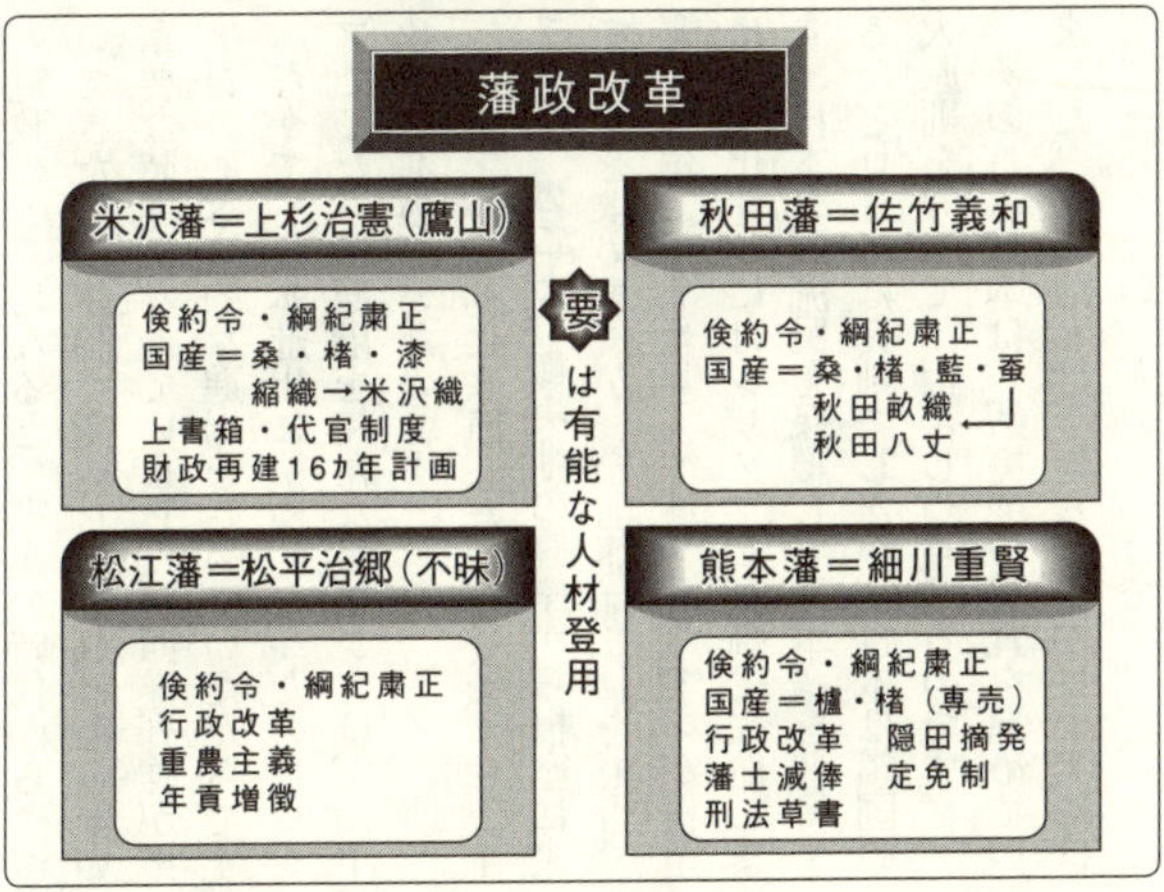
藩政改革
米沢藩＝上杉治憲（鷹山）
倹約令・綱紀粛正
国産＝桑・楮・漆
縮織→米沢織
上書箱・代官制度
財政再建16ヵ年計画
要
は有能な人材登用
秋田藩＝佐竹義和
倹約令・綱紀粛正
国産＝桑・楮・藍・蚕
秋田畝織
秋田八丈
松江藩＝松平治郷（不昧）
倹約令・綱紀粛正
行政改革
重農主義
年貢増徴
熊本藩＝細川重賢
倹約令・綱紀粛正
国産＝櫨・楮（専売）
行政改革　隠田摘発
藩士減俸　定免制
刑法草書

好家、松平不昧《ふまい》として名前が知られていますが、改革政治の旗手として活躍しました。徹底した綱紀粛正と行政改革、重農主義の推進と年貢増徴で藩財政の赤字を解消したといわれています。

熊本藩の細川重賢が抱えた問題は財政窮乏でした。江戸から遠い熊本藩は、参勤交代や江戸藩邸運営費用にも事欠くありさまでした。藩主に就任してすぐ、重賢は藩政改革にとりかかりました。綱紀粛正、行政機構の整備、藩士の減俸、刑法草書の制定、隠田の摘発、定免制の適用のほか、果皮から蠟《ろう》、樹皮から染料をとる櫨《はぜ》、楮の専売を始めたのです。

右に紹介した藩主たちに共通していえることは、徹底した倹約令、綱紀粛正、そして優秀な人材を、藩の慣習に関係なく登用した点にあります。だからこそ、不景気になると上杉鷹山こと治憲がもてはやされるのでしょう。

ロシアの脅威に幕府はどのように対処したのか？

Q

寛政のころになると、家光の時代からつづいてきた鎖国体制を変更しなければならない重要な時期になっていました。西洋列強が東アジアに本格的な進出を始めていたからです。なかでも日本進出に積極的だったのはロシアでした。不凍港を持たないロシアは、南下政策を進めていたのです。

ロシアが最初に来航したのは安永7年（1778）のこと。蝦夷地の厚岸《あっけし》から根室《ねむろ》に来て交易を求めますが、松前藩はこれを拒否。寛政4年（1792）にはラクスマンが根室に、文化元年にはレザノフが長崎に来航します。日本の漂流民を保護して日本語を習得するなどロシアは真剣でしたが、日本は鎖国の大原則を守って、拒否しつづけるのです。

そのころ日本は、蝦夷地の調査を進めていました。蝦夷地とは交易したいがロシアには来てほしくない、というわけです。蝦夷地に、最上《もがみ》徳内《とくない》、近藤《こんどう》重蔵《じゅうぞう》、間《ま》宮《みや》林蔵《りんぞう》を派遣するほか、箱館《はこだて》奉行、松前《まつまえ》奉行を新設して、沿岸警備を強化します。

しかし、国後《くなしり》島に上陸したロシア船船長ゴローウニンを監禁した報復に、択捉《えとろふ》航路を開拓した商人高田屋《たかだや》嘉兵衛《かへえ》を捕縛するなど、ロシアとの緊張関係は悪化していきました。

幕府にとって脅威はロシアだけではありませんでした。イギリス船フェートン号が長崎港に侵入してオランダ商館員を人質に取ったほか、太平洋沿岸地域でイギリスとの衝突が続発したため、幕府は異国船《いこくせん》打払令《うちはらいれい》（無《む》二《に》念《ねん》打払令《うちはらいれい》）を出すのです。

日本の漂流民を送還がてら通商を求めてきたアメリカのモリソン号を砲撃して退去させたことが伝わると、渡辺《わたなべ》崋山《かざん》が『慎機論《しんきろん》』、高野《たかの》長英《ちょうえい》が『戊戌《ぼじゅつ》夢物語《ゆめものがたり》』で幕政を批判して処罰されてしまうのです（蛮社《ばんしゃ》の獄《ごく》）。

A 蝦夷地の調査を進めつつ沿岸警備を強化！

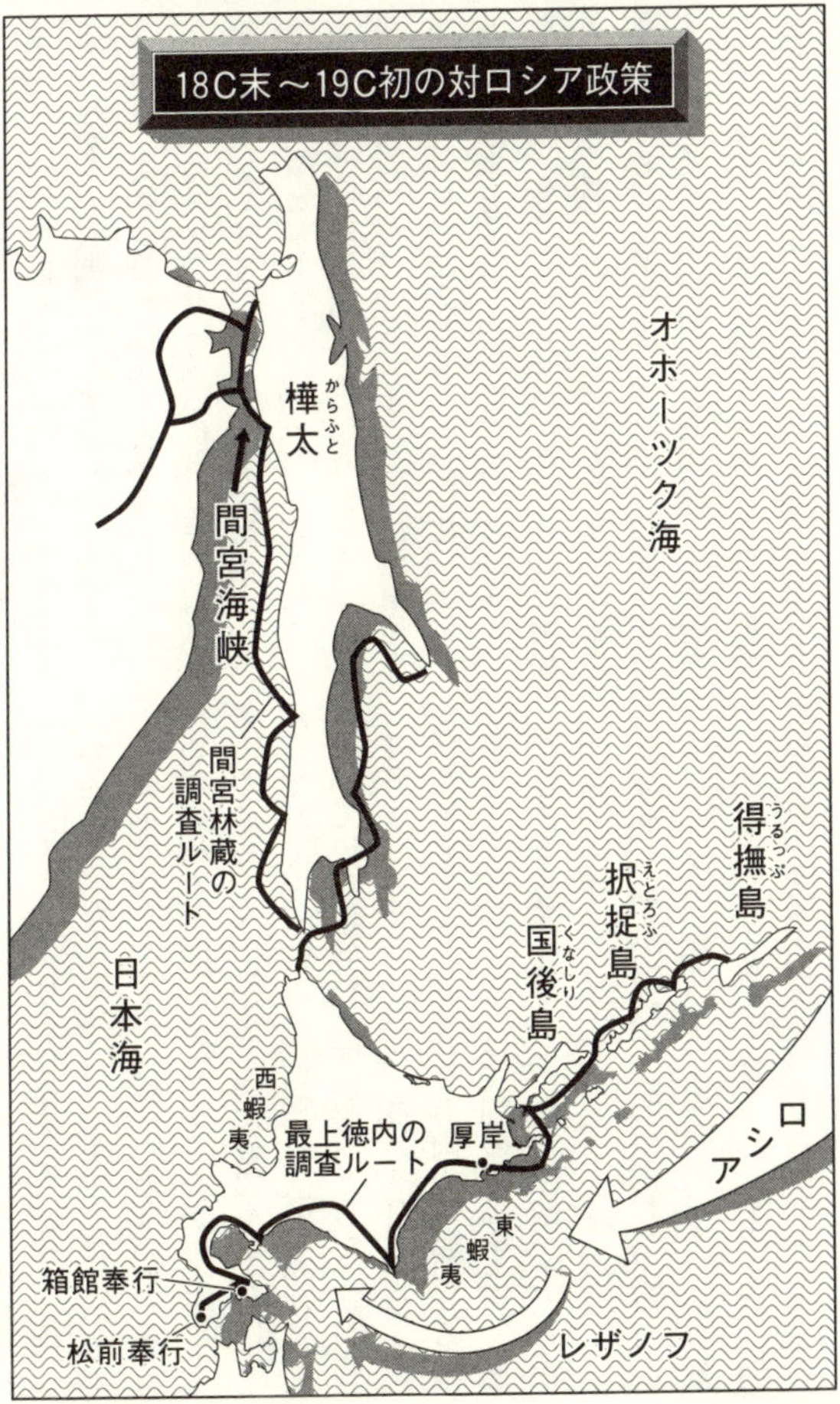
18C末～19C初の対ロシア政策
樺太《からふと》
オホーツク海
間宮海峡
間宮林蔵の調査ルート
得撫島《うるつぷ》
択捉島《えとろふ》
国後島《くなしり》
日本海
西蝦夷
最上徳内の調査ルート
厚岸
ロシア
東蝦夷
箱館奉行
松前奉行
レザノフ

11代家斉の「大御所政治」が生み出したものは？

Q

松平定信が辞職したあとは、時の第11代将軍家斉《いえなり》が実権を握り、第12代家慶《いえよし》に将軍位を譲ってからも大御所として幕府の実権を握りました。この家斉が政権を握っていた時代を元号にちなんで文化・文政時代、または大御所時代といいます。ただし大御所政治というのは前将軍が実権を握りつづける場合のことをいうので、家斉だけとは限りません。

将軍在職中だけでも50年、家慶に将軍位を譲って死ぬまでを入れると、じつに54年にわたって政権を取りつづけたことになります。

しかし、松平定信に寛政の改革を任せていたときは緊縮財政だったはずが、そのあと急速にゆるみはじめます。倹約令の反動もありますが、それ以上に目立ったのは、家斉の私生活でした。つまり大奥が絢爛《けんらん》になり、財政まで苦しめるに至ったのです。幕府を私物化していたといってもいいでしょう。

家斉の側妾《そくしょう》は40人もいて、そのうち家斉の子を生んだのが16人。正妻を合わせると17人の腹から、なんと50人以上が生まれたのです。在職期間が長かったのは致し方ないにしても、いかに精力絶倫だったかがうかがえます。

これら子女の結婚費用だけでも莫大で、そうでなくとも蝦夷地の経営で財政が行き詰まっていた幕府は、品位を落とした文政小判４８１９万７８７０両、22万４９８１貫の銀貨を大量鋳造し、５５０万両の差額利益を得ます。しかし、これは民間の物価を上昇させたにすぎませんでした。精力絶倫が生んだ物価高騰というわけです。

しかし、緊縮財政から解放された江戸市民による町人文化が栄えます。洒落本《しゃれぼん》、黄表紙《きびょうし》、読本《よみほん》、滑稽本、俳諧、脚本、川柳など江戸時代を代表する文学が誕生したのも、このころのことです。

A 幕政は大混乱したが文化文政の町人文化が開花！

徳川家斉の子供たち

区分	母	子	備考
正室	寔子	敦之助	早世（4歳）
側室	お万の方	淑姫	尾張徳川斉朝室
		瓊岸院	早世（2日）
		竹千代	早世（2歳）
		綾姫	早世（3歳）
	お楽の方	家慶	第12代将軍
	お梅の方	端正院	早世（1日）
	お歌の方	敬之助	早世（3歳）
		豊三郎	早世（1歳）
		五百姫	早世（2歳）
		舒姫	早世（2歳）
	お志賀の方	総姫	早世（2歳）
	お里尾の方	格姫	早世（2歳）
	お登勢の方	峯姫	水戸徳川斉脩室
		斉順	紀伊徳川家第11代
		寿姫	早世（2歳）
		晴姫	早世（3歳）
	お長の方	享姫	早世（2歳）
		時之助	早世（3歳）
		虎千代	紀伊徳川家第10代治宝養子
		友松	早世（5歳）
		斉荘	田安徳川家第4代
		和姫	萩毛利斉広室
	お美尾の方	浅姫	福井松平斉承室
	お八千の方	高姫	早世（4カ月）
		元姫	会津松平容衆室
	お袖の方	安姫	早世（5歳）
		文姫	高松松平頼胤室
		艶姫	早世（6カ月）
		孝姫	早世（1歳）
		久五郎	早世（2歳）
		陽七郎	早世（4歳）
		斉彊	清水徳川家第5代
		富八郎	早世（1歳）
	お八重の方	斉明	清水徳川家第4代
		盛姫	佐賀鍋島直正室
		斉衆	鳥取池田斉稙養子
		斉民	津山松平家第11代
		信之助	早世（6カ月）
		喜代姫	姫路酒井忠学室
		斉良	浜田松平武厚養子
		斉裕	徳島蜂須賀家第13代
	お美代の方	溶姫	金沢前田斉泰室
		仲姫	早世（3歳）
		末姫	広島浅野斉粛室
	お八百の方	奥五郎	早世（1歳）
	お以登の方	琴姫	早世（1歳）
		永姫	一橋徳川斎位室
		斉善	福井松平家第13代
		斉省	川越松平矩典養子
		斉宣	明石松平家第9代
	お瑠璃の方	斉温	尾張徳川家第11代
		泰姫	鳥取池田斉訓室

※母親が判明しているもの
※ほかに流産した子も計算に入れると数は増える

水野忠邦の「天保の改革」は なぜ失敗したのか？

Q

家康以来つづいてきた幕藩体制にも限界が近づいていたのでしょう。天保の飢饉によって米価が高騰して、ますます農民や町民の生活が困窮し、連動するように各地で一揆が勃発。また大坂では貧民の救済を唱えて大塩平《おおしおへい》八郎《はちろう》の乱が起き、世情不安がつづきました。

しかし、長くつづいた徳川家斉の大御所政治のせいで幕府内は、大奥を中心に贅沢な暮らしを満喫していたのです。もちろん幕府内外の怒りは限界に達していました。

そして家斉が死んだとき、江戸時代最後の改革が始まります。主導権を握ったのは老中首座の水野忠邦《みずのただくに》でした。

第12代将軍家慶を味方につけた忠邦は、家斉のいいなりになっていた幕閣連中を追放して、享保の改革、寛政の改革の時代を彷彿とさせるような、綱紀粛正、倹約令を出します。

女髪結の禁止、高価な物品の売買禁止、贅《ぜい》沢《たく》料理の販売禁止、芝居小屋の郊外移転、寄席の閉鎖など、江戸市民の日常から娯楽まで細かい制限を加えたのです。その中心に立ったのが江戸町奉行の鳥居耀蔵《とりいようぞう》で、隠密を放って違反者を摘発し、厳罰に処したため、それまで元気だった江戸市中は火の消えたようになりました。

飢饉による農民の江戸流入は多く、人返しの法を発令して、江戸に出て一家を構えている者以外の者を強制的に農村に返し、また出稼ぎも領主の許可制にしました。

また物価高騰は十組問屋《とくみといや》仲間の独占にあるとして、株仲間解散令を出して、十組問屋のほか三都の問屋・株仲間による商取引をいっさい禁止、一般商人の自由な取引を許しますが、株仲間を解散させたことで流通機構が麻痺してしまい、かえって商品が江戸や大坂に集まらなくなってしまいました。

A　庶民と大名・旗本を敵にまわした強硬策のせい！

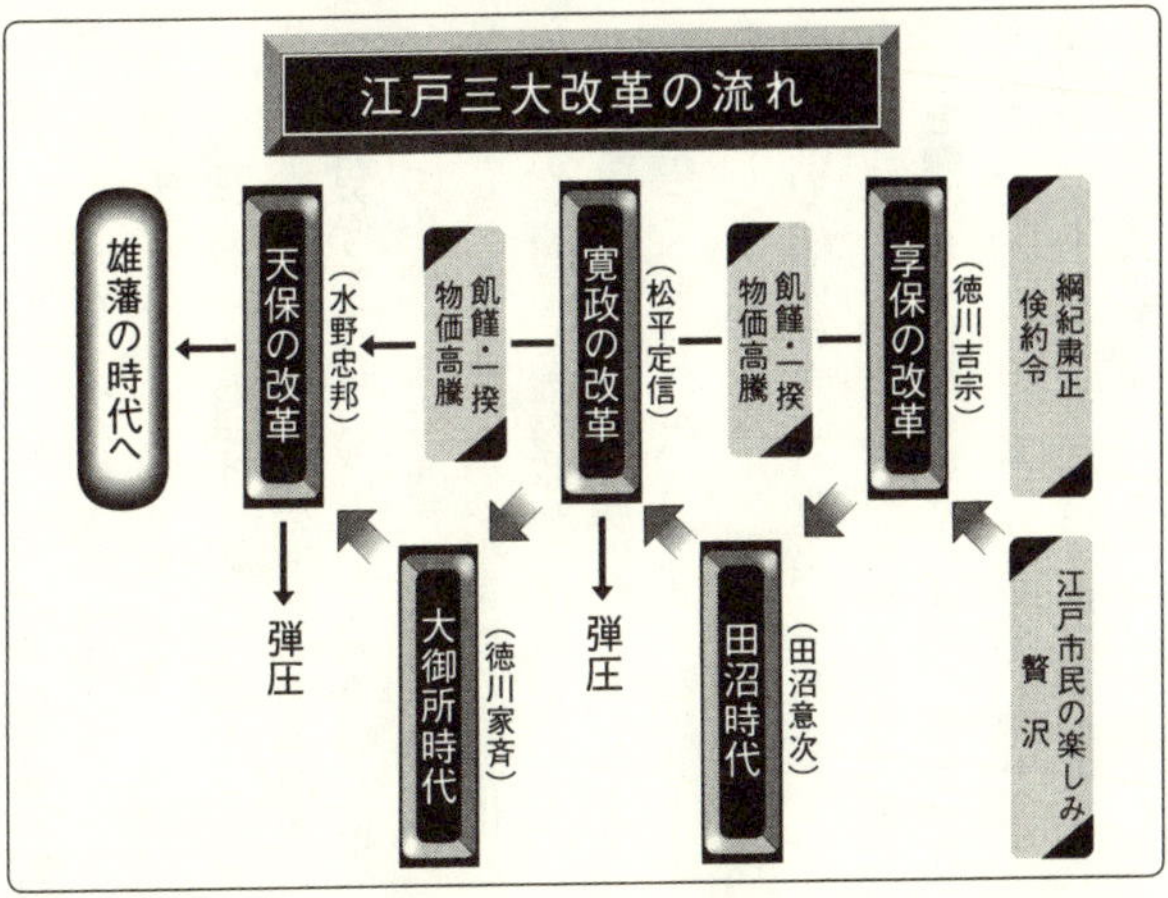
江戸三大改革の流れ
綱紀粛正
倹約令
江戸市民の楽しみ
贅沢
享保の改革
（徳川吉宗）
飢饉・一揆
物価高騰
田沼時代
（田沼意次）
寛政の改革
（松平定信）
弾圧
飢饉・一揆
物価高騰
大御所時代
（徳川家斉）
天保の改革
（水野忠邦）
弾圧
雄藩の時代へ

同時に、小売価格の引き下げ、商品買い占めの禁止、価格の店頭表示の強制、江戸市中の地代・店賃の引き下げ、職人の手間賃や日雇の給金の公定価格設置などを行ないましたが、かえって景気は悪くなりました。

物価高騰で生活が苦しくなった旗本や御家人が、札差からの借金に対して無利息20年返済という、棄捐令《きえんれい》に近い処置もとりました。

以上の改革は、これまでの改革にならったものでしかありませんでしたが、天保の改革では、幕藩体制の崩壊を予兆させるような上《あげ》知令《ちれい》を出したのが大きな特徴でしょう。江戸・大坂10里四方にある大名・旗本領をすべて幕府直轄地にして幕府財政の補填に充てるというものです。また家斉の子女の嫁ぎ先や養子先の大名を豊かな地に転封させるため、三方領地《さんぽうりょうち》替《が》えを行なったことも外様大名の反発を買いました。

幕藩体制を揺がす「雄藩」は どうやって誕生した？

Q

寛政の改革のころから地方で藩政改革が行なわれましたが、それは天保の改革でいっそう拍車をかけることになりました。

薩摩藩では、下級武士の調所広郷《ずしょひろさと》を家老に抜擢し、三都の豪商から借り入れた５００万両を無利息２５０年返済という踏み倒しに近い手段で整理。また奄美《あまみ》三島（大島・徳之島・喜界島）の甘藷《かんしょ》、黒砂糖栽培の専売化、琉球との密貿易で藩財政を立て直しました。

長州藩では、藩の専売制に反対する防長大一揆が起こりましたが、中級武士の村田清風《むらたせいふう》を起用して改革に着手。一揆勢から要求のあった紙と蠟の専売制の改正、下関など主要な港に越荷方《こしにかた》という役所を設けて他藩の船に資金を融通して利潤をあげたほか、銀８万５０００貫（約１４０万両）の借金を無利息37年返済にさせるなど強引な手法を用いました。また、洋式武器を購入して軍事力を強化させたりしました。

土佐藩では、「おこぜ組」と呼ばれる改革派を藩政の中心にすえて、緊縮財政などで藩政再建を図ったほか、大砲の鋳造や砲台築造など軍事力を強化させました。

佐賀藩では、藩主の鍋島直正《なべしまなおまさ》が藩政改革の指揮を取り、国産陶器の専売制を強化するとともに、均田制《きんでんせい》をしいて小作地を地主から没収して小作人に与えるなどして、確実に年貢を徴収できるようにしました。また、日本で最初の反射炉を築いて大砲製造所を設けるなど、軍事面にも目を配っていました。

以上の４藩は好例で、まず有能な人材を階級に関係なく抜擢し、重農主義を基本にしながら専売制や棄捐令などで財政を根本的に改革し、洋式の軍事力を強化していったのです。これら雄藩の出現が、幕藩体制を崩壊させる原動力になっていくのです。

A 藩政改革で藩財政再建と洋式軍事力強化に成功！

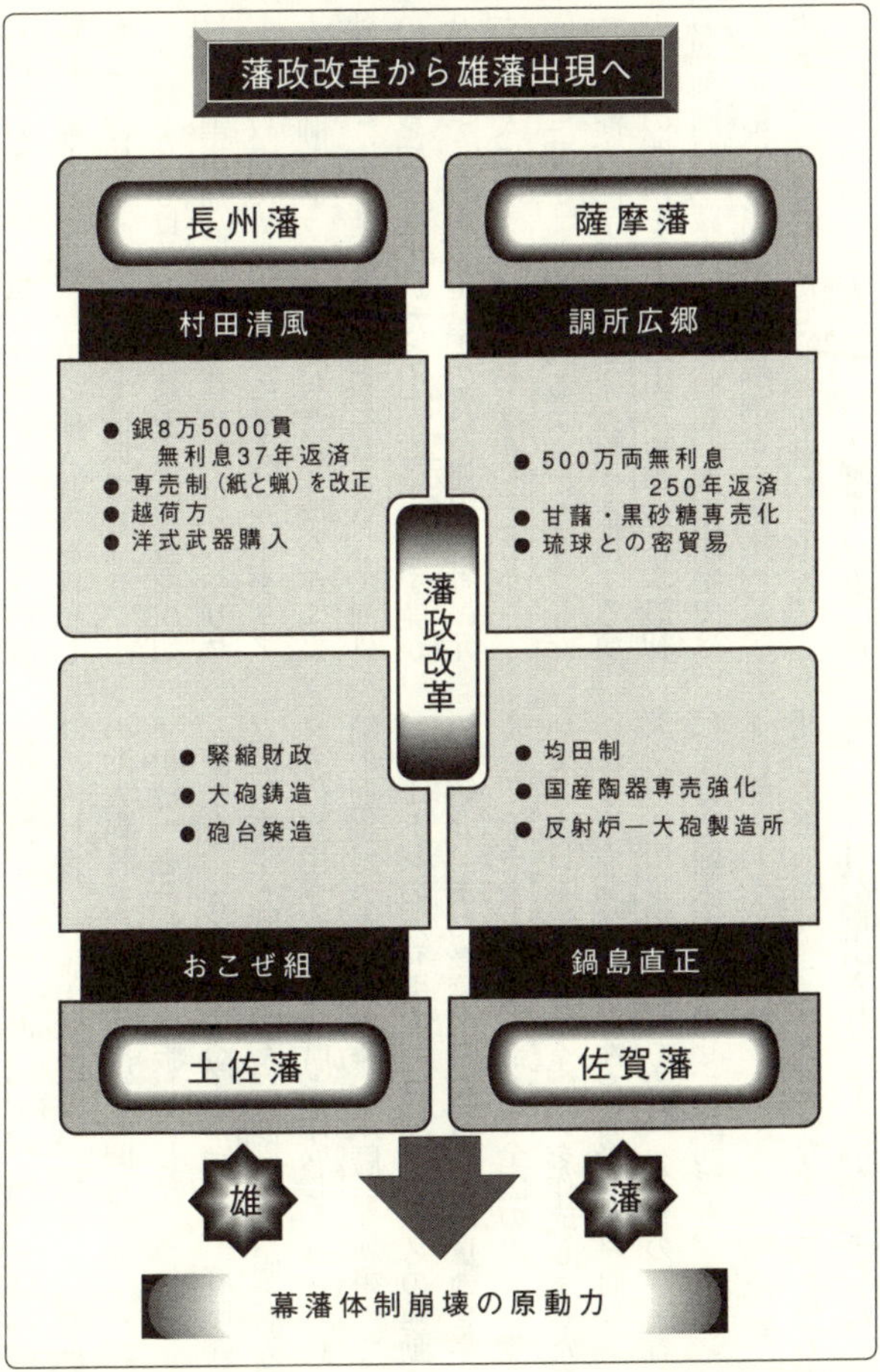
藩政改革から雄藩出現へ
長州藩
村田清風
● 銀8万5000貫
無利息37年返済
● 専売制（紙と蝋）を改正
● 越荷方
● 洋式武器購入
薩摩藩
調所広郷
● 500万両無利息
250年返済
● 甘藷・黒砂糖専売化
● 琉球との密貿易
藩政改革
● 緊縮財政
● 大砲鋳造
● 砲台築造
おこぜ組
土佐藩
● 均田制
● 国産陶器専売強化
● 反射炉—大砲製造所
鍋島直正
佐賀藩
雄
藩
幕藩体制崩壊の原動力

蘭学はどのように始まり発展していったのか？

Q

日本の洋学は、第8代将軍吉宗が享保の改革の一環として漢訳洋書の輸入制限を緩和したことに始まったといっていいでしょう。

それよりも以前に、長崎の天文学者西川如見《にしかわじょけん》が『華夷通商考《かいつうしょうこう》』を著わしたり、キリスト教布教のために屋久島に潜入したイタリア人宣教師シドッチを尋問した新井白石が『采覧異聞《さいらんいぶん》』『西洋紀聞《せいようきぶん》』を著わしたりして海外の情報を知らせていたことが吉宗の心を開かせたのでしょう。吉宗が青木昆陽《あおきこんよう》・野呂元丈《のろげんじょう》の2人にオランダ語を学ばせたことから、洋学は「蘭学」と呼ばれるようになりました。

まず漢方医学では、臨床実験を重視する漢の時代の医術を重んじた山脇東洋《やまわきとうよう》が日本最初の解剖図録『蔵志《ぞうし》』を著わし、西洋医学では、前野良沢《まえのりょうたく》と杉田玄白《すぎたげんぱく》が解剖書『ターヘルアナトミア』を訳した『解体新書《かいたいしんしょ》』を出版。

これにつづいて大槻玄沢《おおつきげんたく》が蘭学の入門書『蘭学階梯《らんがくかいてい》』、大槻玄沢の門人宇田川玄随《うだがわげんずい》は西洋の内科書『西説内科撰要《せいせつないかせんよう》』、おなじく玄沢の門人稲村三伯《いなむらさんぱく》は日本最初の蘭日辞典『ハルマ和解《わげ》』をそれぞれ出版しました。

蘭学は、さらに天文学に広がり、麻田剛立《あさだごうりゅう》に天文学と暦学を学んだ高橋至時《たかはしよしとき》が幕府天文方に登用されて寛政暦を作成したほか、長崎の通詞だった志筑忠雄《しづきただお》が『暦象新書《れきしょうしんしょ》』でニュートンの万有引力、コペルニクスの地動説を紹介。また高橋至時に暦学と測量術を学んだ伊能忠敬《いのうただたか》が幕府の命令で全国の沿岸を歩いて『大日本沿海輿地全図《だいにほんえんかいよちぜんず》』を作成しました。

ようやく蘭学の必要性を痛感した幕府は、天文方に蛮書和解御用《ばんしょわげごよう》を設置。多くの洋学者に洋書を翻訳・研究させ、民間でも、オランダ商館のドイツ人医師シーボルトの鳴滝塾《なるたきじゅく》、緒方洪庵《おがたこうあん》の適塾《てきじゅく》（適々斎塾《てきてきさいじゅく》）などの塾からも優秀な人材が輩出されるようになりました。

A 徳川吉宗の漢訳洋書の輸入制限緩和に始まる！

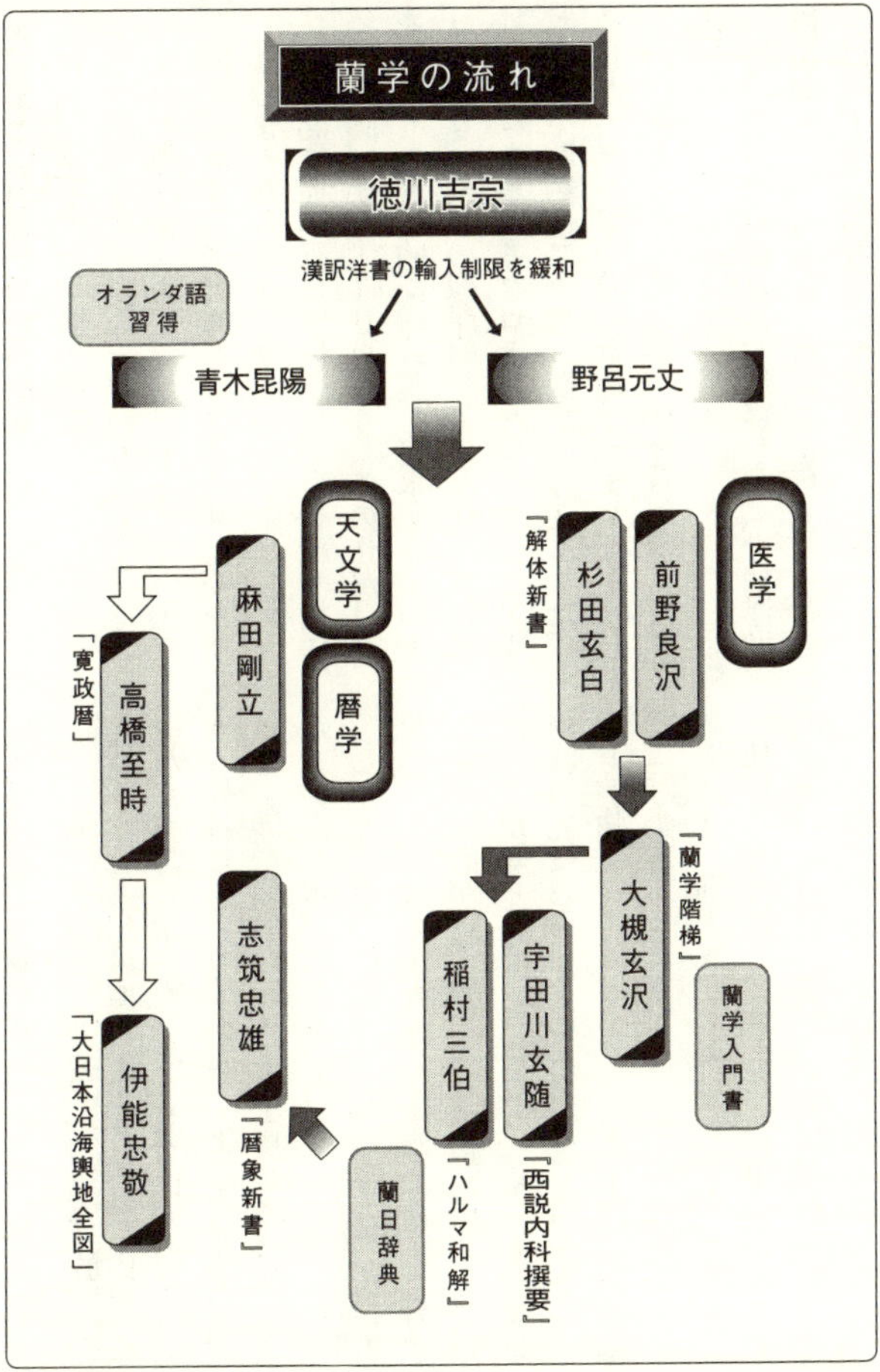

蘭学の流れ
徳川吉宗
漢訳洋書の輸入制限を緩和
オランダ語習得
青木昆陽
野呂元丈
天文学
暦学
麻田剛立
高橋至時
「寛政暦」
伊能忠敬
「大日本沿海輿地全図」
志筑忠雄
『暦象新書』
蘭日辞典
医学
前野良沢
杉田玄白
「解体新書」
大槻玄沢
「蘭学階梯」
蘭学入門書
宇田川玄随
『西説内科撰要』
稲村三伯
『ハルマ和解』

コラム

★写楽とは何者だったのか★

東洲斎写楽《とうしゅうさいしゃらく》は、謎の絵師として知られています。生没年不詳で、寛政6年（1794）5月から閏《うるう》月をはさんで翌年1月までの10カ月間だけ活躍して、あとはプッツリと姿を消してしまうからです。

その間に描かれた浮世絵は、役者絵や相撲絵の版画ばかり140点余り。その作風は、それまでの理想的な様式美を追求するものとは異なり、役者の似顔絵の上に、作中人物の性格描写を重ねるグロテスクなまでにリアルな表現で歌舞伎ファンに衝撃を与えました。珍しかったので一時は歓迎されましたが、しだいに飽きられたことが、10カ月で消えた理由のひとつでもあるようです。

江戸末期の斎藤月岑《さいとうげっしん》が編纂した『増補浮世絵類考』に、写楽は「俗称斎藤十郎兵衛《さいとうじゅうろべえ》居江戸八丁堀　阿波侯の能役者也」と記され、阿波藩お抱えの能役者説が有力でした。

その後、写楽別人説が大ブームとなり、葛《かつ》飾北斎《しかほくさい》、喜多川歌麿《きたがわうたまろ》、十返舎一九《じっぺんしゃいっく》、山東京《さんとうきょう》伝《でん》など当時の絵が描けそうな文化人が片っ端から候補にあがりました。なかには版元蔦屋《つたや》重三郎《じゅうざぶろう》が描いた、「写楽工房」で合作したなどの説も飛び出しました。

しかし、最近になって、『諸家人名江戸方《しょかじんめいえどほう》角分《がくわけ》』という本のなかに、「写楽斎」と号する浮世絵師が八丁堀の地蔵橋辺に居住していたことが知られるようになり、やはり写楽は阿波の能役者斎藤十郎兵衛ではないかという見方が強くなっています。斎藤十郎兵衛が絵師「写楽斎（しゃらくさい！）」を名乗ったと考えれば、別人説が必要なくなるからです。

彗星のようにデビューし、わずか10カ月で消え去った謎の絵師、写楽は誰だったのでしょうか。

5章 近代日本のあけぼの

〈幕末～文明開化〉

幕末のキーワード「尊王攘夷」とは何か？

Q

幕末に入る前に、流れを知るうえで重要なキーワードになる「尊王攘夷《そんのうじょうい》」についてお話ししておきましょう。

「尊王攘夷（略して尊攘）」は「尊皇攘夷」とも書きますが、まずお断わりしておかなければならないのは、「尊王（尊皇）」と「攘夷」は別々の思想だということです。

「尊王」というのは天皇を尊ぶ思想、そして「攘夷」というのは、自分の国を中心として他の国を夷狄《いてき》として排撃する思想をいいます。

ですから、「尊王」と「攘夷」という2つの思想がおなじレベルで語られることはありませんでした。しかし、ある事件がきっかけで、ふつうに使われるようになりました。

その事件とは、このあとの項目で述べる日《にち》米修好通商条約《べいしゅうこうつうしょうじょうやく》です。

簡単に説明しますと、天皇の勅許を得ないまま条約に調印したことを批判した一橋派に対して、調印した井伊直弼《いいなおすけ》が徹底的に弾圧を加えます。これに怒った一橋派が、「尊王」と「攘夷」のスローガンのもとに結集するようになったのです。井伊直弼の独裁政権への反対運動が、そのまま尊王攘夷運動に発展していったといっていいでしょう。

しかし、まだ討幕問題は起こっていません。

桜田門外の変で井伊直弼を、坂下門外の変で安藤信正《あんどうのぶまさ》を襲った水戸浪士も、「天下之巨賊」を斬るのが目的で、幕府への敵対心はないことを表明しています。その時点では、まだ幕府に希望を見出していたのでしょう。

しかし、尊攘派の拠り所である天皇が、文久3年（1863）の時点で、「八月十八日以前の尊攘運動は朕《ちん》の意志によるものではない」と明言、さらに四国艦隊下関砲撃事件、薩英戦争などで尊攘派は衰退。やがて討幕運動に結集していくことになるのです。

A ある事件を契機に尊王思想と攘夷思想が合体！

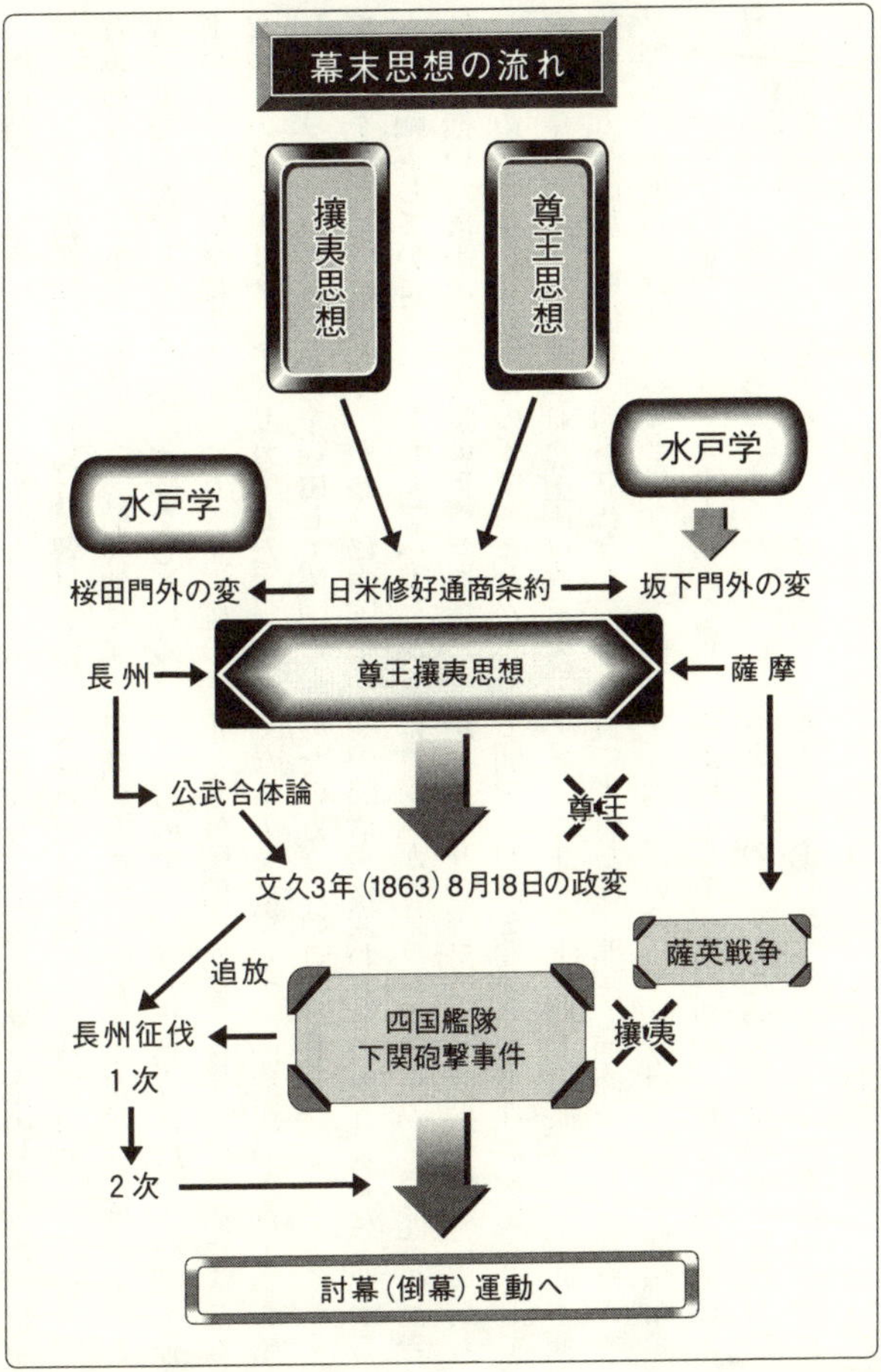
幕末思想の流れ
攘夷思想
尊王思想
水戸学
水戸学
桜田門外の変
日米修好通商条約
坂下門外の変
長州
尊王攘夷思想
薩摩
公武合体論
尊王
文久3年（1863）8月18日の政変
追放
薩英戦争
長州征伐
1次
2次
四国艦隊
下関砲撃事件
攘夷
討幕（倒幕）運動へ

西洋列強が日本に開国と通商を求めた理由は？

Q

戦国時代、日本に上陸したポルトガル、スペインなどの西洋諸国の目論見《もくろみ》は、貿易を隠れみのにキリスト教を布教して、植民地にすることでした。しかし日本が鎖国をしているあいだに国際情勢は大きく変わり、主導権を握ったのはイギリス、アメリカでした。

イギリスは東インド会社を経由して清国にアヘンを密貿易で輸出して、かわりに中国茶と絹を輸入していました。しかしアヘンに危機感を抱いた清国政府が大量のアヘンを焼却したために戦争が勃発したのです。これがアヘン戦争で、イギリスに敗れた清国は南京条約で、五港開放、賠償金、領事駐在などの不平等条約を押しつけられることになります。

アヘン戦争の情報は、オランダと清国の貿易船によって日本にもたらされました。

異国船打払令《いこくせんうちはらいれい》を出していた日本は、イギリスが日本に立ち寄るという情報を得ると震えあがり、薪水給与令《しんすいきゅうよれい》を出しました。戦争になれば負けることは目に見えているので、異国の漂流船に燃料と水だけは提供しようというものです。さらに幕府は江戸湾防備を強化し、外国船の妨害で物資が江戸湾に入らなくなるのを危惧して、印旛沼《いんばぬま》の掘割工事を始めたのも、このころでした。

国際情勢は変わりつつありました。北からはロシアが、オランダ国王からは開国の勧告が、イギリス・フランス両国が琉球に来航して開国と通商を要求する事件が続出。そして、アメリカ東インド艦隊司令長官ビッドルが浦賀に来航して、開国と通商を求めてきたのです。太平洋を渡るアメリカの船舶や捕鯨船の寄港地にして、燃料や水、食糧の補給をしようというのです。このときは鎖国を盾にして要求を拒絶しますが、すでに日本は国際舞台に引っ張り出されていたわけです。

A 太平洋を渡る船舶の寄港地にしようとした！

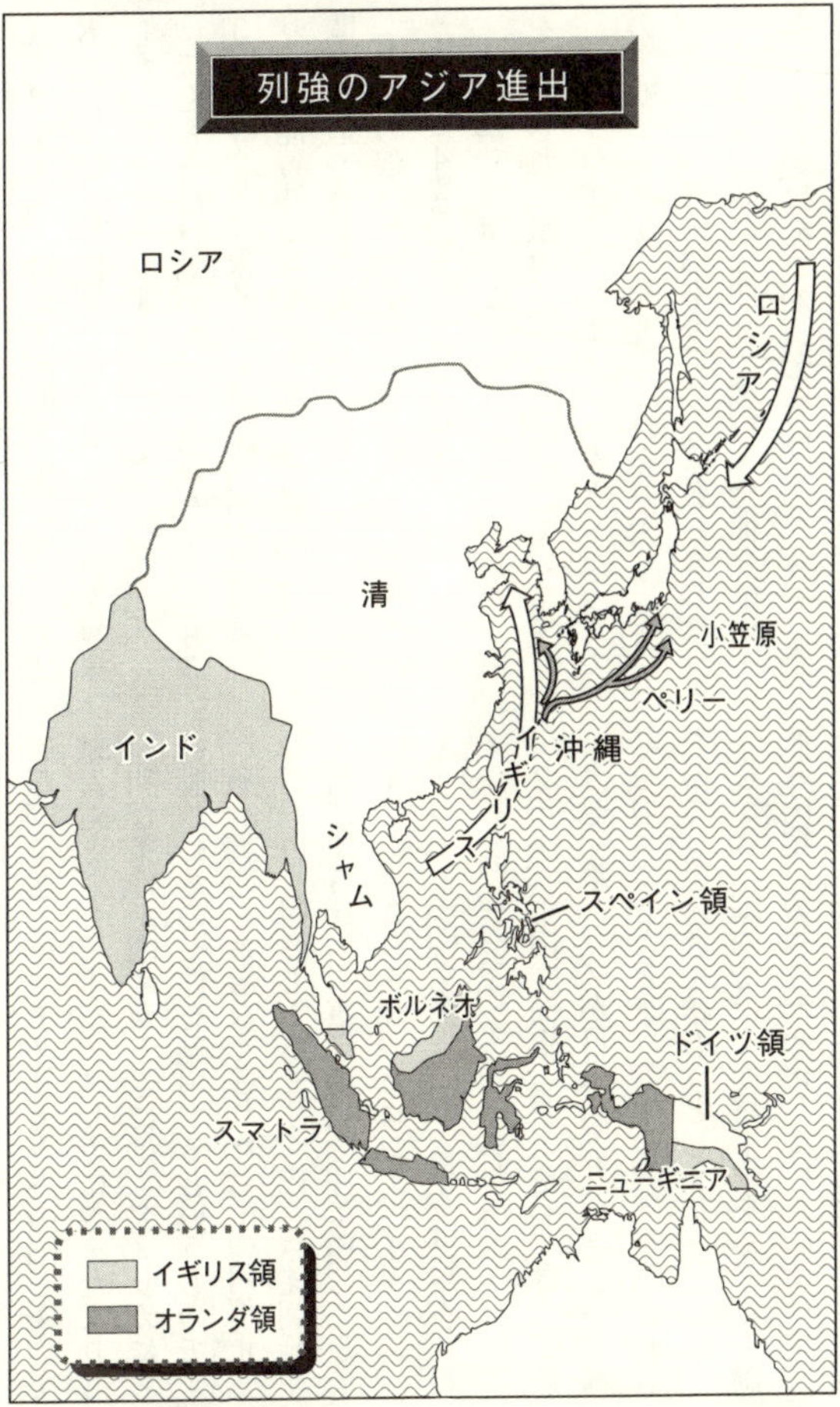
列強のアジア進出
ロシア
ロシア
清
小笠原
ペリー
沖縄
イギリス
インド
シャム
スペイン領
ボルネオ
ドイツ領
スマトラ
ニューギニア
イギリス領
オランダ領

不平等な日米修好通商条約がなぜ結ばれたのか？

Q

アヘン戦争が起きても、オランダ、イギリス、フランス、ロシアが開国を要求してきても、日本はまだ鎖国という眠りから目を覚ましたわけではありませんでした。

ほんとうに目覚めたのは嘉永6年（1853）、アメリカ東インド艦隊の司令長官ペリーが浦賀沖に4隻の軍艦で来航し、日本に開国を迫ったときでした。

「泰平の眠りをさます上喜撰（蒸気船）たった4杯（4隻）で夜もねむれず」

この落首には、200年以上つづいた安眠を妨害された恨みが、よく表われています。

ペリーはアポイントメントをとったうえでの来航でしたが、幕閣はこれを無視します。

翌年、ペリーはもういちど来航しました。ペリーが出した条件は、燃料・食糧を供給すること、難破船乗組員を救助すること、下田・箱館の領事駐在を認めること、アメリカに最恵国待遇を与えること、の4つでした。最恵国待遇とは、日本がアメリカ以外の国と条約を結んだとき、日本がアメリカに与えたよりも有利な条件を認めたときには、アメリカにも自動的にその条件を適用するというものです。

条約調印を余儀なくされた老中の阿部《あべ》正弘《まさひろ》は、勅許を得ることもせず、内容さえ朝廷や大名に知らせず、事後承諾で押し通してしまいました。これを知ったロシア、イギリス、オランダも開国を迫って、日本は日米《にちべい》和親《わしん》条約《じょうやく》と同様の条約を結びました。

2年後、下田総領事としてやってきたアメリカ総領事ハリスが日米《にちべい》修好《しゅうこう》通商《つうしょう》条約《じょうやく》締結を迫ってきたとき、老中の堀田《ほった》正睦《まさよし》は勅許を得て、手続きを踏もうとしました。

しかし、国内では次期将軍位をめぐる一橋派と南紀《なんき》派の対立が激化していたので、すんなり勅許が得られません。大老の井伊直弼も

A 幕府の外交知識のなさが生んだ悲劇！

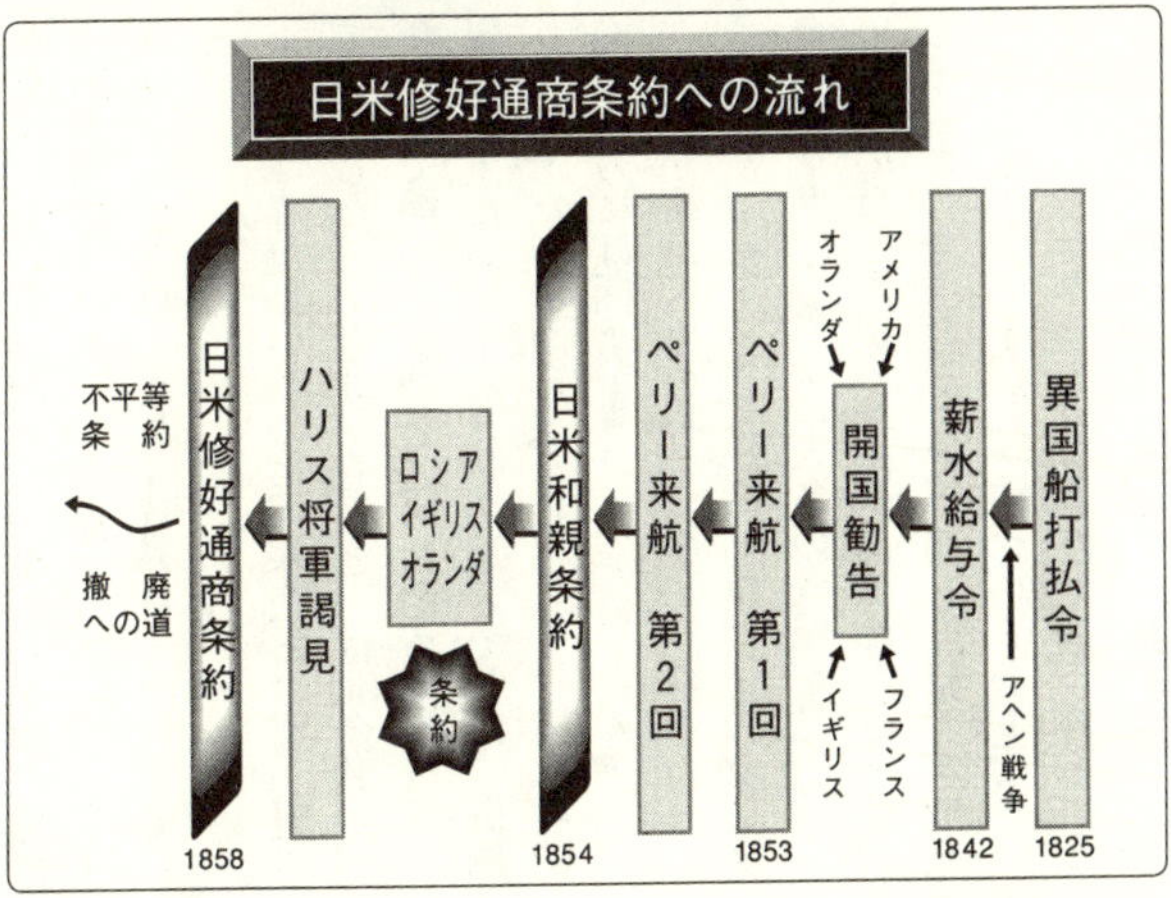

日米修好通商条約への流れ
1825
異国船打払令
アヘン戦争
1842
薪水給与令
アメリカ
オランダ
開国勧告
フランス
イギリス
1853
ペリー来航 第1回
ペリー来航 第2回
1854
日米和親条約
ロシア
イギリス
オランダ
条約
ハリス将軍謁見
1858
日米修好通商条約
不平等条約
撤廃への道

勅許の必要性を説いて孤軍奮闘しますが、幕閣連中はそれどころではないのか、聞く耳を持とうとしません。そこで、しびれを切らせた海防掛《かいぼうがかり》目付《めつけ》の岩瀬《いわせ》忠震《ただなり》が、調印を断行してしまったのです。

条約内容は、日米和親条約の比ではありませんでした。神奈川・長崎・新潟・兵庫の開港と江戸・大坂の開市、通商は自由貿易とすること、開港する土地に外国人居留地を設ける（ただし一般外国人の国内旅行禁止）、居留地に在留する外国人の裁判は本国の法にもとづいて領事が行なう（領事裁判権）、関税は日本側が決めるのではなく相互に相談して決める協定関税制とする（関税自主権の欠如）、というものでした。

この調印内容を知った幕閣は非難ごうごうです。井伊直弼は、すべての責任を老中の堀田正睦に押しつけて罷免させてしまうのです。

Q 桜田門外の変で井伊直弼が暗殺された原因とは？

桜田門外の変が起きたのは、日米修好通商条約が締結された1年半後の万延元年（1860）3月3日（新暦の3月24日）のことでした。

すでに春だというのに、寒空には雪が舞っていました。大老井伊直弼と一行60余名が、江戸城で節句の賀詞を述べるために外桜田の屋敷を出たのは午前9時のことでした。供廻《ともまわ》りの徒士《かち》たちは雨合羽《あまがっぱ》を着たうえ、雪水を防ぐため刀には柄袋《つかぶくろ》までつけていました。

一行が桜田門外の杵築《きづき》藩邸の門前あたりに差しかかったとき、『武鑑《ぶかん》』（諸大名の紳士録のようなもの）を手に大名の登城を見物していた男のひとりが、訴状を掲げながら駕籠訴《かごそ》してきたのです。そこで供頭と供目付が取り押さえようと列を離れて出ていくと、男がいきなり斬りかかってきました。迎え撃とうとしますが、柄袋があるため刀を抜けません。おまけに雨合羽を着こんでいるから思うように動けません。まごまごしているうちに、2人とも斬り倒されてしまいました。

そのとき、一発の銃声が轟《とどろ》き、これを合図に男たちが一斉に襲いかかってきたのです。供廻りの徒士たちはパニックに陥りました。置き去りにされた井伊直弼は、駕籠に乗ったまま何度も刺され、汚れた雪の上に引きずり出されたのです。

井伊直弼を襲ったのは18人。うち1人が薩摩藩の脱藩浪士。あとの17人は水戸藩の脱藩浪士でした。

井伊直弼を襲った動機は、いうまでもなく、日米修好通商条約調印への抗議と、それに批判的だった大名たちを蟄居《ちっきょ》や謹慎にした安政の大獄への報復でした。

彦根藩医の岡島玄達《おかじまげんたつ》が井伊直弼の遺体を検死したところ、太股から腰に抜ける貫通銃創

A 日米修好通商条約調印後の安政の大獄が引き鉄！

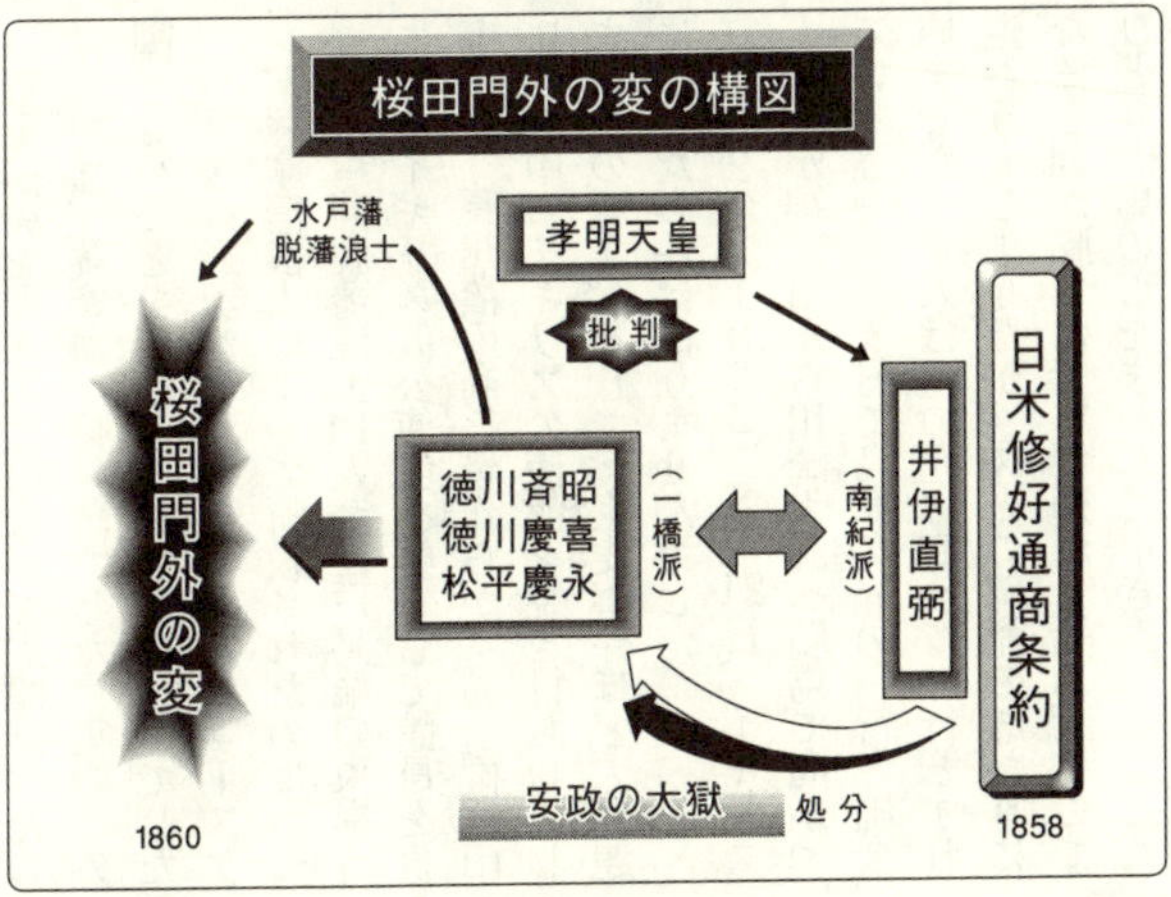
桜田門外の変の構図
水戸藩
脱藩浪士
孝明天皇
批判
日米修好通商条約
桜田門外の変
徳川斉昭
徳川慶喜
松平慶永
（一橋派）
（南紀派）
井伊直弼
安政の大獄
処分
1860
1858

を見つけました。合図になった一発の銃声は井伊直弼を狙ったものだったのです。

この事件で使われた銃は、中居屋重兵衛《なかいやじゅうべえ》という豪商が水戸浪士に提供したものだったといわれています。

つまり、安政の大獄で水戸藩主徳川斉昭《とくがわなりあき》が処分されたことに怒った藩士たちの一部が、脱藩したうえで犯行に及んだのです。ただ水戸藩出入りの豪商が武器を与えているところに、陰で徳川斉昭がすべてを操っていた、との見方もあります。

一般に桜田門外の変は、井伊直弼が日米修好通商条約を勅許もなしに強引に調印したことが原因のようにいわれていますが、井伊直弼だけの独断で調印したことでないことは前の項目で述べたように明白ですから、そのあとの安政の大獄が引き鉄になったことはたしかでしょう。

薩摩藩や長州藩はなぜ外国艦隊と交戦したのか？ Q

尊王攘夷を唱える藩のなかで過激だったのは水戸藩、薩摩藩、長州藩でした。実際に外国ともめごとを起こしたのもこの3藩でした。

ハリスの通訳だったオランダ人ヒュースケンが薩摩藩浪士によって斬殺されたのにつづき、水戸藩脱藩浪士14人が江戸高輪《たかなわ》の東禅寺《とうぜんじ》にあるイギリス仮公使館を襲撃して館員を負傷させ、長州藩の高杉晋作《たかすぎしんさく》らが、品川御殿山《ごてんやま》に建設中のイギリス公使館を焼き打ちしてしまったのです。そして、生麦《なまむぎ》事件ほど大問題になった事件はありませんでした。

文久2年（１８６２）8月21日、イギリス人4人が神奈川から川崎大師へ騎馬で向かっている途中、生麦村で島津久光《しまづひさみつ》の一行と出会いました。4人は道の左に寄って一行とすれ違おうとしましたが、久光の駕籠のあたりになると列が膨らんでいて通れません。そこで、ひとりが馬の首をまわして引き返そうとしたとき、久光一行の供頭らによって斬られて即死。ほかの2人も腕や肩を斬られてアメリカ領事館に逃げこみ、残ったひとりが脱出して横浜居留地に急を知らせたのです。

イギリス代理公使ニールは犯人の逮捕、外国人の保護を幕府に要請したうえ、本国の指示にもとづいて、幕府に正式な謝罪と賠償金10万ポンドを要求しました。また薩摩藩には、イギリス海軍士官立ち会いのもとでの犯人の裁判と極刑、遺族への2万５０００ポンドの支払いを要求しました。しかし交渉は紛糾。第15代将軍徳川慶喜は、イギリス側に10万ポンドを支払い、陳謝状を交付したのです。

しかし薩摩藩が誠意ある回答をしないため、ニールはじめ公使館全員は、軍艦7隻に分乗して横浜から鹿児島に向かい、市街地沖に投《とう》錨《びょう》。改めて薩摩藩に対して、前回同様の要求を突きつけます。しかし薩摩藩が、またも要

A 尊王攘夷派は西洋列強の強さを知らなかった！

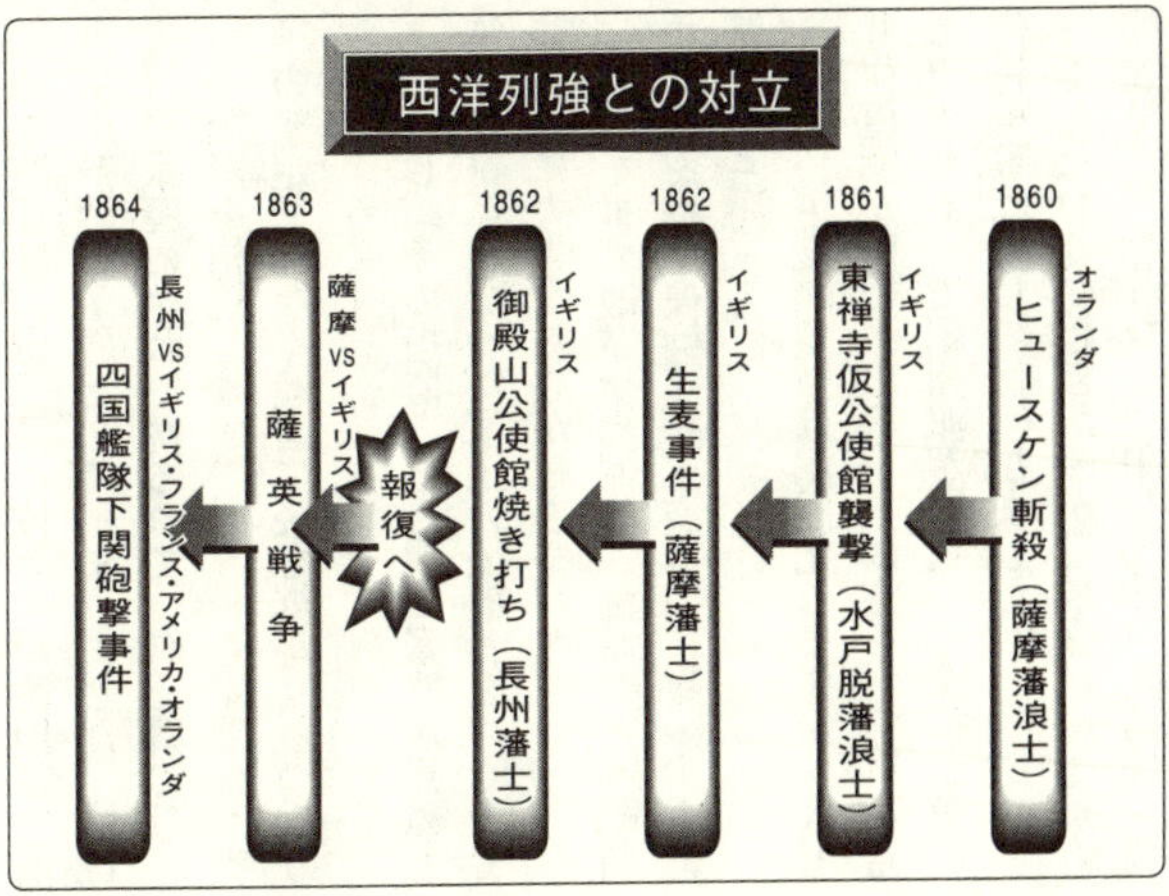
西洋列強との対立
1860
オランダ
ヒュースケン斬殺（薩摩藩浪士）
1861
イギリス
東禅寺仮公使館襲撃（水戸脱藩浪士）
1862
イギリス
生麦事件（薩摩藩士）
1862
イギリス
御殿山公使館焼き打ち（長州藩士）
報復へ
1863
薩摩 VS イギリス
薩英戦争
1864
長州 VS イギリス・フランス・アメリカ・オランダ
四国艦隊下関砲撃事件

求を拒否したため、イギリス側は薩摩藩の汽船3隻を捕獲。これをきっかけに砲撃戦が始まったのです。

イギリス艦隊の最新式アームストロング砲により、薩摩藩は砲台、市街地北部などを焼失。イギリス艦隊も薩摩藩側の4倍近い63人の犠牲者を出して横浜に引き返しました。

結局、薩摩藩は賠償金支払いと犯人極刑を約束。2万5000ポンドは幕府からの借入金でまかなわれました。

それと同時期、長州藩は、関門海峡で潮待ちをしているアメリカの小型蒸気商船を尋問したうえ砲撃。さらにフランス報知艦とオランダ軍艦をも攻撃したのです。

長州藩は、イギリス・フランス・オランダ・アメリカの四国連合艦隊に報復攻撃を受けて敗北。これを機に、尊王攘夷派は「攘夷」の無謀さに気づきはじめるのです。

Q 徳川慶喜が「最後の将軍」になったいきさつとは？

徳川慶喜は、御三家3位の水戸徳川家の藩主徳川斉昭《なりあき》の7男として生まれました。第12代将軍家慶《いえよし》にかわいがられて、御三卿のひとつ一橋家を相続します。どうやら家慶は、実子の家定《いえさだ》ではなく慶喜に後を継がせるつもりだったようです。

しかし、その措置をとる前に家慶が死ぬと、第13代将軍となった家定の後継者をめぐって、幕府内に大きな対立が起きました。

慶喜を推す改革主義派（一橋派）と、紀州の慶福《よしとみ》を推す保守血統主義派（紀州派、南紀派）の2派です。

この将軍継嗣争いは泥沼化しますが、大老井伊直弼が南紀派のトップに立ち、将軍家定の意志もあって紀州派が勝利し、慶福が第14代将軍家茂《いえもち》として就任しました。

そんなおりに起きたのが日米修好通商条約問題です。勅許なく調印した井伊直弼は、調印を批判する一橋派を安政の大獄のなかで蟄居・謹慎処分にします。そのなかには徳川慶喜も含まれていました。父徳川斉昭が永蟄居、慶喜が隠居謹慎処分になるのです。

安政の大獄の2年後、薩摩藩主の父島津久光に擁されて東下した勅使大原重徳《おおはらしげとみ》が慶喜を将軍後見職《しょうぐんこうけんしょく》とするよう要求、慶喜は一橋家を再相続したうえで家茂の後見職になります。このとき、安政の大獄で隠居謹慎処分になっていた福井藩の松平慶永《よしなが》（春嶽《しゅんがく》）が政事総《せいじそう》裁職《さいしょく》となり、2人で幕政を動かすことになります。

将軍家茂との仲はうまくいっていなかったようですが、家茂が辞表を書いたとき、その文中で皮肉をこめながら、後任に慶喜を推薦したという話が残っています。あとは将軍となるべき器の人物がいなかったのかもしれません。何しろ、幕府の幕引き役なのですから。

A 激動の時代が慶喜を水戸家→一橋家→将軍家へ！

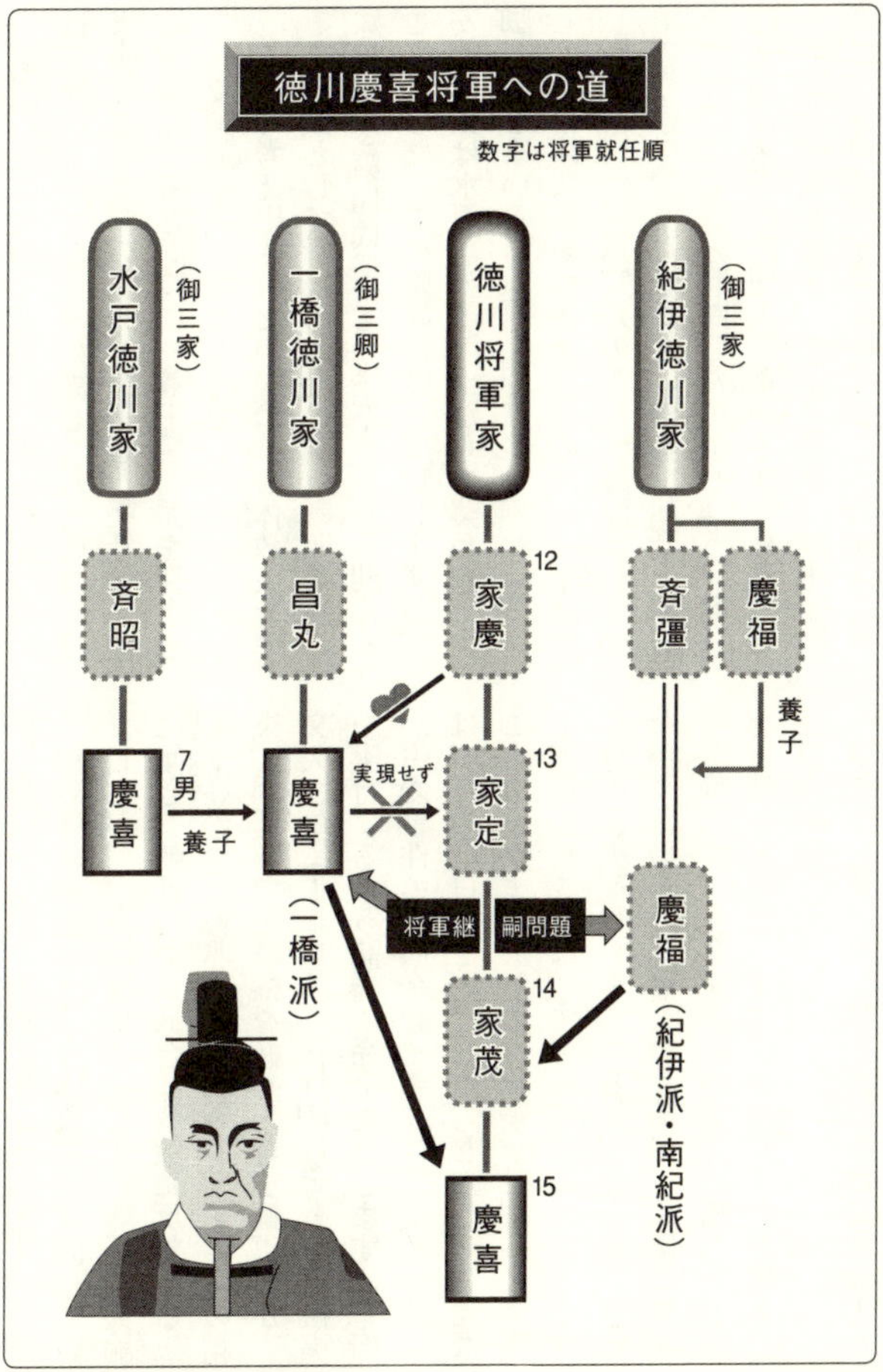
徳川慶喜将軍への道
数字は将軍就任順
水戸徳川家
(御三家)
一橋徳川家
(御三卿)
徳川将軍家
紀伊徳川家
(御三家)
斉昭
昌丸
12
家慶
斉彊
慶福
養子
慶喜
7男
養子
慶喜
実現せず
13
家定
将軍継嗣問題
慶福
(一橋派)
14
家茂
(紀伊派・南紀派)
15
慶喜

Q なぜ尊王攘夷運動が討幕運動に変わったのか？

桜田門外の変のあと幕府の実権を握ったのは安藤信正《あんどうのぶまさ》でした。彼に課せられたのは、日米修好通商条約の調印で悪化した朝廷との関係を修復すると同時に、尊王攘夷派を押さえこんで国論を統一することでした。

そこで考え出されたのが公武合体《こうぶがったい》政策です。その象徴として行なわれたのが、孝明《こうめい》天皇の妹和宮《かずのみや》を第14代将軍家茂《いえもち》夫人として迎えることでした。この降嫁作戦は成功しますが、安藤信正は水戸藩脱藩浪士たちに襲われ、失脚してしまいます（坂下門外の変）。

公武合体政策を引き継いだのは、薩摩藩でした。第11代将軍家斉の夫人が島津重豪《しげひで》の娘で近衛家の養女だった関係から、朝廷と幕府の仲介役になると判断したのでしょう。藩主の父島津久光が勅使大原重徳《おおはらしげとみ》と江戸に乗りこんで幕政改革を要求。松平慶永《まつだいらよしなが》は政事総裁職に、徳川慶喜が将軍後見職に、会津藩主の松平容保《かたもり》が京都守護職に任命されます。

初めは長州藩も公武合体政策に賛同していましたが、中下級藩士の主張する尊王攘夷論に傾き、朝廷内で公武合体政策に反対する三《さん》条《じょう》実美《さねとみ》ら急進派公卿と結ぶのです。その結果、朝廷内で主導権を握った尊王攘夷派が、文久3年（1863）5月10日をもって攘夷を実行するよう諸藩に命令を下します。幕府が生麦事件の賠償金をイギリスに支払ったのは、その前日のことでした。しかし、そんなこともおかまいなしの長州藩が外国船に攘夷を実行したことは、すでに述べたとおりです。

尊王攘夷運動を実践する長州藩を快く思わなかったのが薩摩藩と会津藩で、両藩は御所を警備して、三条実美ら急進派公卿と長州藩を京都から追放します。これが文久3年8月18日の政変です。

そこで起死回生に動きはじめた長州藩士た

A 「8月18日の政変」で流れが大きく変わった！

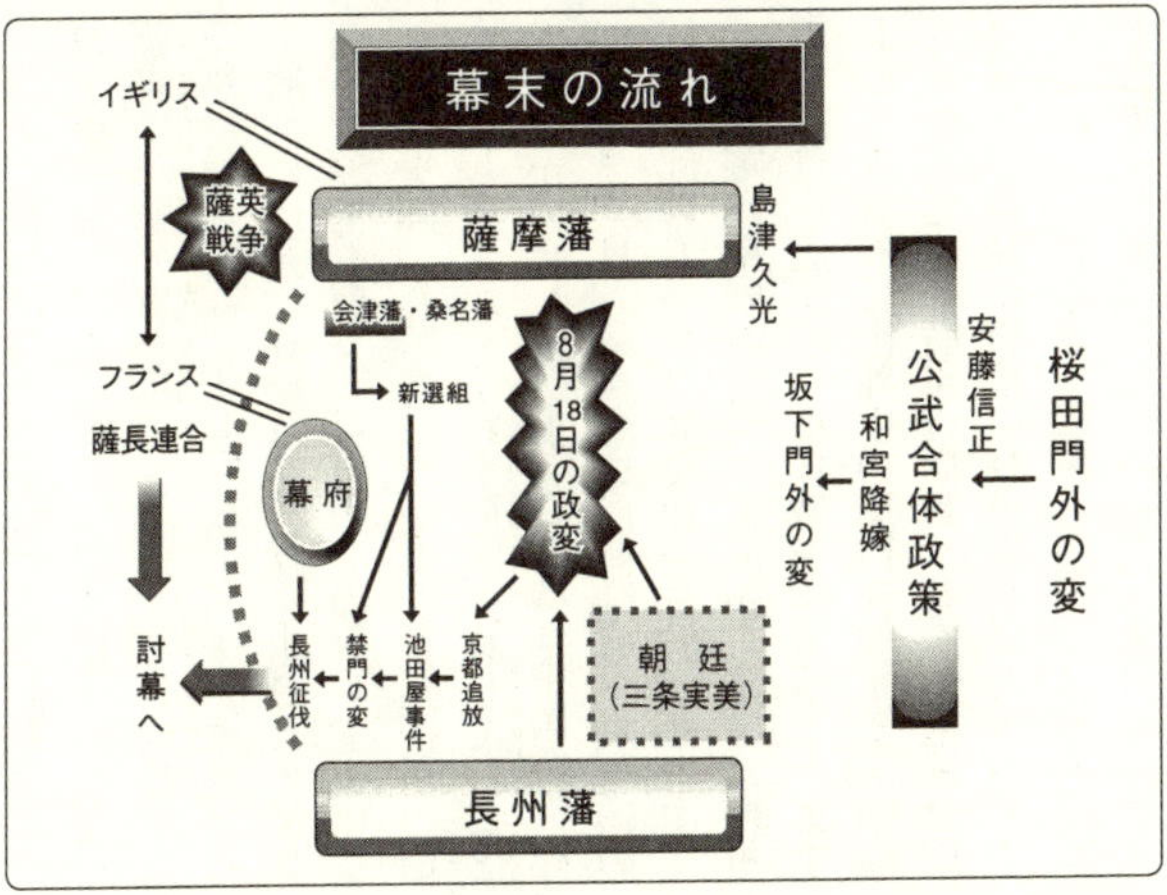
幕末の流れ
イギリス
薩英戦争
薩摩藩
島津久光
会津藩・桑名藩
新選組
8月18日の政変
安藤信正
公武合体政策
桜田門外の変
和宮降嫁
坂下門外の変
フランス
薩長連合
幕府
討幕へ
長州征伐
禁門の変
池田屋事件
京都追放
朝廷（三条実美）
長州藩

ちが京都に潜伏していたところを、松平容保指揮下の新選組《しんせんぐみ》に襲われたのが池田屋事件。さらに長州藩は大軍を京都に送りこみ、御所周辺で薩摩・会津・桑名の各藩兵と激闘して敗退します。これが禁門《きんもん》の変です。

この禁門の変の責任を問う意味で行なわれたのが第1次長州征討で、つづいて四国艦隊下関砲撃事件、薩英戦争が勃発します。

この2つの戦争で、尊王攘夷運動は下火に向かい、外国勢が政治に介入してきます。

幕府にかわる雄藩連合政権を実現させようとしていたイギリス公使パークスに、薩英戦争で攘夷をあきらめた薩摩藩が接近。そのあたりから薩摩藩政を握ったのが西郷隆盛《さいごうたかもり》と大《おお》久保利通《くぼとしみち》です。いっぽう幕府を支持したのはフランス公使ロッシュです。イギリスが討幕、フランスが佐幕の陣営の要《かなめ》として対立することになるのです。

Q 徳川幕府滅亡の最終的な決断を下したのは？

第1次長州征討と四国艦隊下関砲撃事件で尊王攘夷論が下火になり、長州藩はいったん幕府に恭順の意を示しますが、それに反対した高杉晋作《たかすぎしんさく》や桂小五郎《かつらこごろう》（のちの木戸孝允《きどたかよし》）は上層部に反発。高杉は奇兵隊を組織して挙兵、藩の主導権を握って軍事力を強化します。

それを知った幕府は、第2次長州征討の命令を下しますが、これを危険に感じている2人の男がいました。坂本龍馬《さかもとりょうま》と中岡慎太郎《なかおかしんたろう》です。2人は、薩摩藩の西郷隆盛、長州藩の桂小五郎のあいだで薩長連合を結ばせます。

薩摩軍は幕府の攻撃を背後から妨げ、長州軍は譜代小笠原氏の小倉《こくら》城を攻め落とします。しかも大坂城に出陣中の第14代将軍家茂《いえもち》が急死したことで征討軍は撤兵。幕府の権威は地に落ち、薩長が討幕運動の中心になるのです。

しかし、このまま薩摩と長州が幕府を倒したのでは、徳川にかわる新たな幕府が誕生するだけです。それに危険を感じた土佐藩の坂本龍馬と後藤象二郎《ごとうしょうじろう》は、前藩主の山内豊信《やまうちとよしげ》（容堂《ようどう》）を通して、徳川慶喜に政権を朝廷に返上する大政奉還《たいせいほうかん》を勧めます。このとき慶喜には、坂本龍馬の「船中八策《せんちゅうはっさく》」が示されていました。それは、公武合体派と諸侯会議からなる公議政体の新政権構想です。

事態はそんなに甘いものではありませんでした。公卿の岩倉具視《いわくらともみ》と手を結んだ大久保利通・西郷隆盛らが「討幕の密勅」を得ていたのです。ただ慶喜にとって運がよかったのは、「討幕の密勅」が出された日と、大政奉還を奏上した日がおなじだったために賊臣にならずにすんだことでした。

挙兵に失敗した西郷が、藩主島津忠義《ただよし》の挙兵上洛を実現するために薩摩に戻っているあいだ、岩倉と大久保はクーデターの準備にとりかかりました。朝廷工作を行ない、後藤象

A 慶喜は新政府参加の餌につられて大政奉還を承諾！

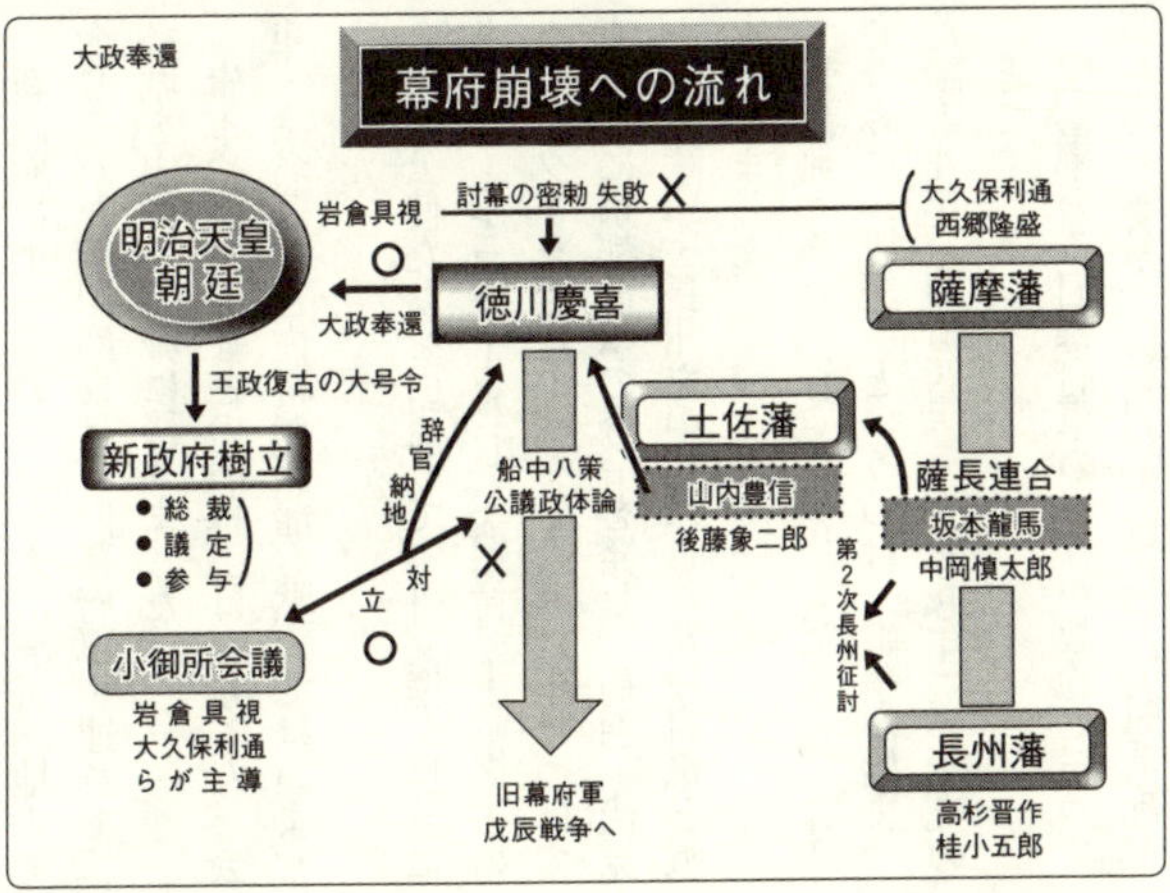
大政奉還
幕府崩壊への流れ
討幕の密勅 失敗 ×
大久保利通
西郷隆盛
岩倉具視
明治天皇
朝廷
○
大政奉還
徳川慶喜
薩摩藩
王政復古の大号令
新政府樹立
● 総裁
● 議定
● 参与
辞官納地
対立
○
×
船中八策
公議政体論
土佐藩
山内豊信
後藤象二郎
薩長連合
坂本龍馬
中岡慎太郎
第2次長州征討
小御所会議
岩倉具視
大久保利通
らが主導
旧幕府軍
戊辰戦争へ
長州藩
高杉晋作
桂小五郎

二郎に働きかけて土佐藩も丸めこみ、長州藩、尾張・福井両藩の協力も得たのです。そして薩摩・尾張・福井・土佐の藩兵が宮門をかためるなか、明治天皇によって王政復古の大号令が発せられました。それは、摂政・関白・幕府などを廃止して、総裁《そうさい》・議定《ぎじょう》・参与《さんよ》の三職を天皇のもとに置くというものです。

　王政復古の大号令が出されたその日の夜、総裁に就任した有栖《ありす》川宮《がわのみや》熾仁《たるひと》親王《しんのう》、皇族・公卿・諸侯（山内豊信・松平慶永ら10人）からなる議定、岩倉具視ら公卿と雄藩の藩士（西郷隆盛・大久保利通・後藤象二郎・木戸孝允ら）からなる参与の三職が列席のもと、京都御所内の小御所《こごしょ》で御前会議が開かれ、徳川家の処分問題について話し合われました。

　その結果、慶喜は新政府から排除されただけでなく、内大臣の辞官、領地の一部返上（辞官納地《じかんのうち》）を命ぜられるのです。

戊辰戦争の旧幕府軍敗北は何を意味しているのか？

Q

新政府に加えられないうえに辞官納地まで命じられた徳川慶喜は、旧幕府軍を連れて二条城を出て大坂城に移りました。

旗本や御家人などの旧幕臣はもちろん、会津・桑名藩など佐幕派諸藩も黙ってはいませんでした。

外国公使たちを引見して、外交権が自分にあることをアピールした慶喜は王政復古のクーデターを否定。続々と大坂に駆けつけてくる兵に京都進撃の号令を発し、鳥羽《とば》・伏見《ふしみ》を守る薩摩・長州を中心にした新政府軍と戦《いくさ》を始めました。

戊辰《ぼしん》戦争《せんそう》の幕が切って落とされたのです。ちなみに「戊辰」というのは、戦争が始まった慶応4年（明治元年、1868年）の干支のことです。

慶喜率いる旧幕府軍のほうが数的に勝っていたのですが、装備が不足し、指揮系統が整っていないために、もろくも新政府軍に打ち破られてしまいます。

大坂城を脱出した徳川慶喜は、江戸城で反撃の機会をうかがいますが、新政府内の公議政体派が勢力を失っていることを悟ると、恭順に踏み切ります。

しかし、まだ抵抗を示す諸藩を「征討」するため、新政府軍は大総督府、諸道総督府を設置。有栖川宮《ありすがわのみや》熾仁親王《たるひとしんのう》を大総督宮に任命し、抵抗する諸藩に対して、開城、藩主謹慎、勤王誓紙の差出しなどを条件に降伏勧告をしながら、錦の御旗を掲げて東征の軍を進めていきます。

しかし、江戸を火の海にすることを憂えたイギリス公使パークスが新政府に圧力を加えた結果、幕臣勝《かつ》海舟《かいしゅう》と大総督府参謀西郷隆盛とのあいだで江戸無血開城を取り決めます。

こうして江戸城は新政府に接収されました

A 鎌倉幕府以来つづいてきた武家政権の終焉！

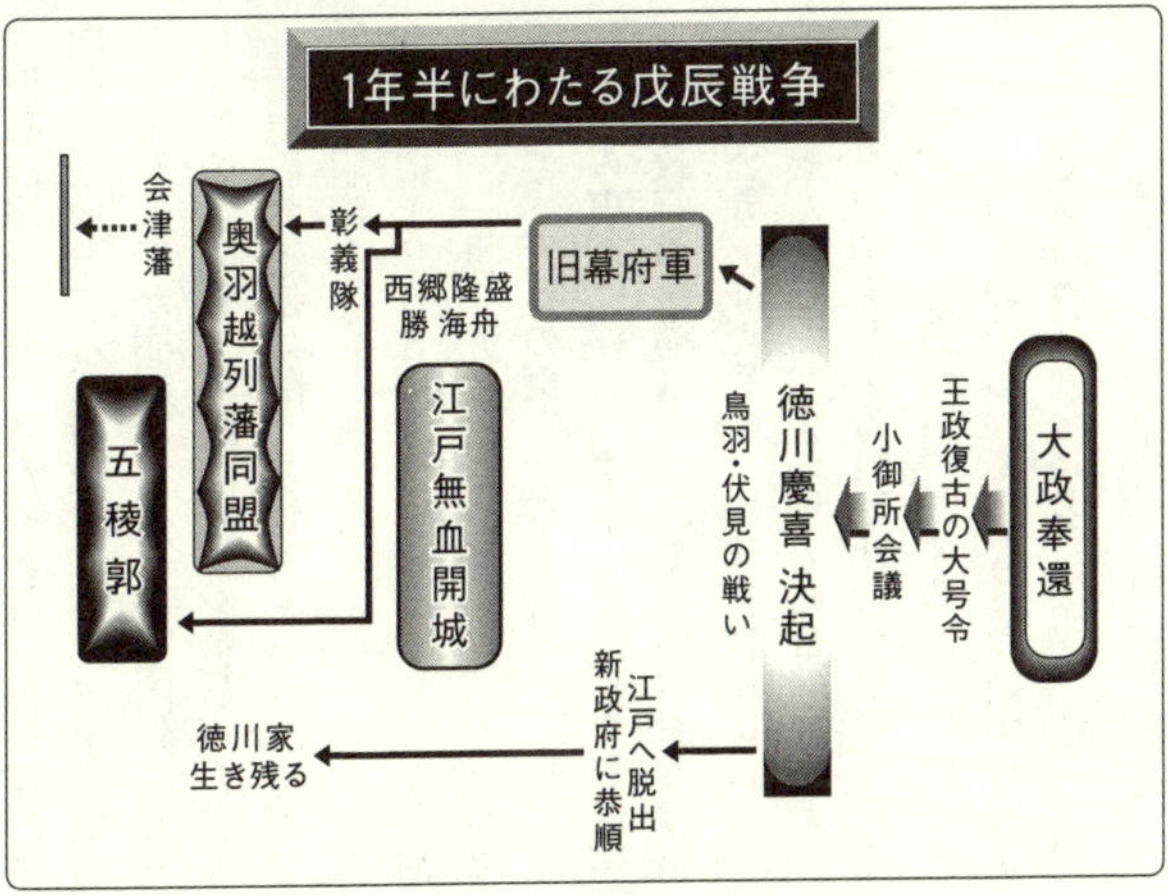
1年半にわたる戊辰戦争
大政奉還
王政復古の大号令
小御所会議
徳川慶喜 決起
鳥羽・伏見の戦い
旧幕府軍
江戸へ脱出 新政府に恭順
徳川家 生き残る
西郷隆盛 勝海舟
江戸無血開城
彰義隊
奥羽越列藩同盟
会津藩
五稜郭

が、上野寛永寺《かんえいじ》に拠った彰義隊《しょうぎたい》がゲリラ戦をくり広げると、それに呼応するように東北に飛び火し、会津藩を中心に奥羽列藩同盟《おううれっぱんどうめい》が、さらに長岡藩などの北越諸藩がこれに合流して奥羽越列藩同盟《おううえつれっぱんどうめい》が結成されます。

長岡藩、米沢藩、仙台藩などを順次降伏させ、約1カ月籠城した会津藩を攻略。盛岡藩、庄内藩も軍門に下って、ようやく東北の戦乱も終了しました。

そのころ旧幕府艦隊に乗って江戸を脱走した旧幕臣らは、箱館《はこだて》の五稜郭《ごりょうかく》に立て籠もり、榎本武揚《えのもとたけあき》を総裁とする共和政府を樹立。蝦夷地の統治開拓に着手していました。

新政府がこれを見逃すはずもなく、北征艦隊を派遣して、五稜郭に立て籠もる最後の旧幕府軍を破り、1年半におよぶ戊辰戦争に終止符を打つのです。これで鎌倉幕府以来つづいてきた武家政権が完全に終わったのです。

Q 封建制打破を狙う明治新政府の2大改革とは？

旧幕府軍を征討するため新政府軍が江戸に向かっているころ、新政府は、天皇を主権者とする新政府が樹立したことを国内外に通達し、五箇条《ごかじょう》の誓文《せいもん》で政治方針を示し、五傍《ごぼう》の掲示《けいじ》で儒教道徳に関する指導をし、政体書で新政府組織を発表しました。

さらに1868年9月をもって元号を明治と改め、一世一元の制を立て、江戸を東京と改称して、天皇の東京行幸を行ない、政府も京都から東京に移して東京に遷都しました。

中央政府の機構は、これで、いちおうは整いましたが、まだ完全な中央集権化にはなっていませんでした。まだ地方には諸藩があって、藩主を領主とする封建社会が残っていたのです。封建社会から脱却するためには、土地が領主のものであってはならないからです。

そこで新政府は、諸藩主の領地（版）、領民（籍）をすべて天皇に返上する版籍奉還《はんせきほうかん》を断行しました。中心になったのは大久保利通と木戸孝允で、まず新政府の主導権を握った薩摩・長州・土佐・肥前の4藩が版籍奉還を申し出て、そのあと諸藩がつづき、旧佐幕派の各藩には命令を下しました。その結果、藩主は知藩事《ちはんじ》となり、新政府の行政官吏となったのです。知藩事は、藩主時代の石高の10分の1の家禄を支給されることになりました。

さらに新政府は廃藩置県《はいはんちけん》の詔《みことのり》を出し、すべての藩を廃して3府（東京・京都・大阪）72県を設置。知藩事をすべて東京に移住させて、新たに県知事を中央から派遣したのです。

同時に新政府の組織を改正。改正は、その後もつづけられ、帝国議会が発足されるころに、ようやく落ち着きました。

とはいえ新政府は、公家の三条実美《さねとみ》・岩倉具視を除けば、薩長土肥《さっちょうどひ》を中心にした藩閥政府になっていったのです。

A 版籍奉還と廃藩置県で旧藩主の存在基盤を奪う！

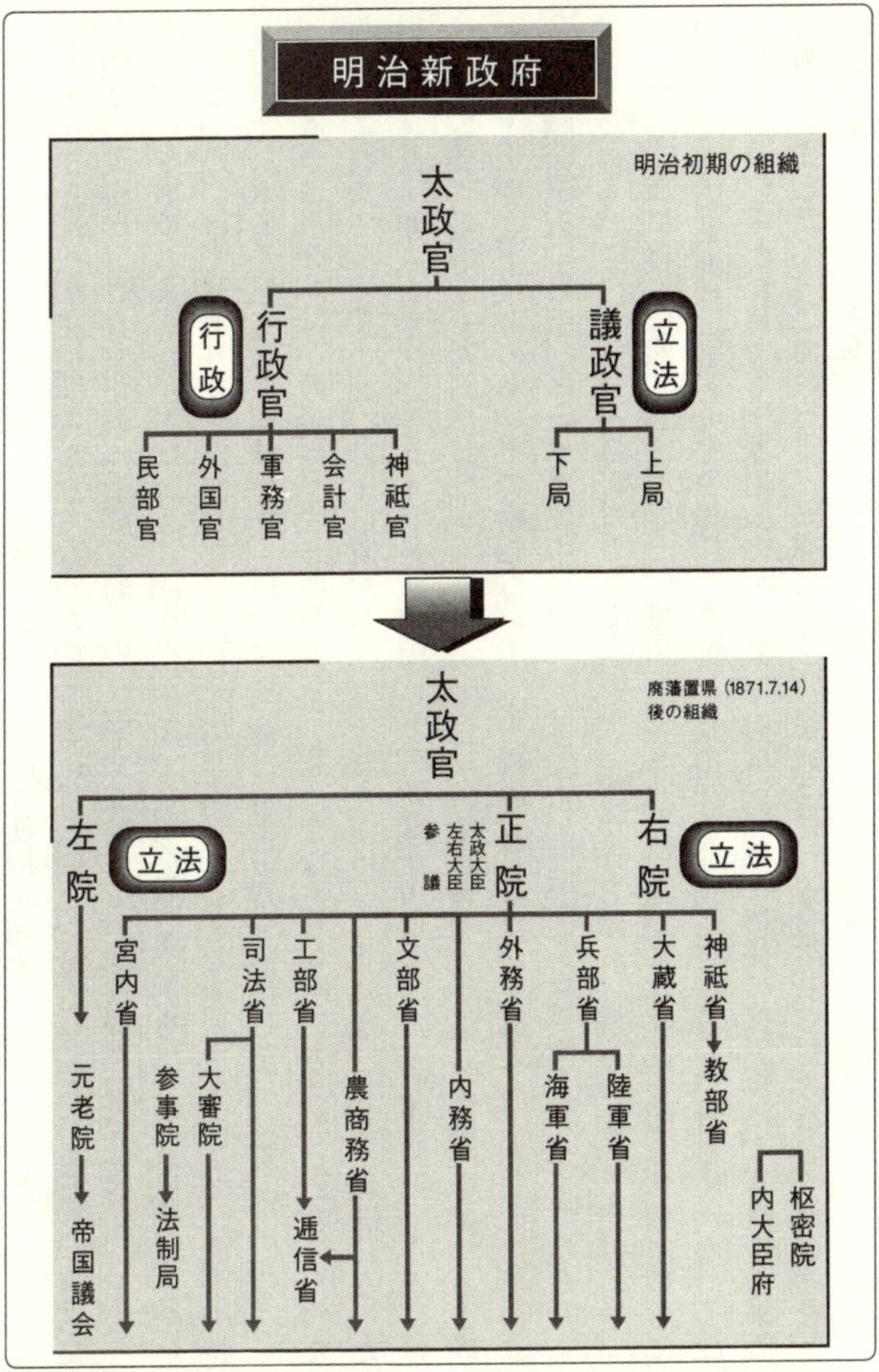
明治新政府
明治初期の組織
太政官
行政
行政官
議政官
立法
民部官
外国官
軍務官
会計官
神祇官
下局
上局
廃藩置県（1871.7.14）後の組織
太政官
左院
立法
正院
太政大臣
左右大臣
参議
右院
立法
宮内省
司法省
工部省
文部省
外務省
兵部省
大蔵省
神祇省
元老院
帝国議会
参事院
法制局
大審院
農商務省
逓信省
内務省
海軍省
陸軍省
教部省
内大臣府
枢密院

「四民平等」で特権を奪われた「士族」のその後は？ Q

廃藩置県によって藩が消滅し、版籍奉還によって藩主と藩士の主従関係がなくなったのを機に、政府は、これまでの「士農工商」の身分制度を撤廃しました。とはいえ、四民平等になったわけではありませんでした。

旧藩主（大名）や上層公家は華族、藩士など一般武士は士族、ほかの者は平民となりました。これまで「士農工商」の下に置かれていた、えた・非人も平民になりました（実際に社会的差別は残りました）。

華族・士族と平民とのあいだの婚姻も認められ、職業選択の自由、移転や居住の自由、苗字も認められ、外見上は平等になりました。

しかし士族には、依然として家禄と、維新の恩賞である賞典禄（あわせて秩禄《ちつろく》）が支給されており、それだけでも国家財政の30％を占めていました。そこで政府は、秩禄処分に着手します。まず秩禄奉還《ちつろくほうかん》の制を定めて、自発的な秩禄奉還をうながしました。奉還した者には公債と現金が与えられました。さらに米で支給していた秩禄を現金に替え、そのうえで金禄公債条例《きんろくこうさいじょうれい》を出して家禄制度を全廃にしました。また廃刀令を出して、武士の特権だった帯刀を禁止したのです。

家禄をなくし、帯刀さえ許されなくなった士族たちは、官吏になったり、教師になったり、新聞記者になったりしました。なかには金禄公債証書を元手にして商売を始める士族も続出しましたが、ほとんどが失敗に終わり、「武士の商法」とさげすまれるようになります。都市から離れ、農業を始める士族も多くいました。なかには反乱を起こす者、のちに自由民権運動に走る者も出はじめたため、政府は、開墾・移住の保護奨励、官有地の廉価払い下げ、資金の貸し付けなど士族授産を行なって士族救済に乗り出すのです。

A 藩消滅、秩禄奉還、廃刀令で旧武士階級は没落！

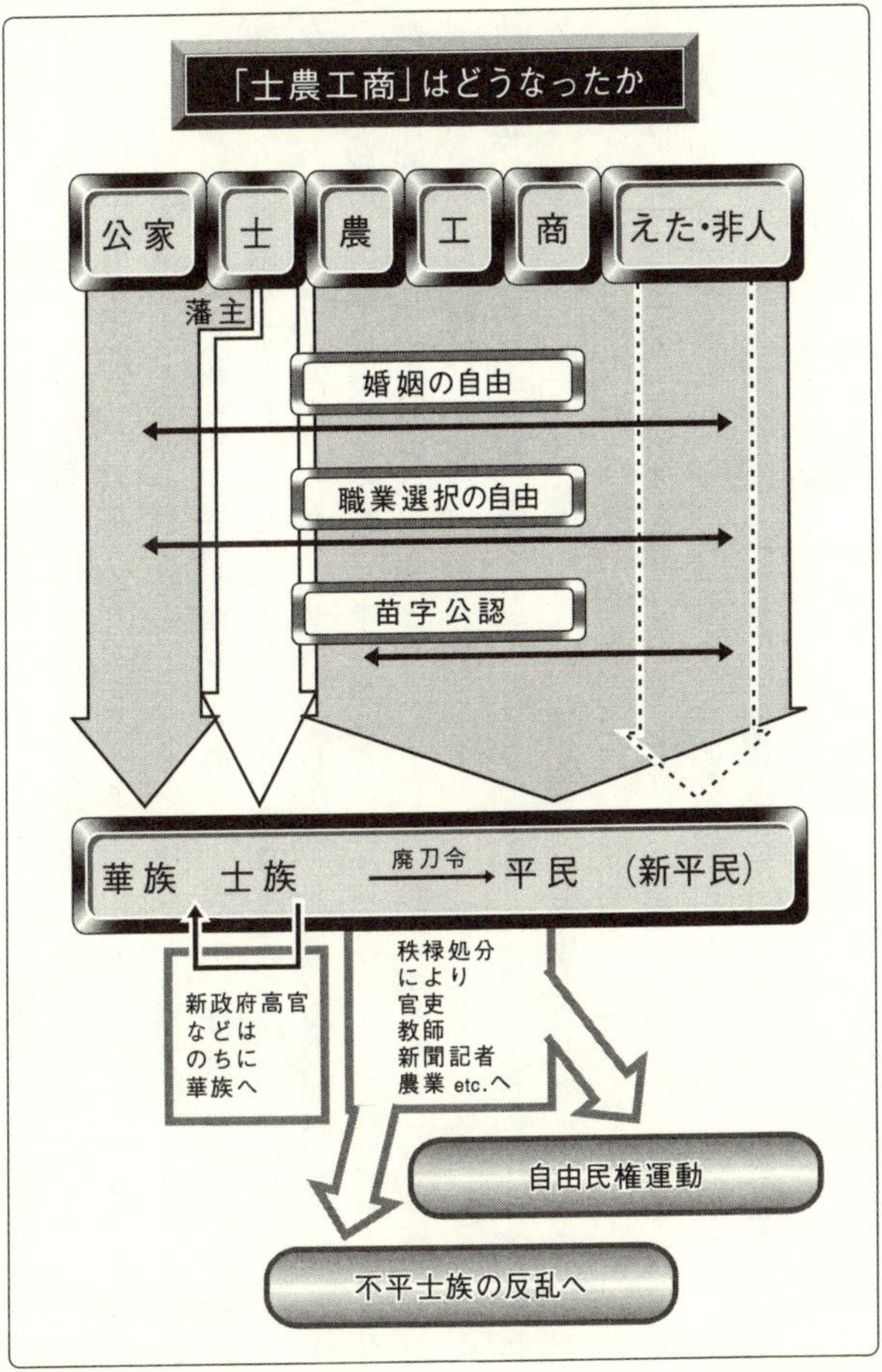
「士農工商」はどうなったか
公家
士
農
工
商
えた・非人
藩主
婚姻の自由
職業選択の自由
苗字公認
華族　士族
廃刀令
平民　(新平民)
新政府高官などはのちに華族へ
秩禄処分により官吏教師新聞記者農業 etc.へ
自由民権運動
不平士族の反乱へ

Q 「地租改正」で農民の納める年貢はどう変わった？

政府にとって財政確保は重要な問題でした。年貢は、各藩によって税率が違っていましたし、米で納めるのが原則でしたから、それでは一定の財源を確保することができません。

政府は、不換紙幣の太政官札《だじょうかんさつ》や民部省札《みんぶしょうさつ》を発行したり、豪商から借金したりしていましたが、それでもカンフル剤にしかなりません。

そこで政府は大胆な商業政策を断行しました。株仲間を解散させて商品の自由売買を許可したのをはじめ、農民の米販売の許可、関所の廃止、田畑勝手作りの許可、職業の選択の自由などです。

何よりも効果的だったのは、土地の私有制度を確立したことでした。それまで禁止されていた田畑永代売買を許可し、全国の地価を定めて、土地所有者に「所在地、土地の種類、面積、価格、所有者」を記した地券《ちけん》（現在の登記済権利証のようなもの）を発行したのです。

そして明治6年に地租改正《ちそかいせい》条例を施行して地租改正に着手しました。

つまり、それまでの収穫高ではなく地価の3％を地租として貨幣で納めさせることにしたのです。そうすれば全国からの納税額が一定し、予算を組みやすくなるからです。

しかし、これは政府の理論であって、農民たちがすんなり受け入れたわけではありませんでした。農民一揆があちこちで続発したのです。ちょうど不平士族の反乱が起きているときでもあったので、両者が結託して政府転覆を謀るのを危惧した政府は、3％の税率を2・5％に引き下げることにしました。

ちょうど米価も上がりはじめたことで、実質的な税率が下がったため、反乱もおさまり、地租改正は受け入れられたかたちになりました。固定資産税を納めなければならなくなったのは、これ以降のことです。

A 収穫高ではなく地価の3%を地主が貨幣で納税！

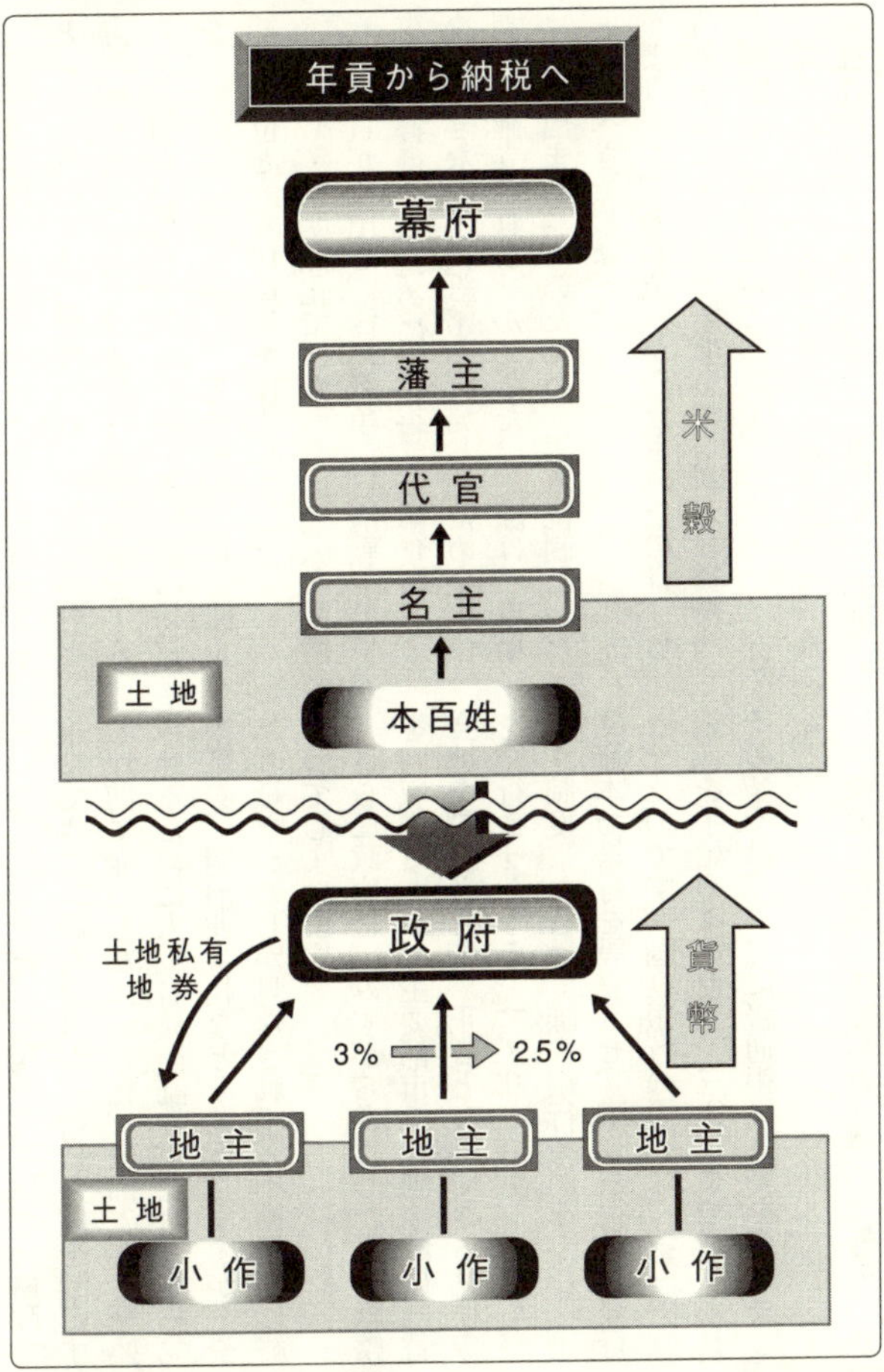
年貢から納税へ
幕府
藩主
代官
名主
米穀
土地
本百姓
政府
土地私有
地券
貨幣
3%
2.5%
地主
地主
地主
土地
小作
小作
小作

明治新政府の金融政策が生み出したものとは？　Q

江戸時代は、金貨1両が4分、1分が4朱というように4進法が使われ、貨幣も小判と方形のものでしたが、政府は明治4年（1871）制定の新貨《しんか》条例《じょうれい》で、金・銀・銅の新貨を造幣寮《ぞうへいりょう》で鋳造し、円を基本に、銭《せん》と厘《りん》を補助単位とする10進法を採用しました。

しかし、文明開化で西欧からの輸入が激増して金貨が流出し、西南戦争、日清戦争の軍事費を獲得するために、正貨（金銀貨幣）と交換できない不換《ふかん》紙幣を乱発したため金本位制度は確立されませんでした。実際は、市場に銀が出まわっていたため、銀本位制だったというべきでしょう。

ようやく、金本位制が確立されたのは、日清戦争によって得た賠償金で、新たに貨幣法が制定されて以降のことです。

これだけお話しすると明治新政府のとった金融政策はシンプルなようですが、実際はまったく逆でした。地租改正だけでは財政を維持できない政府自身が、新貨条例を制定する以前に発行した太政官札、民部省札と交換させるために大蔵省兌換《だかん》証券、北海道開拓兌換証券、明治通宝札などを発行しますが、やはり紙きれとしか見なされず、不換紙幣に終わってしまいます。

さらに政府は、みずから発行した不換紙幣を回収するため、主要都市や開港地域に為替会社を設立させて、正貨と交換できる兌換券を発行させたうえ、アメリカのナショナルバンク制度にならって国立銀行条例を出し、民間資本で銀行を設立させ、国立銀行券を発行させたのです。国立銀行の設立は、第一国立銀行を手始めに第百五十三銀行まで設立され、その多くは、のちに普通銀行に姿を変えました。

ちなみに現在、国立銀行当時の商号の名残

A　不換紙幣乱発の後始末のため日本銀行を設立！

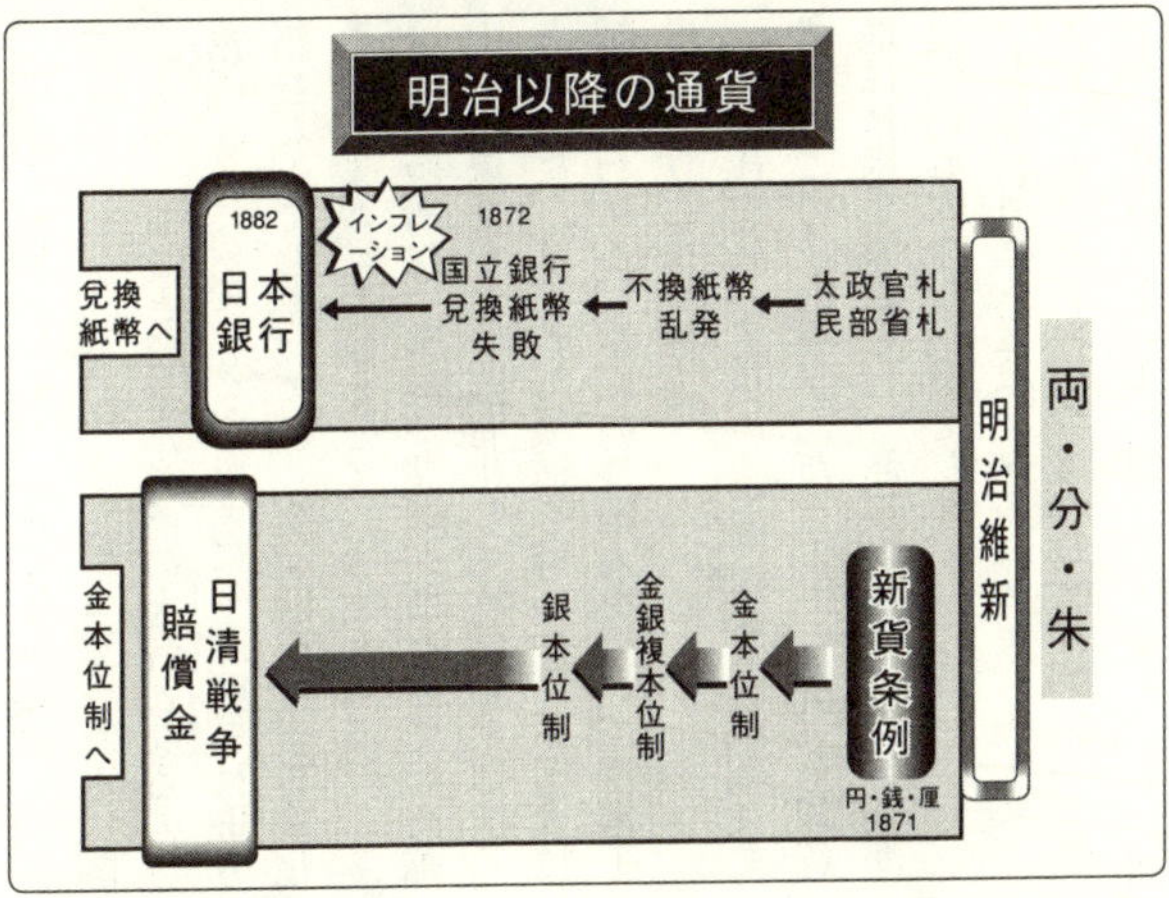
明治以降の通貨
両・分・朱
明治維新
太政官札
民部省札
不換紙幣
乱発
1872
国立銀行
兌換紙幣
失敗
インフレーション
1882
日本
銀行
兌換
紙幣へ
新貨条例
円・銭・厘
1871
金本位制
金銀複本位制
銀本位制
日清戦争
賠償金
金本位制へ

をとどめる銀行には、第四《だいし》銀行（新潟）、十六銀行（岐阜）、十八銀行（長崎）、七十七《しちじゅうしち》銀行、八十二銀行（長野）、百五銀行（三重）、百十四《ひゃくじゅうし》銀行（香川）があります。

しかし、それでも兌換は実行されず、物価だけが上昇してインフレーションを生むことになりました。そこで、当時の大蔵卿松方正《まつかたまさ》義《よし》がインフレを克服し、根源である不換紙幣の回収整理を行なうため、つまり、なかったことにするため、正貨兌換の銀行券を発行する日本銀行《にっぽんぎんこう》を設立したのです。このため日本銀行は、国家の銀行（中央銀行）のイメージが定着しました。ちなみに資本金1000万円のうち政府出資は半分でした。

いま、われわれは日本銀行券と、500円玉～1円玉の補助貨幣を使っていますが、それは明治新政府の尻拭いから始まったのです。

明治の日本が力を注いだ「文明開化」とは？ Q

明治新政府のいちばん重要な課題は、西洋（欧米）の資本主義国家と肩を並べる近代国家をつくることでした。その土台となるのが富国《ふこく》強兵《きょうへい》策で、そのうえに殖産興業《しょくさんこうぎょう》に取り組むことでした。では、文明開化による変化をおおまかにお話ししていきましょう。

まず政府は、幕府や諸藩が所有していた鉱山や工場をすべて国有化して官営事業にするとともに、欧米から機械を導入し、外国人技師、いわゆる、お雇い外国人を招いて官営工場を設立しました。

その代表的なものに富岡製《とみおかせい》糸場《しじょう》があります。ここで技術を学んだ女工たちが、全国各地に技術指導員として派遣されました。北海道開拓も大きな事業でした。

お雇い外国人には、フルベッキ、モース、ブリューナ、コンドル、ベルツ、クラークなどが、その名をいまに残しています。

通信や交通制度にも早くから取り組みました。明治2年（１８６９）には東京―横浜間に電信が敷設され、5年後には青森―東京―長崎、さらに10年後には全国に電信網が張り巡らされました。電話も明治10年に輸入されてから東京を中心に普及されはじめ、飛脚にかわって郵便制度も明治6年には整いました。

鉄道も、明治5年に新橋―横浜間で開通。明治22年には東海道本線も整備されました。

宗教・教育・学問の世界でも大きな変動がありました。王政復古によって神道を中心とする国民教化が行なわれ、明治3年に大教《だいきょう》宣布《せんぷ》の詔《みことのり》を出します。

官幣社《かんぺいしゃ》や国弊社《こくへいしゃ》などが定められたのもこのころで、神仏分離令で廃仏《はいぶつ》毀釈《きしゃく》運動が全国に広まり、寺院や仏像などが破壊されたり燃やされたりしました。キリスト教も禁止していましたが、禁教が条約改正に悪影響を与え

A　欧米列強と肩を並べるための必死の国際化！

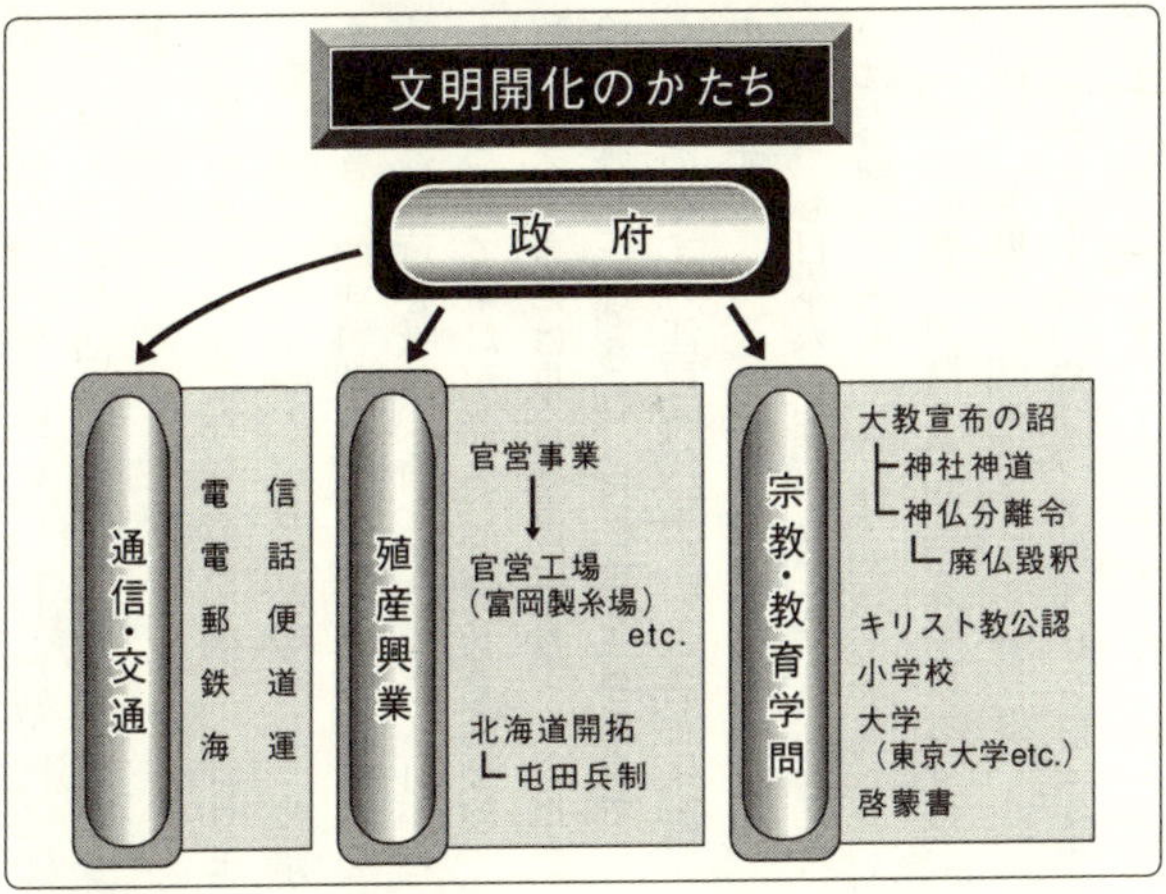
文明開化のかたち
政　府
通信・交通
信
電話
電信
郵便
鉄道
海運
殖産興業
官営事業
官営工場
（富岡製糸場）
etc.
北海道開拓
屯田兵制
宗教・教育学問
大教宣布の詔
神社神道
神仏分離令
廃仏毀釈
キリスト教公認
小学校
大学
（東京大学etc.）
啓蒙書

ることに気づくと、禁教が解かれました。

また、文部省設置とともに学制を公布し、全国に2万以上の小学校を設立。明治8年の小学校就学率は男子が50％を超えました（女子は19％未満）。大学も創立され、東京大学（のち帝国大学）を筆頭に、福沢諭吉《ふくざわゆきち》の慶応義塾大学、大隈重信《おおくましげのぶ》の早稲田大学、新島襄《にいじまじょう》の同志社大学などの私立大学からも優秀な人材を輩出するようになりました。

さらに、福沢諭吉の『西洋事情』『学問のすゝめ』『文明論之概略』、加藤弘之《かとうひろゆき》の『立憲政体略』『真政大意』『国体新論』、中村正直《なかむらまさなお》の『西国立志編《さいごくりっしへん》』『自由之理《じゆうのことわり》』などの啓蒙書も盛んに書かれました。彼ら啓蒙思想家たちは、森有礼《もりありのり》の提唱で明六社《めいろくしゃ》を結成しました。

これら啓蒙思想は、日本人を、封建主義思想から自由主義思想、平等主義思想へ導く重要な役割を果たしました。

太陽暦の採用で日本人の生活はどう変わった？

Q

文明開化で西洋文明の波が押し寄せてくると、日本人の生活は大きく変わることになりました。

洋服を着るようになり、靴をはき、コウモリ傘をさし、帽子をかぶり、散髪をし、牛鍋をつつき、西洋料理を食べに行き、ビールを飲み、巻煙草を吸い、街を歩けばガス灯がともり、やがて電灯が普及し、電話で話をし、移動するときには乗合馬車に乗り、人力車を拾い、鉄道に揺られ、自転車を買うまでになったのです。江戸時代までの生活とは雲泥の差です。

なかでも日本人の生活習慣を大きく変えたのは太陽暦の採用でした。

太陰太陽暦（旧暦）の明治5年12月3日を、太陽暦（新暦）の明治6年（1873）1月1日とし、1日24時間、1年365日（4年に1度は閏年）、そして日曜日から土曜日までの1週間制に決めたのです。

さらに同年のうちに、神道にのっとって、元始祭（1月3日）、新年宴会（1月5日）、孝明天皇祭（1月30日）、紀元節（2月11日）、神武天皇祭（4月3日）、神嘗祭《かんなめさい》（10月17日）、天長節（11月3日）、新嘗祭《にいなめさい》（11月23日）の8日の祭日が決まりました。このうち紀元節が建国記念日、天長節が文化の日、新嘗祭が勤労感謝の日と名前を変えて、現在に至っています。「祭」日には、ちゃんと意味があったのです。

太陽暦が採用された4年後の明治9年には、それまで「1」「6」のつく日を休日にしていたのを、日曜日が休日となり、土曜日が半ドンとなり、正午に「ドン」が鳴るようになったのです。とはいえ、初めは官庁や企業から実行されたので、民間すべてに行き渡ったわけではありませんでした。

A　1週間が単位となって日曜日が休日となった！

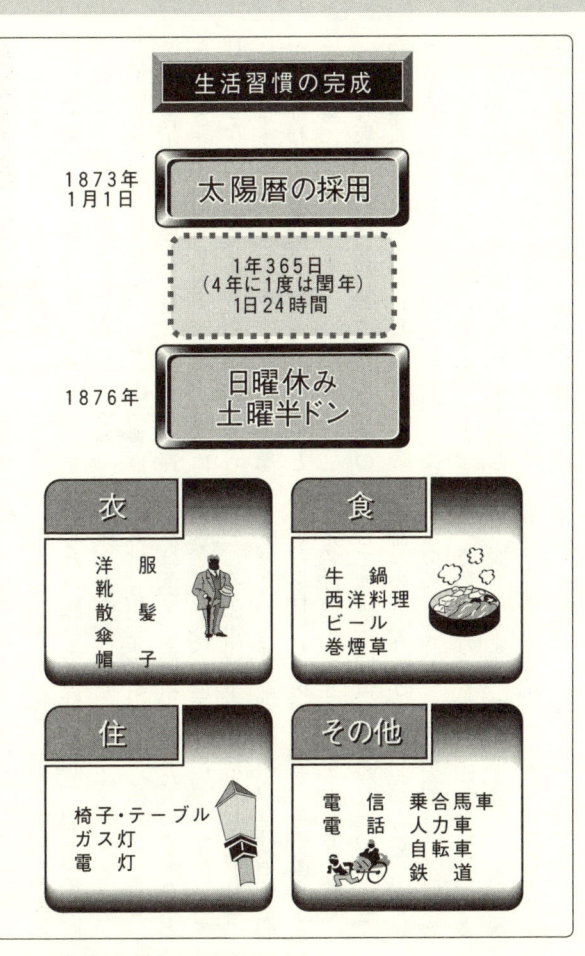

生活習慣の完成

1873年1月1日　**太陽暦の採用**

1年365日
(4年に1度は閏年)
1日24時間

1876年　**日曜休み　土曜半ドン**

衣

洋　服
靴
散　髪
傘
帽　子

食

牛　鍋
西洋料理
ビール
巻煙草

住

椅子・テーブル
ガス灯
電　灯

その他

電　信
電　話
乗合馬車
人力車
自転車
鉄　道

★坂本龍馬を殺したのは誰か★

日本史上において坂本龍馬の位置づけは、中岡慎太郎とともに薩長連合（薩長同盟）を実現させ、討幕勢力を結集させただけでなく、公儀政体論にのっとった船中八策を山内豊信《やまうちとよしげ》（容堂《ようどう》）経由で徳川慶喜に見せて、大政奉還を決断させた点にあります（結局、公儀政体は実現しなかったので、慶喜にすれば騙し討ちにあったようなものでしたが）。もし坂本龍馬がいなければ明治維新が遅れたであろうことは、容易に想像できます。

しかし坂本龍馬は、大政奉還の1カ月前の慶応3年（1867）11月15日、何者かに殺されます。殺された場所は、京都河原町三条下ルにある醤油屋近江屋《おうみや》の母屋2階でした。

坂本龍馬が、訪ねてきた中岡慎太郎と話しこんでいるところへ刺客数人が上がりこんできて、2人を斬るのです。龍馬が即死、中岡慎太郎は重体で翌日死亡しました。

現場に残されたのは、一本の蠟鞘《ろうざや》、脱ぎ捨てられた瓢亭《ひさごてい》の下駄、そして絶命前に中岡慎太郎が言い残した「こなくそ」という伊予の方言。鞘が新選組隊士のものらしいこと、下駄は瓢亭が新選組に貸したものであることから、真犯人は新選組だという噂が流れます。

ところが箱館戦争後、戦犯として取り調べを受けていた元京都《きょうと》見廻組《みまわりぐみ》の今井《いまい》信郎《のぶお》が龍馬暗殺を自供したのです。が、その証言でさえ売名行為であると非難する声もあります。

さて龍馬と中岡慎太郎を殺したのは、どこの誰なのでしょうか。実行犯の背後に黒幕はいるのでしょうか。中岡慎太郎は巻き添えを食ったのではなく、彼こそが狙われていたという説もあります。薩摩藩が怪しいという説も、土佐藩の内部抗争だという説もあります。はたして真相は、どうなのでしょうか。

6章

西洋列強との抗争

〈明治〉

「征韓論」はなぜ起こり、何を生み出したか？ Q

日本には、戊辰戦争のころより朝鮮半島に軍事出兵するという大きな目的がありました。

しかし、いきなり攻め入るわけにはいかないというので、明治新政府になってから「徳川氏から天皇に政権が移った」と、それまで窓口になっていた対馬藩を通して国書を送ったのです。

ところが、国書のなかに「皇」「勅」という2文字を使ったことが問題になりました。

つまり、清国の属国ということになっている朝鮮に対して「皇」「勅」という文字を使っていいのは清国だけなのです。そこへ日本が、国書のなかで「皇」「勅」の文字を使ったために朝鮮は怒りました。これまでの関係を無視して日本が朝鮮より上位に立とうとしていると早合点し、国書の受理を拒否してきたのです。

朝鮮との交渉は、対馬藩だけに任せておけないというので外務省が管轄することになり、外務省の高官が釜山《プサン》まで出向いたりもしました。それでも朝鮮は首を縦に振らず、かえって鎖国政策を強化し、日本の意向を排除しようとしたのです。

これを国辱と感じた太政大臣三条実美《さねとみ》が、陸軍・海軍の兵士を朝鮮に送りこんで、朝鮮のなかにいる日本の居留民を保護しようと唱えます。これが征韓論《せいかんろん》です。

三条実美が征韓論を唱えると、まず西郷隆盛が即時出兵に反対しました。まず自分が使節になって朝鮮に行こうというのです。

この意見には、板垣退助《いたがきたいすけ》、後藤象二郎、江《え》藤新平《とうしんぺい》、副島種臣《そえじまたねおみ》、大隈重信、大木喬任《おおきたかとう》が賛同しました。

でも、ひとつだけ問題がありました。

政府の中心ともいうべき岩倉具視、大久保利通、木戸孝允、伊藤博文《いとうひろぶみ》らが遣欧使節とし

A 日本人居留民保護のはずが政府内の政争に発展！

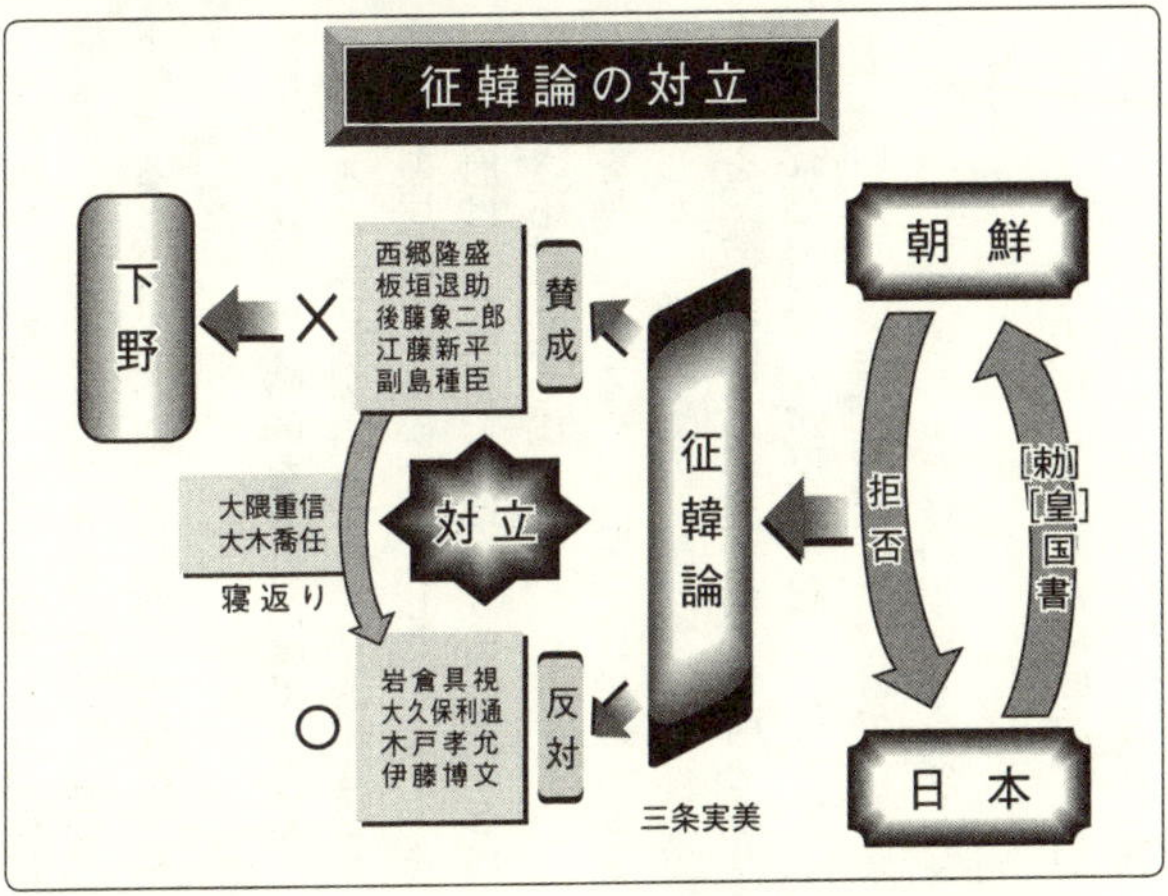
征韓論の対立
朝鮮
日本
[勅][皇]国書
拒否
征韓論
三条実美
賛成
西郷隆盛
板垣退助
後藤象二郎
江藤新平
副島種臣
×
下野
対立
大隈重信
大木喬任
寝返り
反対
岩倉具視
大久保利通
木戸孝允
伊藤博文
○

て日本を離れていたのです。

岩倉使節団が日本を離れているうちに一国の大事を決するわけにはいかないというので、西郷派遣の話はいったん保留されます。

そして、岩倉使節団が戻ってきたところで論議が闘わされました。

まず岩倉が猛反対しました。大久保利通、木戸孝允、伊藤博文も反対しました。それだけならまだしも、西郷派遣に賛同していた大隈重信と大木喬任も寝返って、閣議はひっくり返ってしまったのです。

征韓論をめぐって閣僚が分裂した、というより征韓派がはじき出されてしまったのです。

西郷隆盛、板垣退助、後藤象二郎、江藤新平、副島種臣らは、いっせいに下野《げや》していきます（明治6年の政変）。こうして、西郷隆盛は西南戦争、江藤新平は佐賀の乱、と不平士族の乱に巻きこまれていくのです。

西南戦争など不平士族の反乱はなぜ起きたのか？　Q

　戊辰戦争で旧幕府軍を破ってから4年後に征韓論をめぐって政府が分裂。西郷隆盛らが下野すると、日本各地で新政府への反乱が相次ぎました。

　地租改正後に一時的な米価高騰で落ち着いたところに徴兵制度が導入されて働き手を失った農民たちが一揆を起こしたのです。そこで政府は、それまでの地租3％を2・5％まで引き下げて茶を濁します。

　不満を抱いているのは農民だけではありませんでした。廃刀令で刀と誇りを、秩禄処分で収入を、徴兵制度の実施で働き場所を取り上げられた士族たちが反乱を起こすのです。

　とはいえ、ただ反乱を起こすだけでは意味がなく、政府を覆せるだけの指導者を擁しなければなりません。

　そこで起きたのが、下野した江藤新平を担ぎ上げた佐賀の乱です。つづいて復古的な攘夷論を唱える大田黒伴雄《おおたぐろともお》を中心とした熊本の敬神党《けいしんとう》（神風連《じんぷうれん》）の乱、それに呼応した宮崎《みやざき》車之助《しゃのすけ》らの秋月《あきづき》の乱、前参議で兵部大輔《ひょうぶたいふ》だった前原一誠《まえばらいっせい》を指導者とした萩《はぎ》の乱などが続発しました。これらは、いずれも政府によって鎮圧されましたが、明治10年（1877）2月、戊辰戦争に次ぐ内乱が鹿児島で勃発しました。これが西南戦争《せいなんせんそう》です。

　その前年10月に下野した西郷隆盛が郷里の鹿児島に帰ると、西郷の腹心だった桐野利秋《きりのとしあき》や篠原国幹《しのはらくにもと》らも相ついで辞職。私学校《しがっこう》などを中心に鹿児島の士族たちが立ち上がります。県令大山綱良《おおやまつなよし》も支持し、おなじ鹿児島出身の内務卿大久保利通の改革命令にも従わず、鹿児島は一種の独立国のようになりました。

　しかし西郷は動こうとしません。政府の上京命令にも従いませんでした。大久保が断行した台湾出兵、朝鮮出兵（江華島事件《こうかとうじけん》、「日清

A 特権を失った士族の藩閥政府非難の内乱だった！

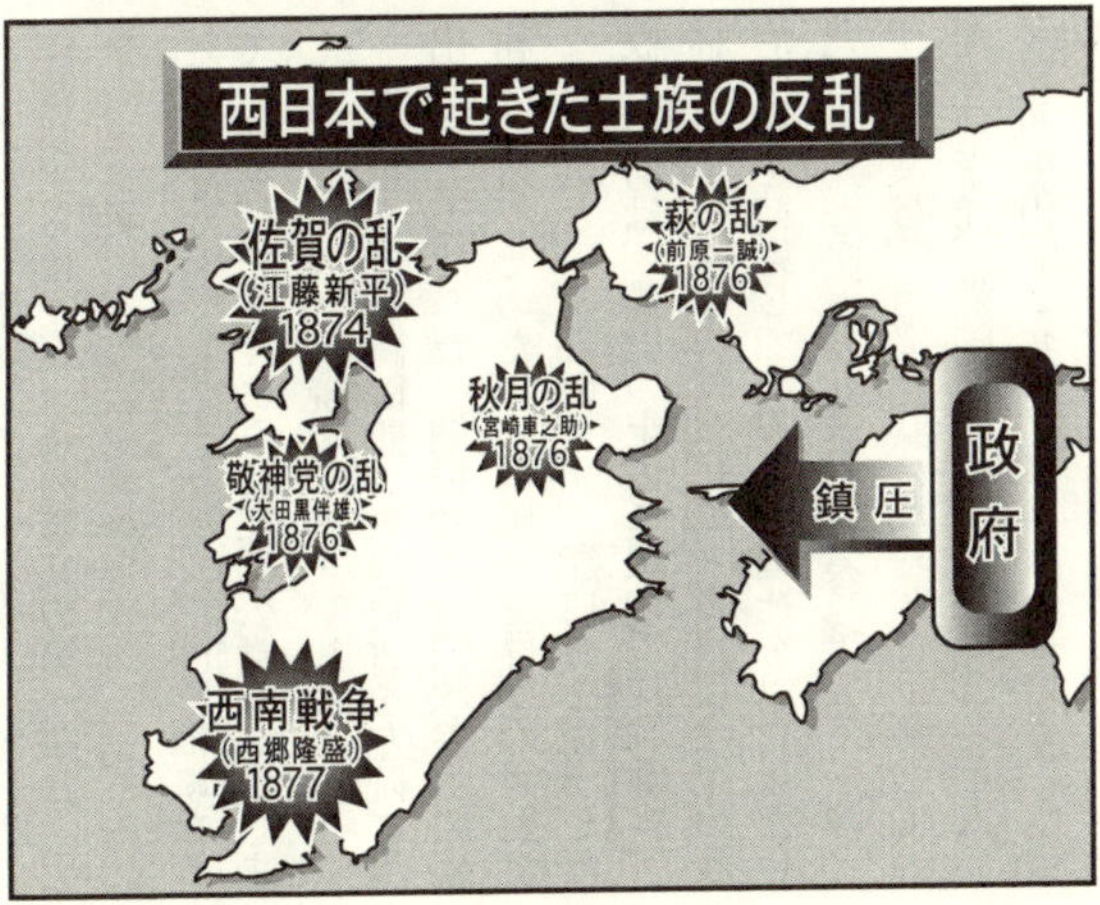
西日本で起きた士族の反乱
佐賀の乱
（江藤新平）
1874
萩の乱
（前原一誠）
1876
秋月の乱
（宮崎車之助）
1876
敬神党の乱
（太田黒伴雄）
1876
西南戦争
（西郷隆盛）
1877
政府
鎮圧

戦争」の項目参照）を「天理にもとる恥ずべき行為」と批判する西郷が、政府の、しかも大久保のいいなりになるはずがありません。

その大久保は、鹿児島県士族の動向を探るという名目で警視庁少警部中原尚《なかはらなお》雄《お》らを派遣（じつは西郷隆盛暗殺指令）するとともに、鹿児島県の武器・弾薬を大阪に運搬させるのです。これに反発した私学校党が運搬途中の兵器・弾薬等を奪取したことで、とうとう西郷隆盛が腰を上げ、西南戦争が始まるのです。

西南戦争は鹿児島から九州全域に広がり、一時は戦況の行方がわからないほどでしたが、西郷軍が熊本鎮台攻略に失敗してからは劣勢に陥り、同年9月、ついに政府軍により鎮圧されました。この政府軍は徴兵制度で集められた兵たちだったというのは皮肉なものです。

西郷隆盛をはじめとする指導者たちは、戦死したり、処刑されたりしました。

征韓論下野組による日本初の政党とは？ Q

征韓論で下野した板垣退助、後藤象二郎、江藤新平らは、五カ条の誓文の第一条に「広ク会議ヲ興《おこ》シ万機《ばんき》公論《こうろん》ニ決スベシ」とあるにもかかわらず、薩長土《さっちょうど》肥《ひ》の藩閥政権になっている現状を変えようと愛国公党《あいこくこうとう》を結成しました。日本初の政党といっていいでしょう。

目的は、民撰《みんせん》議院《ぎいん》設立《せつりつ》の建白書を左院に提出することでした。納税者にも国政参加の権利がある。そのためには国会を開かなければならないというものです。建白書を提出した板垣退助は、郷里の土佐に戻って片岡《かたおか》健吉《けんきち》・林《はやし》有造《ゆうぞう》らと立志社《りっししゃ》を結成、さらに全国の政治結社を結集して大阪で愛国社《あいこくしゃ》を設立しました。そんな動きを憂慮した参議の井上《いのうえ》馨《かおる》と伊藤博文は、台湾出兵に反対して下野していた木戸孝允、愛国社の板垣退助の2名と大久保利通を和解させなければならないと大阪会《おおさかかい》議《ぎ》をもちかけ、数回の会談のあと、漸進的立憲主義の方針で双方が妥協。結論として、元《げん》老院《ろういん》と大審院《だいしんいん》の設置、地方官会議の開催、正院と各省の分離などという三権分立を前提にした政府改革法案が成立し、木戸と板垣は再び参議の役職に戻ったのです。

この直後、立憲政体樹立の勅が発布されましたが、新聞紙条例、讒謗律《ざんぼうりつ》なども公布され、自由民権運動はますます抑圧されることになり、板垣は再び参議を辞任、木戸は内閣顧問に転じ、元の木阿弥になりました。

その一方で、立志社が建白書を天皇に提出しようとするなど自由民権運動の動きは盛んになり、再興会議を開いた愛国社が国会期成《こっかいきせい》同盟《どうめい》を結成。河野《こうの》広中《ひろなか》、片岡健吉が2府22県8万7000余人の署名を集めて国会開設の請願をしようとしますが、政府は集会条例を制定して、自由民権運動をより厳しく取り締まるようになったのです。

A 愛国公党を結成し 民撰議院設立の建白書を提出！

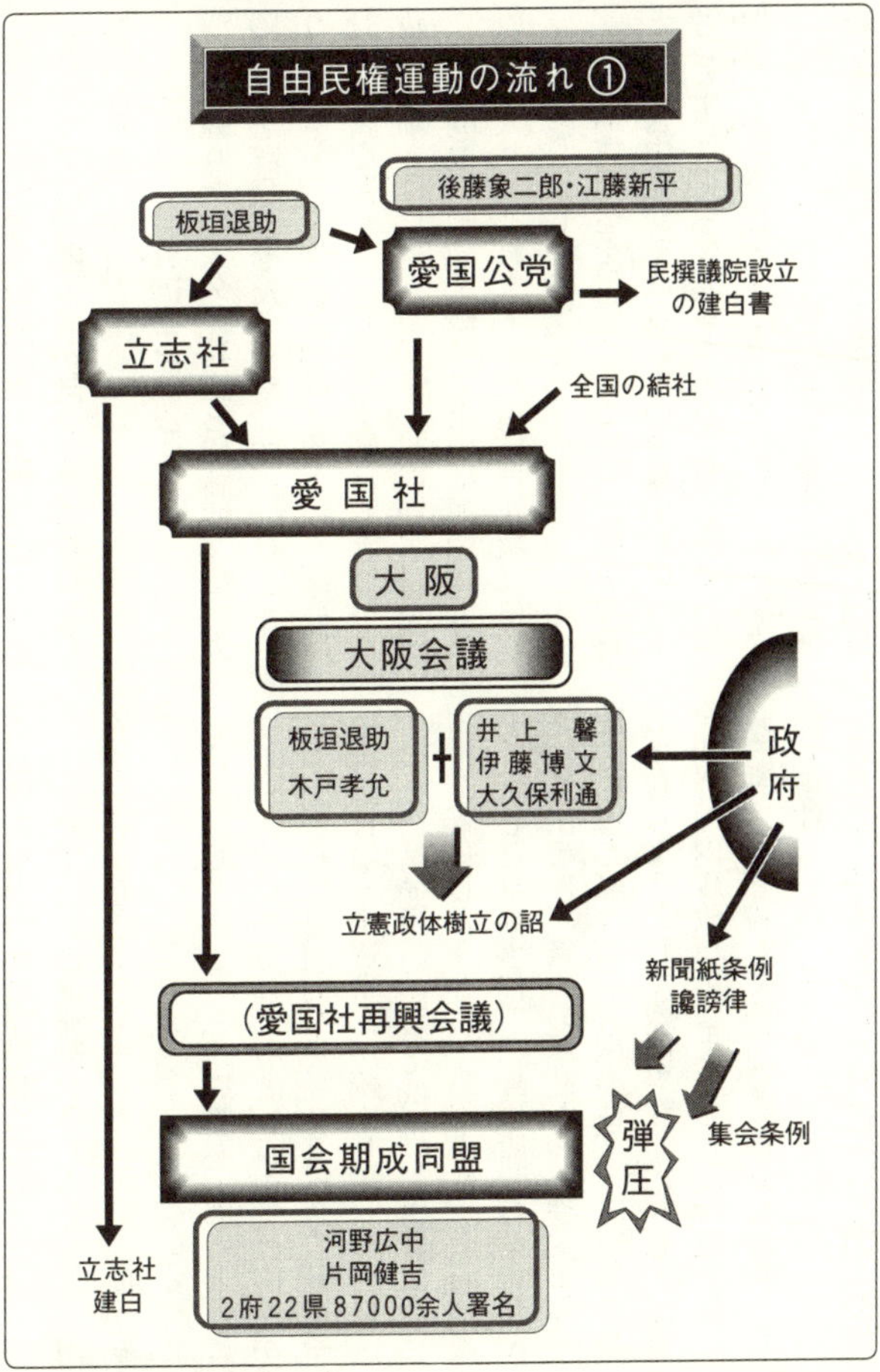
自由民権運動の流れ ①
後藤象二郎・江藤新平
板垣退助
愛国公党
民撰議院設立の建白書
立志社
全国の結社
愛国社
大阪
大阪会議
板垣退助
木戸孝允
井上馨
伊藤博文
大久保利通
政府
立憲政体樹立の詔
新聞紙条例
讒謗律
(愛国社再興会議)
弾圧
集会条例
国会期成同盟
河野広中
片岡健吉
2府22県87000余人署名
立志社建白

国会開設に備え自由民権運動はどう展開された？

Q

政府のなかでも国会開設への動きはありました。参議の大隈重信が国会開設の意見書を提出したのです。

しかし、いずれ国会を開設するにせよ、主導権を握りたい大久保利通と伊藤博文は、大隈重信を辞職させたうえで、明治23年（1890）をもって国会を開設するという国会開設の勅諭を発して、立憲君主制にもとづいた政治へ動きはじめるのです（明治14年の政変）。

国会開設の勅諭を機に自由民権運動は第2段階に入り、それまでの政治結社が次々に政党を組織しはじめます。

国会期成同盟を母体にして板垣退助を党首とする自由党が結成されたのを皮切りに、下野した大隈重信を党首とする立憲改進党《りっけんかいしんとう》、福《ふく》地源一郎《ちげんいちろう》を党首とする立憲帝政党《りっけんていせいとう》などが次々に結成され、それぞれが憲法私案である私擬《しぎ》憲法《けんぽう》を作ったり、地方遊説をするなど、国会における勢力作りに奔走しはじめます。

ますます自由民権運動が激しくなると、内紛や分裂が起きはじめました。板垣退助が暴漢に襲われ（「板垣死すとも自由は死せず」のセリフが有名）たあと、後藤象二郎とともにヨーロッパに外遊に出ると、自由党に内紛が起き、さらに急進的な党員による政府転覆や政府高官暗殺未遂事件が続出しました。

県令三島通庸《みしまみちつね》の圧政に抵抗した福島事件、高官を暗殺しようとした高田事件、政府転覆を計画した群馬事件、三島通庸暗殺を目論んだ加波山《かばさん》事件、貧農の反乱だった秩父事件、政府転覆を謀った名古屋事件、政府転覆のため挙兵しようとした飯田事件、大井憲太郎《おおいけんたろう》らが朝鮮の内政改革をしようとした大阪事件、政府高官を暗殺して徳川慶喜擁立を計画した静岡事件などが、そうです。

こうして明治10年代は自由民権運動の最盛

A　内紛・分裂のあと大同団結をめざすが弾圧の嵐！

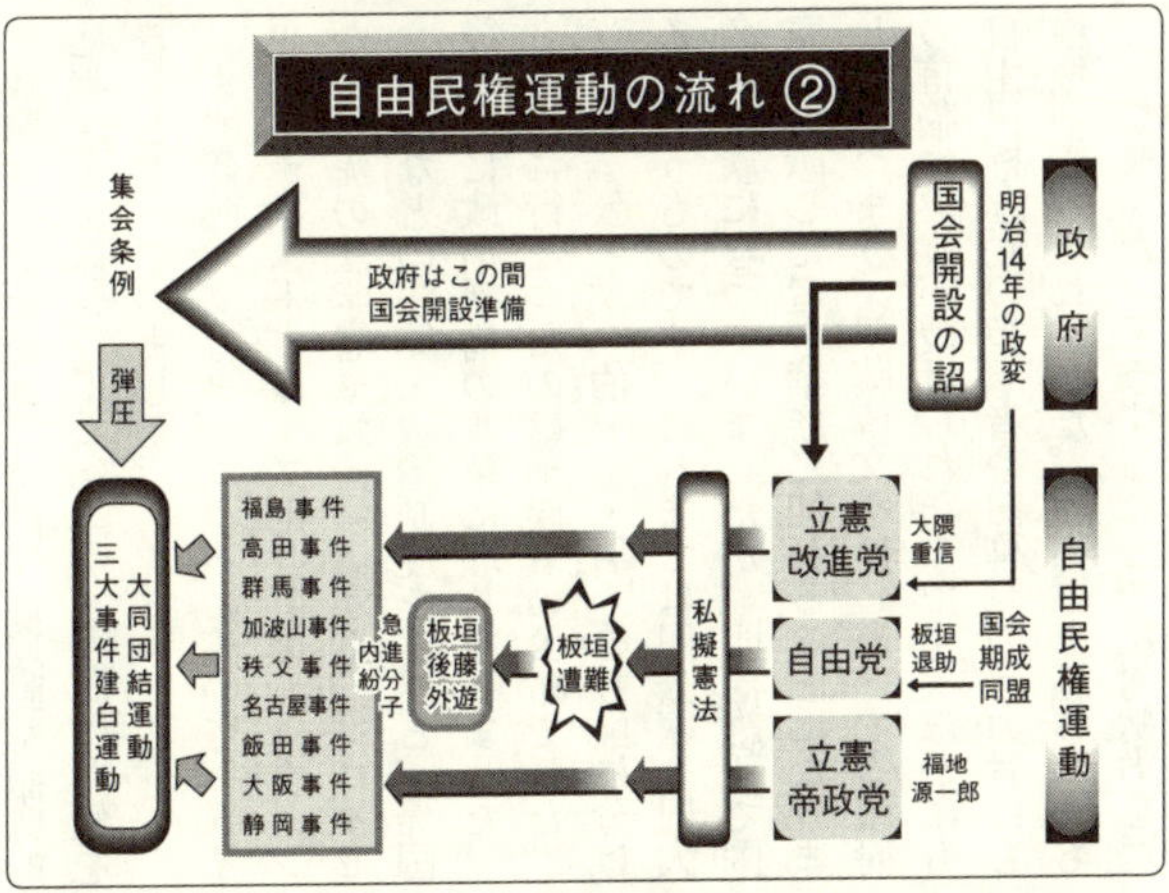
自由民権運動の流れ②
政府
明治14年の政変
国会開設の詔
政府はこの間
国会開設準備
集会条例
弾圧
自由民権運動
大隈重信
立憲改進党
板垣退助
国会期成同盟
自由党
福地源一郎
立憲帝政党
私擬憲法
板垣遭難
板垣後藤外遊
急進分子
内紛
福島事件
高田事件
群馬事件
加波山事件
秩父事件
名古屋事件
飯田事件
大阪事件
静岡事件
大同団結運動
三大事件建白運動

期にあったのですが、どの計画も政府によって叩き潰されていました。その藩閥政府に対抗するためには、個別で活動している自由民権運動を結集しなければならないと思ったのでしょう。後藤象二郎と星亨《ほしとおる》が大同団結運動を開始します。彼らは、「外交政策失敗の挽回」「地租軽減」「言論集会の自由」の3つをスローガンに掲げ、三大事件建白運動を展開しました。

しかし当時、初代総理大臣になっていた伊藤博文は、突然に保安条例を出し、570人以上の運動家を東京から追い出すのです。

いっさいの秘密結社の禁止、許可された屋外集会でも場合によっては警察官が中止させる、内乱を陰謀する者やそれを教唆《きょうさ》する者、治安を妨害する者を皇居から3里以遠に追放し3年以内立入禁止にするなど、保安条例は自由民権運動の息の根を止めるものでした。

内閣制度の創設、華族令公布の真の狙いは何か？

Q

政府は、集会条例で自由民権運動を徹底的に弾圧するいっぽうで、国会開設の準備を着々と進めていました。

まず伊藤博文はヨーロッパに渡って、ドイツのグナイスト、オーストリアのシュタインなど一流の法学者や政治学者から、プロイセン憲法などの法律・政治制度を学ぶと、帰国後すぐに政治機構の改革に取り組みました。

最初に行なったのは華族令の公布でした。華族を「公《こう》・侯《こう》・伯《はく》・子《し》・男《だん》」の5爵に分けるというものです。これまでは旧公家や旧大名が華族になっていましたが、明治維新で国家に貢献した者も華族に加わることになりました。つまり、伊藤博文をはじめとする政府の首脳に爵位が授けられたのです。ほかにも、自由民権運動の指導者や旧幕府の有力者にも爵位が授けられました。違和感を感じるかもしれませんが、そうすることで反対勢力を弱めようとしたのです。

しかし、何よりも必要だったのは、いざ国会が開設されたとき、上院（貴族院）の議員候補を増やすためだったのです。というよりも、旧公家や旧大名出身者たちだけに上院を任せておくことがいやだったのでしょう。

そのうえで伊藤博文は、太政官制度を廃止して、新しく内閣制度を発足させました。太政大臣も左大臣も右大臣も廃止、参議も廃止して、内閣総理大臣のもと、すべての省に行政長官である国務大臣を置いて内閣を構成し、彼らで政治を運営することにしたのです。

さらに、天皇の輔弼《ほひつ》兼相談相手である内大臣（初代大臣は三条実美《さねとみ》）と宮内省を内閣の外に置いて、政治から切り離しました。

ですが、内閣制度を確立した伊藤博文を内閣総理大臣とする初代内閣の組閣表を見ると、その実態は相変わらずの藩閥政府でした。

A 開設予定の国会で藩閥が勢力を確保するため！

初代内閣（第1次伊藤博文内閣）組閣表

官職	氏名	年齢	爵位	出身
総理大臣	伊藤博文	45	伯爵	長州
外務大臣	井上　馨	51	伯爵	長州
内務大臣	山県有朋	48	伯爵	長州
海軍大臣	西郷従道	43	伯爵	薩摩
司法大臣	山田顕義	42	伯爵	長州
大蔵大臣	松方正義	51	伯爵	薩摩
陸軍大臣	大山　巌	44	伯爵	薩摩
文部大臣	森　有礼	39		薩摩
農商務大臣	谷　干城	39	子爵	土佐
逓信大臣	榎本武揚	50		幕臣
内大臣 宮内省 内閣外		↑若い	↑華族が多い	↑薩長中心

また初代内務大臣の山県有朋《やまがたありとも》は、ドイツ人顧問モッセの助言で地方自治制度を確立するため、市制・町村制につづいて府県制・郡制を公布して、国会開設への足固めをしました。25歳以上の男性で直接国税（地租・所得税）２円以上を納めている者が公民として選挙権を得て市会議員または町村会議員を選ぶという直接選挙、さらに府県会議員は市会議員による選挙、郡会議員は町村会議員によって選ばれるという間接選挙制が選ばれました。

しかし、明治21年（１８８８）当時の２円といえば大金。当時の東京都板橋区内の３ＤＫの一軒家の家賃の半年分以上ですから、かなりの高額所得者でなければ選挙権が与えられなかったのです。当時は「財産と教育ある名望家」が議員の基準でした。

もちろん、この選挙制度は、のちに見直されることになります。

大日本帝国憲法の発布で日本はどう変わった？ Q

明治政府がめざしている立憲君主制というのは、「天皇の権力が憲法による規制を受けている天皇制」ですから、憲法を制定するのが必須条件でした。

そこで前項でもお話ししたとおり、伊藤博文がヨーロッパに渡って、法律・政治制度を学んできたわけです。帰国した伊藤博文は、司法制度に詳しい井上毅《いのうえこわし》・伊東巳代治《いとうみよじ》・金《かね》子堅太郎《こけんたろう》の3人の官僚とともに、ドイツ人の法律顧問ロエスレル、モッセらの助言を得ながら憲法と諸法律を起草。完成した憲法草案は、天皇の最高諮問機関である枢密院《すうみついん》において、天皇同席の非公開で審議されました。それでも心配だったのでしょう、伊藤博文は総理大臣を辞任して枢密院議長におさまり、憲法草案の審議を主宰したのです。

若干の修正ののち、大日本帝国憲法が発布されたのは、国会が開設される前年の明治22年（1889）2月11日のことでした。

発布された憲法は、天皇が定めて国民に下し与える欽定憲法《きんていけんぽう》で、「第1条　大日本帝国ハ万世一系ノ天皇之ヲ統治ス」に始まる全7章76条からなっていました。

憲法によれば天皇は神聖不可侵で、国の元首として憲法の条規にしたがって統治権を総《そう》攬《らん》するものと定められ、帝国議会の協賛をもって立法権を行使し、法律を裁可して公布し、行政各部の官制と文官・武官の俸給と任免を決め、陸海軍を統帥し、宣戦布告と講和、条約締結を行ない、帝国議会を召集し、衆議院を解散するなどの権限をもっていました。

また貴族院と衆議院からなる立法府の帝国議会が閉会しているときに緊急の必要があれば、天皇が法律にかかわる緊急勅令を発する権限ももっていました。現行の日本国憲法に比べれば、天皇の権限はより大きいものでした。

A 天皇の権限も憲法が定める立憲政治が確立！

大日本帝国憲法で定められた国家機構

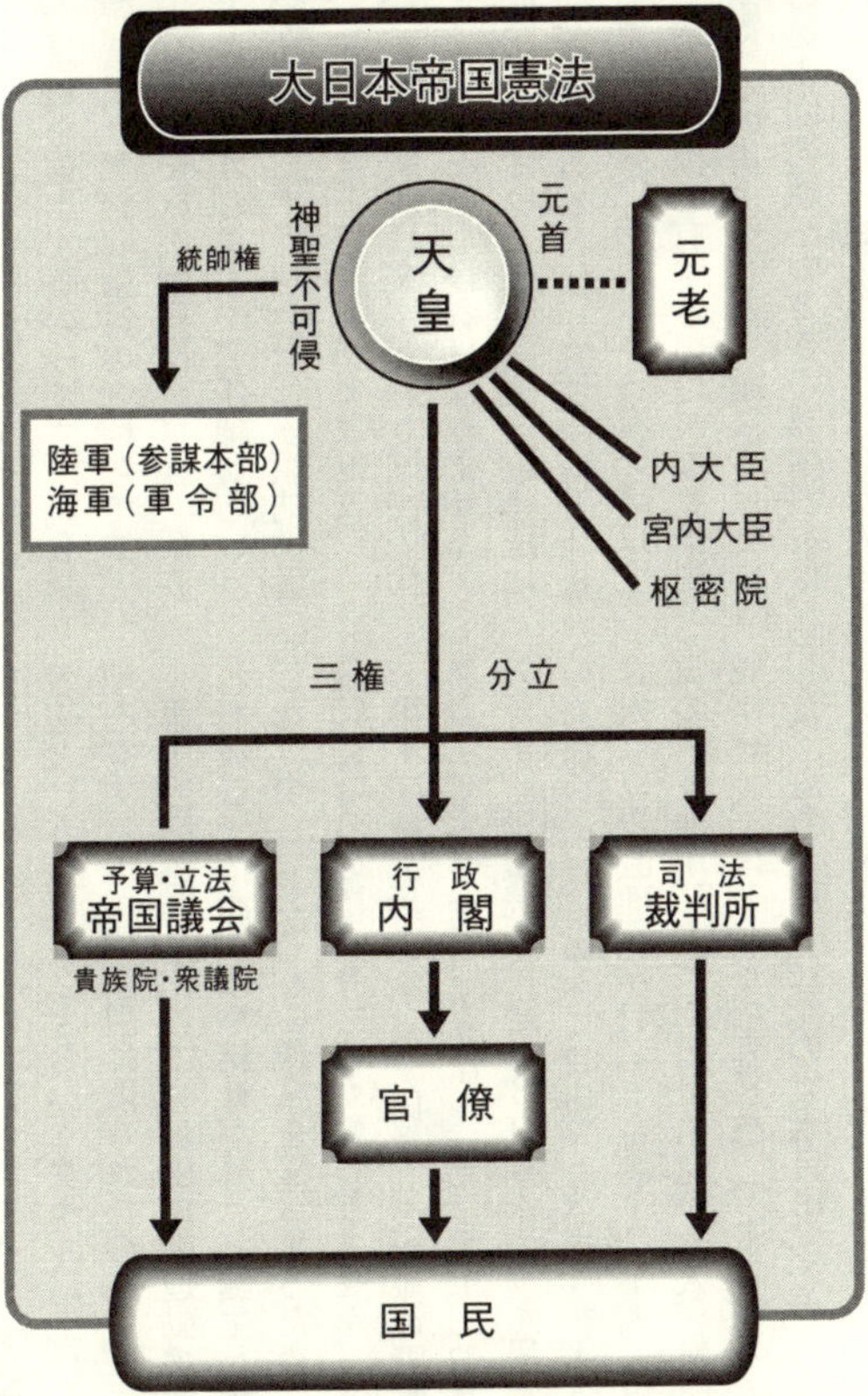
大日本帝国憲法
統帥権
神聖不可侵
天皇
元首
元老
陸軍（参謀本部）
海軍（軍令部）
内大臣
宮内大臣
枢密院
三権分立
予算・立法
帝国議会
貴族院・衆議院
行政
内閣
司法
裁判所
官僚
国民

日本初の国会はどのような勢力分布で発足した？ Q

国会開設の詔《みことのり》も出した、内閣制度も確立した、そして大日本帝国憲法も発布した。あとは国会議員を選出するのみです。国会議員は貴族院議員と衆議院議員の2種類です。

憲法によれば、貴族院議員は、皇族、華族、勅任議員から構成されます。勅任議員というのは、国家功労者、学士院会員、多額納税者ですから、選挙をする必要がありません。

しかし、衆議院議員は文字どおり国民の代表ですから、選挙をしなければなりません。憲法と同時に公布された衆議院議員選挙法によれば、選挙権があるのは、直接国税（地租と所得税）を15円以上納めている満25歳以上の男子で、被選挙権を有するのはおなじ納税額で満30歳以上の男子でした。明治23年（1890）の第1回総選挙のときの有権者数は、たったの45万人余り。総人口4000万人の1・1％強にすぎませんでした。1・1％の国民が衆議院議員を選出したのですから、現在からでは、とうてい考えられません。有権者層というのは、2〜3ヘクタール以上の土地を有する地主や豪農に限られたのです。

第1回総選挙に向けて、自由民権運動の流れを汲む民権派の政治結社が続々と誕生しました。少しでも多くの議席を確保するために躍起になるのは、今も昔も変わりません。

第1回総選挙の結果、民党《みんとう》（民権派の野党勢力）が吏党《りとう》（政府系党派の与党）を上回ったのです。衆議院議員総数300人のうち民党の立憲自由党《りつけんじゆうとう》（のちに自由党と改称）が130人、立憲改進党《りつけんかいしんとう》が41名で合計171人。吏党の大成会《たいせいかい》が79人、国民自由党《こくみんじゆうとう》が5人、無所属が45人（ほとんどが吏党系）で129人でした。もちろん、民党の立憲自由党と立憲改進党が、初期議会において政府と対立したことはいうまでもありません。

A 第1回衆議院総選挙で民権派の野党が勝利！

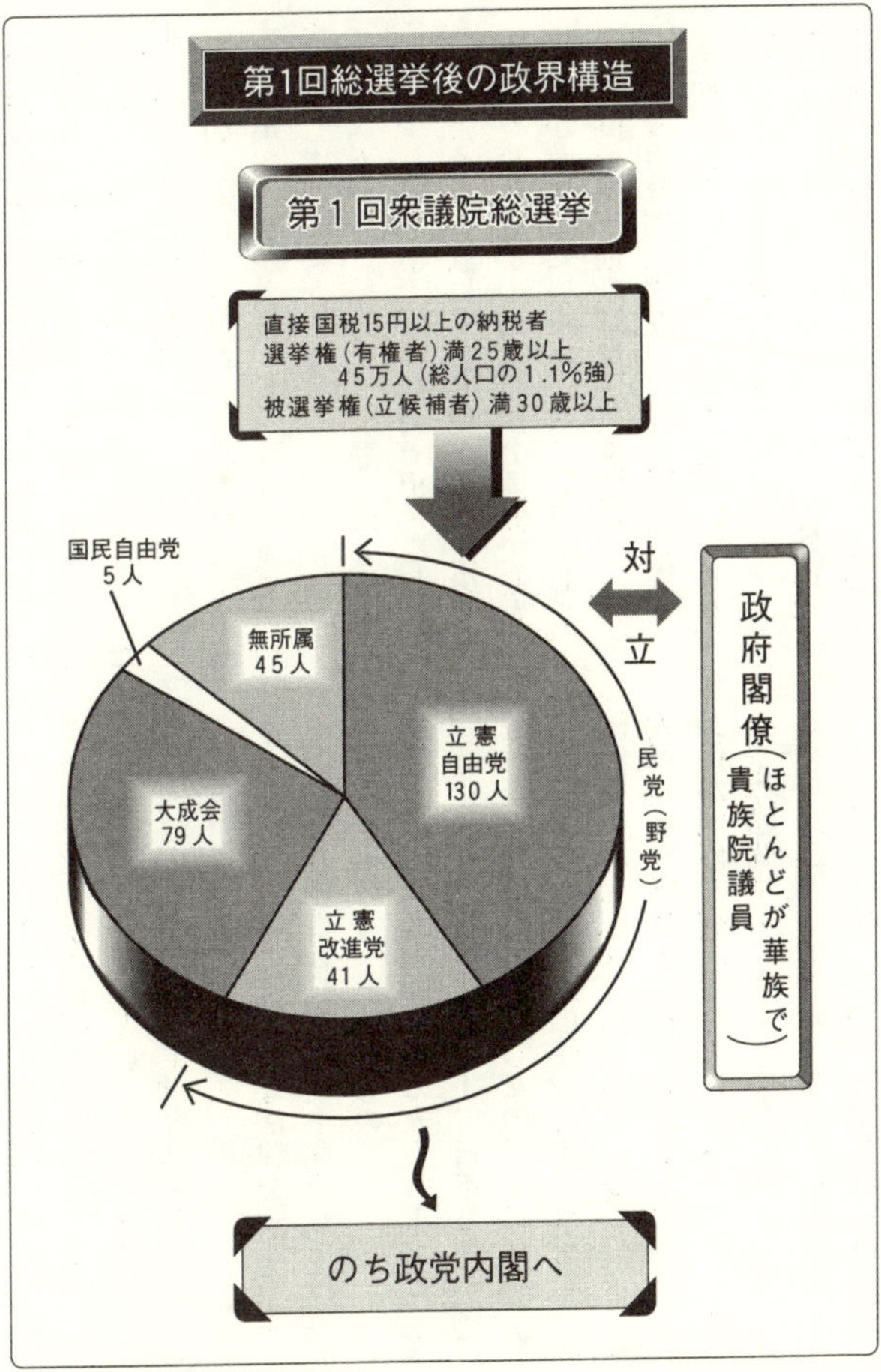
第1回総選挙後の政界構造
第１回衆議院総選挙
直接国税15円以上の納税者
選挙権（有権者）満25歳以上
45万人（総人口の1.1%強）
被選挙権（立候補者）満30歳以上
国民自由党
5人
無所属
45人
立憲
自由党
130人
大成会
79人
立憲
改進党
41人
民党（野党）
対立
政府閣僚（ほとんどが華族で貴族院議員）
のち政党内閣へ

不平等条約改正に向けた明治政府の苦心とは？ Q

明治政府が立憲君主制の確立を急がなければならないのには、大きな理由がありました。

それは、幕末に欧米列強と結んでしまった不平等条約の改正問題でした。

幕末の日本は、国際社会で相手にしてもらえず、黒船に脅かされ、言いなりのまま条約を締結してしまったのです。

その「不平等」条約を「平等」にするためには、少しでも早く国際社会で相手にしてもらえるような国家にする必要があったのです。

そのための憲法であり、国会開設でした。

日本が改正したい点は、次の2点でした。

1、関税自主権の獲得（税権回復）

2、領事裁判権制度の撤廃（法権回復）

条約改正で苦労したのは外務大臣でした。

明治初年に岩倉具視特命全権大使がアメリカと交渉して失敗に終わったあと、外務卿寺《てら》島宗則《じまむねのり》が、税権回復についてアメリカの同意を得ますが、イギリスなど諸国の反対で頓挫。次の井上馨外務卿が交渉を開始します。

井上が示した条件というのは、2年以内に外国人に内地を開放して営業活動や旅行、居住の自由を認める。外国人判事を任命する。さらに2年以内に近代的な法律を制定する。そのかわり領事裁判権制度を廃止して輸入関税を引き上げる、というものでした。

井上は、欧米列強に気に入られようと、文明開化で欧化政策に出ます。日本も文明国になったと強調しようとしたのです。なかでも象徴的なのが鹿鳴館《ろくめいかん》の建設です。政府高官が国内外の紳士淑女を招待して、連日のように大舞踏会を開きました。しかし井上の示した条件が国内で猛反発を受け、さらにフランス人法律顧問ボアソナードにも反対されて、交渉を無期延期して辞職してしまいました。

次に外務大臣になった大隈重信のときも、

A 井上馨は鹿鳴館を建てて欧米のご機嫌取りまで！

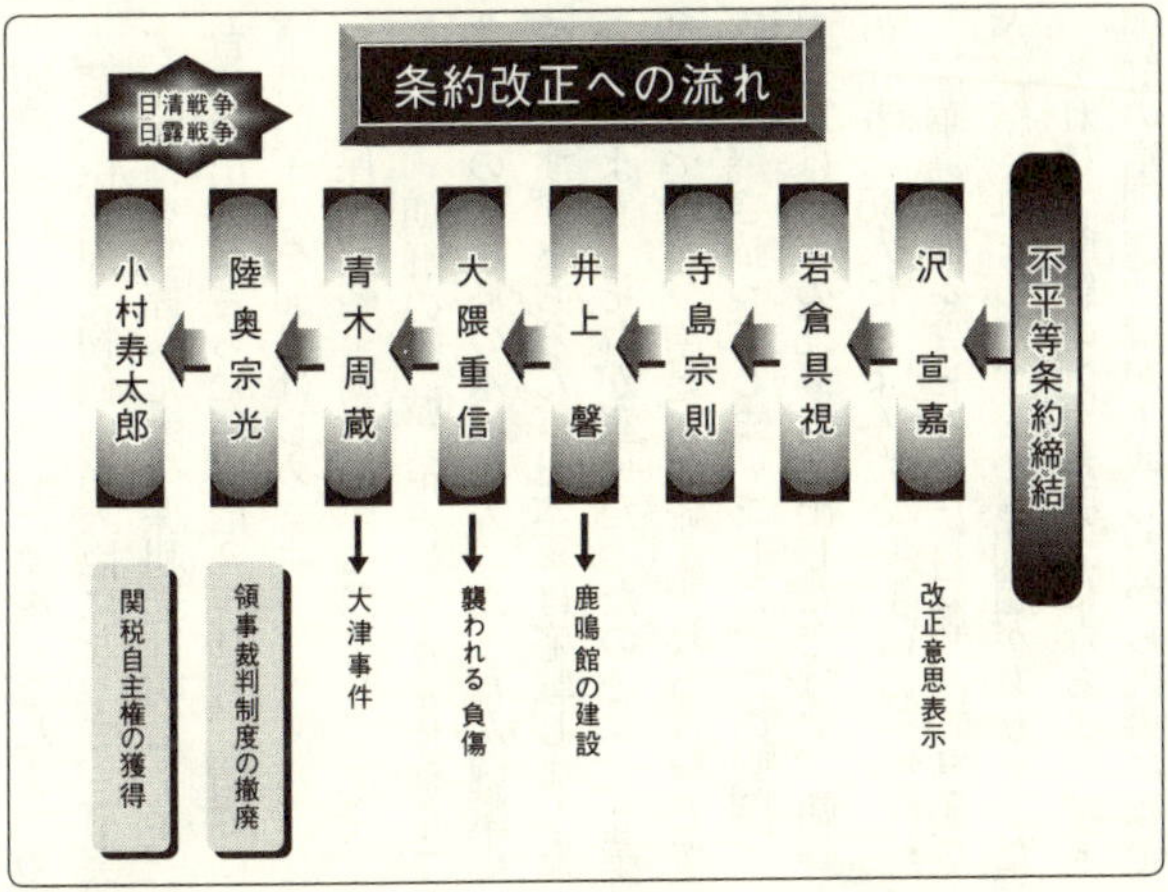
条約改正への流れ
日清戦争
日露戦争
不平等条約締結
沢 宣嘉
改正意思表示
岩倉具視
寺島宗則
井上 馨
鹿鳴館の建設
大隈重信
襲われる 負傷
青木周蔵
大津事件
陸奥宗光
領事裁判制度の撤廃
小村寿太郎
関税自主権の獲得

輸入関税の引き上げの条件は変更しませんでしたが、外国人判事任用を大審院に限るとし、メキシコと条約を締結。ところが改正案がロンドンの新聞に掲載されると、国内で反対運動が起きただけでなく、不平分子に爆弾を投げられて片足を失う重傷を負います。

つづいて外務大臣になった青《あお》木《き》周《しゅう》蔵《ぞう》はイギリスと交渉を始めますが、そんな矢先に来日中のロシア皇太子が警護の巡査に襲われて負傷する大津事件が起きて、青木は辞任。またも交渉は暗礁に乗り上げます。

陸《む》奥《つ》宗《むね》光《みつ》が外務大臣になって、ようやく日英通商航海条約を締結します。領事裁判権の撤廃、最恵国条款の相互化に改正を成功させますが、まだ完全ではありませんでした。

その間、日清戦争さらに日露戦争で勝利し、国際的評価が高まっていたため、小《こ》村《むら》寿《じゅ》太《た》郎《ろう》外務大臣が関税自主権を獲得するのです。

日清戦争はなぜ起き、どう決着したのか？ Q

西郷隆盛たちが下野した直後、これまでの大蔵大臣に加え初代内務大臣になって、事実上、政権を掌握した大久保利通は明治7年、台湾に出兵。さらに翌明治8年9月、朝鮮に軍事的圧力を加えはじめます。

大久保は軍艦を朝鮮沿岸に派遣して挑発。艦隊は、朝鮮の漢城《かんじょう》（現在のソウル特別市）北西部の江華島《こうかとう》の水域に入ったとたん砲撃を受けます。もちろん、日本軍は応戦しました。というより、それが狙いだったのです。江華島だけでなく、南にある永宗島《えいしゅうとう》も攻撃して砲台を焼き払ってしまいました。この戦闘で、日本軍は2人の死傷者を出しただけで、朝鮮の死者は35人におよんだといいます。

江華島事件をきっかけに日朝修好条規《にっちょうしゅうこうじょうき》が締結されました。しかし問題がありました。

それは、朝鮮の国力が強大になることです。朝鮮の富国強兵策が失敗したから大事には至りませんでしたが、日朝修好条規が締結されたことを知った清国が黙ってはいませんでした。朝鮮に対する宗主権を主張してきたのです。そこで起こったのが、日清戦争です。

日清戦争の結果、日本は清国に勝ちました。

そして、伊藤博文と陸奥宗光が折衝にあたった下関条約で、日本は次の5項目を要求したのです。

①　清国は朝鮮が独立国であることを認める。

②　遼東半島《りょうとう》、澎湖島《ほうことう》、台湾を日本に割譲する。

③　賠償金として庫平銀《こへいぎん》2億テール（日本円で約3億円）を支払う。

④　沙市《さし》、重慶《じゅうけい》、蘇州《そしゅう》、杭州《こうしゅう》を日本に開放し、日本の製造業従事権を認める。

⑤　ヨーロッパ諸国とおなじ条件で日清通《にっしんつう》商航海条約《しょうこうかいじょうやく》を結ぶ。

A 朝鮮半島の奪い合いから始まり、日本が勝利！

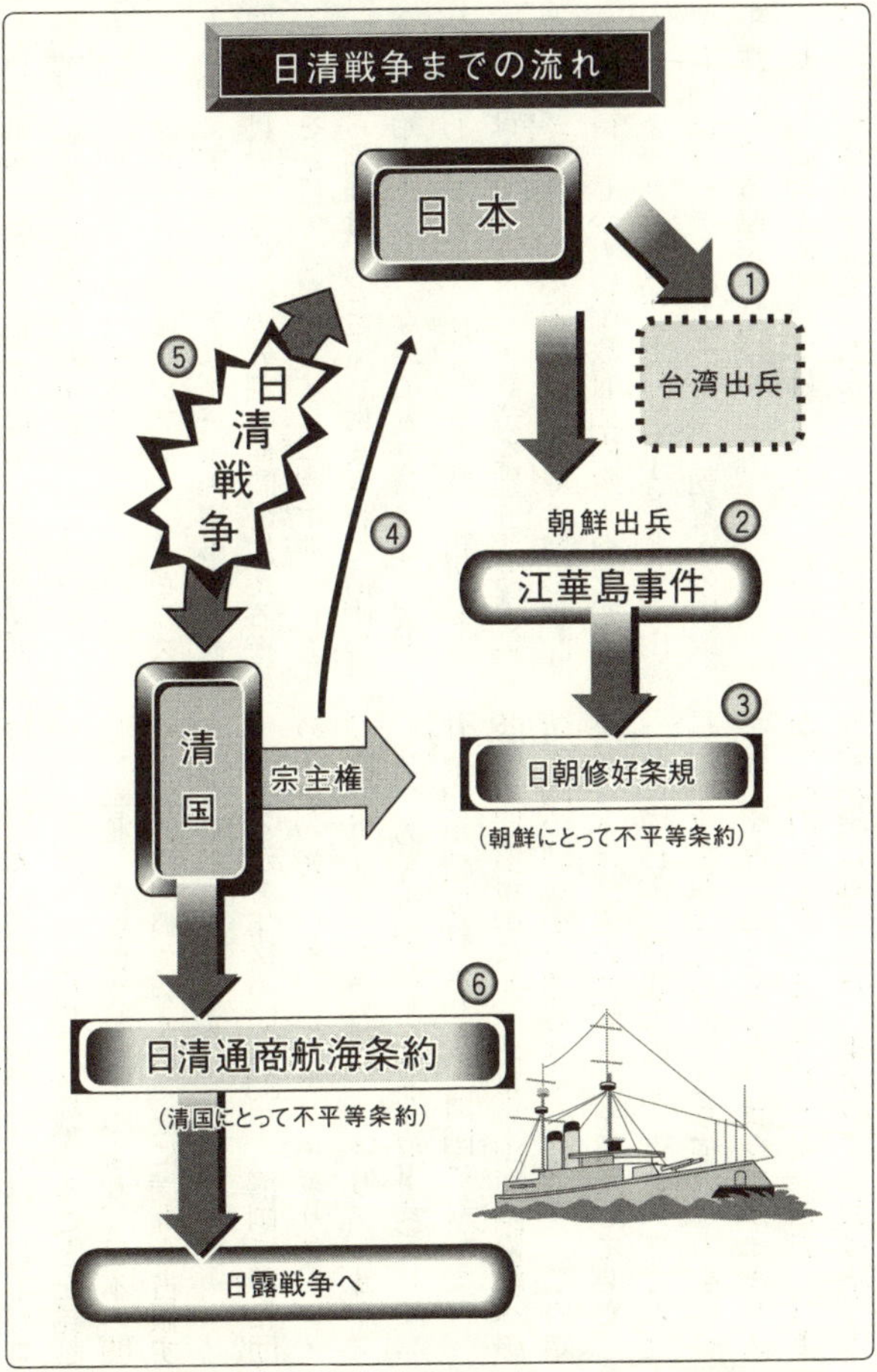

日清戦争までの流れ
日本
①
台湾出兵
朝鮮出兵
②
江華島事件
③
日朝修好条規
（朝鮮にとって不平等条約）
④
宗主権
清国
⑤
日清戦争
⑥
日清通商航海条約
（清国にとって不平等条約）
日露戦争へ

日露戦争はどのような事情で始まったのか？　Q

日清戦争の結果、日本が提示した日清通商航海条約の条件を聞いた清国は、ドイツ、フランス、ロシアに助けを求めました。いちばんはりきっていたのはロシアです。イギリスも仲間に加えたロシアは、三国の軍事力を武器に、自分たちも清国分割の仲間に加えろ、と圧力をかけてきたのです（三国干渉《さんごくかんしょう》）。

これら列強は、どさくさにまぎれて清国の分割を始めました。なかでもロシアは、満洲に進出してくると、旅順《りょじゅん》と大連《だいれん》を租借《そしゃく》しただけではなく、シベリア鉄道を建設するついでに、露清同盟密約《ろしんどうめいみつやく》を結んで東清鉄道《とうしんてつどう》の敷設権を獲得。しかも韓国政府に内政干渉を始めたのです。そこで明治29年（1896）、山《やま》県有朋《がたありとも》はロシアとのあいだで、朝鮮への内政干渉に関する協定を結びました。

しかし朝鮮をめぐっては、さらに2年後も協定を結ばざるをえませんでした。この協定は一見日本に有利そうで、じつは、日本がロシアの旅順・大連租借に抗議することを見越して牽制したものでした。つまり、日本の関心が朝鮮に向いているあいだに満洲を占領するつもりだったのです。

ところが2年後の明治33年、清国で義和団《ぎわだん》の乱が勃発。日本、ロシア、イギリス、アメリカ、ドイツ、フランス、イタリア、オーストリアの8カ国が制圧（北清事変）して辛《しん》丑《ちゅう》条約が結ばれました。清国に対しては、多額の賠償金のほか、北京・山海関《さんかいかん》沿線への諸外国の駐兵権を認めさせたのです。この結果、日本は列強の仲間入りを果たしました。

そこで日本に必要なのは、東アジアで安定した地位を保つために、より強大な力をもった味方を探すことでした。ロシアかイギリスか、国内で対立がありましたが、結局、日英同盟が結ばれました。東アジアにおける日本

A　大韓帝国と清国における日露の権益争奪戦から！

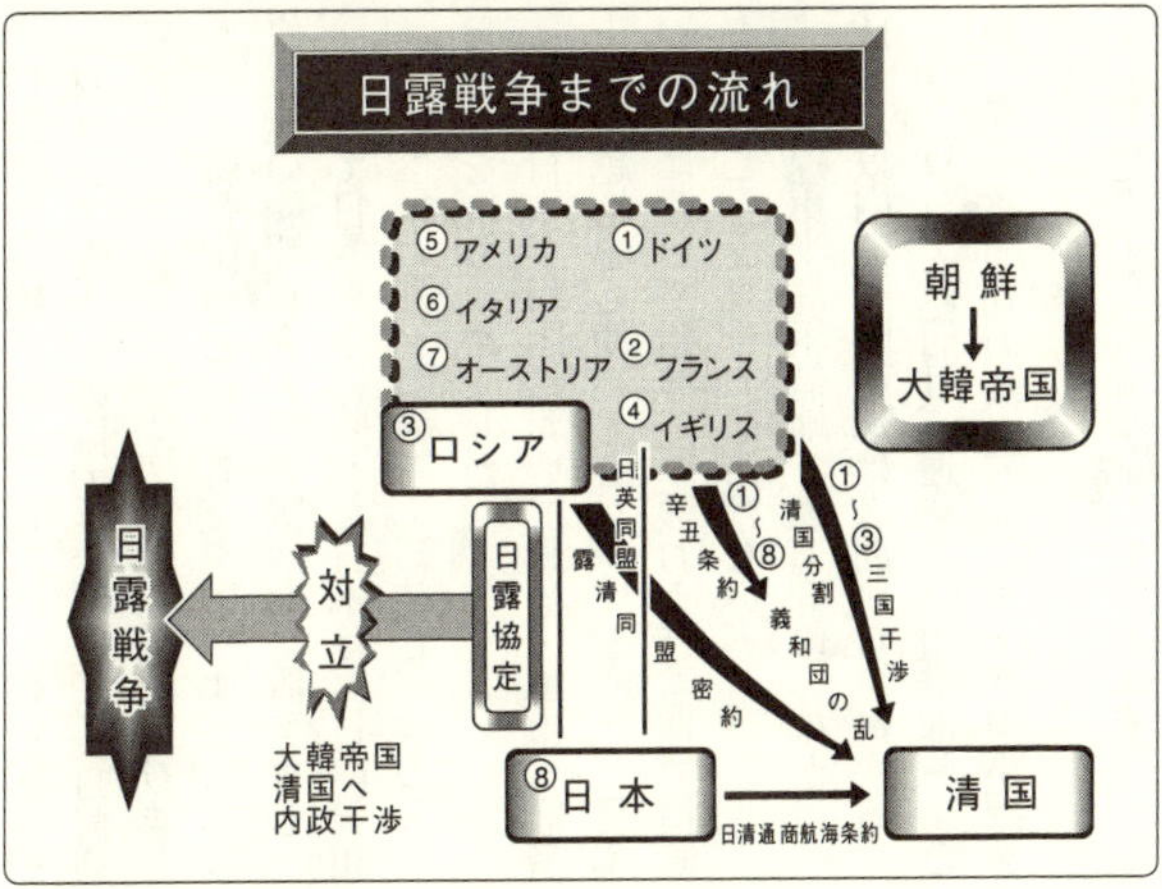

日露戦争までの流れ
⑤アメリカ
⑥イタリア
⑦オーストリア
①ドイツ
②フランス
④イギリス
③ロシア
朝鮮
大韓帝国
日露戦争
対立
日露協定
大韓帝国
清国へ
内政干渉
日英同盟
露清同盟密約
辛丑条約
①～⑧
清国分割
義和団の乱
①～③
三国干渉
⑧日本
清国
日清通商航海条約

の権益をイギリスに擁護させることで、ロシアと対等に話ができるようになったのです。

その結果、ロシアは満洲から撤兵することを約束しましたが、ロシアが最後まで約束を守らなかったため、日本はロシアとの協定内容の変更を要請します。それは、日本とロシアで、清国と大韓帝国（1897年から）への内政干渉を分け合うというものでした。

しかし協定の修正案が折り合わず、たび重なる折衝の結果、日本は最終提案を示します。

つまり——大韓帝国およびその沿岸はロシアの利益外であることをロシア側が承認する、日本は満洲におけるロシアの特殊利益を認める、というものでした。

しかしロシアは返答をせず、協定の修正案がまとまる前に、南満洲から鴨緑江《おうりょくこう》に軍隊を集中させてきたのです。

こうして日露戦争は始まったのでした。

Q　日露戦争に勝利したあと日本はどうした？

日露戦争が始まると、日本は大韓帝国政府に対ロシア戦争への協力を強要する（日韓議定書）とともに、第1次日韓協約を結びました。大韓帝国の財政と外交を監督する日本政府派遣の顧問官を大韓帝国政府に置きました。

そして日露戦争に勝った日本は、日露講和《にちろこうわ》条約《じょうやく》（ポーツマス条約）を締結し、次の5項目などを取り決めました。

①　日本が韓国において政治・軍事・経済上の優越権をもつことをロシアが認め、日本が韓国において指導・保護および監理の措置をとることをロシアは妨げない。

②　遼東半島租借地《そしゃくち》・鉄道守備のほかは、18ヵ月以内に両国軍隊は満洲から撤退する。

③　ロシア政府は、遼東半島租借地および長春《ちょうしゅん》―旅順《りょじゅん》間の鉄道を清国政府の承認を得て日本に譲渡する。

④　北緯50度以南の樺太《からふと》を日本へ譲与する。

⑤　日本海、オホーツク海、ベーリング海のロシア領地沿岸の漁業権を日本国民に認める。

この条約で、日本の朝鮮に対する植民地化政策はさらに強化され、さらに満洲南部を日本の勢力圏下におくことになりました。

日露講和条約は、戦争継続に不安を抱いた両国政府が妥協して成立したものでした。しかし、戦争に払った国民の犠牲の大きさにひきかえ講和内容に不満があるという声が高まって、日比谷《ひびや》焼打《やきうち》事件《じけん》が起こるほどでした。

この条約に基づいて第2次日韓協約を結んだ日本は、韓国《かんこく》統監《とうかん》府《ふ》を設置して、初代統監に伊藤博文を送りこみました。

これに対して大韓帝国は、オランダのハーグで開かれた第2回万国平和会議で第2回日韓協約が無効だと訴えましたが、外交権を失っているために受け入れられませんでした。

大韓帝国の抗議は、保護国である日本の顔

A 大韓帝国を植民地化し、南満洲に進出！

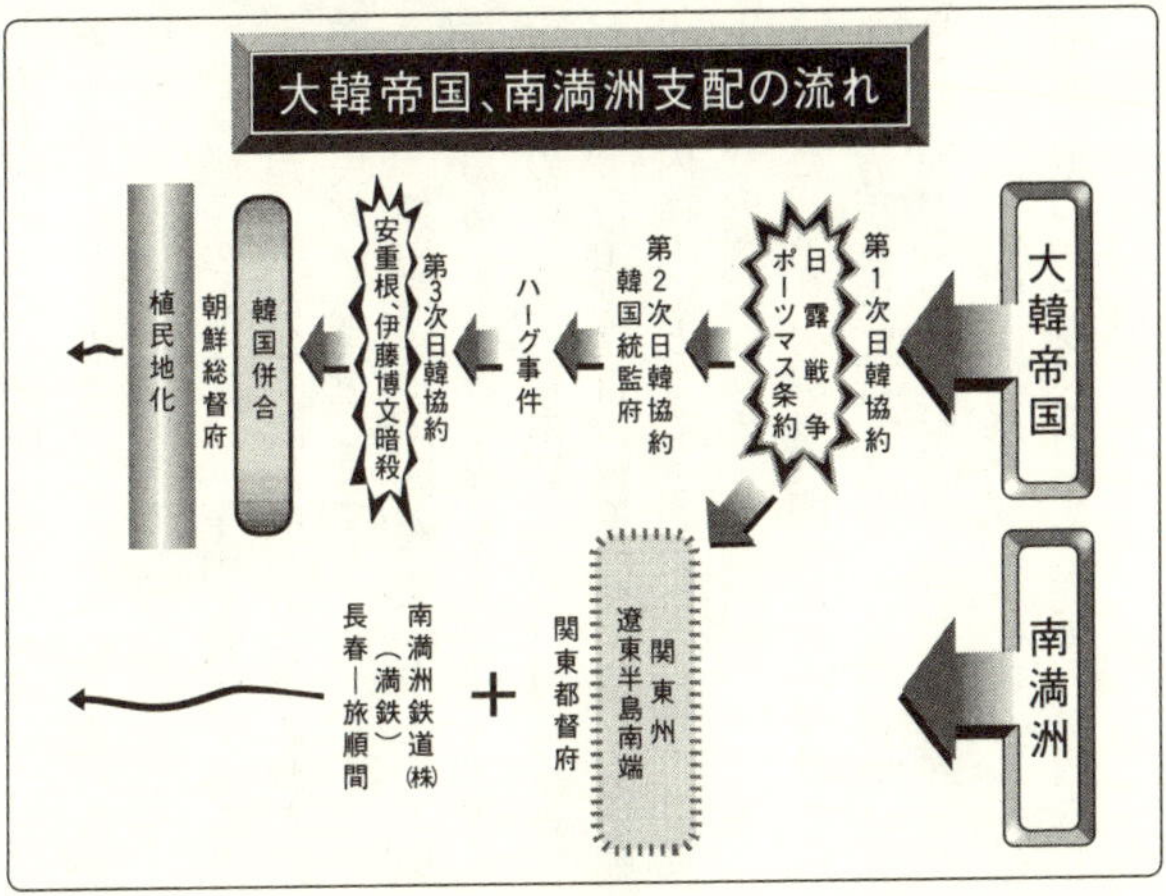
大韓帝国、南満洲支配の流れ
大韓帝国
第1次日韓協約
日露戦争
ポーツマス条約
第2次日韓協約
韓国統監府
ハーグ事件
第3次日韓協約
安重根、伊藤博文暗殺
韓国併合
朝鮮総督府
植民地化
南満洲
関東州
遼東半島南端
関東都督府
南満洲鉄道㈱
（満鉄）
長春—旅順間

に泥を塗ったに等しいとして、日本は大韓帝国国王を退位させ、第3次日韓協約を結びました。この協約で、大韓帝国の内政全般は日本の監視下に置かれることになり、大韓帝国軍隊を解散させるに至ったのです。

しかし、大韓帝国内では反日義兵闘争が活発化。統監職を辞任したあと、ロシア蔵相と会談するためにハルビン入りした伊藤博文を、大韓帝国の民族運動家安重根《あんじゅうこん》が暗殺。日本は韓国併合《かんこくへいごう》を強行して、大韓帝国を植民地にし、朝鮮総督府《ちょうせんそうとくふ》を置いて統治を始めたのです。一方、満洲に進出した日本は、遼東半島南端の租借地を関東州《かんとうしゅう》と名づけ、旅順に関東都督府を置いて行政を始めるとともに、半官半民の南満洲鉄道《みなみまんしゅうてつどう》株式会社（略して満鉄《まんてつ》）を設立して、ロシア東清鉄道《とうしんてつどう》から譲渡された長春—旅順間の鉄道や支線、沿線の鉱山などの経営を始めることになるのです。

日本最初の政党内閣はどのような形で発足？

Q

第1回総選挙で民権派の流れを汲む民党が過半数を占めたときから、日本の政党政治が始まったといってもいいでしょう。

日清戦争のときには「挙国一致」であたりましたが、戦後は、薩長藩閥で占められた内閣と、民党が急接近します。

まず、黒田《くろだ》清隆《きよたか》・山県《やまがた》有朋《ありとも》（第1次）・松《まつ》方正義《かたまさよし》のあとを受けた第2次伊藤博文内閣と、衆議院の第一党の自由党（立憲自由党の後身）が提携。自由党党首の板垣退助が第2次伊藤内閣の内務大臣として入閣したことで、事実上の連立内閣になりました。

さらに、第2次伊藤内閣のあとを受けた第2次松方正義内閣は進歩党（立憲改進党の後身）と提携し、党首の大隈重信が外務大臣として入閣。内閣が法案を成立させるためには政党の協力が必要になり、政党の力は増大していきました。

次の第3次伊藤内閣は地租増徴案を議会に提出しますが、衆議院で自由党と進歩党が反対して否決。衆議院が解散されると、こんどは自由党と進歩党が合同して憲政党《けんせいとう》を結成。もちろん総選挙でも圧倒的多数で議席を占め、第3次伊藤内閣は退陣。

元首相たちを中心に組織された元老院の推薦で、憲政党の大隈重信と板垣退助が組閣。大隈を総理大臣、板垣を内務大臣、陸海軍大臣を除くすべての閣僚が憲政党員からなる隈《わい》板《はん》内閣（第1次大隈内閣）が発足しました。

しかし憲政党は、党内実力者の星亨が動いて解党し、旧自由党系の憲政党と旧進歩党系の憲政本党《けんせいほんとう》に分裂。隈板内閣は4ヵ月という短命内閣に終わりました。

あとを受けて組閣した山県有朋（第2次）は、旧自由党系の憲政党と手を組んで地租増徴案（地価の3・3％）を成立させますが、

A 憲政党の「隈板内閣」が日本の政治の流れを変革！

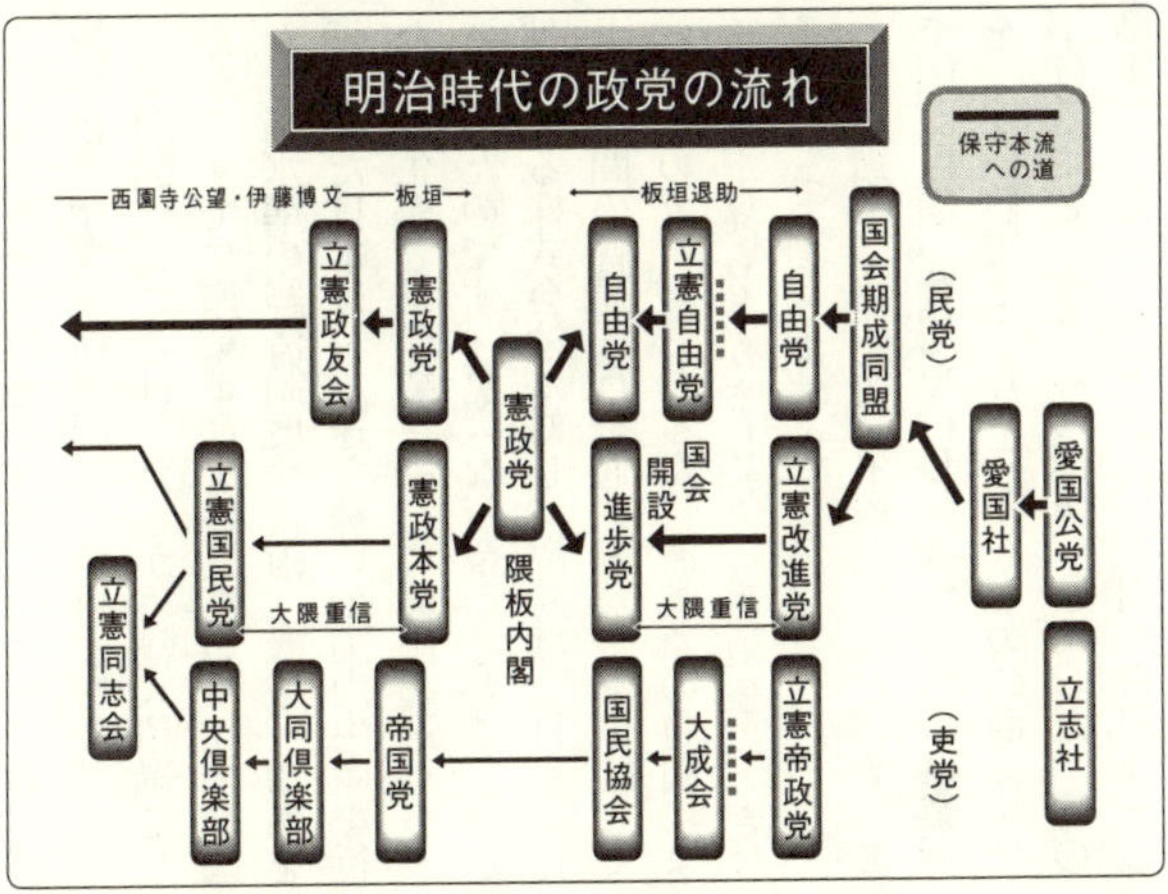

明治時代の政党の流れ
保守本流への道
西園寺公望・伊藤博文
板垣
板垣退助
（民党）
（吏党）
愛国公党
愛国社
立志社
国会期成同盟
自由党
立憲改進党
立憲帝政党
立憲自由党
自由党
国会開設
進歩党
大成会
国民協会
大隈重信
憲政党
隈板内閣
憲政党
憲政本党
帝国党
立憲政友会
立憲国民党
大隈重信
大同倶楽部
中央倶楽部
立憲同志会

もともと政党政治を忌み嫌っている山県有朋は、文官任用令《ぶんかんにんようれい》を改正して政党員が官吏になるのを制限。また軍部大臣現役武官制《ぐんぶだいじんげんえきぶかんせい》を確立。さらに治安警察法《ちあんけいさつほう》をつくって、社会運動や労働運動の弾圧を始めます。

文官任用令改正をめぐって山県内閣と対立していた憲政党は、提携をやめて伊藤博文に接近。星亨が憲政党を解党させ、伊藤博文を総裁に迎えて立憲政友会《りっけんせいゆうかい》を結成させたのです。

この立憲政友会を母体にした第4次伊藤内閣は半年で終わり、伊藤博文と山県有朋が現役を退いて元老院に入ります。以後、山県と伊藤は元老（長老）として内閣を操りはじめ、山県の子分で「長州閥の嫡子」といわれ、各内閣で陸軍大臣を歴任した桂太郎《かつらたろう》と、伊藤のあと立憲政友会総裁になった公家出身の西園《さいおん》寺公望《じきんもち》が交互に組閣する桂園《けいえん》時代が大正2年（1913）までつづくことになります。

猛スピードの日本の産業革命が生み出したものは？ Q

政界が離合集散をくり返しているころ、経済界には産業革命が起こっていました。

文明開化のころは、たしかに輸入超過でしたが、すでに産業革命を終えている欧米諸国から高水準の経済制度や技術、機械、知識を導入した日本は、急速な勢いで国内生産を行ない、生糸と鉱産物を中心に輸出超過へもっていったのです。莫大な資金が必要でしたが、勃興する株式会社に対して政府は、日本銀行から民間の普通銀行を通して資金を供給していったのです。もちろん日清戦争の勝利による景気上昇もありました（日露戦争のときはそれほどでもありませんでした）。

また鉱山、造船所、生糸工場など、それまで国が巨額の費用を投じてきた官営の事業所を、安い値段で三井や三菱などの政商に払い下げることで産業界は活気づきました。その結果、三井・三菱・住友・安田・古河《ふるかわ》などの財閥が、金融・貿易・運輸・鉱業などあらゆる分野に進出してコンツェルンを築き、独占資本化していくことになったのです。

産業革命がいちじるしかった業界を順番にご紹介していきましょう。

当時、日本を代表する産業だった製糸業や紡績業では、大阪紡績会社などを中心に機械化による生産高が急上昇して、中国を抜いて世界一になったほどですし、官営製鉄所だった八幡製鉄所では日本の鉄鋼の70〜80％を生産していました。

鉄道も、官営による東海道線（新橋―神戸間）の敷設につづいて、日本鉄道株式会社が上野―青森間を開通させたほか、山陽鉄道、九州鉄道などの私鉄ブームが起きました。鉄道に関しては、のちに政府が鉄道国有法を出して、全国の大手私鉄を買収して、幹線のほとんどが国有になりました。

A 財閥が産業界を支配！各種の社会問題も浮上！

5大財閥（旧財閥系の現在の企業例）

三井財閥

三井住友銀行・三井物産・日本コークス工業・三井生命保険・カネボウ
王子製紙・東芝・太平洋セメント・日本製鋼所・東レ・日本製粉

三菱財閥

三菱東京UFJ銀行・三菱UFJ信託銀行・三菱商事・三菱マテリアル・三菱電機
三菱重工業・三菱自動車工業・三菱地所・三菱レイヨン・三菱倉庫
東京海上日動火災保険・麒麟麦酒・旭硝子・ニコン・日本郵船

住友財閥

三井住友信託銀行・住友生命保険・住友商事・住友金属工業・日本生命保険
日本電気

安田財閥

損害保険ジャパン日本興亜・丸紅・昭和電工・沖電気工業・大成建設

古河財閥

古河機械金属・古河産業・古河電気工業・富士電機・富士通・横浜ゴム

造船業も盛んで、三菱汽船会社と共同運輸会社が合併して日本郵船会社が設立され、それまで業界トップだった大阪商船会社と並ぶ大企業に発展。これに東洋汽船会社も加わって外国遠洋航路が次々に開かれました。

日本は、欧米各国が２００〜３００年かかった産業革命をわずか50年で達成させました。

産業革命は農村にも影響を与え、それまでの自作自農から集団的な商業的農業が発展。農業協同組合（農協）が組織されていきます。この現象は大地主と小作人の格差を広げ、大地主のなかには被選挙権を得て、議員になる者も出はじめました。

しかし、産業革命は利点ばかりではありませんでした。大企業と中小企業の格差が広がり、労働条件が悪化し、公害を生み出すなどの弊害も生み出したのです。これらの社会問題は、社会運動へと発展していきます。

日本初の労働組合はいつごろできたのか？ Q

産業革命で資本主義が発達したことは日本の近代化にとって有益でしたが、乱立する工場、また鉱山などで働く労働者たちは過酷な労働を強いられていました。

製糸工場や紡績工場での労働者は女子が、重工業や鉱山での労働者は男子が中心でした。彼ら労働者の多くは農家からの出稼ぎで、長時間労働、低賃金があたりまえでした。

女子の場合は、昼夜2交替の実働11時間労働で、休日が隔週1回、賃金は日給7〜25銭。男子の場合はやはり1日11時間労働で、休日は月2回、日給は30〜35銭。しかし、男子も女子も残業して13〜15時間（場合によっては16〜17時間）働き、少しでも多くの賃金をもらうようにしていました。衛生状態の悪い宿舎に住みこみ、満足に栄養も摂取できず、肺結核になる者も多かったようです。

有名な『女工哀史《じょこうあいし》』にも、「籠《かご》の鳥より監獄よりも寄宿ずまいはなお辛い」「工場は地獄で主任が鬼で廻る運転火の車」と書かれているほどです。

やがて重労働に耐えられなくなった労働者がストライキや暴動を起こすようになるのは、当然のなりゆきでした。

日清戦争後には、アメリカ帰りの高野房太郎《たかのふさたろう》が職工義友会《しょっこうぎゆうかい》を起こし、これに片山潜《かたやません》らが加わって労働組合期成会《ろうどうくみあいきせいかい》を結成。彼らの指導のもとに、各地で労働組合ができ、労働争議（ストライキ）が起こるようになりました。

これに対して政府は、治安警察法を公布して、労働運動を取り締まりはじめますが、まだ弾圧というほどのことはありませんでした。かえって生産能率を上げさせるために、労働条件を改善する法律を作成しようという動きがあったほどです（これは、経営者の猛反発にあって実現しませんでした）。

A　日清戦争後、米国帰りの高野房太郎らが結成！

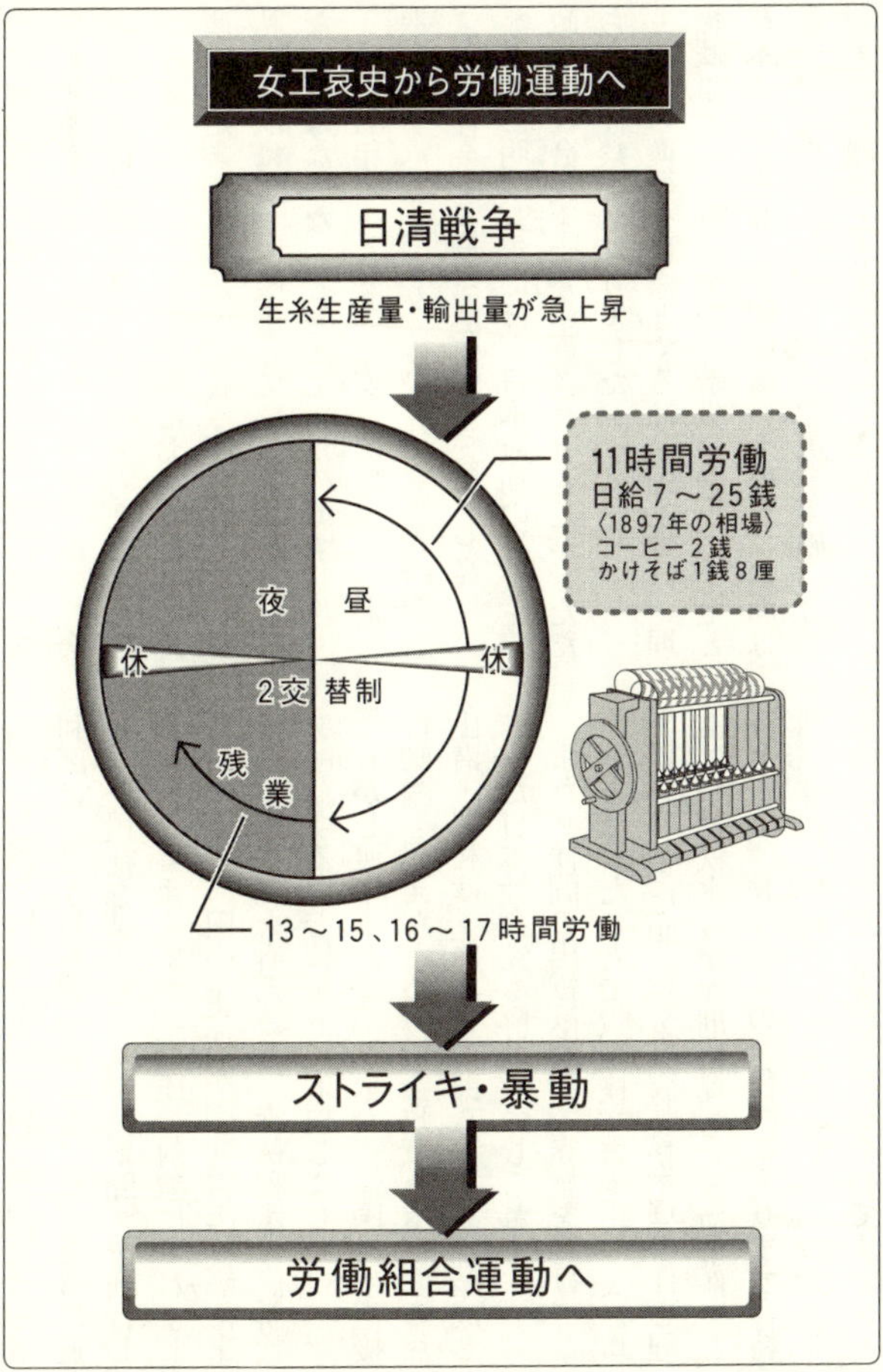
女工哀史から労働運動へ
日清戦争
生糸生産量・輸出量が急上昇
11時間労働
日給7～25銭
〈1897年の相場〉
コーヒー2銭
かけそば1銭8厘
夜
昼
休
休
2交替制
残業
13～15、16～17時間労働
ストライキ・暴動
労働組合運動へ

Q 日本初の社会主義政党はなぜ弾圧されたのか？

労働問題が叫ばれ、資本主義社会における自由競争が弱肉強食の生存競争を生み、社会の無道徳化・無秩序化を生むと考える人たちがいました。ここから日本における社会主義運動は始まりました。主義や理想を見失って私利私欲に走って堕落している政党を打破しなければならないと考えていたのです。

明治31年（1898）、安部《あべ》磯雄《いそお》・片山潜・幸徳秋水《こうとくしゅうすい》らにより、まず社会主義研究会（のちの社会主義協会）が設立されました。

さらに明治34年には、日本最初の社会主義政党の社会民主党《しゃかいみんしゅとう》が組織されましたが、ただちに結社禁止になりました。

政権の獲得を目標とする社会民主党は、理想綱領として軍備全廃、階級の廃止、土地と資本の公有化などを掲げるいっぽう、当面は貴族院廃止、軍備縮小、普通選挙実施、8時間労働実施などを主張していました。

『万朝報《よろずちょうほう》』の記者をしていた幸徳秋水と堺《さかい》利彦《としひこ》は、社が日露開戦論に転じたのを機に退社。平民社《へいみんしゃ》を結成して『平民新聞』を刊行し、非戦論を唱えますが、弾圧の対象にされました。一方で、田中正造《たなかしょうぞう》が国会で足尾鉱毒事《あしおこうどくじ》件《けん》の被害状況を訴えると、幸徳秋水は直訴状を起草するなど積極的に応援しました。

しかし渡米した幸徳秋水が、帰国後に直接行動論を唱えたため、議会政策を重視する片山潜・堺利彦・西川光二郎《にしかわこうじろう》らと対立。結成していた日本社会党も解散を命じられます。

また、仲間の出獄歓迎会で赤旗を掲げて革命歌を歌ったことで大量検挙者を出し（赤旗《あかはた》事件《じけん》）、さらに明治天皇の暗殺未遂事件を理由に幸徳秋水らが死刑になる（大逆事件《たいぎゃくじけん》）と、社会主義運動は「冬の時代」に入ります。特《とく》別高等課《べっこうとうか》（特高《とっこう》）による弾圧が「社会主義＝危険」という考えを広めていくのです。

A 土地と資本の公有化綱領などが危険視された！

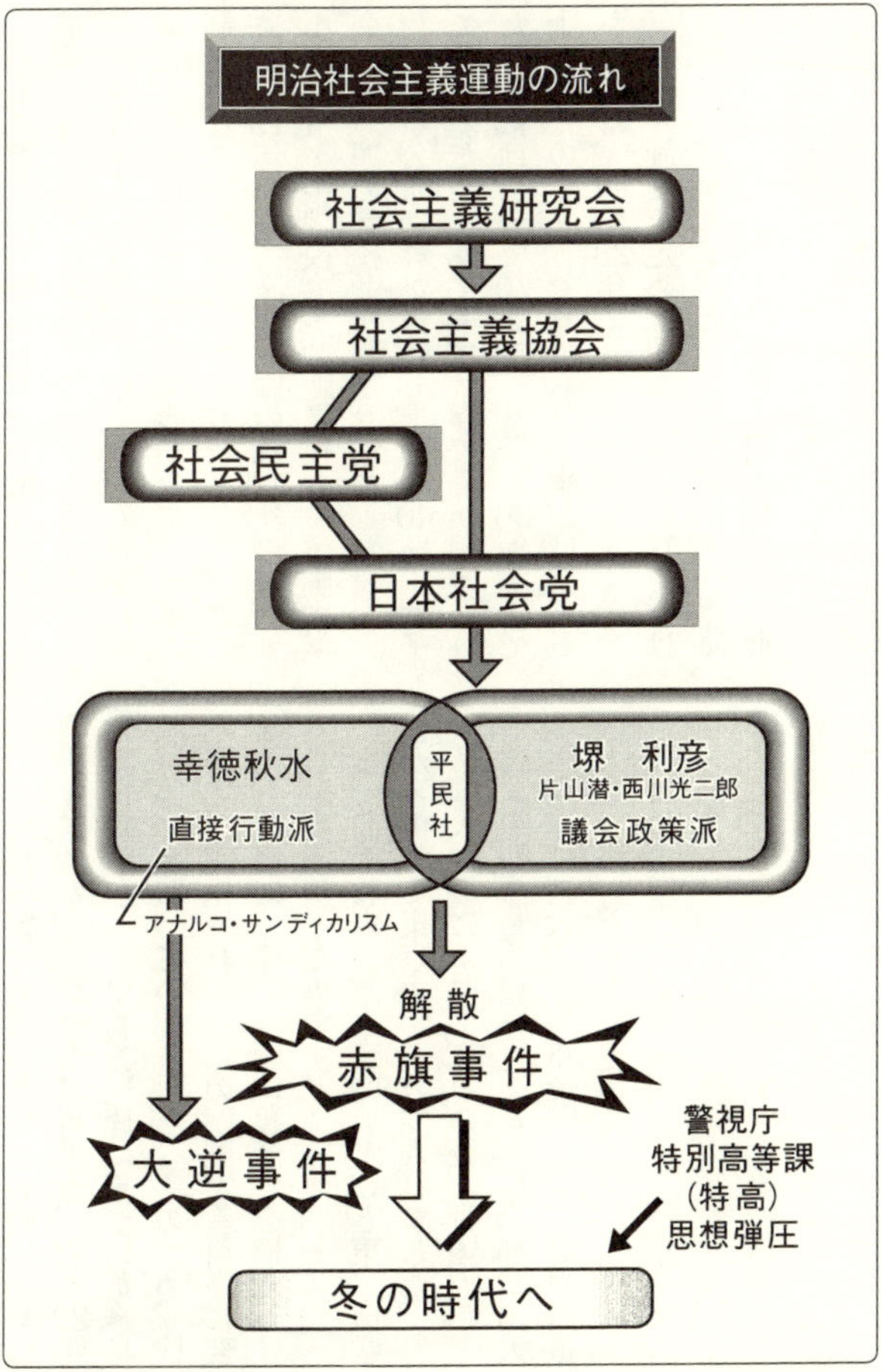
明治社会主義運動の流れ
社会主義研究会
社会主義協会
社会民主党
日本社会党
幸徳秋水
直接行動派
平民社
堺　利彦
片山潜・西川光二郎
議会政策派
アナルコ・サンディカリスム
解散
赤旗事件
大逆事件
警視庁
特別高等課
（特高）
思想弾圧
冬の時代へ

明治の学校教育はどのように変わっていったか？

日本の近代化政策の一環として国民教育が重視されたことはいうまでもありません。

明治5年（1872）に学制が公布されたあと、明治12年に、自由主義的なアメリカの制度にならった教育令が出されました。さらに明治19年には、文部大臣の森有礼《もりありのり》によって小学校令・中学校令・師範学校令・帝国大学令など一連の学校令が制定されました。

学制が公布された当時、男子で40％、女子で20％弱だった就学率は、学校令が制定されたころには男子で70％弱、女子で30％強まで上がったのです。それでも就学率が低いと見た政府は、明治23年に尋常小学校3〜4年の義務教育制度を定め、親が子供に教育を受けさせる義務がある、としたのです。それ以降、就学率はうなぎ上りになり、明治40年に尋常小学校が6年に延長されたころには、男女とも就学率は90％を超えるまでになりました。

同時に教科書の見直しも行なわれ、初めは自由主義的なものだった教科書も、明治23年の教育勅語をもとに儒教道徳に基づいた修身教科書に変わっていきました。そのため、検定制度が実施されていたのが国定教科書に変わり、国民に一律の「国体観念」を植えつけることに成功したのです。

また高等教育も、東京開成学校と東京医学校が合併して東京大学が設立されました。

帝国大学令によって、その後、帝国大学と改称（のち東京帝国大学）。さらに京都帝国大学・東北帝国大学・九州帝国大学・北海道帝国大学・京城《けいじょう》帝国大学（のちソウル大学校）・台北《たいほく》帝国大学（のち台湾大学）・大阪帝国大学・名古屋帝国大学の9帝国大学が昭和14年までに設立され、高級官僚、高級技術者、学者など、国家や社会の指導者を育成するようになりました。

A 教育勅語の導入で天皇中心の「国体」教育へ！

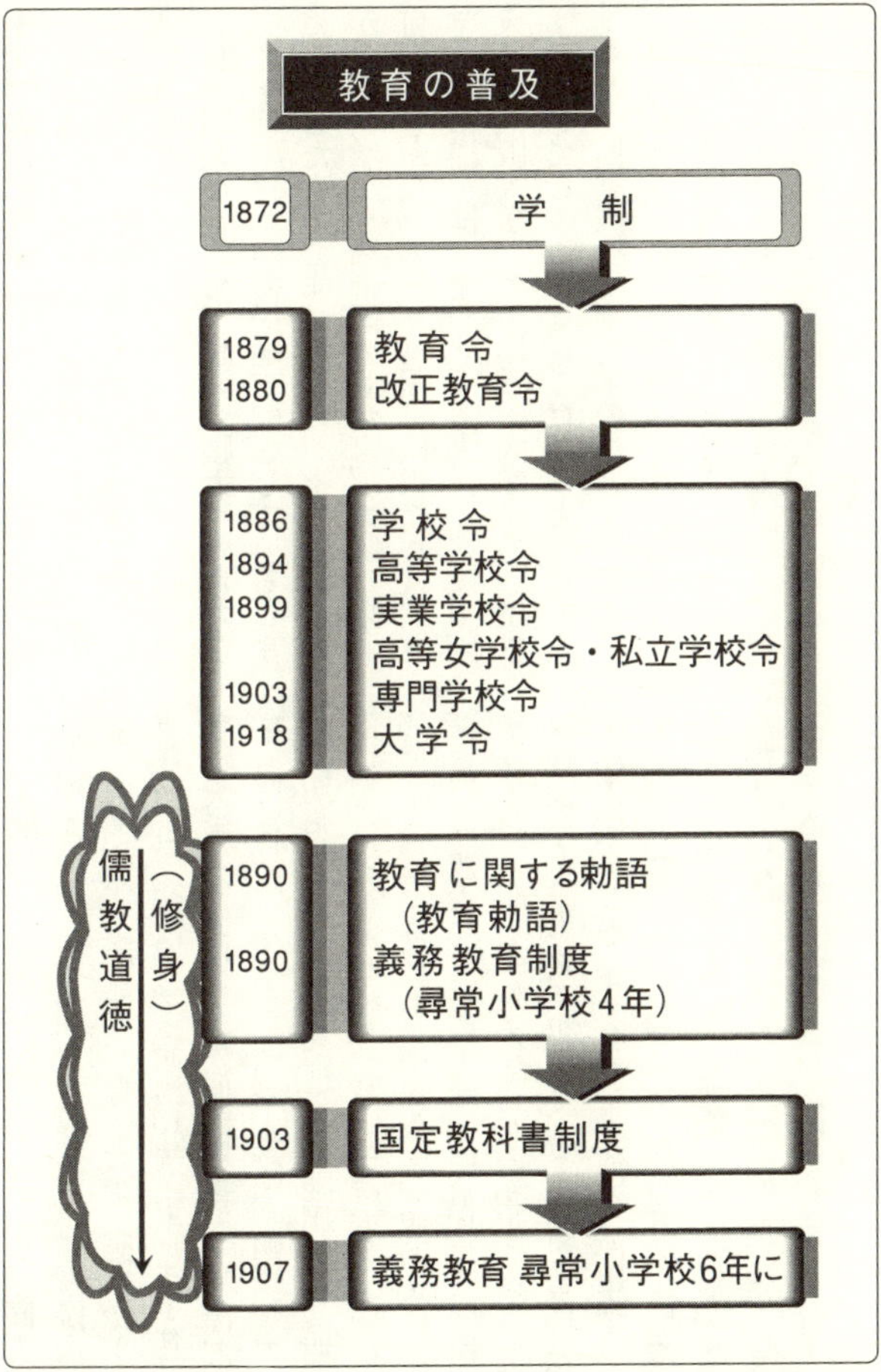

教育の普及
1872 学　制
1879 教育令
1880 改正教育令
1886 学校令
1894 高等学校令
1899 実業学校令
高等女学校令・私立学校令
1903 専門学校令
1918 大学令
1890 教育に関する勅語
（教育勅語）
1890 義務教育制度
（尋常小学校4年）
1903 国定教科書制度
1907 義務教育 尋常小学校6年に
儒教道徳
（修身）

コラム

★大学の始まり★

帝国大学の成り立ちは、前の項目でお話ししましたが、では他の大学の場合はどうなのでしょうか。

9帝国大学のうち、京城帝国大学と台北帝国大学は、日本が植民地支配をしているときに設立したものです。残りの、東京帝国大学が東京大学、京都帝国大学が京都大学、東北帝国大学が東北大学、九州帝国大学が九州大学、北海道帝国大学が北海道大学、大阪帝国大学が大阪大学、名古屋帝国大学が名古屋大学の前身であることは、ご存知のとおりです。

また、旧制高校や師範学校などが国立大学に昇格したこともご存知でしょう。

では、明治時代に創立された主な私立大学の始まりを古い順に見ていきましょう。江戸時代創立の慶應義塾大学（慶応4年　慶應義塾）を別にすれば、以下のとおりです。

立教大学（明治7年　聖パウロ学校）、同志社大学（明治8年　同志社英学校）、学習院大学（明治10年　学習院）、専修大学（明治13年　専修学校）、法政大学（明治13年　東京法学社）、明治大学（明治13年　明治法律学校）、駒澤大学（明治15年　大学林専門学本校）、國學院大学（明治15年　皇典講究所）、早稲田大学（明治15年　東京専門学校）、青山学院大学（明治16年　東京英和学校）、中央大学（明治18年　英吉利《イギリス》法律学校）、関西大学（明治19年　関西法律学校）、明治学院大学（明治20年　東京一致神学校・東京一致英和学校・東京英和予備校）、東洋大学（明治20年　私立哲学館）、津田塾大学（明治23年　女子英学塾）、日本大学（明治23年　日本法律学校）、立命館大学（明治33年　京都法政学校）、日本女子大学（明治34年　日本女子大学校）、上智大学（明治44年　上智学院）。

7章 戦争と平和の世紀

〈大正〜平成〉

Q 大正時代の政党政治の大きな特徴とは？

日露戦争で勢いづいた陸軍は17個師団を25師団に増やすことを、海軍は戦艦と巡洋艦を8隻ずつ建造することを、第2次西園寺公望内閣に要求します。しかし財政事情が苦しいため、西園寺公望はこれを無視しました。

明治44年（1911）になって清国で辛亥《しんがい》革命《かくめい》が勃発すると、陸軍は朝鮮に駐屯させる2個師団だけでも増設するよう重ねて内閣に要求します。ところが西園寺公望がこれを拒否したため、陸軍大臣が天皇に辞表を叩きつけるという前代未聞の事件が起き、第2次西園寺公望内閣は総辞職してしまいます。

すると桂太郎が第3次内閣を組閣して陸軍の意向を押し通そうと、天皇にたびたび詔勅を仰ぎますが、天皇が亡くなります。

そこへ西園寺公望とおなじ立憲政友会の尾《お》崎行《ざきゆき》雄《お》、立憲国民党（憲政本党の後身）の犬《いぬ》養毅《かいつよし》らが中心になって憲政擁護運動《けんせいようごうんどう》（第1次護憲運動）を起こします。目的は第3次桂太郎内閣打倒でした。

桂太郎は政党勢力に対抗すべく立憲同志会《りっけんどうしかい》を結成。立憲政友会・立憲国民党の切り崩しを図りますが、結局、総選挙で敗北。組閣して2カ月足らずで退陣しました（大正政変）。

桂太郎にかわって組閣したのは〈長州の陸軍〉に対する〈薩摩の海軍〉の巨頭と称される山本権兵衛《やまもとごんべえ》でした。山本は立憲政友会の支持を取りつけ、立憲政友会からは原敬《はらたかし》の内務大臣はじめ3人が入閣。連立内閣というよりも立憲政友会内閣といえるものでした。山本は、陸海軍大臣の現役武官制《げんえきぶかんせい》、文官任用令《ぶんかんにんようれい》を改めるなど官僚機構改革を行ないますが、国民から営業税・織物消費税・通行税の廃税運動が起こり、また海軍高官たちが軍艦や兵器を発注したさいにドイツのジーメンス社、イギリスのヴィッカース社から多額のリベー

A 軍部の圧力で政治が一貫せず 第1次世界大戦に突入

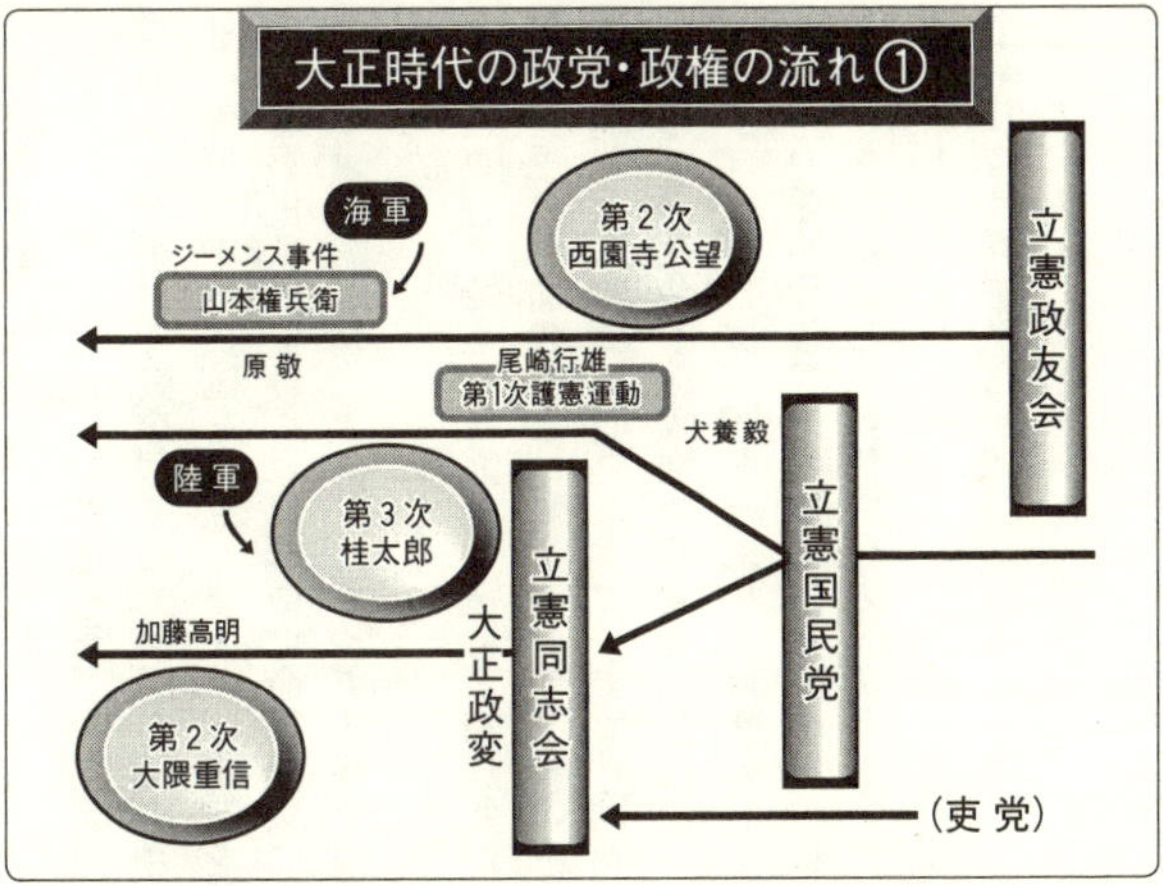
大正時代の政党・政権の流れ①
立憲政友会
第2次 西園寺公望
海軍
ジーメンス事件
山本権兵衛
原敬
尾崎行雄
第1次護憲運動
犬養毅
立憲国民党
陸軍
第3次 桂太郎
立憲同志会
大正政変
加藤高明
第2次 大隈重信
(吏党)

トを受け取っていた汚職事件（ジーメンス事件）が起きて、総辞職を余儀なくされました。

そのあと立憲政友会を倒すべく、大隈重信が元老たちの推薦で組閣。桂太郎にかわって加藤高明《かとうたかあき》が率いている立憲同志会を与党に引きこんで総選挙で勝利。懸案だった2個師団増設と海軍拡張策を国会で通過させたのです。

この第2次大隈重信内閣のとき、第1次世界大戦が勃発。欧州列強が戦いをくり広げているあいだに日本は、辛亥革命で清国を倒した中華民国の袁世凱《えんせいがい》政府に南満洲の租借《そしゃく》期限を延長させるなどの21ヵ条の要求を突きつける強硬外交を断行。欧米列強から警戒されます。

このあとを受けて組閣したのは、陸軍大臣・朝鮮総督府長官を歴任した寺内正毅《てらうちまさたけ》でした。寺内は政党内閣ではなく官僚内閣を組閣。第1次世界大戦景気による米価高騰から起きた米騒動で非難を浴びて退陣します。

第1次世界大戦の最中、日本は何をしていた？

Q

日露戦争後、世界は荒れていました。

中国では辛亥革命《しんがいかくめい》が起きました。中国国民党の孫文《そんぶん》が革命運動を起こして清国を滅亡させ、南京《なんきん》で中華民国を樹立しますが、軍閥を擁する袁世凱《えんせいがい》に退けられ日本に亡命。北京において袁世凱が初代大総統になって政権を握りました。

またロシアでも、日露戦争後に革命運動が勃発。三月革命のあと、レーニンがソビエトの基礎となる政権を樹立（十一月革命）。世界で初めての社会主義政権を樹立しました。

ヨーロッパでは、19世紀末から新興のドイツが勢力を伸ばしてイギリスの存在を脅かしはじめていました。まずドイツが、イタリア、オーストリア＝ハンガリーと三国同盟を結び、イギリスは英露協商を結び、同盟関係にあるロシア、フランスと三国協商を結んで、ドイツを包囲します。そこへオーストリア皇太子夫妻が暗殺されるサラエボ事件が起き、これが引き鉄になって第1次世界大戦が勃発。

イギリスは同盟関係にある日本に参戦を要求しますが、時の第2次大隈重信内閣の外務大臣加藤高明は出兵を無視。地中海警戒のために艦隊を出動させたのみで、あとは東アジアにおける権益強化に没頭します。まず陸軍が、ドイツの根拠地である中国山東《さんとう》省の青島《チンタオ》を占拠。海軍がドイツ領の南洋諸島を占拠し、東アジアからドイツ勢力を一掃。

さらに日本は、1930年代には期限が切れてしまう旅順・大連の租借権、南満洲鉄道の権益を引き延ばすため、21カ条の要求を袁世凱政府に突きつけます。その内容は、中国山東省の旧ドイツ利権の継承および鉄道新線要求、旅順・大連の租借期限および満鉄安奉《あんぽう》線《せん》の租借期限の99カ年延長、満蒙における日本人商租権、漢冶萍煤鉄公司《かんやひょうばいてつコンス》の日中合弁要

A ドイツ勢力を東アジアから一掃し、権益を拡大！

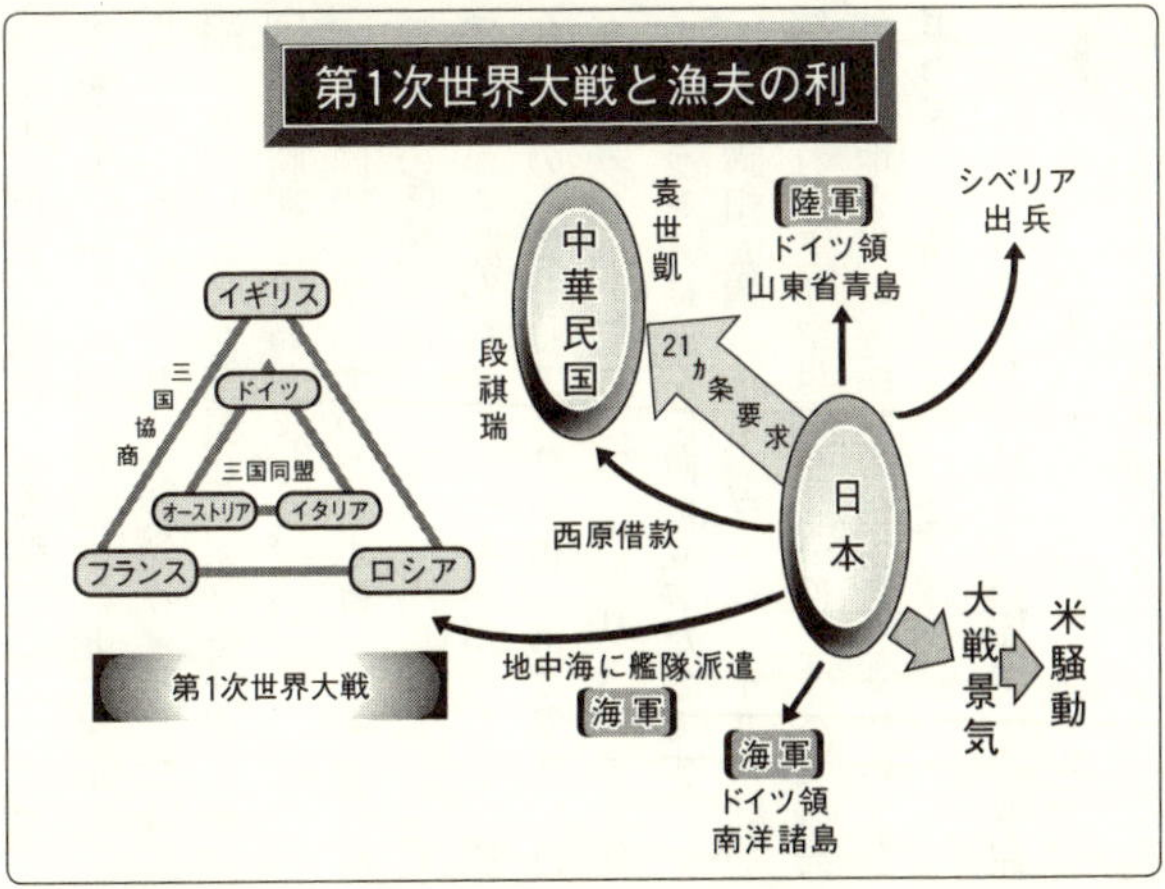
第1次世界大戦と漁夫の利
イギリス
ドイツ
三国協商
三国同盟
オーストリア
イタリア
フランス
ロシア
第1次世界大戦
中華民国
袁世凱
段祺瑞
21カ条要求
西原借款
日本
陸軍
ドイツ領
山東省青島
シベリア
出兵
地中海に艦隊派遣
海軍
海軍
ドイツ領
南洋諸島
大戦景気
米騒動

求、中国沿岸港湾および島嶼《とうしょ》の不割譲、中国政府の政治・財政・軍事顧問に日本人を招くことなどでした。中国政府は、この件を内外に訴えますが、第1次世界大戦の真っ最中で欧米列強に相手にしてもらえず、結局、ほとんど受け入れざるをえませんでした。

第2次大隈重信内閣のあとを受けて組閣したのは、陸軍大臣・朝鮮総督府長官を歴任した寺内正毅《まさたけ》でした。寺内は政党内閣ではなく、官僚内閣を組閣。袁世凱のあとを受けた段祺《だんき》瑞《ずい》政権に巨額の借款を押しつけて（西原《にしはら》借《しゃっ》款《かん》）日本の権益を拡大させるいっぽう、イギリスの要求でロシアに出兵します。

第1次世界大戦で輸出が増え、日本は空前の大戦景気を迎えて経済界は活気づきますが、軍需米の需要が伸びたことで米価が高騰。米騒動が全国に波及。軍隊まで出動させる始末で、寺内正毅内閣は退陣を余儀なくされます。

第1次大戦後、国際政治はどう変化したのか？

Q

第1次世界大戦は、連合国側にアメリカが参戦したことで、同盟軍側の敗北は決定的となりました。アメリカ大統領ウィルソンは、平和原則14カ条を発表して和平を提案。連合国側の勝利に終わりました。

日英同盟を結んでいた日本は、地中海警戒のための艦隊派遣、シベリア出兵、あとは東アジアから動かなかったにもかかわらず、連合国側の一員としてパリ講和会議に参加。日本はイタリアとともに、イギリス・アメリカ・フランスに次ぐ位置に立ったのです。

この講和会議の結果、ヴェルサイユ条約が締結され、ドイツは国土の一部とすべての海外植民地を失い、巨額の賠償金を支払い、空軍の保有を禁じられました。

さらにウィルソン大統領の提案で国際連盟が設立され、日本はイギリス・フランス・イタリアとともに常任理事国となりました（ただしアメリカは上院反対で不参加）。

国際連盟設立を機に、ワシントン会議（四カ国条約・九カ国条約・海軍軍縮条約）、山東懸案解決条約、ジュネーヴ海軍軍縮会議、パリ不戦条約、ロンドン海軍軍縮条約が、１９２１年から１９３０年にかけて結ばれ、国際社会は協調時代に入っていったのです。

海軍軍縮の波に乗った日本ですが、国内では軍人の不満が募っていたのも事実でした。

ヴェルサイユ条約の結果、日本はドイツから奪った山東半島を中国に返還するかわりに権益を引き継ぎ（山東懸案解決条約で中止）、ドイツ領だった南洋諸島を国際連盟から委任統治するかたちで決着がつきました。しかし、中国では「打倒日本帝国主義」が叫ばれて、日本商品のボイコット運動が起こり（五・四運動）、朝鮮各地でも独立運動が広がっていきました（三・一独立運動、万歳事件）。

A　国際連盟が設立されて国際協調の時代へ！

第1次世界大戦後の国際条約

ヴェルサイユ条約　1919　パリ　27ヵ国
第1次世界大戦の処理

↓

国際連盟　1920　ジュネーヴ　42ヵ国
国際協力と平和のための機関

↓

ワシントン会議

四ヵ国条約　1921　英・米・日・仏
太平洋の平和に関する条約

九ヵ国条約　1922　英・米・日・仏・伊・ベルギー・ポルトガル オランダ・中国
中国問題に関する条約

海軍軍縮条約　1922　英・米・日・仏・伊
主力艦保有量の制限、10年間の主力艦建造禁止

↓

山東懸案解決条約　1922　日・中
21ヵ条要求のうち山東半島の旧ドイツ権益を返還

↓

ジュネーヴ海軍軍縮会議　1927　米・英・日
補助艦制限（不成立）

↓

パリ不戦条約　1928　15ヵ国
国家の政策の手段としての戦争の放棄

↓

ロンドン海軍軍縮条約　1930　英・米・日・仏・伊
主力艦保有量の制限、主力艦建造禁止を1936年まで延長。
英・米・日の補助艦保有量の制限

初の衆院出身「平民宰相」原敬はなぜ暗殺された？ Q

寺内正毅《まさたけ》内閣が米騒動で退陣したあと、元老院は立憲政友会総裁の原 敬《はらたかし》を首相に推薦しました。岩手県出身で藩閥もなく爵位もない原敬は、日本で初めて衆議院に籍を置く内閣総理大臣になったのです。陸海軍大臣、外務大臣以外の閣僚を立憲政友会で占めた原敬は、国民からは「平民宰相」と呼ばれて親しまれ、教育施設の拡充、交通機関の整備、産業の振興、国防の充実と積極政策を取りました。しかし、大正9年（1920）に起きた恐慌で積極政策はストップ。政党間の争いが増し、利権争いから汚職事件まで発生しました。

選挙法を改正して、選挙権資格を直接国税10円以上から3円以上に引き下げたことで、かえって普通選挙運動は盛んになりました。立憲国民党の犬養毅（のちに革新倶楽部を結成）、憲政会（立憲同志会の後身）の尾崎行雄（のち憲政会を脱党して革新《かくしん》倶楽部《くらぶ》に参加）らが政府に普通選挙実施を迫っています。

そして、原敬が東京駅頭で暗殺されると、立憲政友会総裁を引き継いだ高橋是清《たかはしこれきよ》が組閣。ワシントン体制で協調外交を取って、党内対立を招き、内閣改造に失敗して総辞職します。

次は、原敬・高橋是清両内閣の海軍大臣を歴任し、ワシントン会議の全権委員をつとめた加藤友三郎《かとうともさぶろう》が、立憲政友会の援助を受けて組閣。行財政の整理、綱紀粛正、教育および産業社会的施設の振興、軍備縮小、共産党に対する最初の弾圧を行ないますが、在任中に病死してしまいます。

その1週間後の大正12年（1923）9月1日、関東大震災が起きます。騒ぎのなかで山本権兵衛が第2次内閣を組織。震災後の復興処理にあたりましたが、同年末に起きた虎の門事件（摂政時代の昭和天皇暗殺未遂事件）の責任をとって総辞職しました。

A 戦後恐慌・大不況のなか政界汚濁の目の敵に！

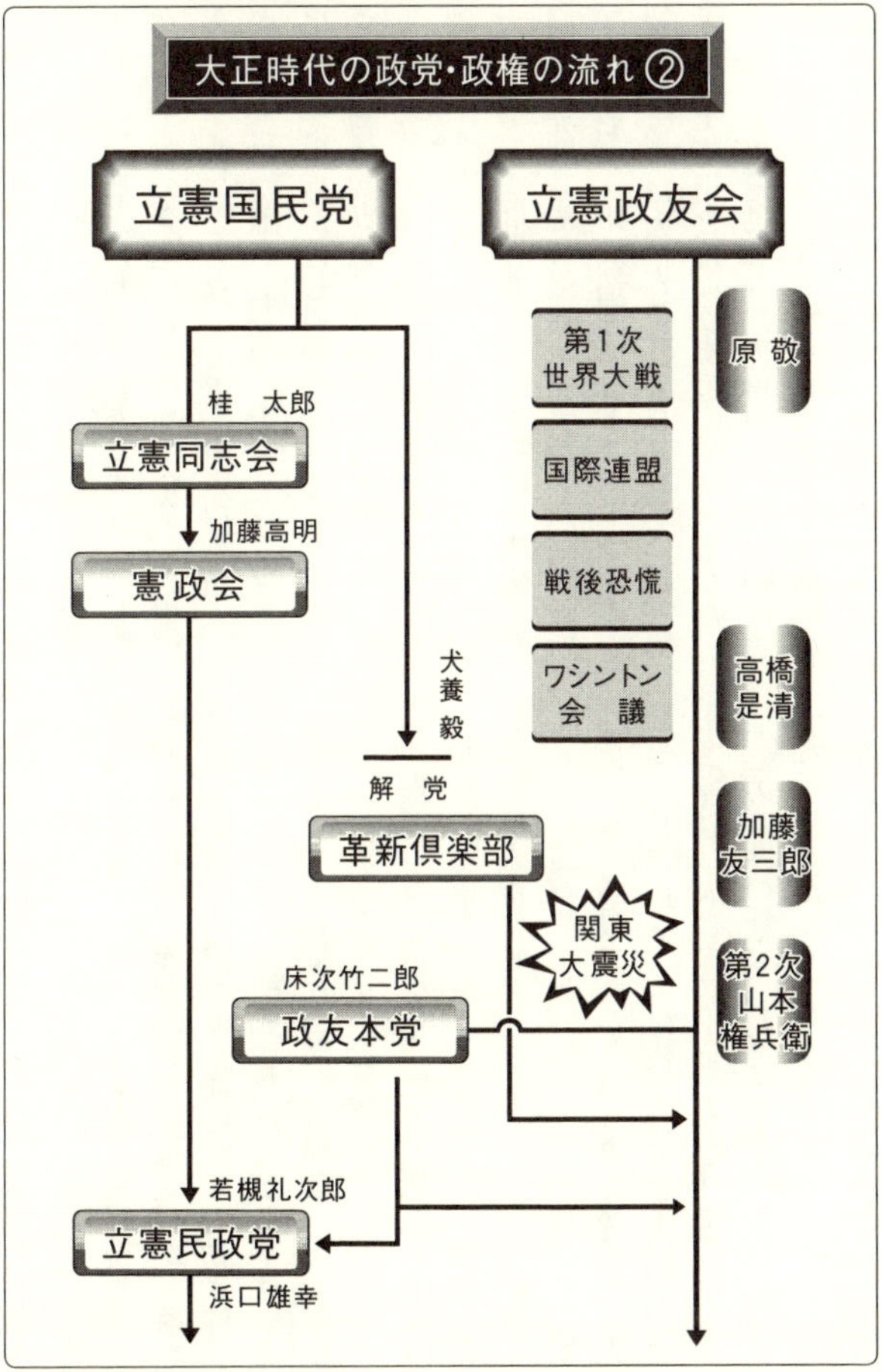
大正時代の政党・政権の流れ②
立憲国民党
立憲政友会
桂　太郎
立憲同志会
加藤高明
憲政会
犬養毅
解　党
革新倶楽部
床次竹二郎
政友本党
若槻礼次郎
立憲民政党
浜口雄幸
第1次世界大戦
国際連盟
戦後恐慌
ワシントン会議
関東大震災
原 敬
高橋是清
加藤友三郎
第2次山本権兵衛

大正の社会運動で特筆すべき「婦人運動」とは？

Q

特別高等課（特高）による厳しい弾圧で「冬の時代」に入っていた社会運動でしたが、その火種が消えたわけではありませんでした。

資本主義の発達にともなって企業が大規模化し、それにともなって労働者人口も増え、大戦景気で物価が上がってインフレーションになって生活が苦しいのが現状でした。まして米騒動に、ロシア革命です。労働運動や社会運動が元気づくのは当然のなりゆきでした。

鈴木文治《すずきぶんじ》らによって結成された友愛会《ゆうあいかい》が大日本労働総同盟友愛会、さらに日本労働総同盟に発展して労働組合を支援。八幡製鉄所、三菱造船所、川崎造船所などでストライキが続出。さらに大正9年（1920）には、第1回メーデーを行なうまでに発展しました。

社会主義運動もロシア革命や労働運動に触発されて活気づき、明治時代の幸徳秋水にかわって中心となったのは、赤旗事件で入獄していた大杉栄《おおすぎさかえ》でした。大杉栄はアナーキズム（無政府主義）を唱えていましたが、労働者の直接運動に頼って政治闘争を軽視しているため、社会主義運動の大勢は大杉から離れ、社会主義者の政治組織結成に向けて動きはじめました。そこで結成されたのが日本社会主義同盟で、さらに片山潜・堺利彦・山川均《やまかわひとし》らはコミンテルン（共産主義インターナショナル）指導のもと日本共産党を結成しました。

しかし関東大震災が起きたあと、社会主義者や朝鮮人が暴動を起こすというデマが流れたため、警察や憲兵、住民たちが作った自警団によって虐殺されるという事件が続出。大杉栄も甘粕正彦《あまかすまさひこ》大尉に殺されてしまい、社会主義運動は大きな痛手をこうむりました。

この時期の社会運動で特筆すべきは、婦人運動が起きたことでしょう。

平塚《ひらつか》らいてうを中心に結成された青鞜社《せいとうしゃ》

A 女性の自由と参政権を求めて平塚らいてうらが活躍！

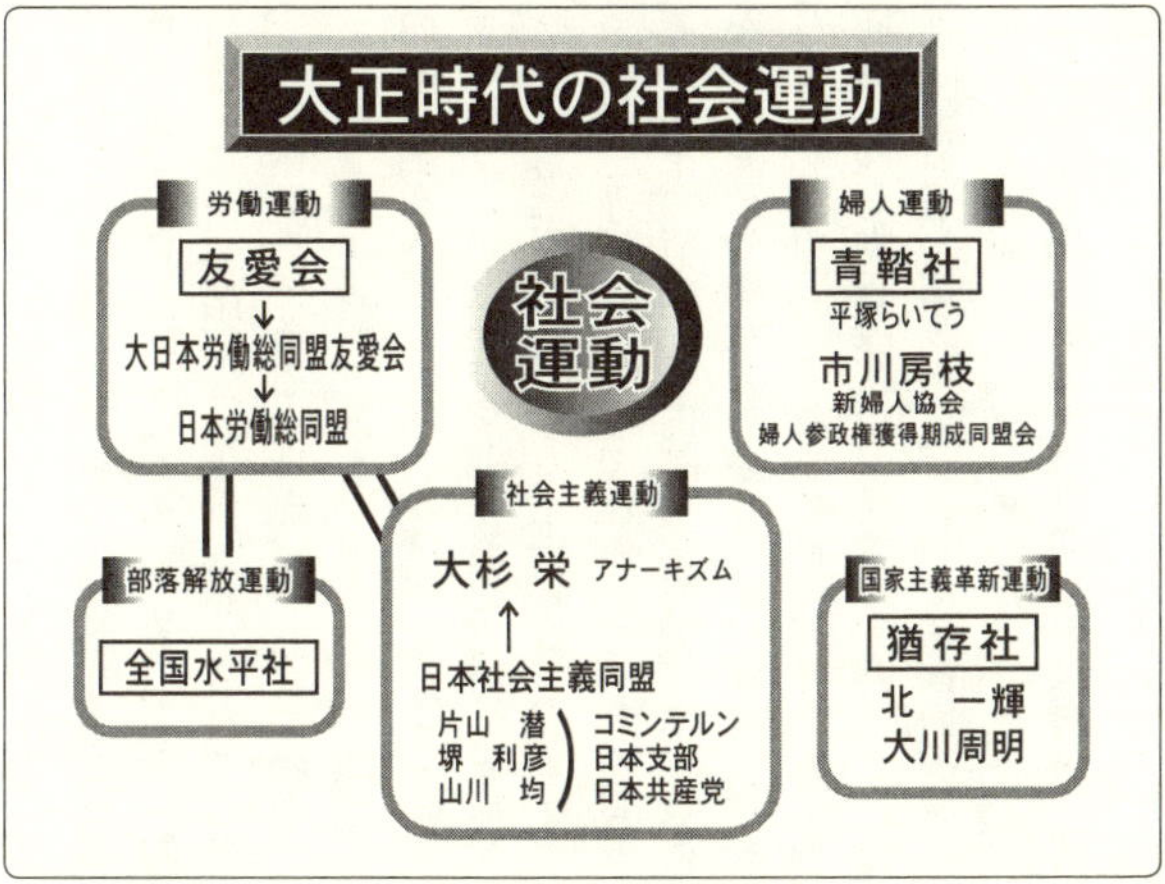
大正時代の社会運動
社会運動
労働運動
友愛会
大日本労働総同盟友愛会
日本労働総同盟
婦人運動
青鞜社
平塚らいてう
市川房枝
新婦人協会
婦人参政権獲得期成同盟会
社会主義運動
大杉 栄 アナーキズム
日本社会主義同盟
片山 潜
堺 利彦
山川 均
コミンテルン
日本支部
日本共産党
部落解放運動
全国水平社
国家主義革新運動
猶存社
北 一輝
大川周明

は、雑誌『青鞜』を発刊。「元祖、女性は実に太陽であった。真正の人であった。今、女性は月である」に始まる巻頭言は、あまりに有名です。自由恋愛や自由結婚を叫ぶ彼女たちは、「新しい女たち」と評判になりますが、非難を浴びたことも、また事実です。

一方で平塚らいてうは、市川房枝《いちかわふさえ》らと新婦人協会を結成して、婦人参政権運動を開始。女性の政治演説会への参加が認められると、婦人参政権獲得期成同盟会《ふじんさんせいけんかくとくきせいどうめいかい》に発展しました。

また大正時代には、全国水平社《ぜんこくすいへいしゃ》による部落解放運動が展開され、やがて部落解放全国委員会、部落解放同盟に発展しました。

また国家主義の立場から国家改造を唱える人々が出てきました。北一輝《きたいっき》、大川周明《おおかわしゅうめい》らは猶存社《ゆうぞんしゃ》を結成。青年将校たちに影響を与え、昭和初期の維新運動につながっていくのです。

普通選挙法の成立で選挙はどのように変わった？

Q

虎の門事件で総辞職した第2次山本権兵衛内閣のあとを受けて組閣した清浦奎吾《きょうらけいご》は、貴族院を中心に組閣したため、立憲政友会・憲政会・革新倶楽部（立憲国民党の後身）らは「超然内閣《ちょうぜんないかく》」であると非難。それまで相争っていた3党は護憲三派《ごけんさんぱ》を結成して、清浦奎吾内閣打倒をめざして第2次護憲運動を開始。立憲政友会のなかで清浦奎吾を支持する床次《とこなみ》竹二郎《たけじろう》らは脱党して政友本党《せいゆうほんとう》を結成します。

護憲三派は、総選挙で圧倒的な勝利を見せ、その結果、清浦奎吾内閣は総辞職。第一党になった憲政会総裁の加藤高明が、護憲三派を与党にして組閣。それまで普通選挙実施に消極的だった立憲政友会が賛成にまわって、衆議院議員選挙法改正案、いわゆる普通選挙法が両院を通過して成立しました。

これで、満25歳以上の男子に選挙権が、満30歳以上の男子に被選挙権が与えられることになり、直接納税の有無は撤廃されました。これにより有権者数は4倍の約1240万人（全人口の20・8％）になりましたが、女性の政治参加はいまだ認められないままでした。

普通選挙法案といっしょに可決されたのが治安維持法でした。普通選挙による社会運動の激化を懸念して作成されたもので、社会運動に新たな弾圧を加えることになったのです。

加藤高明内閣以降、衆議院で第一党になった政党の総裁が内閣総理大臣になるという慣習（憲政の党道）ができ、政党の総裁職が、より重要な意味をもつようになりました。

立憲政友会は、陸軍長老の田中義一《たなかぎいち》を総裁に迎えて革新倶楽部と合同。加藤高明が在任中に病死すると、内務大臣だった若槻礼次郎《わかつきれいじろう》が憲政会総裁になって内閣を組織。憲政会は政友本党と合同して立憲民政党を結成。立憲政友会と立憲民政党が二大政党となりました。

A 有権者が一挙に4倍の1240万人に増えた！

衆議院議員選挙法の移り変わり

明治22年（1889）黒田清隆内閣

被選挙権　満30歳以上の男子　直接国税15円以上
選挙権　満25歳以上の男子　直接国税15円以上
（45万人　全人口の1.1％）

↓

明治33年（1900）第2次山県有朋内閣

被選挙権　満30歳以上の男子
選挙権　満25歳以上の男子　直接国税10円以上
（98万人　全人口の2.2％）

↓

大正8年（1919）原敬内閣

被選挙権　満30歳以上の男子
選挙権　満25歳以上の男子　直接国税3円以上
（307万人　全人口の5.5％）

↓

大正14年（1925）加藤高明内閣

被選挙権　満30歳以上の男子
選挙権　満25歳以上の男子
（1241万人　全人口の20.8％）

↓

昭和20年（1945）幣原喜重郎内閣

被選挙権　満25歳以上の男女
選挙権　満20歳以上の男女
（3688万人　全人口の50.4％）

大正～昭和の大不況は、いつから日本を襲った？ Q

若槻礼次郎が組閣した大正15年（1926）1月、日本は空前の不況に陥っていました。第1次世界大戦で海外市場への輸出が増加していたときは好景気でしたが、戦後になって欧米列強の生産力が回復すると、こんどは輸入超過が増大。国内の生産力が減少して不景気が訪れました（戦後恐慌）。さらに関東大震災が発生して、京浜地区の工場が壊滅状態に陥ると生産がストップ。銀行が有している大量の手形が落ちなくなってしまったのです。政府は日本銀行に震災手形割引損失補填令《しんさいてがたわりびきそんしつほてんれい》を出させて、手形を割り引いて買い取りました。

さらに若槻内閣は、いまだに残っている未決済分を処理しようと国会にはかりますが、大蔵大臣の片岡直温《かたおかなおはる》の失言から銀行が不良債権を大量に抱えていることがわかると、国民に伝わって取り付け騒ぎが起きました。これが金融恐慌の始まりでした。

同年4月になって台湾銀行、十五銀行など32の銀行が休業。大戦景気で大商社に成り上がった鈴木商店の多額の不良債権を抱えた台湾銀行を救済しようと、政府は緊急勅令を発布しようとしますが、枢密院に反対されたため若槻内閣は総辞職せざるをえませんでした。そのあと立憲政友会の田中義一が組閣。就任した高橋是清大蔵大臣が3週間のモラトリアムを出して全国の銀行を一時休業させ、さらに日本銀行から20億円近くの非常貸し出しを受け、金融恐慌を沈静化させました。

その後、張作霖《ちょうさくりん》爆殺事件（後述）で田中内閣が退陣すると、あとを受けた立憲民政党の浜口《はまぐち》雄幸《おさち》は円高価格で金の輸出解禁（金解禁）を行なって為替相場の安定と景気回復を狙いますが、アメリカ・ニューヨーク市場で株価が大暴落。世界恐慌となり、日本にもその波は押し寄せてきたのです（昭和恐慌）。

A 第1次世界大戦後から不況はつづいていた！

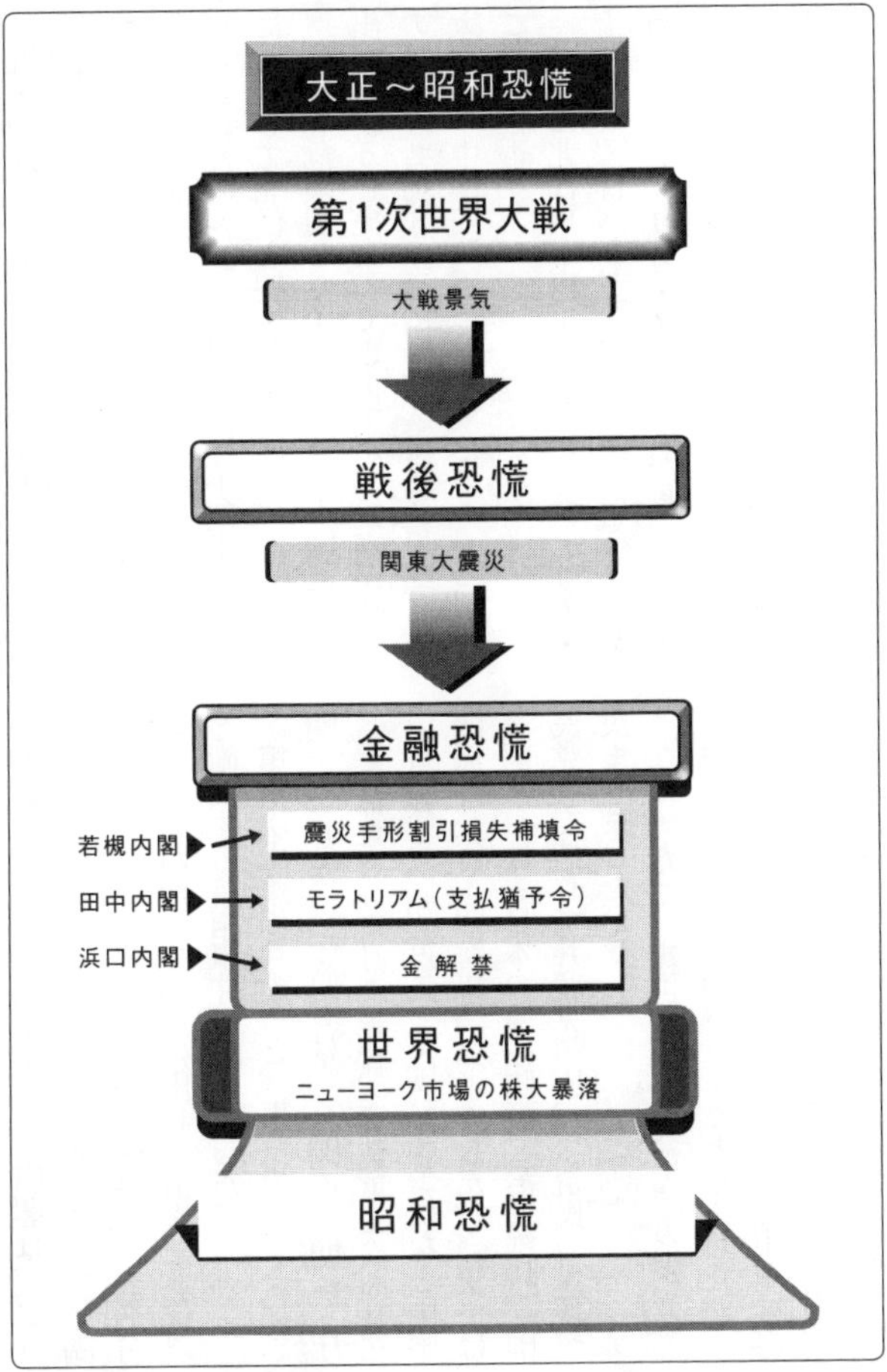
大正～昭和恐慌
第1次世界大戦
大戦景気
戦後恐慌
関東大震災
金融恐慌
若槻内閣
震災手形割引損失補填令
田中内閣
モラトリアム（支払猶予令）
浜口内閣
金解禁
世界恐慌
ニューヨーク市場の株大暴落
昭和恐慌

満洲駐在の日本陸軍・関東軍は中国で何をした？

Q

五《ご》・四《し》運動のあと、孫文を代表とする中国国民党は共産党と第1次国共合作《こっきょうがっさく》を行なって、袁世凱《えんせいがい》以降、北京を牛耳っている軍閥打倒の方針を掲げます。孫文の死後、国民党の指導者になった蔣介石《しょうかいせき》は国民革命軍総司令に就任して北伐を開始します。

これを危険視したイギリスは、中国に共同出兵しようと提案してきますが、立憲民政党の第1次若槻礼次郎内閣の幣原《しではら》喜重郎《きじゅうろう》外務大臣は、中国内政不干渉政策にのっとって、これを拒否。

さらに北伐軍が南京に入城してアメリカ・イギリス・日本などの総領事館や居留民が襲われて、アメリカ・イギリスが長江《ちょうこう》上の軍艦から南京を攻撃（南京事件）しても、これに加わろうとはしなかったため、陸軍や国家主義団体、立憲政友会などから軟弱外交と非難を浴びました。

次の立憲政友会の田中義一内閣は、ジュネーヴ軍縮会議やパリ不戦条約（前述）に調印しながらも、日本人居留民保護を大義名分に3回にわたって山東《さんとう》に出兵。済南《さいなん》で北伐軍と衝突する済南事件も起きました。

第1次山東出兵のあと、東京で東方会議《とうほうかいぎ》を開きました。出席者は、全閣僚、関東庁《かんとうちょう》（関東都督府の後身）長官、関東軍《かんとうぐん》（満洲駐在の日本陸軍）司令官、中国駐在公使など中国関係外交官、陸海軍関係者でした。会議では、満蒙における日本の権益防護と治安維持、国民党を支持して共産党鎮圧、居留民の保護が決まりました。

この一方で、親日派で奉天《ほうてん》軍閥の張作霖《ちょうさくりん》に連絡を取って協力させようとしましたが、張作霖が非協力的だったために、関東軍参謀河本大作《こうもとだいさく》が密かに計画を練って、張作霖が乗った列車を爆破。国民政府のしわざと公表

A 蒋介石の北伐軍への切り札「張作霖」を爆殺！

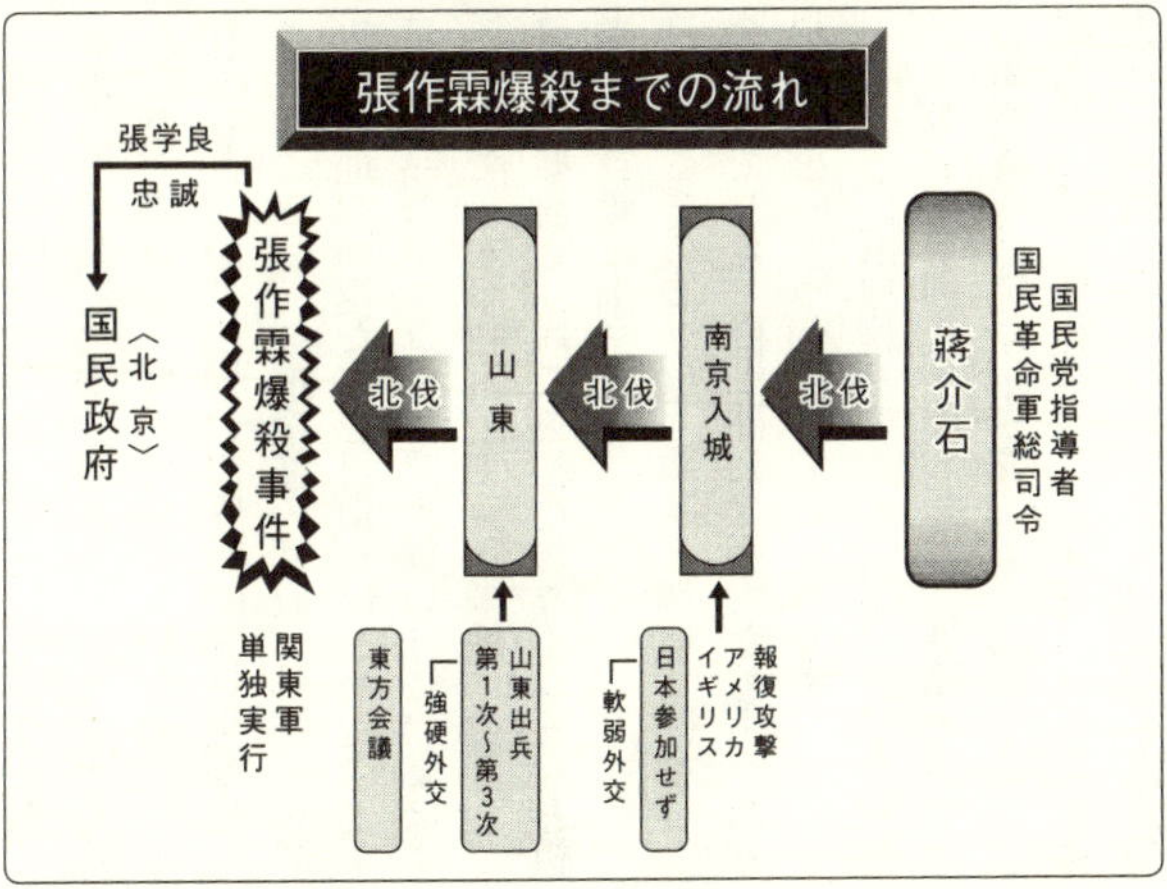
張作霖爆殺までの流れ
国民党指導者
国民革命軍総司令
蒋介石
北伐
南京入城
報復攻撃
アメリカ
イギリス
日本参加せず
軟弱外交
北伐
山東
山東出兵
第1次～第3次
強硬外交
東方会議
北伐
張作霖爆殺事件
関東軍
単独実行
張学良
忠誠
国民政府
〈北京〉

したのです（満洲《まんしゅう》某《ぼう》重大《じゅうだい》事件《じけん》）。

しかし張作霖の子の張学良《ちょうがくりょう》は、国民政府に忠誠を示して、かえって満洲における抗日運動が激化したため、田中義一内閣は責任をとるかたちで総辞職しました。

田中義一のあとに組閣した立憲民政党の浜口雄幸は、国内が昭和恐慌を迎えるなか、ロンドン海軍軍縮会議でロンドン海軍軍縮条約（前述）に調印しました。

しかし立憲政友会は、大日本帝国憲法に定めた「天皇ハ陸海軍ノ編制及常備兵額ヲ定ム」という編制大権にも統帥権が及ぶと激しく非難。これに対して政府は、美濃部達吉《みのべたつきち》の憲法解釈を盾に、編制大権は内閣の責任に属すると反論したことで統帥権《とうすい》干犯《けんかんぱん》論争となりました。条約はそのまま批准《ひじゅん》。浜口雄幸は、愛国社員によって東京駅頭で狙撃され、内閣は総辞職しました。

なぜ関東軍は内閣に従わず満洲国を建国した？

Q

張学良が国民政府に忠誠を尽くしてから、満洲も国民政府の勢力下に入ってしまった感があり、これまで以上に抗日運動が激しくなりました。治外法権の撤廃や関税自主権はもちろんのこと、鉄道権益の回収、外国人租界や租借地の回復などを目指しはじめたのです。日本商品のボイコット運動はいうにおよばず、それまで日本が独占していた満鉄に並行して鉄道を敷設し、満鉄を利用しなくなるなど組織的な行動に出ました。

　そのころの満洲は、文字どおり「日本の生命線」でした。南満洲には巨大な鉱山があり、製鉄所をいくつも抱えていたのです。

　ところが浜口雄幸のあとを受けた立憲民政党の第2次若槻礼次郎内閣は、外務大臣に再び幣原《しではら》喜重郎《きじゅうろう》を起用したため、陸軍（および関東軍）は「軟弱外交」と非難。関東軍参謀本部の大尉が中国兵に殺されたり、中国人農民と朝鮮人農民が衝突する事件があったりしたため、関東軍はついに、昭和6年9月、奉《ほう》天《てん》郊外の柳条湖《りゅうじょうこ》で満鉄線路を故意に爆破し、中国側の犯行と発表して、軍事行動を起こしたのです。計画立案の中心になったのは参謀の石原《いしわら》莞爾《かんじ》や板垣《いたがき》征四郎《せいしろう》たちでした。

　まず奉天、長春など南満洲の主要都市を占領。若槻内閣が不拡大方針の声明を出したにもかかわらず、それを無視してハルビン、チチハルなども占領しました（満洲事変）。

　関東軍は、満蒙の地に独立国を建国しようと計画していたのです。しかし、その行為は九カ国条約（前述）に違反するため、若槻内閣は反対しますが、関東軍は聞く耳を持ちません。不拡大政策に失敗した若槻内閣は総辞職。立憲政友会の犬養毅が組閣しました。

　関東軍は、清朝最後の皇帝溥儀《ふぎ》を擁立して執政にすえ、ついに「満洲国《まんしゅうこく》」建国を宣言

A 満洲は日本にとって重要な経済基盤だったから！

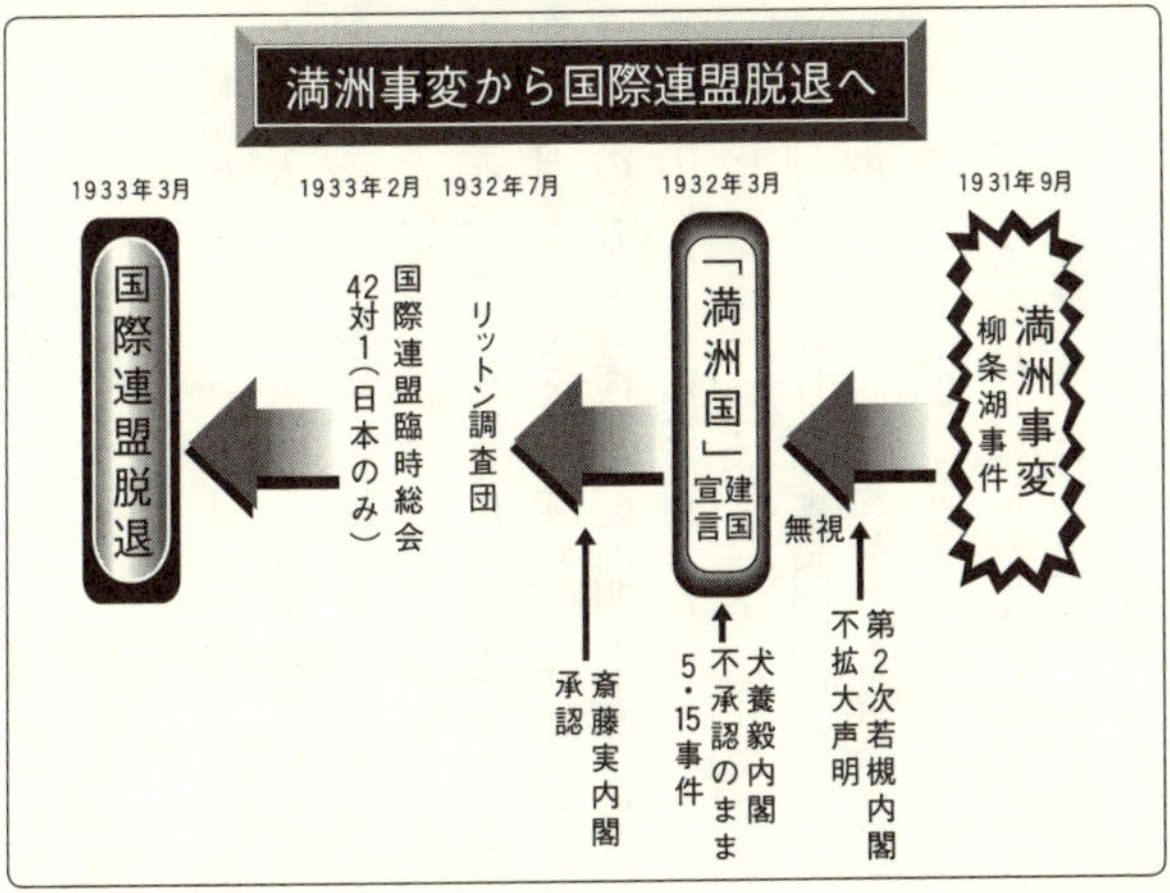
満洲事変から国際連盟脱退へ
1931年9月
満洲事変
柳条湖事件
無視
第2次若槻内閣
不拡大声明
1932年3月
「満洲国」建国宣言
犬養毅内閣
不承認のまま
5・15事件
1932年7月
リットン調査団
斎藤実内閣
承認
1933年2月
国際連盟臨時総会
42対1（日本のみ）
1933年3月
国際連盟脱退

させます。犬養内閣は満洲国独立の承認を渋っていましたが、そんな矢先、犬養毅が五・一五事件（後述）で倒れ、海軍大臣・朝鮮総督府長官を歴任した斎藤実《さいとうまこと》が組閣して承認が下りたのです。

もちろん中国国民政府が黙っているはずがなく、満洲事件直後に国際連盟に提訴。日本が不拡大声明を実行しなかったため、これはパリ不戦条約と九カ国条約に違反するとして、国際連盟はリットン調査団を派遣します。

リットン報告書にもとづいて国際連盟は、満洲に中国の自治政府をもうけることと日本が撤兵することを提案しますが、関東軍がなおも熱河《ねっか》省に進軍。国際連盟臨時総会で自治政府樹立と日本軍撤兵を勧告する決議をとると42対1で可決。全権の松岡洋右《まつおかようすけ》は席を蹴って退場。日本は国際連盟脱退をすることになるのです。

五・一五事件、二・二六事件はなぜ起こったのか？　Q

北一輝、大川周明らの国家改造運動が青年将校たちのあいだに広がると、こんどは、それを実行に移すようになりました。

昭和6年（1931）3月、陸軍参謀本部中佐橋本欣《はしもときん》五郎《ごろう》が組織する秘密結社桜会《さくらかい》に所属する将校たちが、労働運動の無産政党《むさんせいとう》も動員して政党内閣打倒のクーデターを計画（三月事件）、さらに10月にもクーデターを計画（十月事件）しますが未遂。この十月事件は、時の第2次若槻礼次郎内閣を退陣に追いこむ原因のひとつになりました。

さらに翌年2月には前大蔵大臣井上準之《いのうえじゅんの》助《すけ》、3月には三井《みつい》合名《ごうめい》理事長団琢磨《だんたくま》が、国家主義者井上日召《いのうえにっしょう》を指導者とする血盟団《けつめいだん》員らによって「一人一殺《いちにんいっさつ》」のもとに暗殺され（血盟団事件）、5月15日には海軍青年将校たちが首相官邸を襲って、金輸出再禁止など経済政策を断行していた犬養毅を射殺。さらに農民決死隊も加わって、牧野《まきの》伸顕《のぶあき》内大臣邸、警視庁、立憲政友会本部、日本銀行、変電所などを襲いました（五・一五事件）。

陸軍の政党内閣反対論を考慮した元老の西《さい》園寺公望《おんじきんもち》は、穏健派で知られる海軍大将斎藤《さいとう》実《まこと》を推薦。斎藤は、軍部・貴族院・政党・官僚から閣僚を選んで挙国一致内閣《きょこくいっちないかく》を組閣。ここに政党政治の流れは止まり、戦後まで復活することはありませんでした。

しかし斎藤内閣は、帝国人造絹糸の株式売買が汚職として追及された帝人《ていじん》事件《じけん》で総辞職。次に組閣を命じられた海軍出身の岡田啓介《おかだけいすけ》も、斎藤内閣同様、挙国一致内閣でした。

その後、陸軍では、天皇中心の革新論を唱える皇道派《こうどうは》（荒木貞夫《あらきさだお》・真崎甚三郎《まざきじんざぶろう》ら）と、陸軍全体を統制化して高度国防国家をめざす統《とう》制派《せいは》（林銑十郎《はやしせんじゅうろう》・永田鉄山《ながたてつざん》ら）が対立。皇道派将校相沢三郎《あいざわさぶろう》が統制派将校永田鉄山を斬殺

A 政党政治を打破し、軍部主導の政治体制をめざす！

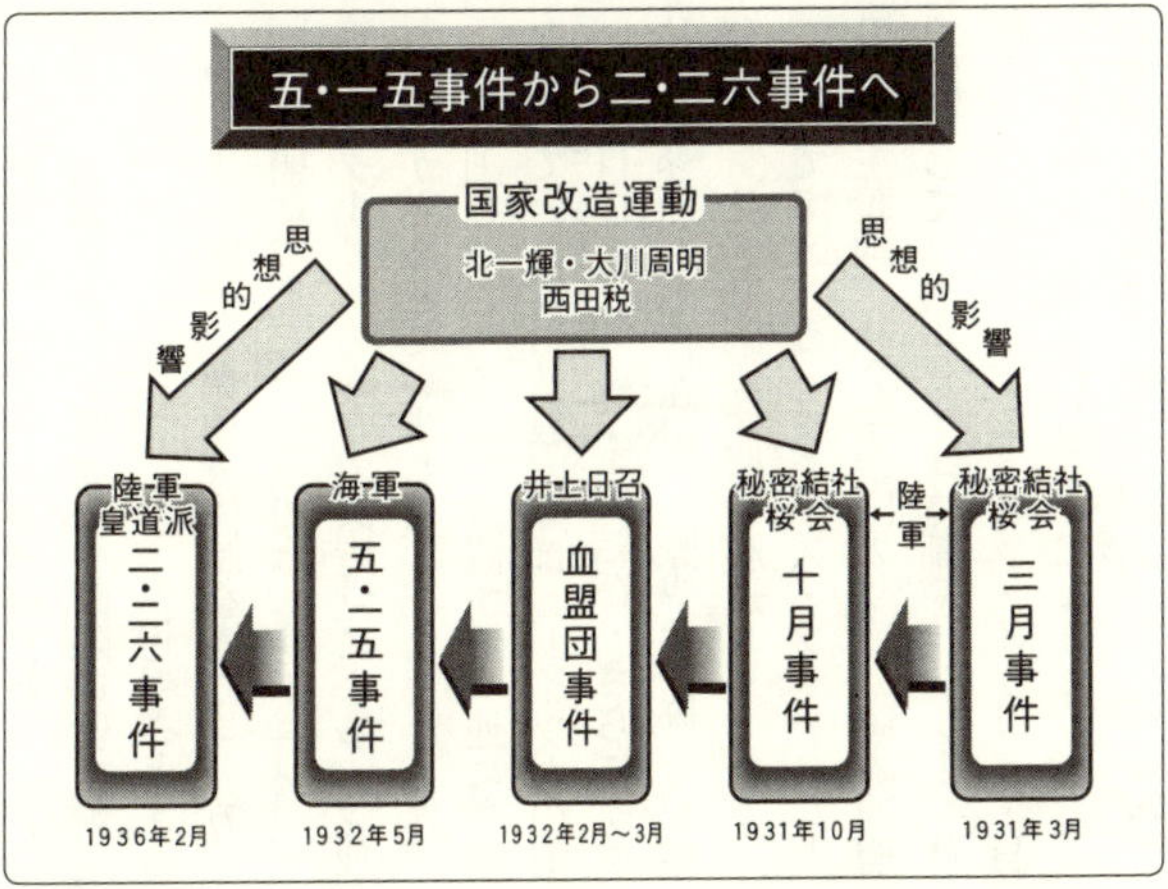
五・一五事件から二・二六事件へ
国家改造運動
北一輝・大川周明
西田税
思想的影響
思想的影響
陸軍
皇道派
二・二六事件
1936年2月
海軍
五・一五事件
1932年5月
井上日召
血盟団事件
1932年2月～3月
秘密結社
桜会
十月事件
1931年10月
陸軍
秘密結社
桜会
三月事件
1931年3月

する相沢事件も起き、対立は激化しました。

そして昭和11年（1936）2月26日、皇道派青年将校たちは、1400人の兵を率いてクーデターを起こし、閣僚の官邸や私邸、警視庁などを襲い、大蔵大臣高橋是清、内大臣斎藤実などを殺害。永田町一帯を占拠しました（二・二六事件）。

事件出来《しゅったい》に陸軍は動揺しますが、天皇も海軍も鎮圧方針を打ち出し、反乱軍はすぐに鎮圧されました。青年将校たちは自決、または軍法会議で処刑され、彼らに思想的影響を与えた北一輝や西田税《にしだみつぎ》も死刑になり、事件は終息しました。

二・二六事件で岡田内閣は退陣。かわって外交官出身の広田弘毅《ひろたこうき》が陸軍の政治発言力が強まるなか「広義国防国家」を唱え、日本を中心に中国大陸と南方をブロック化する国策を打ち出すのです。

日本はなぜ日中戦争に突入していったのか？ Q

ドイツでは、ヒトラーを指導者とするナチスが一党独裁体制を樹立して国際連盟を脱退。イタリアでもムッソリーニを指導者とするファシスト党が一党独裁体制を樹立。一方、国際連盟に参加したソ連では、レーニンの死後、スターリンのもとで共産党による一党独裁体制がとられていました。

満洲国をはさんで北に位置するソ連に脅威を感じていた広田弘毅《ひろたこうき》内閣は、ドイツとのあいだに日独防共協定《にちどくぼうきょうきょうてい》を結び、さらにイタリアも参加して日独伊三国防共協定《にちどくいさんごくぼうきょうきょうてい》を結び、イタリアも国際連盟を脱退しました。

これでアメリカ・イギリス・フランスなどの資本主義国、社会主義国のソ連、国際連盟を脱退してヴェルサイユ体制やワシントン体制を打破しようとするドイツ・イタリア・日本の3勢力が生まれることになりました。

同時に日本は満洲から華北《かほく》へ勢力を伸ばしていきますが、広田内閣は、軍備拡張に不満を抱く政党と、行政改革に不満を抱く軍部の板ばさみにあって総辞職。陸軍大臣経験のある宇垣一成《うがきかずなり》に組閣が命じられますが、陸軍が大臣候補を出さないまま組閣を流産させると、陸軍統制派の指導者林銑十郎《はやしせんじゅうろう》が内閣を組閣します。しかし、この林内閣も立憲政友会・立憲民政党の協力が得られないまま退陣。

まだ45歳ながら貴族院議長までつとめた近衛文麿《このえふみまろ》が、陸軍からも国民からも期待を浴びながら首相に就任しました。

ちょうど日本軍が華北に進出しているころで、中国では抗日民族統一戦線が活発化し、ついに盧溝橋《ろこうきょう》で日中両軍が激突。いったん停戦協定が結ばれましたが、全面戦争（日中戦争）に突入しました。

当初は、すぐに中国を制圧できると踏んでいましたが苦戦。部隊を増援して国民政府の

A 「東亜新秩序」は名ばかり、実際は武力による侵略！

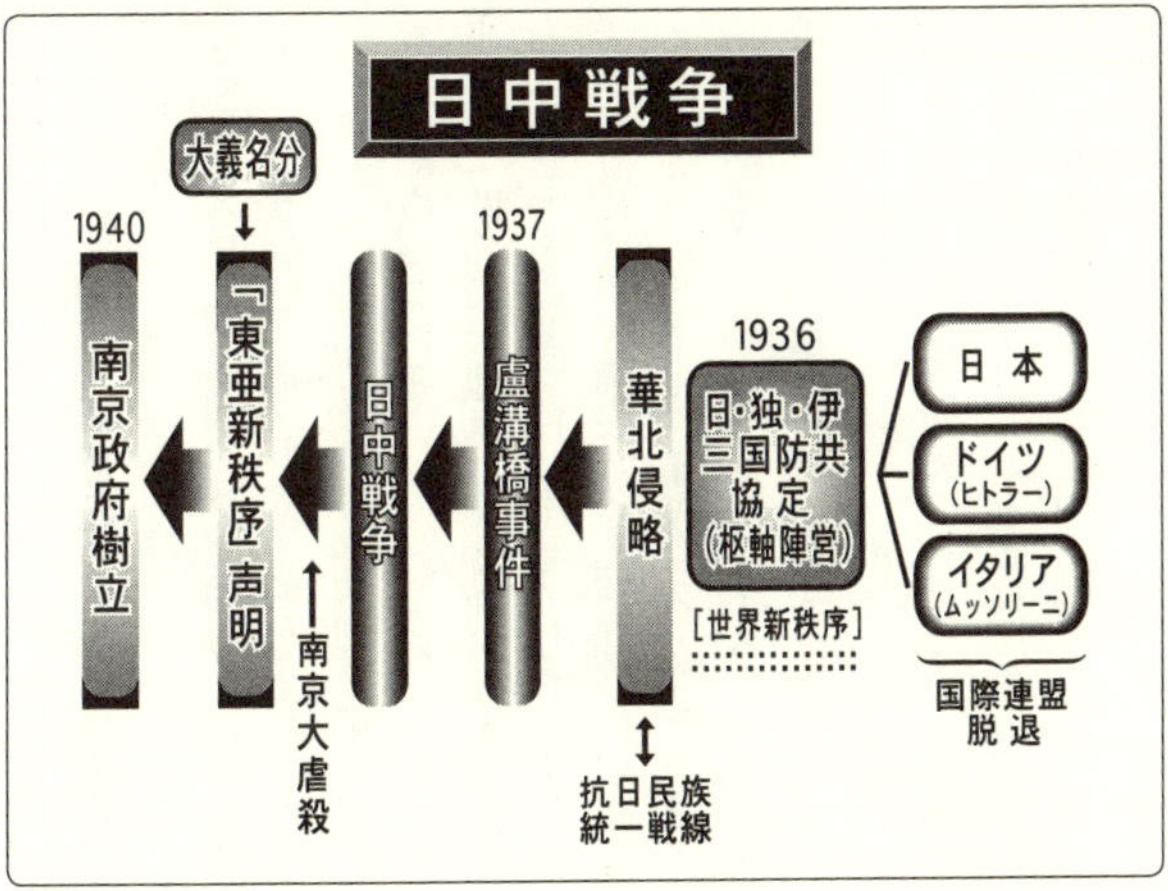
日中戦争
大義名分
1940
南京政府樹立
「東亜新秩序」声明
南京大虐殺
日中戦争
1937
盧溝橋事件
華北侵略
抗日民族統一戦線
1936
日·独·伊三国防共協定（枢軸陣営）
[世界新秩序]
日本
ドイツ（ヒトラー）
イタリア（ムッソリーニ）
国際連盟脱退

首都南京を制圧しました。このとき多数の中国人や捕虜を殺害したことが、南京大虐殺《なんきんだいぎゃくさつ》として後世論争の的になりました。

近衛政府は和平を持ちかけますが、国民政府が難色を示したため、和平を中断。「善隣友好・協同防共・経済提携」の近衛三原則を明らかにし、日中戦争の目的が「東亜新秩《とうあしんちつ》序《じょ》」の建設にあると声明。この考えに同調した国民政府の汪兆銘《おうちょうめい》を、移転していた首都重慶《じゅうけい》から脱出させて、傀儡《かいらい》の南京政府を樹立。この時点で、近衛内閣は総辞職しました。

そのころ国内では国家総動員法が発令され、国防目的ならば、法律ではなく勅令で経済や国民生活を統制できるように規定。戦時経済体制が敷かれ、価格統制令、贅沢品の製造および販売制限、砂糖・マッチの切符制、米の配給制など生活必需品が手に入りにくくなり、国民生活は苦しくなっていきました。

大戦不介入の日本がなぜ太平洋戦争に突入？ Q

近衛内閣のあとを受けて組閣したのは、司法大臣・枢密院議長を歴任している平沼《ひらぬま》騏《き》一《いち》郎《ろう》でした。

そのころ日本は満洲・ソ連国境で起きたノモンハン事件でソ連に大敗。そんなところへドイツがソ連と独ソ不可侵条約を結んでしまったため、どうしていいかわからなくなった平沼は「欧州の天地は、複雑怪奇なる新情勢を生じた」と内閣を投げ出してしまいました。

かわりに陸軍予備役だった阿部《あべ》信行《のぶゆき》が組閣。

そのころ欧州では、イギリス・フランスと相互援助条約を結んでいるオーストリアにドイツ軍が侵入したため、第2次世界大戦が始まりました。

阿部内閣は大戦不介入をしたため、陸軍から退陣に追いやられ、こんどは海軍大将の米《よ》内光政《ないみつまさ》が組閣。しかし米内内閣も大戦不介入の態度をとりつづけたばかりか、アメリカ・イギリスとの関係改善に乗り出したため、またも退陣に追いやられ、近衛文麿が第2次内閣を組織。外務大臣に松岡洋右、陸軍大臣に東条《とうじょう》英機《ひでき》を起用して、大戦不介入の態度を一変。ヨーロッパで快進撃をつづけてフランスを降伏させたドイツとの関係を強化して日《にち》独伊三国同盟《どくいさんごくどうめい》が結ばれました。これでアメリカ・イギリスとの対立は決定的となりました。

国内ではドイツのような一国一党の新体制運動が進み、すべての政党を解散させたうえで、近衛文麿総理大臣のもとで大政翼賛会《たいせいよくさんかい》を発足。政府組織を根本から作り変えたのです。

さらにソ連とのあいだに日ソ中立条約を結んだ近衛は、日米交渉をつづけるために総辞職。対米強硬論者の松岡洋右をはずして第3次内閣を組織しました。

しかし、「大東《だいとう》亜共栄圏《あきょうえいけん》」のスローガンのもと南方に進出。北部仏印進駐を終えて南部

A 近衛内閣の日米交渉が軍部の圧力で挫折！

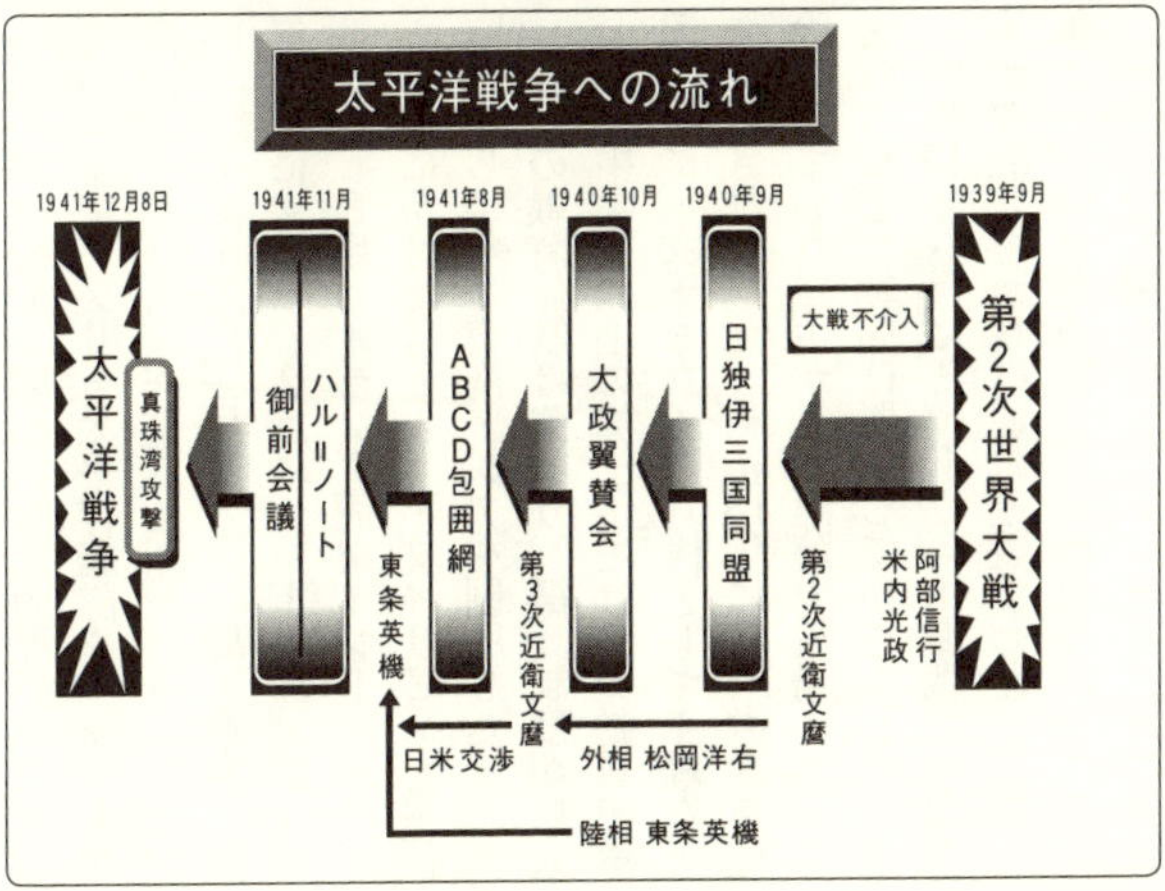
太平洋戦争への流れ
1939年9月
第2次世界大戦
阿部信行
米内光政
大戦不介入
1940年9月
日独伊三国同盟
第2次近衛文麿
1940年10月
大政翼賛会
第3次近衛文麿
外相 松岡洋右
1941年8月
ABCD包囲網
東条英機
日米交渉
陸相 東条英機
1941年11月
ハル＝ノート
御前会議
1941年12月8日
太平洋戦争
真珠湾攻撃

仏印進駐を開始すると、アメリカは在米日本資産を凍結し、対日石油輸出を禁止。さらに、アメリカ・イギリス・中国・オランダによるABCD包囲網で対日経済封鎖を断行。

それでも近衛は日米交渉をつづけようとしますが、東条英機の猛反対を受けて総辞職。東条英機が陸軍大臣兼任のまま首相に就任し、大本営・政府連絡会議で開戦準備を始め、12月1日（昭和16年）までに日米交渉がまとまらなければ開戦すると決めました。

いっぽうアメリカも開戦不可避と考え、最後通牒「ハル＝ノート」を提示。12月1日の御前会議で、アメリカ・イギリス両国との開戦を決定。12月8日、陸軍がイギリス領マレー半島に上陸すると同時に、海軍がハワイの真珠湾を攻撃するのです。

ここに太平洋戦争の幕が切って落とされたのでした。

Q なぜ広島と長崎に原爆が落とされたのか？

太平洋戦争も、初めは勝利の連続でした。

ハワイでアメリカ太平洋艦隊を、マレー半島沖でイギリス東洋艦隊を撃滅。さらに昭和16年（1941）12月にグアム島・香港、翌年1月にマニラ、2月にマレー半島・シンガポール、3月にオランダ領東インド、4月から5月にかけてはビルマ・フィリピンを占領、開戦から半年で東南アジアを制圧したのです。

国内の戦時体制は強まり、徴兵制度が拡大して、中学生以上の男子学生は学徒動員で軍需工場に、女子も女子挺身隊《じょしていしんたい》として工場などで働かされました。昭和18年には、徴兵を免除されていた学生が学徒出陣で戦場に送りこまれるなど、戦局は悪化していきました。

昭和17年6月にミッドウェー海戦で日本海軍が敗北してからは連戦連敗でした。昭和18年2月、補給路を断たれた陸軍部隊がガダルカナル島で死闘のすえ退却。5月にはアッツ島を占領していた日本軍が全滅。翌19年6月にはマリアナ沖海戦で海軍が壊滅。7月にはサイパン島をアメリカ軍に占領されたのです。

ついに東条内閣は倒れ、陸軍大将小磯国昭《こいそくにあき》が海軍大将米内光政《よないみつまさ》の協力で組閣しました。

そのころにはイタリアが連合国に降伏、連合国側は戦争終結を考えはじめ、ルーズベルト米大統領、チャーチル英首相、蔣介石中国国民党総統がカイロで会談。日本が無条件降伏するまで戦うことを宣言したのです。

10月、レイテ島沖海戦以降、特攻隊を出撃させますが、翌20年2月に硫黄島《いおうじま》が陥落。

本土空襲が迫ると強制的に学童疎開が行なわれ、年末から空襲が始まりました。そして3月9日夜半から10日早朝にかけて東京大空襲が行なわれ、約10万人の死者を出しました。さらに4月に沖縄本島に上陸したアメリカ軍は、6月下旬には日本軍を全滅させたのです。

A　ソ連との和平工作を読み違え無条件降伏を黙殺！

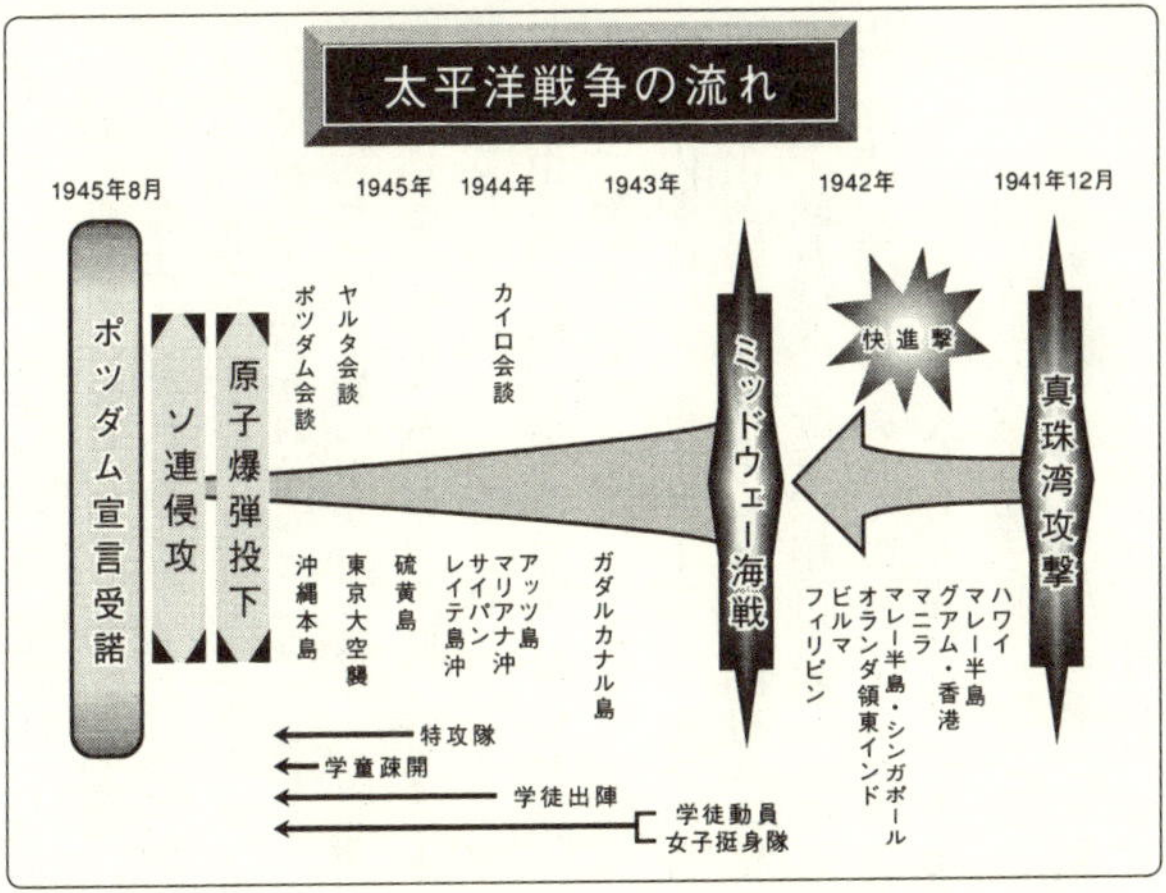
太平洋戦争の流れ
1941年12月
1942年
1943年
1944年
1945年
1945年8月
真珠湾攻撃
ハワイ
マレー半島
グアム・香港
マニラ
マレー半島・シンガポール
オランダ領東インド
ビルマ
フィリピン
快進撃
ミッドウェー海戦
ガダルカナル島
カイロ会談
アッツ島
マリアナ沖
サイパン
レイテ島沖
硫黄島
東京大空襲
沖縄本島
ヤルタ会談
ポツダム会談
原子爆弾投下
ソ連侵攻
ポツダム宣言受諾
特攻隊
学童疎開
学徒出陣
学徒動員
女子挺身隊

連合国側はヤルタ会談を開き、ルーズベルト、チャーチル、スターリンがドイツ降伏後の処理について話し合い、ドイツが降伏後にソ連が対日参戦することが決められました。

そして5月、ドイツが降伏。4月に内閣を組織した鈴木《すずき》貫《かん》太郎《たろう》は、ソ連に和平工作を持ちかけますが、そのころにはポツダムでトルーマン、チャーチル、スターリンが対日戦後処理について話し合っており、日本に無条件降伏を呼びかけることが決まりました。

しかしソ連との和平工作に最後の望みを託していた鈴木が黙殺すると、アメリカは8月6日に広島、8月9日に長崎に原子爆弾を投下。8月8日にはソ連が日ソ中立条約を侵して宣戦布告。満洲・南樺太《みなみからふと》・千島《ちしま》に侵入。

政府は最高戦争指導会議を開いた結果、天皇が裁可を下し、ポツダム宣言受諾が決まったのです。8月14日のことでした。

GHQの7年にわたる日本統治のポイントは？

Q

ポツダム宣言を受諾して連合国に降伏した日本は、昭和20年（1945）9月2日のミズーリ号艦上での降伏文書調印から、連合国軍最高司令官総司令部（GHQ—SCAP）の間接統治下に置かれることになりました。

戦後初めて、皇族の東久邇宮《ひがしくにのみや》稔彦《なるひこ》が組閣。戦犯の逮捕・処罰・裁判を日本側で行なうと総司令部に申し入れて拒否され、政治的・宗教的自由の制限撤廃指令を無視して総辞職。かわって幣原《しではら》喜重郎《きじゅうろう》が就任しました。

幣原内閣は、マッカーサーより、憲法の自由主義化と婦人参政権の付与、労働組合の結成奨励、教育制度の改革、秘密警察などの廃止、経済の民主化、の5つの改革指令を受けました。ほかにも、天皇の人間宣言、戦争関係者の公職追放令《こうしょくついほうれい》などを実行。

さらに極東国際軍事裁判所《きょくとうこくさいぐんじさいばんしょ》を設置。A級戦犯容疑者（28人）、B・C級戦犯容疑者（5400人余）が裁判にかけられ、天皇はアメリカの意向で戦犯訴追を免れました。

幣原内閣最大の課題は、日本国憲法の制定でした。マッカーサーら総司令部が作成した草案の骨子は、象徴天皇制と戦争放棄の2点でした。しかし草案段階のまま、衆議院総選挙が行なわれました。

その結果、日本自由党（旧立憲政友会系）が日本進歩党（旧立憲民政会系）を破って第一党になり、総裁の鳩山一郎《はとやまいちろう》が首相に就任すると思われましたが、総司令部が鳩山の公職追放を要求したため、日本自由党と日本進歩党の連立で吉田茂《よしだしげる》内閣が誕生しました。

日本国憲法は、吉田が組閣した翌年の昭和21年11月3日に公布され、翌22年5月3日に施行されました。日本国憲法の基本原理は、主権在民・平和主義・人権尊重の3つでした。

マッカーサーが提示した経済の民主化も、

A 民主主義に基づく象徴天皇制と戦争放棄を重視！

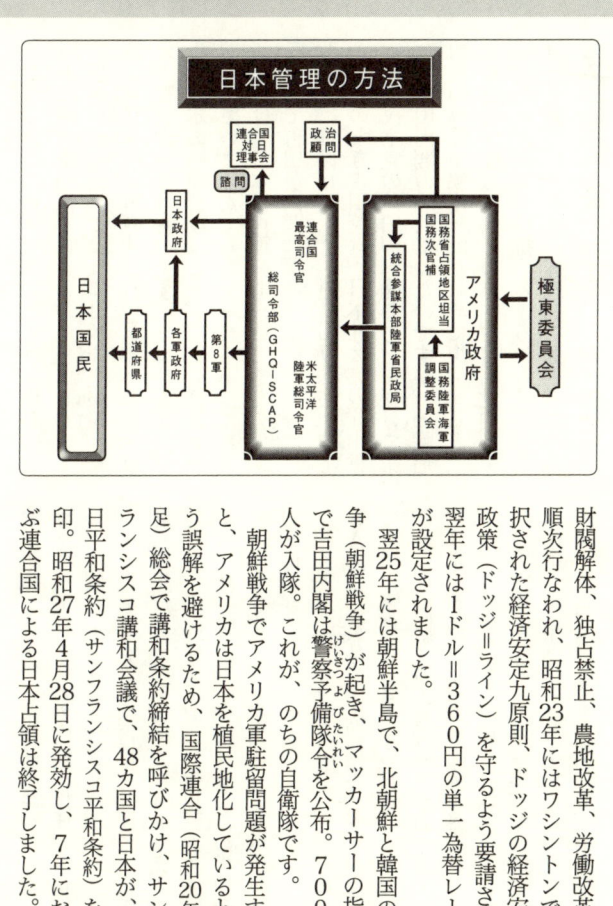

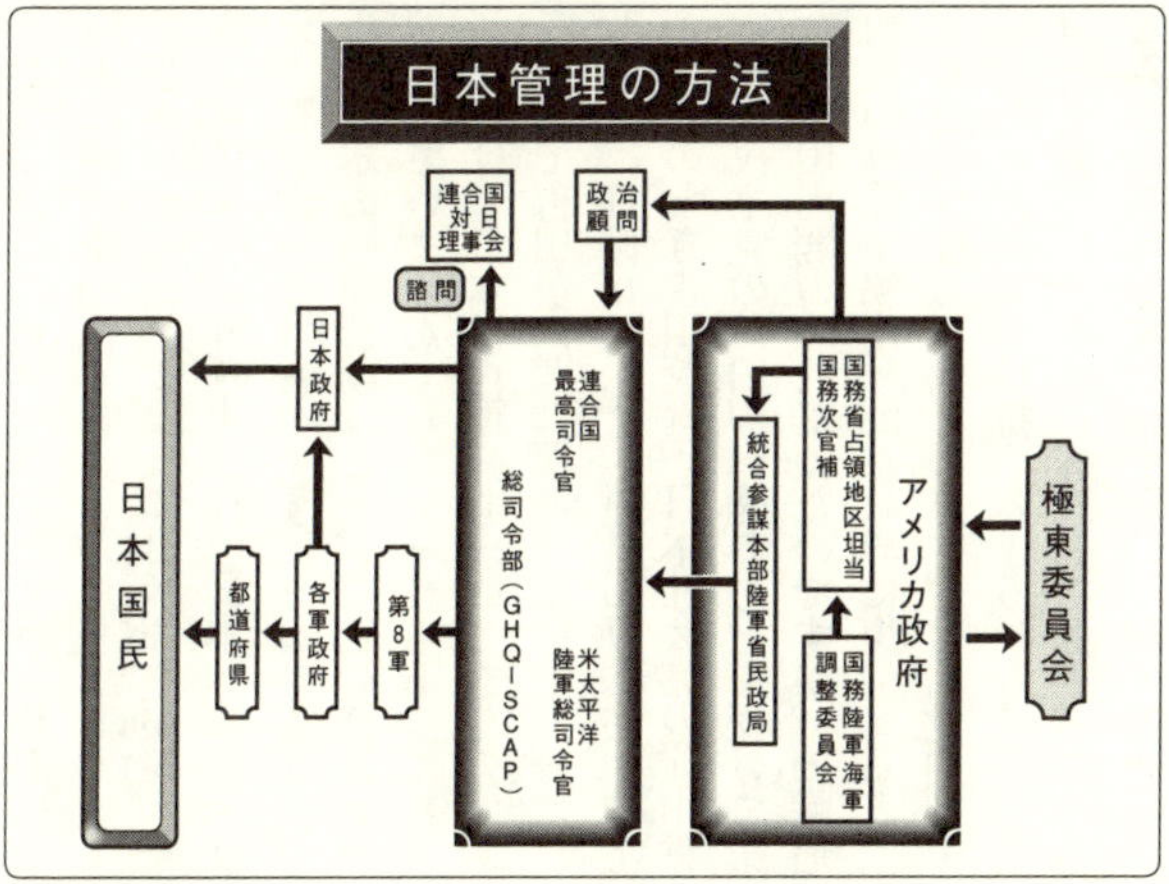
日本管理の方法
連合国対日理事会
政治顧問
諮問
日本政府
日本国民
都道府県
各軍政府
第8軍
連合国最高司令官
総司令部（GHQ－SCAP）
米太平洋陸軍総司令官
アメリカ政府
国務省占領地区担当国務次官補
統合参謀本部陸軍省民政局
国務陸軍海軍調整委員会
極東委員会

財閥解体、独占禁止、農地改革、労働改革と順次行なわれ、昭和23年にはワシントンで採択された経済安定九原則、ドッジの経済安定政策（ドッジ＝ライン）を守るよう要請され、翌年には1ドル＝３６０円の単一為替レートが設定されました。

翌25年には朝鮮半島で、北朝鮮と韓国の戦争（朝鮮戦争）が起き、マッカーサーの指示で吉田内閣は警察予備隊令《けいさつよびたいれい》を公布。７０００人が入隊。これが、のちの自衛隊です。

朝鮮戦争でアメリカ軍駐留問題が発生すると、アメリカは日本を植民地化しているという誤解を避けるため、国際連合（昭和20年発足）総会で講和条約締結を呼びかけ、サンフランシスコ講和会議で、48カ国と日本が、対日平和条約（サンフランシスコ平和条約）を調印。昭和27年4月28日に発効し、7年におよぶ連合国による日本占領は終了しました。

独立後の日本政界に生まれた「55年体制」とは？

Q

１９５２年のサンフランシスコ平和条約で日本は独立を回復することができました。

しかし平和条約とともに日米安全保障条《にちべいあんぜんほしょうじょう》約《やく》（安保条約《あんぽじょうやく》）も調印され、日本へのアメリカ軍駐留が決まったのです。とはいえアメリカに日本の防衛義務はなく、条約の期限も明記されていませんでした。それもあってかアメリカは、日本に再軍備を求めてきたのです。

そこで吉田茂内閣は警察予備隊を保安隊《ほあんたい》に改組し、同時に海上警備隊《かいじょうけいびたい》も新設されました。このとき吉田茂は、日本社会党の片山哲《かたやまてつ》内閣、民主党の芦田均《あしだひとし》内閣のあとを受けて第3次吉田内閣の時代だったのですが、公職追放令の解除で鳩山一郎が政界に復帰すると、その立場が揺らぎはじめます。自由党内部で鳩山派と吉田派が拮抗するようになると、吉田は衆議院を抜き打ち解散して総選挙に持ちこみ、かろうじて政権を維持。第4次吉田内閣を組織しますが、衆議院予算委員会でのバカヤロー失言がもとで内閣不信任案が可決され、解散を余儀なくされました。

次の総選挙の争点は再軍備問題で、吉田が憲法改正反対・漸次自衛力増強を唱えたのに対して、鳩山は憲法改正・再軍備を主張。しかし、社会党が議席を伸ばしたため単独政権を維持できず、第5次吉田内閣は改進党《かいしんとう》の協力を仰がざるをえませんでした。

昭和29年（１９５４）3月、アメリカとMSA協定（相互防衛援助協定）を結んだことで経済・軍事援助を受けられることになったため、保安隊と海上警備隊を統合、さらに航空部隊を新設して自衛隊を発足させました。

しかし反吉田勢力が増し、改進党、自由党内の鳩山派と岸派、日本自由党が合同して日本民主党を結成。日本民主党と日本社会党が共同で内閣不信任案を提出して、第5次吉田

A 憲法改正をめぐる保守・革新のバランス政治！

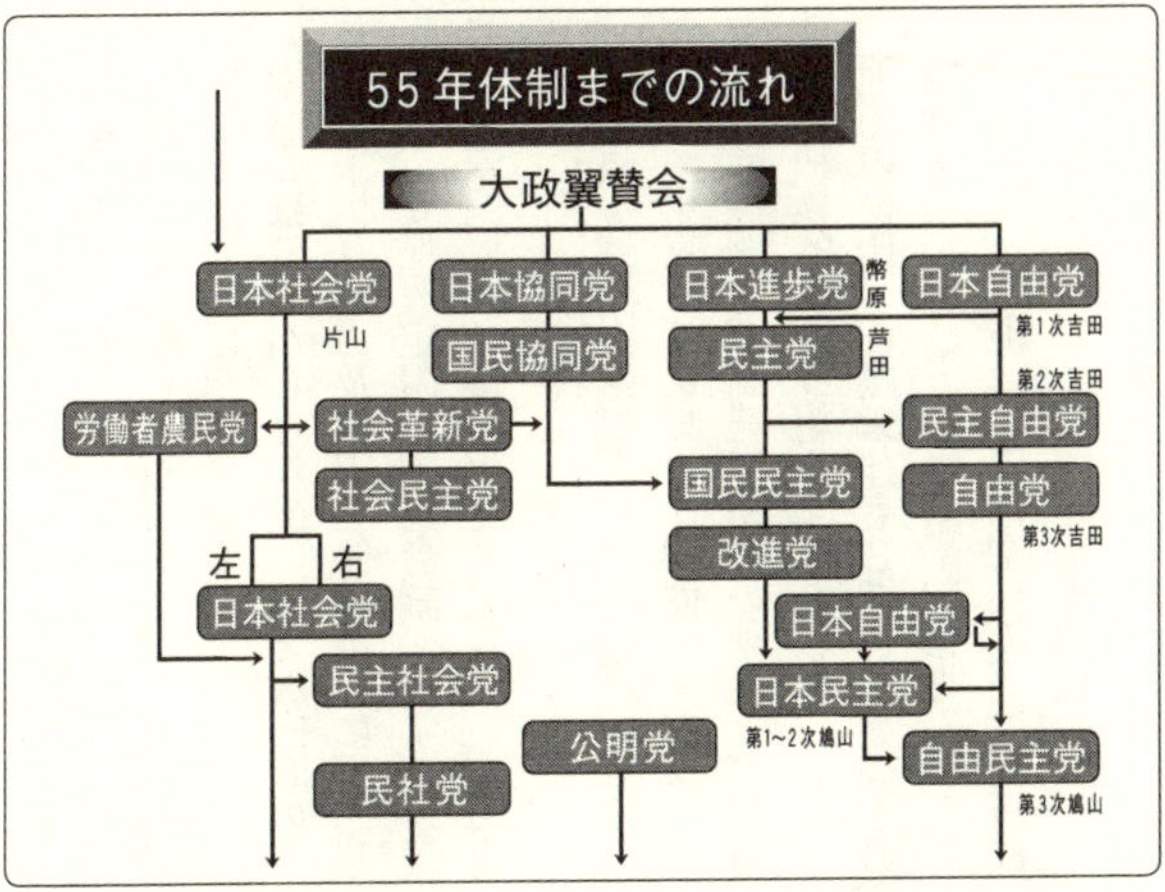
55年体制までの流れ
大政翼賛会
日本社会党
日本協同党
日本進歩党
幣原
日本自由党
第1次吉田
片山
国民協同党
民主党
芦田
第2次吉田
労働者農民党
社会革新党
民主自由党
社会民主党
国民民主党
自由党
第3次吉田
改進党
左
右
日本社会党
日本自由党
民主社会党
日本民主党
第1～2次鳩山
公明党
自由民主党
民社党
第3次鳩山

内閣を総辞職に追いこんだのです。

　日本民主党の第1次鳩山内閣は、国会解散を条件に日本社会党（左右）の支持を取りつけて組閣。翌30年2月の解散総選挙の結果、日本民主党は第一党になり、そのまま第2次鳩山内閣を組織したが過半数に達せず、日本自由党の議席を加えても憲法改正に必要な3分の1に達しませんでした。いっぽう日本社会党（左右）も対立してきましたが、憲法改正阻止のためにはやむをえず再統一。これを見た保守系政党も保守合同して自由民主党を結成。その結果、保守勢力が議席の3分の2、革新勢力が3分の1で、このバランスを崩すと憲法改正問題が具体的になるため、保守・革新両方がバランスを守る政策を展開するようになりました。これを55年体制と呼びます。

　鳩山は第3次内閣を組織。憲法改正と再軍備を唱えますが、実現には至りませんでした。

Q 60年安保闘争後、日本の政治はどう展開したか？

憲法改正に挫折して第3次鳩山一郎内閣が退陣したあと、石橋湛山《いしばしたんざん》と岸信介《きしのぶすけ》が自由民主党総裁の地位を争い、石橋が組閣しますが、在任2カ月で病に倒れて退陣。

岸信介は就任から3年後、第2次内閣のとき、日米相互協力及び安全保障条約に調印しますが、安保改定阻止国民会議や全学連が反対。新安保批准は参議院を通過しないまま自然成立。岸は責任をとって退陣しました。

池田勇人《いけだはやと》は所得倍増計画《しょとくばいぞうけいかく》を発表。3期にわたって東京オリンピック開催にともなう東海道新幹線開通、高速道路網の整備など経済政策に積極的に取り組みました。

池田の後任、佐藤栄作《さとうえいさく》も3期首相をつとめ、日韓基本条約を結んで日韓国交正常化、さらに沖縄返還を実現。国内は空前の高度経済成長を見せますが、公害問題が表面化しました。

次の田中角栄《たなかかくえい》も外交政策に取り組み、田中自身が訪中して日中共同声明を発表。日中国交正常化を果たしましたが、ドル・ショックからインフレを、さらに石油ショックも加わって狂乱物価を招き、高度経済成長がストップ。参議院選挙で敗北。2期で退陣しました。

次に三木武夫《みきたけお》内閣が誕生。防衛費GNP1%以内の平和的自衛力をアピールしましたが、ロッキード事件解明に積極的に動き、かえって自民党内の反発を買って退陣しました。

福田赳夫《ふくだたけお》内閣では、内需拡大を目指しますが、日中平和友好条約を締結しただけで自民党総裁選に敗れ、大平正芳《おおひらまさよし》に政権交替。大平は2期つとめ、第2次石油ショックのなか財政再建に取り組みますが、選挙中に急死。

鈴木善幸《すずきぜんこう》内閣のあとを受けた中曽根康弘《なかそねやすひろ》は日米韓関係の緊密化、防衛費増額、第2次臨時行政調査会路線に基づく行政改革・税制改革・教育改革を推進し、3期で退きました。

A　38年にわたる自民党政権、55年体制がついに崩壊！

安保闘争以後の政党と総理大臣

石橋湛山内閣（自由民主党）
岸　信介内閣（自由民主党）①②
池田勇人内閣（自由民主党）①②③
佐藤栄作内閣（自由民主党）①②③
田中角栄内閣（自由民主党）①②
三木武夫内閣（自由民主党）
福田赳夫内閣（自由民主党）
大平正芳内閣（自由民主党）①②
鈴木善幸内閣（自由民主党）
中曽根康弘内閣（自由民主党）①②③
竹下　登内閣（自由民主党）
宇野宗佑内閣（自由民主党）
海部俊樹内閣（自由民主党）①②
宮沢喜一内閣（自由民主党）

↓

55年体制の崩壊

細川護熙内閣（日本新党など非自民8党派　連立与党内閣）
羽田　孜内閣（新生党主導の少数与党内閣）
村山富市内閣（自由民主党・社会党・新党さきがけの連立政権）
橋本龍太郎内閣（自由民主党・社会党・さきがけ）①
橋本龍太郎内閣（自由民主党）②
小渕恵三内閣（自由民主党）
森　喜朗内閣（自由民主党・公明党・保守党）①②
小泉純一郎内閣（自由民主党・公明党・保守党）①
小泉純一郎内閣（自由民主党・公明党）②　　以下略

竹下《たけした》登《のぼる》内閣では消費税3％を実施後、リクルート事件疑惑で退陣。次の宇野宗佑《うのそうすけ》内閣は首相自身の女性スキャンダルで退陣。

2期つづいた海部俊樹《かいふとしき》内閣のあと、宮沢喜《みやざわき》一《いち》内閣では国連平和維持活動（PKO）協力法を成立させますが、総選挙で自民党が過半数割れしたために退陣。このころより自民党を離反した政治家による新党ブームが起き、日本新党（党首の細川護熙《ほそかわもりひろ》）が、新生党《しんせいとう》・新《しん》党《とう》さきがけ・公明党《こうめいとう》・日本社会党・民社党《みんしゃとう》など非自民8党派の連立与党内閣を組織したことで、38年つづいた自民党長期政権は終焉を迎え、55年体制はここに崩壊しました。

その後、羽田孜《はたつとむ》、村山富市《むらやまとみいち》、橋本龍太郎《はしもとりゅうたろう》、小渕恵三《おぶちけいぞう》、森喜朗《もりよしろう》、小泉純一郎《こいずみじゅんいちろう》が組閣。

さらに、安倍晋三《あべしんぞう》、福田康夫《ふくだやすお》、麻生太郎《あそうたろう》、鳩山由紀夫《はとやまゆきお》、菅直人《かんなおと》、野田佳彦《のだよしひこ》、安倍晋三が組閣しました。

楠木誠一郎（くすのき・せいいちろう）

1960年、福岡県に生まれる。日本大学法学部卒業。歴史雑誌編集者を経て、現在、作家。
主な著書に『日本史 謎の殺人事件』（二見書房）、『逃がし屋もぐら弦斎手控帳』（二見時代小説文庫）、『日本を創った偉人たち366日』（講談社＋α文庫）、『黒田官兵衛 天下人の軍師』（講談社火の鳥伝記文庫）、『イッキによめる！天才武将真田幸村33の謎』（講談社）、『火除け地蔵 立ち退き長屋顛末記』（講談社文庫）、『坊っちゃんは名探偵！』（講談社青い鳥文庫）、『日本史・世界史 同時代比較年表』（朝日文庫）、『「同級生」で読む日本史・世界史』（光文社新書）、『厳選 日本史66の名場面』（プレジデント社）、『日本の歴史 おもしろ英雄伝』（毎日新聞社）、『秋山好古と秋山真之』（PHP文庫）などがある。

本書は、2005年9月に小社より刊行された単行本をもとに、加筆・修正したものです。

二見レインボー文庫

図解《ずかい》　早《はや》わかり日本史《にほんし》

著者　楠木《くすのき》誠一郎《せいいちろう》

発行所　株式会社 二見書房
東京都千代田区三崎町2-18-11
電話　03(3515)2311［営業］
03(3515)2313［編集］
振替　00170-4-2639

印刷　株式会社 堀内印刷所
製本　株式会社 村上製本所

ISBN978-4-576-16031-3
http://www.futami.co.jp/